L.-E. BERTIN

DIRECTEUR DES CONSTRUCTIONS NAVALES

LES GRANDES
GUERRES CIVILES
DU JAPON

LES MINAMOTO ET LES TAÏRA, LES MIKADOS ET LES SIOGOUNS

(1156-1392)

PRÉCÉDÉ D'UNE INTRODUCTION

SUR L'HISTOIRE ANCIENNE ET LES LÉGENDES

PARIS

ERNEST LEROUX, ÉDITEUR

28, RUE BONAPARTE. 28

1894

LES
GRANDES GUERRES CIVILES
DU JAPON

L.-E. BERTIN

DIRECTEUR DES CONSTRUCTIONS NAVALES

LES GRANDES
GUERRES CIVILES
DU JAPON

LES MINAMOTO & LES TAÏRA — LES MIKADOS & LES SIOGOUNS

(1156-1392)

PRÉCÉDÉ D'UNE INTRODUCTION

SUR L'HISTOIRE ANCIENNE & LES LÉGENDES

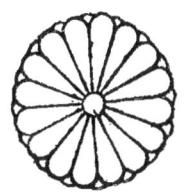

PARIS

ERNEST LEROUX, ÉDITEUR

28, RUE BONAPARTE

1894

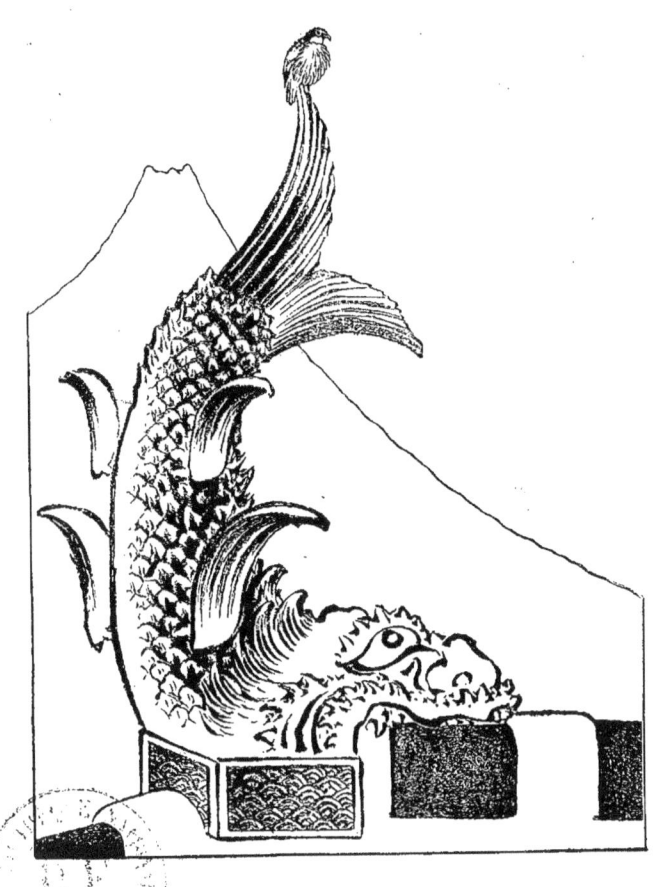

En débarquant au Japon, où m'appelait pour quatre ans une mission officielle du Ministère de la Marine, j'étais bien loin de songer aux légendes et à l'ancienne histoire du pays; mais l'enthousiasme des Japonais pour les héros de leurs vieilles guerres est contagieux. Quand, dès mon arrivée, je parcourais les bords de la mer intérieure, de la plage voisine de Kobé, où les Minamoto remportèrent leur première victoire, au détroit de Simonoséki, témoin de l'écrasement final des

Taïra, j'entendais autant de récits d'anciennes batailles que de discussions sur les arsenaux à créer. Au retour, mes compagnons, fidèles fervents du culte rendu au Mikado, ne manquaient pas de me montrer le temple érigé au guerrier qui renversa jadis une première fois les Siogouns, et ils gémissaient, en visitant l'ancien palais impérial de Kioto, sur la pauvreté du décor en contraste avec la richesse du siro féodal. On parlait aussi, à Miidéra et devant la montagne d'Eïzan, de la puissance des anciennes bonzeries et de leur part dans les guerres civiles. Puis, quelques semaines plus tard, sur la route qui descend d'Aomori vers Sendaï, je retrouvais, étrangement vivant et précis, le souvenir du passage des mêmes héros dont j'avais entendu raconter les exploits à l'autre extrémité de l'empire.

On ne s'étonnera donc point si, dès mes premières visites aux boutiques de *fourou dongou* (vieux objets) de Tokio, quand j'eus des heures de loisir, je me trouvais moins captivé par les objets eux-mêmes que par les souvenirs historiques qu'ils pouvaient évoquer.

En voyant l'intérêt inspiré par leurs récits, mes bons amis les fourou-dongouya accompagnèrent bientôt de longues explications l'offre des images de bataille et des fines statuettes pour lesquelles ils exploitaient ma prédilection. L'histoire à demi comprise, puis complétée et contrôlée à loisir, était consignée avec soin sur le catalogue des acquisitions journalières. En quatre ans, mon travail atteignit peu à peu un développement imprévu. J'entrepris alors, avec les secours obligeants de quelques lettrés japonais, de rattacher les uns aux autres, en les coordonnant, les épisodes isolés dont j'avais recueilli le récit.

Ainsi composé sans dessein préconçu d'écrire, à la suite d'excursions dans des lieux célèbres et d'achats de nissikiés, de mouchaés, de netskés, etc., ce volume est l'œuvre d'un curieux, tenté inopinément par une histoire qui ne ressemble à aucune autre. Peut-être offrira-t-il un attrait de curiosité au lecteur qu'il promènera dans une région inconnue. Il doit intéresser surtout celui qui est familiarisé avec les peintres et les sculpteurs japonais, si capricieux d'apparence, que l'on ne comprend bien qu'à la condition de connaître l'histoire et surtout les légendes dont ils s'inspirent toujours.

Le sennigne à la carpe, netské de Masatomo.
(Coll. de M. Bertin).

ORTHOGRAPHE ADOPTÉE POUR LES NOMS JAPONAIS

Les noms japonais ont été écrits tels que le français peut les rendre, en prononciation usuelle, en tenant compte des remarques suivantes :

L's est toujours dur ; le son doux a été représenté par un *z*. Dans *si*, l's a quelque chose du *ch* doux allemand, mais les Allemands eux-mêmes écrivent *si*; le nom de religion, que les Anglais écrivent *shintô*, se prononce bien *signetô*.

Le *w* représente le son bref anglais de *ou* employé comme consonne.

Le *g* a un son guttural particulier de *k* mouillé, dans *ga*, *go* et *gou*. De plus, devant ces trois syllabes, les voyelles, et surtout l'*a* prennent un son nasal qui fait entendre *nanga* plutôt que *naga* et *kango* plutôt que *kago*; *Tokoŭg̃awa*, qui pourrait s'écrire *Tokg̃awa*, se prononce un peu *Tonkg̃awa*. Cette double particularité du *g* a été exprimée en surmontant les *g* d'un accent. Le *g* conserve quelque chose du son guttural dans les syllabes *gni* et *gné*.

La nasale *èn* se prononce brièvement et en un seul son. Écrite d'une manière unique en kana, elle doit se transcrire de plusieurs manières, car elle a souvent le son *ène*, *enne*, ou *ègne*.

Dans la syllabe *tii*, le *t* a le son un peu adouci qui lui est donné en français devant un *i* suivi d'une autre voyelle.

L'*r* a un peu le son d'un *l*, ou mieux de l'ancien *r* français.

Les nasales *an*, *on*, conservent leur son dans le corps des mots, et ne se lient pas comme en français avec la syllabe qui suit. Cet effet a été exprimé en séparant le mot en deux, dans *hon-igne*, qui n'est pas *honigne*, et en doublant l'*n* dans *Kannousi*, qui est *Kan-nousi*.

Enfin *oŭ*, avec le signe bref, ne se prononce pas ; c'est un *e* muet, que l'on supprimerait avec avantage ; je l'ai conservé dans l'intérieur des mots, pour ne pas dérouter le lecteur habitué à lire Tokoŭgawa, par exemple.

La société japonaise du Romadzi a fait choix d'une orthographe qui ne rend les sons japonais dans aucune langue; par exemple, elle écrit *Chioin* le nom du temple qui se prononce *Tii-ô-igne;* la simple orthographe française est préférable.

KYÔMORI ARRÊTANT LE SOLEIL. — PEINTURE DE L'ÉCOLE DE TOSA.
Bibliothèque Nationale de Paris.

INTRODUCTION

HISTOIRE ANCIENNE ET LÉGENDES

I. — LE RÈGNE DES KAMIS [1].

Le Japon possède des chroniques complètes, longue nomenclature d'événements dont l'ordre chronologique est le seul lien, et de noms de souverains et d'hommes plus ou moins célèbres, dont beaucoup, à la manière des fossiles, n'ont laissé de leur existence que cette empreinte tout extérieure ; rien n'en égale l'aridité [2]. Mais aussi nul pays n'est plus riche en légendes fabuleuses et en souve-

---

1. Les explications relatives aux termes japonais employés sont réunies dans un vocabulaire à la fin du volume.
2. Voir un résumé fidèle de l'histoire du Japon, qui a été publié par la Commission japonaise dans « Le Japon à l'exposition universelle de 1878 » et auquel je me suis reporté pour les dates des événements. M. Léon van Polder a fait une traduction française littérale du Kokousi viakou, abrégé du Dai Nihon si, dont la publication serait d'un grand intérêt scientifique.

nirs populaires, embellis par la tradition, mille fois illustrés par le burin et le pinceau; on peut donc préparer l'étude d'une histoire plus exacte, par une série de récits, vagues d'abord comme ces croquis d'une allure si vivante sous leurs contours indécis où excellent les artistes japonais, plus précis avec la marche des siècles, et, dans leur ensemble, peignant le Japon tel qu'il s'est vu lui-même.

Pour comprendre l'étrange pays où le moyen âge a commencé si tôt et a fini si tard, avec les institutions uniques en leur genre, qui étaient encore debout il y a quarante ans, on ne saurait remonter trop haut. Plus que partout ailleurs, chaque époque s'y explique par l'époque qui précède, aucun conquérant nouveau n'ayant foulé le sol depuis vingt-cinq siècles. Le Japon a toujours vécu replié sur lui-même, cultivant selon son génie propre les germes qu'il était prompt à apporter du dehors. Un développement continu et régulier a créé ses mœurs, ses arts, ses croyances, tout ce qui fait l'âme d'un peuple. Les secousses politiques, même les plus subites en apparence, ont été précédées d'une lente incubation. Si haut d'ailleurs que l'on remonte, c'est bien l'histoire des Japo-

Une grue, spécimen de dessin cussif, par Kotcho.

nais que l'on rencontre. Dès l'antique conquête militaire à laquelle le pays doit son unité nationale et les caractères généraux de sa langue et de sa première religion, et même avant cette conquête, on peut découvrir, avec la source de croyances encore vivaces aujourd'hui, les traits caractéristiques du peuple actuel. Le degré qu'il faudrait franchir, pour assister à la formation même du Japon, échappe aux recherches. L'histoire se tait avant que l'on ne puisse distinguer, dans la nuit des temps, ni les origines de race, ni les sources premières de l'antique langage que le Japon a jalousement conservé, ni les liens rattachant aux vieux cultes de l'Asie la religion des Kamis où sa pensée a pris son premier essor.

Dans son isolement séculaire, imposé par la situation géographique et plus tard par une politique ombrageuse, le Japonais s'est naturellement regardé comme appartenant à une souche distincte, sans lien avec le reste du monde; sa frappante originalité, qui éclate à nos yeux dans le domaine artistique et qui se retrouve dans toutes les manifestations de l'esprit, semblerait justifier cette croyance; mais la vérité est que sa nationalité, si nettement tranchée, ne repose nullement sur l'unité de race.

Les caractères physiques des habitants de l'archipel varient selon les provinces, les familles, parfois les classes sociales. On croit voir prédominer, dans les traits du visage, le type des insulaires qui peuplent l'Océan indien, de la Malaisie à Madagascar; mais, à l'exception des races blondes, toutes les tribus de l'Asie ont des représentants, et la fusion est si incomplète que l'Hindou et même le Levantin coudoient souvent le Samoyède. Quant au peuple qui a imposé aux autres sa suprématie politique, il a perdu tout souvenir de sa patrie d'origine et oublié jusqu'au nom de ses ancêtres. Les natifs qui, à l'époque historique, disputaient le nord-est de la grande île aux Japonais proprement dits et que ceux-ci nomment simplement *Ebisous,* c'est-à-dire barbares, emploient les deux noms de *Aïnos* pour eux-mêmes et de *Siamos* pour leurs vainqueurs; ce dernier mot a fait songer à quelque parenté lointaine au pays de Siam. Le Japonais n'a pas, dans sa langue, de nom pour se désigner lui-même; *Nihondzigne,* homme du Nihon ou Nipon, de *Hi,* soleil, *Hon,* origine [1], appartient à la langue chinoise.

La langue japonaise a traversé les siècles sans altération radicale, puisqu'on récite encore aujourd'hui un outa contemporain de la déesse Amatéras; mais, pendant ce temps, les révolutions ont déraciné sur les continents le tronc primitif d'où elle était sortie. Ainsi s'explique la singularité du japonais, comme racines et comme grammaire, comparé à toutes les langues parlées aujourd'hui. Un missionnaire basque de naissance, bien surpris, en débarquant au Japon, de comprendre la phrase usuelle « Cela seulement » — « *Koré bakari da* », la même chez les Escaldunac qu'au pays du Soleil levant, a signalé des ressemblances entre le basque et le japonais. Sans être sœurs d'origine, les vieilles langues ont pu puiser à une source commune. Le mot gave, qui n'est pas basque, ressemble à *g̃awa,* au moins autant que les cours d'eau du Béarn aux rivières torrentueuses du Japon. Le *maki* du Fouzisan, où chassa Yoritomo, est, comme le maqui corse, un pâturage inculte et embroussaillé; ici, les deux mots sont exactement pareils. De même, on a parfois au Japon, surtout dans la région du sud-ouest, la surprise de rencontrer, dans les vieilles familles de Samouraïs, des visages étrangement européens. Une race disparue a peuplé, du reste, le pays avant les Aïnos et les Siamos; il est resté d'elle quelques poteries peut-être, sûrement les monuments mégalithiques, nombreux dans Kiousiou, tels que le *Tsouni-isi* (jointe-pierre), menhir surmonté d'une boule grossière

---

1. *Hi-hon*, ou Hipon, qui donne *Sipon* dans le dialecte de Tokio, et qui se prononçait sans doute *Sipan* en Chine, est, avec un *ou* muet, le Zipangou de Marco-Polo.

voisin de Tokidzou, à quelques lieues de Naḡazaki, et le *tatēḡami* (bâti par le Kami), assemblage de pierres levées,

Le Tatégami.

que les fondateurs de l'arsenal de Sasébo ont respecté.

La religion et la langue nationales ont présenté, au contact de la civilisation chinoise, des résistances toutes différentes. Tandis que la langue se perpétuait, ne laissant au chinois qu'une place secondaire, la vieille religion, le *signetô*[1] (shinto), ou voie des dieux, a disparu devant le *boutsdô*, ou voie du Bouddha, prêché au vi° et au vii° siècles par les bonzes coréens et chinois. Quelques temples déserts, les *myas*, toujours debout dans les anciens lieux sacrés, où les *Kannousis* conservent sans altération un rituel dont la simplicité n'est pas sans grandeur, un profond respect, plus ardent parfois que la piété religieuse, conservé aux dieux des ancêtres, et beaucoup de superstitions locales, tel est ce qui subsiste aujourd'hui du signetô. Les monuments écrits sont un recueil de vieilles chansons, le *Manyôsiou* et trois traités, le *Zignedaï-no-maki*, le *Kôdziki* et le *Sôzigneki*, dont la rédaction ne remonte qu'au viii° siècle, époque de ferveur bouddhiste. On y trouve une cosmogonie bizarre, où des

---

[1] Le mot *dô*, voie ou chemin, qui sert de terminaison au nom des religions, devient ici *tô* par euphémisme.

rêveries sur l'origine du monde se mêlent aux souvenirs de la première occupation du pays; aucun élan vers l'idéal n'y révèle le souffle divin qui fait la vie des religions, et qui eût permis au signetô de lutter victorieusement contre le bouddhisme. L'étude du signetô n'offre qu'un intérêt historique; mais la réalité historique ne se devine pas toujours dans le tissu mythologique, ourdi par l'imagination du peuple, que s'est transmis la tradition orale pendant une longue succession de siècles [1].

LE SIGNETÔ, LES DIEUX DU CIEL, LES PREMIERS KAMIS.

Souvenir confus d'un vieux culte oublié, une trinité inerte et sans attributs trône au fond des espaces célestes; c'est le dieu suprême du ciel. Amé no Minakônosi, qu'accompagnent toujours ses deux acolytes les Mousoubi, et à qui le Japonais de haut rang a le privilège d'adresser, dans le sanctuaire le plus reculé des myas, la brève adoration d'un salut silencieux. Cette trinité régnait seule, au temps où la terre flottait, inconsistante comme les méduses ballottées sur les vagues. Des premiers roseaux qui surgirent, s'élevèrent deux divinités obscures qui allèrent aussitôt compléter, pour les puissances du ciel ou *téindzigne*, le nombre sacré du signetô, en attendant la venue des cinq dieux de la terre ou *tiidzigne*.

A la suite des *téindzigne godaï* [2], apparurent les *Kamis* vraiment japonais, héros ou demi-dieux, généralement doubles, c'est-à-dire composés chacun d'un dieu et d'une déesse. Les six premiers n'ont laissé d'eux que leur nom, d'une composition compliquée, rappelant la boue des marais et le sable des rivières, qui pourrait avoir consacré simple-

---

1. Voir la note 1, à la fin du volume.
2. *Godaï* signifie simplement cinq personnes.

ment la découverte de contrées sauvages, dans des expéditions oubliées. Le septième Kami, le grand guide ou pilote, formé du dieu Izanagni et de la déesse Izanami [1], connut pour la première fois, la fécondité ; c'est aux deux Izana qu'une filiation ininterrompue, fondée sur une sorte de désignation d'héritier, rattache le mikado régnant, lui donnant sur le genre humain un pouvoir sacré ; les nobles familles des Kougnés prétendent toutes remonter, par une généalogie connue, à la même antique origine. Bien supérieurs en importance, dans le panthéon du signetô, au premier homme et à la première femme de la Genèse, les Izana procréèrent les îles même de l'archipel japonais, avant de donner le jour aux héros qui les occupèrent, les défrichèrent et y introduisirent les rudiments des premiers arts.

Le couple divin avait reçu du ciel une lance ornée de boules de pierre polie ou magatamas [2], qui devait consolider la terre, c'est-à-dire la conquérir. Agitée dans les flots, l'arme sacrée y fonda l'île de Honogorosima, et, sur le pont de Ama no Oukibasi, qui reliait sans doute le ciel au premier sol habitable, les deux Izana paraissent s'être connus pour la première fois. Le Kôdziki a conservé le détail du premier entretien qu'ils eurent, en tournant autour d'un poteau planté par Izanagni ; mais la légende populaire préfère leur donner pour maître l'oiseau sékiré, sorte de bergeronnette, qui leur apprit à se donner une postérité. La

E. B. Création de la terre.
(D'après une gravure du *Setsou-yo*).

---

1. *Iza*, guide, *na* article ou préposition, *gni* seigneur, *mi* dame.
2. Les *magatama* (littéralement : boule crochue) ont un peu la forme d'une fève ; les deux extrémités sont habituellement arrondies et symétriques.

liste de leurs enfants est longue ; le classement en est assez simple.

Les premiers nés furent des êtres informes, qui, s'ils ne sortent pas d'un simple caprice d'imagination, ne peuvent rappeler que des expéditions avortées; l'un d'eux cependant, le fils de la sangsue, passe pour l'ancêtre du bon Ebisou, le dieu à la face joviale qui voyage sur le dos du poisson taï. Izanagni était découragé ; sur la promesse des dieux, il se remit à l'œuvre et vit naître cette fois, l'une après l'autre, toutes les îles occidentales de l'archipel : Awadzi, Sikok, Okisima, Kiousiou qui se nomme alors Tskousi, Ikisima, Tsousima [1], enfin Sado qui limite au nord les connaissances géographiques des premiers conquérants. Avec la grande île, l'ancien Yamato-Akidzousima, le Honto actuel, qui renaît à plusieurs reprises, mieux formée chaque fois, on a le *Oo-ya-sima,* groupe des huit grandes îles. Il n'est pas question de Yézo. Naissent ensuite successivement une pro-

Magatama sculptée.
(Coll. de M. Berlin).

vince du Honto qui est probablement le Bizéin et quelques îles de moindre importance, Adzoukisima, Oosima, Himédzima, Tiikanosima, Ftagosima ; cette dernière, qui clot la liste des terres nouvelles, est le seizième enfant des Izana. La création ou l'occupation des îles ne se fit pas sans lutte; la légende a gardé le souvenir du combat acharné dans lequel Isanagni tua le démon Kagon Tsoutii.

Aux terres ainsi créées, c'est-à-dire découvertes par les explorateurs que représentent les Izana, il fallait des habitants. Le dix-septième enfant des Izana fut le premier homme, ou peut-être le premier roi, et ceux qui suivirent,

---

1. Kiousiou signifie neuf provinces et Sikok quatre pays ; le nom de la grande île Honto signifie principal pays; ce sont des mots chinois, relativement modernes; les noms des petites îles, au contraire, appartiennent à la vieille langue japonaise, de même que Tskousi et Akidzousima.

tantôt hommes, tantôt femmes, semblent personnifier la puissance, le courage, l'inspiration et la beauté; on voit apparaître pour eux les titres honorifiques de *hiko* pour les hommes et *himé* pour les femmes, dont le second est encore en usage aujourd'hui. Le vingt-quatrième enfant est le Kami des traversées maritimes. Le vingt-cinquième et le vingt-sixième, Akidzoubiko et Akidzoubimé, forment ensemble le Kami des ports Minato-no-Kami, de qui naissent huit enfants, en quatre couples ou Kamis doubles, chargés de présider à tous les usages des eaux douces et salées, y compris l'emploi des gourdes pour puiser. Le vingt-septième enfant est Sinatsoubiko, le Kami du vent; le vingt-huitième est le Kami des forêts, d'où il a peut-être chassé les aborigènes.

Si les noms des Kamis suivants sont, selon l'usage japonais, des noms posthumes

E. B. Sous l'invocation du Kami des eaux.

rappelant la vie et les mérites de ceux qui les reçurent après leur mort, ils marquent une période nouvelle dans l'organisation du pays. Le Kami du travail des montagnes et la déesse des chaumes de la plaine, vingt-neuvième et trentième enfants des Izana, s'étant unis, ils donnent naissance au couple qui trace les sentiers escarpés, à celui qui limite et borne les champs, à celui qui descend dans les vallées sombres, à celui qui choisit et dresse, sur le penchant des montagnes, l'emplacement des habitations. Le trente et unième enfant du couple infatigable est le Kami des oiseaux de camphrier, nom donné aux barques qui franchissent l'espace d'une aile rapide. Vient ensuite le Kami de l'abondance. Le pays est prospère, quand Izanami donne le jour à son trente-troisième enfant, le terrible

Hi-no-iagni-haya[1], le Kami des incendies dévorants, dont les villes du Japon ont trop connu de tout temps la redoutable puissance ; le nouveau dieu consume sa mère en naissant, et reste lui-même inachevé et infécond ; mais, de même que leurs descendants actuels, les ancêtres d'une race énergique ont su vite réparer leur premier désastre ; des cendres de la bonne déesse, naît l'industrie représentée par le Kami des mines, par celui de l'argile que pétrit la main du potier, et par les divinités qui président à l'irrigation des campagnes et ramènent l'abondance.

Ainsi le Japon a son Saturne et sa Cybèle. D'un couple unique y est né tout le genre humain, à l'exception des Ebisous, barbares sans ancêtres ; mais, dans cette nombreuse postérité, un rang supérieur fut de suite assuré à la tribu, illustre entre toutes, qui allait étendre sa suprématie sur le Japon entier.

LES DIEUX TERRESTRES, ANCÊTRES DES MIKADOS.

Entre les deux Izana et le premier mikado, la chaîne est formée par les dieux de la terre ou tiidzigne, qui sont, comme les dieux du ciel, au nombre de cinq dans les livres religieux. Des listes continues d'ancêtres vont aussi des compagnons des tiidzigne, fils des Izana, au premier aïeul historique des familles de l'ancienne noblesse ; mais celles-ci n'offrent guère plus de certitude que la filiation par laquelle les Gaulois et les Francs se rattachent aux héros Serpanus fils de Priam, et Francus fils d'Hector. La liste des mikados, au contraire, est authentique ; les tiidzigne godaï, leurs ancêtres directs, ont existé ; il ont même marqué leur trace sur la côte ouest du Kiousiou, d'où ils ont émigré vers la côte est ; le point douteux est de savoir si

---

[1]. Par le feu brûler vite ; *iagni* (brûler) rappelle le sanscrit *agni*.

quelques-uns ne représentent pas une dynastie plutôt qu'un seul chef. Les vieilles légendes conservées au sujet des Tiidzignes, et surtout du premier d'entre eux, ont assez de précision pour les faire regarder comme les premiers habitants du pays dont il reste un souvenir certain, les Kamis antérieurs personnifiant plutôt des époques, des événements, ou des mythes religieux.

La première en date et en puissance des divinités terrestres, la mère des Mikados, la protectrice du Japon, est Oo-Hiroumé-Moutii-no-Mikoto, reine, prêtresse ou prophétesse, qui semble avoir fixé les rites du signetô et créé les danses sacrées. Elle est née d'Izanagni après la mort d'Izanami, mais à une époque où le pays était déjà peuplé partout. Son nom posthume fait d'elle la lumière du ciel, Amatéras en japonais, Téinchôkô en chinois. Sa légende proclame qu'au Japon l'incrédulité est apparentée de près à la piété pour les dieux. Comme Amatéras se préparait à offrir au ciel l'offrande du nouveau riz dans la fête du niinamé, son frère Sousanoo-Sinnô, issu du nez d'Izanagni comme Amatéras de son œil, profana grossièrement le sol sacré et jeta sur l'étoffe de l'autel la peau d'un poulain fraîchement écorché. Justement irritée et ne pouvant obtenir justice, la déesse se retira au fond d'une caverne que fermait un bloc de rocher. La terre fut dans les ténèbres. Les Kamis consternés se réunirent autour de la caverne, suppliant en vain Amatéras de leur rendre ses rayons; puis, pour triompher de sa résistance, ils firent venir la danseuse Amé-no-Oudzoumé, qui, deminue, entama une danse bouffonne. Tels furent les rires et les clameurs qu'Amatéras, piquée de curiosité, entr'ouvrit sa porte de pierre; son apparition fut révélée par un miroir, le *Yata-no-kagami* qui est un des emblèmes des Mikados; le Kami de la force put la saisir et la rendre au monde; sa colère s'apaisa, et jamais plus elle ne refusa sa lumière. La danseuse Oudzoumé a été récompensée par les Japonais, qui ont fait d'elle une déesse de bon présage, la plus populaire de toutes, et celle dont le portrait est le plus répandu ; seulement ses joues ont pris, dans la suite des temps, un développement excessif, signe trop visible de la prospérité dont elle est l'emblème ; sa bouche sensuelle s'aperçoit encore, mais le nez a presque disparu au-dessous de son front étroit et proéminent. Ainsi le peuple artiste et moqueur, qui a pris la beauté d'Amatéras pour le rayonnement du ciel, a couvert la pauvre danseuse du masque grotesque d'Okamé [1].

Okamé en robe de cour, netské.
(Coll. de M. Bertin)

Le prince Sousanoo, irrespectueux des choses religieuses, et à cet égard digne ancêtre de maint Japonais moderne, après avoir mis la terre

en danger de perdre sa lumière, dut fuir la colère des Kamis. Ayant franchi le détroit de Simonoséki et traversé

1. Oudzoumé, dont le nom signifie figure bouffonne, a été la déesse Miko, avant de devenir Okamé.

les montagnes, il parvint dans la province d'Idzoumo, que peuplait une race différente ayant établi un culte distinct, et qui, aujourd'hui encore, se nomme le pays des dieux. Là, sur la rive du Hinokami-g̃awa, il entendit les lamentations de deux vieillards prêts à livrer leur dernière fille au terrible Yawata-no-Oorotii, le dragon qui avait dévoré les sept aînées, et qui, pour la huitième fois en huit ans, exigeait son tribut de saké [1] et de chair humaine. Couvert des vêtements de la jeune fille, le prince marche contre ce minotaure, le trouve ivre de saké et le fend sur toute la longueur de son corps. Le trophée de cette victoire fut le célèbre sabre *Mourakoumo-no-tsourougni* trouvé dans la queue du dragon, au-dessus duquel, comme le nom l'indique, un nuage planait toujours; c'est le second des trois emblèmes du Mikado, et, si l'arme plus moderne conservée à Isé est la reproduction exacte de l'original perdu à la bataille de Dan-no-oura en 1185, il serait curieux de savoir de quelle matière elle est formée. Le prince épousa la jeune fille dont il était le sauveur. Ainsi est consacrée par la légende, la fusion des deux races physiquement distinctes, qui peuplent les deux versants de la chaîne centrale du Honto; l'origine de leur union est sans doute dans un secours, apporté par la race entreprenante et guerrière du versant sud et du Kiou-siou, au peuple grand et robuste, mais plus pacifique, du versant nord.

Sousanoo composa, à l'occasion de son mariage avec la princesse d'Idzoumo, un *outa*, contemporain probablement de l'*Iliade*, et d'une simplicité digne de ces âges reculés :
« Les nuages s'amoncellent pour ensuite s'épanouir; ainsi
« les murailles s'assemblent; pour la demeure de l'épouse

---

[1]. Le saké, ou bière de riz, a été inventé en Chine, avant la première dynastie impériale, à l'époque où la république chinoise avait pour magistrat principal Ou, le savant hydraulicien dont les travaux sauvèrent le pays du déluge; son apparition dans la légende de Sousanoo montre l'antiquité des relations entre la Chine et le Japon.

« que les murailles s'assemblent; ô les murailles s'assem-
« blent [1]. »

La postérité de Sousanoo comprend trois filles et un fils antérieurs à son exil et particulièrement célèbres, dont la naissance est entourée de fables destinées à resserrer leur lien de parenté avec leur divine tante.

Amatéras ayant brisé avec ses dents trois fragments du sabre de son frère, les lança en l'air de son souffle, et donna ainsi naissance à trois filles, qui furent, comme elle-même, de puissantes prêtresses ou magiciennes; l'une d'elle est, selon le Sôzigneki, la déesse Oto-Himé, qui habite au fond de la mer un palais liquide, au milieu de servantes coiffées de têtes de poisson, et qui se montre souvent dans l'histoire et dans les contes du vieux Japon; la seconde est la déesse du sanctuaire d'Itsoūkousima ou Myasima, près de Hirosima; la troisième habite, dans le Guégnekaï-nada, près de la côte nord-ouest du Kiousiou, l'îlot d'Okitsousima, et en défend l'accès à quiconque ne se l'est pas rendue propice.

Palais de Oto-himé
netské de Guiokou Hôsaï.
(Coll. de M. Bertin)

De son côté Sousanoo ayant lancé de la même manière, après l'avoir brisée, une boule empruntée à la parure de sa sœur, produisit cinq Mikotos, qui sont considérés comme fils d'Amatéras, au moins par adoption, et dont l'aîné Amano-Osihomimi est le deuxième Tiidzigne, ancêtre reconnu de la dynastie des Mikados. Moins turbulent que son père, Osihomimi se contenta de suivre de son palais de Ama-no-

---

1. Voir note 2, Outa n° 1. Il y a un jeu de mots sur Idzoumo, nom de la province, qui signifie aussi épanouissement de nuages.

Les outas, en cinq vers et trente et une syllabes, sont restés la forme usuelle de la poésie japonaise; celui de Sousanoo est le plus ancien connu.

Ihakoura les expéditions de ses aventureux guerriers sur les terres du roi du grand pays *Oo-kouni-no-Sinnô-Kami,* ou *Oo-kouni-nousi-no-Kami* héritier direct et descendant à la sixième génération du *Oo-ya-sima-Zimouni* le premier chef de l'empire des huit îles. La dernière et la plus heureuse de ces expéditions eut pour chef Takémika-Dzoutii-no-Mikoto issu du sabre d'Izanagni et du sang du Kami des incendies tué par son père. Comme gage de la destinée de sa race, Osihomimi reçut de sa mère adoptive le miroir *Yata-no-kaḡami* et la boule *Yasaka-no-maḡatama* qui forment, avec le sabre *Mourakoumo,* les *sansinno signeki,* les trois emblèmes des Mikados [1].

Amatéras a disparu de la terre après avoir transmis son héritage au deuxième Tiidzigne ; mais, du fond du sanctuaire d'Isé qui lui est consacré, elle n'a pas cessé de veiller sur sa descendance ; quand, en 1281, le Japon fut menacé de l'invasion tartare, c'est elle qui souleva la terrible tempête, *Isé no kazé* (vent de Isé), où s'engloutit la flotte de Koublaï-Khan. Le Japon bouddhiste lui a, de son côté, gardé un culte fidèle. A la suite de l'incendie d'Isé en 1830, les populations se précipitèrent en masse vers le temple miraculeusement épargné, saisies d'une fièvre de voyage qui rappelle l'enthousiasme de nos pèlerins du moyen âge. Bien plus récemment encore, un séide a fait cruellement expier au Comte Mori, ministre de l'Instruction publique, le dédain sceptique avec lequel, dans un voyage à Isé en 1888, il avait du bout de sa canne écarté le voile du sanctuaire ; le 11 février 1889, comme le Comte descendait son escalier en grand uniforme, allant assister à la promulgation de la constitution parlementaire, l'étudiant Nisino, fils d'un kannousi du temple, lui plongea dans le ventre un long couteau à découper, en ayant soin d'imprimer à l'arme un mouvement de rotation

---

1. Le miroir sacré est, comme le sabre, conservé à Isé. La boule est déposée dans le palais du Mikado, à Tokio.

qui rendait la blessure sans remède. Nisino tomba aussitôt sous le sabre d'un garde de service, mais les honneurs rendus en secret à sa tombe ont bien montré toute la ferveur conservée, jusque dans le palais, au culte de la déesse tutélaire du Nipon. Les filles issues de la boule d'Amatéras n'ont même pas besoin de vengeurs; elles se gardent elles-mêmes. La déesse d'Okitsousima exige toujours de longues purifications de tous ceux qui veulent l'approcher, soit qu'ils portent encore l'ancien kimono, soit qu'ils aient l'uniforme du fonctionnaire moderne. Il n'y a pas de longues années que le Daïmio de la province essaya en vain d'accoster le rocher sacré, sans avoir accompli les rites prescrits; il fut rejeté au loin par la tempête, avec son foŭné et ses séindos. Quand le Daïmio eut fait place au préfet du nouveau régime, l'expérience fut renouvelée sans plus de succès; le vapeur du haut fonctionnaire, traité comme la barque du Daïmio, fut repoussé au large par un coup de vent subit, laissant sur le rivage onze hommes sans vivres et sans ressources. Les Kâmis n'abdiquent point dans l'antique domaine d'Amatéras.

Osihomimi-no-Mikoto eut pour fils et successeur Hikohono-Nignini-no-Mikoto, qui fut transporté par sa grand'mère Amatéras sur le mont Takatiiho-no-miné en Hiouḡa. Le roi du pays, Oo-kouni-no-Sinnô-Kami, lui fit don de la province de Hiouḡa et lui céda aussi ses droits éventuels sur le Japon tout entier.

Nignini-no-Mikoto fit dans le Honto une expédition qui a laissé quelques souvenirs; il avait pour guide Saroudo-Hiko; il rencontra deux devanciers, Takémika-Dzoutii-no-Mikoto et Foutsou-Nousé-no-Mikoto, fils d'Izanagni, qui l'accueillirent à son débarquement. Ces deux derniers, plus connus sous les noms de Kazima-Daïmiôzigne et de Kadori-Miôzigne, sont devenus dans le signetô les Kamis protecteurs du pays contre le fléau des tremblements de terre.

La croyance populaire attribue les tremblements de terre à un poisson gigantesque, de l'espèce des *namadzou*, ou chiens de mer, logé au centre de la terre, c'est-à-dire sous le Japon, sa queue sous les provinces de Hidatii et de Simôsa. Les deux frères d'armes ont là leurs temples, de rang égal, comme il convient à deux *Kampé-taïcha*, sur les deux rives du Toné-gawa, l'un en Hidatii, l'autre en Simôsa. Dans la cour du temple de Kazima, on voit le sommet d'une pierre qui pénètre dans la terre jusqu'à une profondeur inconnue ; un prince de Mito, le Gosanké curieux des choses historiques, qui a fait entreprendre la grande histoire du Japon, le *Daï-Nihon-si*, a creusé le sol tout autour sans en découvrir la base. Cette pierre, le *Kanamé-isi*, repose, dit-on, sur le namadzou, le maintenant à peu près immobile. Le monstre toutefois a des soubresauts que la pierre ne peut arrêter ; Kadori-Myôzigne est chargé de veiller sur lui, mais il n'a

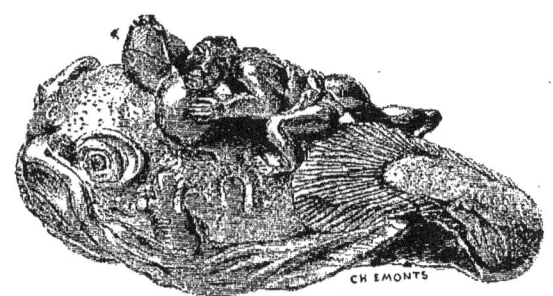

Hiôtan namadzou, netské.
(Coll. de M. Berlin)

reçu, pour remplir sa tâche difficile, d'autre instrument qu'une calebasse ou *hyôtan*, qui glisse parfois sur la peau visqueuse du monstre frémissant. Le dicton populaire *hyôtan namadzou* « une calebasse contre un namadzou » sert à désigner plaisamment les tentatives vouées à l'insuccès, par exemple les tentatives de sauvetage des jeunes gens tombés dans la débauche.

Le quatrième Tiidzigne fut Hikohohodémimi-no-Mikoto.

Le cinquième et dernier Tiidzigne, Hikonagni-Sataké de son vivant, a reçu le nom posthume, un peu compliqué, de

Ou-gaya-fki-ayédzou-no-Mikoto, ou prince dont on n'a pas fini à temps de couvrir le toit en plumes de cormoran, qu'il doit aux fantaisies architecturales de son père et à l'aventure suivante : Ayant voulu pêcher, Hikohodémimi emprunta l'hameçon de son frère Honosousouri, lui laissant en gage son arc de chasse ; il perdit l'hameçon, erra sur la plage à sa recherche, et rencontra le vieillard Siwodzoutii qui l'emporta dans un panier chez le dieu de la mer. Là, il épousa Toyotama, fille du dieu, et reçut en dot les deux boules Hitama et Mitiitama qui produisent le flot et le jusant. En revenant sur la terre, il promit à sa femme, pour l'époque de sa délivrance, une maison dont le toit serait couvert en

Anciens dragons en bronze doré.
(Trésor du temple de Kourama-yama) d'après le journal artistique *Kokoua*.

plumes de cormoran ; mais, quand Toyotama le rejoignit, il n'avait pas eu le temps de terminer son travail. L'union fut de courte durée ; pendant les couches, Hikonagni, transgressant une défense expresse de sa femme, eut l'indiscrétion de regarder par une fente de la cloison; Toyotama irritée reprit sa forme naturelle de dragon et retourna chez son père au fond des eaux.

Le nombre réel des Tiidzignes est incertain parce que le nom de Ou-gaya-fki-ayédzou a peut-être appartenu à toute une dynastie de Mikotos. Leur règne en Hiouḡa termine l'ère des Kamis, ou le *Kami-ô*, pendant laquelle les Japonais occupèrent la partie occidentale du Honto. C'est l'époque des héros gigantesques, tels que Yourikawa-Daïdzigne, dont le pied a laissé une empreinte de six mètres de longueur et qui a percé d'un coup de flèche, dans l'Akagni-yama, la caverne qui traverse la montagne. Les Aïnos refoulés dans les forêts opposèrent une résistance désespérée, qui arrêta quelque temps les envahisseurs.

Dzinmou-Tennô, le vainqueur des Aïnos et le fondateur de l'empire, est fils du dernier Tiidzigne et de Tamayori-Himé, sa femme. De sa proclamation comme Mikado après la conquête du Kinaï [1], date l'ère japonaise, 660 ans avant Jésus-Christ. La période des légendes n'est pas close, mais l'histoire officielle commence.

---

[1]. Le Kinaï, appelé aussi Gokinaï (cinq-capitale-intérieur) depuis la division en provinces, comprend les cinq provinces de Yamato, Yamasiro, Kawatii, Idzoumi et Setsou.

Masque d'Okamé,
netské.
(Coll. de M. Bertin)

Iğouma guerrier coréen,   Také-no-outii,   Dziguego-Kôgô.
Bataille en Corée (d'après Itiiyousaï-Kouniyosi).

II. — LES MIKADOS CONQUÉRANTS.

La fin de l'ère des Kamis ou Mikotos, vers le milieu du
vi^e siècle avant Jésus-Christ, laissait les descendants des
Izana maîtres du Kiousiou, du Sikok, avec les petites îles
avoisinantes, et de toute la partie occidentale du Honto qui
a reçu plus tard le nom de Tiiougokou. Les Aïnos défen-
daient, sous la conduite de chefs redoutés, la forêt qui couvrait alors le pays, du dernier bassin oriental de la mer
intérieure, l'Idzouni-nada actuel, à la plaine, probablement marécageuse, que le lac Biwa devait recouvrir en l'an
285 après J.-C., à la suite d'une terrible convulsion du
sol [1]. Pour que la conquête fît un nouveau pas en avant,
il fallait l'arrivée d'un nouveau flot d'envahisseurs.

[1]. D'après l'histoire japonaise reproduisant sans doute encore pour cette
époque d'antiques traditions orales, le Fouzi-san s'est soulevé, le jour même
où le haut de la vallée du Yodo-gawa se barrait en donnant naissance au lac
Biwa.

Expédition de Dzinmou Tennô.

En Kiousiou les terres devenaient rares. Sur la côte orientale de Hiouga, un jeune guerrier nommé Iwaréhiko-Hohodémi, quatrième fils du dernier Tiidzigne de la mythologie qui était le chef de la province, réunit ses parents et ses compagnons au palais du Takatiiho, et leur proposa d'aller se tailler un domaine dans l'est du Honto occupé par les barbares. Il fallut consulter les augures. Pour connaître le destin, le prince, que nous désignerons désormais par son nom posthume de Dzinmou-Tennô [1], se mit à confectionner un pot d'amé, cette gelée gluante qui tient encore une place distinguée dans la gastronomie japonaise. L'entreprise culinaire eut un plein succès, puis le pot ayant été vidé dans la rivière de Tanniou, les poissons se régalèrent d'amé jusqu'à s'enivrer. On avait là un double présage heureux; l'expédition fut résolue.

Dzinmou tennô, netské de Ikkosaï.
(Coll. de M. Bertin)

On fut en route pendant trois ans. Après s'être arrêtée

---

[1]. Le nom des Mikados est toujours un nom posthume. Le Mikado régnant se nomme simplement *Kondjô-no-Tennô*, Mikado du monde actuel, ou *Tennô-Héka*, sa majesté Mikado. *Tennô* signifie littéralement astre du ciel.

quelque temps à Tskousi en Bouzéin (Buzen), où le prince Ousats-Hiko fit élever un palais pour loger ses hôtes, la troupe aventureuse traversa le détroit et suivit ensuite la rive nord de la mer intérieure, toujours en pays ami. En Aki, il fallut se reposer, élever des maisons, labourer des champs et se ravitailler. A Kibi en Bizéin (Bizen), nouvelle halte; Dzinmou fit construire des barques, et, le chemin de terre devenant impraticable, il prit la mer et vint débarquer à Naniwa, près de l'emplacement actuel de la grande ville d'Ozaka. Les noms récemment donnés aux deux navires de guerre, Takatiiho et Naniwa rappellent les deux étapes extrêmes de la célèbre expédition.

Le territoire des deux provinces de Kawatii et de Yamato était occupé par un puissant chef aïno, Abasimadé-no-Mikoto, dont le général, Naḡasouné-Hiko, vint barrer la route aux envahisseurs. On se battit avec acharnement sur la pente de Kousaézaka; le prince Itsousé, frère aîné de Dzinmou, fut tué; l'affaire resta indécise. Dzinmou obliqua vers le sud et soumit, dans le Kii, quelques peuplades isolées. En Yosino, le chef aïno Yasotakérou résista victorieusement; il fut invité à assister dans le camp aux danses japonaises, fut saisi par trahison et mis à mort. Une danse guerrière, le *Koumé-no-maï*, consacre le souvenir de cette ruse inspirée et favorisée par les Kamis; elle a ouvert la grande fête donnée au palais impérial en l'honneur de la constitution promulguée le 11 février 1889; pas un seul geste cadencé des acteurs armés du sabre n'a varié, dit-on, depuis deux mille cinq cents ans; mais il est peu probable que les sauvages compagnons de Dzinmou aient porté les costumes somptueux de ceux qui les représentent aujourd'hui. Vainqueur en Kii et en Yosimo, Dzinmou revint vers le nord; il se heurta de nouveau à Naḡasouné, qui gardait tous les passages et qui le repoussa dans toutes les rencontres; alors, guidé par un génie, Takétsoutsoumi-no-Mikoto, qui le précédait sous la forme d'un corbeau, il se fraya à la hache un chemin dans la forêt, surprit à l'improviste le terrible Aïno et le tua. Cette victoire décidait du sort de la guerre, mais les résistances locales n'étaient pas encore domptées. Un chef de tribu, surnommé Tsoutiigomo ou l'araignée de terre, au corps grêle et aux membres démesurés, dont l'agilité égalait la force, échappa longtemps à toutes les poursuites; il finit par être pris dans un filet. Les cinq provinces du Gokinaï, siège ou banlieue de la capitale, qui sont le cœur du pays, et dont l'une, celle de Yamato, a souvent désigné le Japon tout entier, furent ainsi définitivement conquises.

Gouvernement des premiers Mikados.

Dzinmou-Tennô fut, à la suite de ce grand triomphe, reconnu comme le chef désigné par les Kamis pour commander à tous les peuples, de la rive occidentale du Kiousiou jusqu'aux confins du territoire Aïno. A l'âge de cinquante et un ans, il fut proclamé *Mikado* dans la plaine des chênes, à Kasiwabara en Yamato. Depuis lors, cent vingt souverains se sont transmis sans interruption, sinon par descendance directe, du moins par désignation régulière de successeur dans la famille, le titre qui fut créé ce jour-là et qui signifie la « sublime porte [1] ». La création d'un pouvoir central exercé par un chef, fils des dieux et dieu lui-même, amena la fusion des races et fixa les destinées du Japon; l'importance de cet événement ne fut donc point exagérée par les historiens, quand ils en ont fait le point de départ d'une ère nationale en ajoutant ensemble les périodes de l'ancienne chronologie [2]. Toutefois, Dzinmou ne fut sans

1. *Mi-Kado*, supérieure porte. Le *o* honorifique actuel a pris, dans la langue, la place de l'ancien *mi*.
2. Les anciennes périodes duraient de un an à huit ou dix ans au plus. On changeait la période à chaque événement néfaste, mort ou maladie de souve-

doute que le chef d'une confédération, non le souverain reconnu d'un empire. Au nord des montagnes, il pouvait avoir des alliés, mais non des sujets. Les provinces du Kiousiou, où régnaient peut-être les fils des anciens Ookouni-no-Kami, devaient surtout être peu disposées à reconnaître un droit d'aînesse à une branche cadette de la famille des dieux ; l'histoire mentionne en effet la tribu des Koumasos, en Higo et en Satsouma, comme ayant soutenu de longues luttes contre les guerriers du Yamato, et comme résistant encore au temps du quatorzième Mikado.

Après avoir élevé en l'an 1 le palais de Kasiwabara, Dzinmou en fit, en l'an 2, le siège d'un gouvernement régulier, qui dut être quelque peu théocratique, en raison du secours apporté par les Kamis pendant la guerre ; puis, en l'an 4, il éleva sur le Torimi-yama un temple à ses ancêtres. Les annales lui accordent généreusement soixante-seize ans de règne pacifique. Ce long règne est peu rempli ; on raconte toutefois que Dzinmou parcourait la contrée et qu'étant monté un jour au sommet du mont Aménooka, il contempla de là le pays environnant et lui trouva la forme d'une libellule, en japonais *akitsou*; de là le nom d'Akitsousima, ou Yamato-Akitsousima, par lequel l'île de Honto est désignée dans les vieux textes. Enfin, Dzinmou-Tennô mourut en 585 av. J.-C., à l'âge de cent vingt-sept ans ; il fut enterré sur le mont Ounébi.

Les règnes suivants voient se défricher les territoires de chasse enlevés aux Aïnos, et la plaine se transformer en rizières sous la main active des fils des conquérants. Au palais, on s'occupe des réservoirs d'eau à créer dans les hautes vallées et des canaux d'irrigation à creuser dans le

---

rain, révolte, famine, tremblement de terre, etc., soit en signe de deuil, soit plutôt pour conjurer le fléau.

Ces périodes (*néingo*), instituées par Kôtokou-Tennô, remontent à l'époque des premiers documents écrits. La chronologie antérieure repose sur de simples traditions.

pays plat; l'introduction d'une plante utile compte alors dans les actes dont s'honore le plus un Mikado. Il n'y a point de patriciens, point de caste militaire; mais les familles se développent comme les *gentes* de Rome, et le chef de chacune d'elles groupe autour de lui une clientèle de kéraïs dévoués jusqu'à la mort. Il n'y a aucune ville, pas même de capitale fixe, la mort d'un Mikado obligeant à déserter le lieu où s'est produit un événement si néfaste. Jusqu'à la fondation de Nara par la Mikadesse Guémmei, en 709, chaque Mikado s'établit en un point nouveau du Yamato et change même de résidence pendant son règne si quelque calamité lui montre qu'il a mal choisi. Dans cette demeure nomade, que n'entoure aucun appareil militaire, tout contraste avec les habitudes des despotes orientaux et montre, dans le Mikado, le chef patriarcal d'un peuple de laboureurs.

Des dix premiers règnes, il reste peu de souvenirs. Du onzième, qui vit le premier complot contre la vie d'un Mikado, on a conservé surtout l'histoire de Nomi-no-Skouné, vainqueur de Taïma-no-Kéhaya, dans un combat qui est l'origine du *Smoo* ou combat de lutteurs. Kéhaya, fier de sa force, parcourait la contrée, défiant tous les champions et tuant ses adversaires à coups de pied [1]. Pour mettre fin à ses exploits, le Mikado dépêcha contre lui Nomi-no-Skouné, et régla les conditions du combat, auquel il voulut assister avec toute la cour. Nomi-no-Skouné, saisi par la ceinture, fut soulevé de terre et sembla

Lutte de Nomi no Skouné et de Kéhaya, netské.
(Coll. de M. Bertin)

---

1. *Kérou*, donner des coups de pied, *haya*, vite; d'où le nom de Kéhaya.

perdu ; il put reprendre pied, terrassa son redoutable adversaire et le tua. Élevé en dignité, Nomi-no-Skouné fut chargé de réformer les rites funéraires ; il proscrivit, pour la première fois, l'usage où étaient les kéraïs de se donner la mort sur la tombe de leur maître pour être enterrés avec lui ; on dut mettre, dès lors, dans la tombe des chefs, de simples statuettes de terre cuite représentant leurs fidèles. Les premières statuettes ayant été fabriquées par le Skouné lui-même, le Mikado décida que sa famille prendrait le nom de Hazi, argile-famille, qui a été conservé par ses descendants. Les kéraïs éludèrent d'ailleurs la nouvelle loi, et se tuèrent longtemps encore, selon l'antique coutume.

De cette période d'égalité et de concorde, où tous les Japonais, dit-on, étaient samouraïs, qui contient onze règnes seulement en 734 ans et qui fut à peine troublée par une première et rapide campagne en Corée au temps de Souinigne-Tennô, il est resté dans le pays les souvenirs d'un âge d'or. Vint ensuite une ère plus agitée que remplissent la lutte finale contre les Aïnos et les grandes expéditions de Corée, en attendant l'époque si troublée des guerres civiles.

Guerre des Aïnos.

Japonais et Aïnos avaient gardé, après Dzinmou, leurs positions respectives ; on bataillait souvent autour de la barrière du rendez-vous, dont le petit village d'Oozaka [1], entre Kioto et Ots, a conservé le nom ; mais tout se bornait à une guérilla de frontière. Kéïko-Tennô, douzième mikado, qui régna de l'an 71 à l'an 130 après J.-C., reprit l'œuvre de la conquête ; il remit à son fils Oosou le sabre Mourakoumo, en le chargeant d'ajouter à l'empire de nouvelles provinces. Ce prince, vrai héros de légende, d'une

---

1. *Oou* se réunir, *saka* pente. Le nom de la ville d'Ozaka, qui a la même prononciation, s'écrit avec un modzi différent et signifie grande pente.

violence telle qu'il tua son frère aîné dans son enfance, s'était rendu célèbre, avant d'avoir atteint l'âge d'homme,

Le Yamato-Daké déguisé en femme,
dessin de Hokoûsaï (signé *Gouakio-riózigne*, le vieillard passionné pour le dessin).

par une victoire sur les Koumasos; il tua par surprise deux chefs Koumasos après avoir pénétré chez eux sous un déguisement de femme. Après s'être rendu les Kamis favorables en adorant à Isé la déesse Amatéras, Oosou-Sinnô s'enfonça hardiment en Sourouḡa, et il remporta à Oukisima-ḡa-hara une victoire qui établit définitivement la supériorité des armes japonaises. Les Ebisous, désespérant de résister par la force, prièrent Oosou de leur laisser leur indépendance en devenant leur roi ; il refusa. Alors ils l'invitèrent à une chasse, dans laquelle ils essayèrent de le faire périr en allumant un incendie ; le prince échappa au danger en fauchant les herbes autour de lui ; ce jour-là le sabre sacré changea de nom, et, de *Mourakoumo* l'amasseur de nuées, devint *Ksanagni* l'abatteur d'herbes. D'après une légende, le vent changea dès qu'Oosou brandit son arme, et l'incendie, se détournant de sa première route, alla dévorer les ennemis. Oosou se vengea sans doute et expulsa les Ebisous de leurs forêts de Sourouḡa.

Maître d'une vaste contrée, le jeune conquérant résolut de porter ses armes dans les régions inconnues situées au nord du golfe de Tokio, et s'embarqua avec sa troupe en Saḡami, se dirigeant vers le pays de Moutsou. Un dieu jaloux veillait sur ces rivages inexplorés ; irrité encore, par une plaisanterie du héros, contre les audacieux inconnus qui méprisaient ses vagues [1], il souleva une terrible tempête ; toute la flotte faillit périr dans le golfe de Saḡami. On comprit que la divinité du golfe exigeait une victime pour prix de premier péage. La belle Tatiibana-Himé, favorite du prince et sa fidèle compagne dans son aventureuse expédition, s'offrit en holocauste et se précipita dans les flots. La tempête s'apaisa aussitôt, et l'armée put aller débarquer en Kadzousa. Une partie du vêtement de Tatiibana fut déposée par le flot dans la baie d'Yokoska, et, pieusement recueillie, fut enterrée au sommet de l'Adzouma-yama, colline surmontée d'une calotte de grands arbres qui domine l'entrée de l'arsenal moderne. Oosou parcourut en

---

1. En voyant courir les longues vagues de l'océan, Oosou s'était écrié en riant : « *Hasiri midzou* », — c'est de l'eau qui galope.

vainqueur les plaines du nord ; quelques historiens, ignorant l'étendue du pays de Moutsou, très réduite au nord de Sendaï par les cartes japonaises [1], ont voulu qu'il ait pénétré jusqu'au détroit de Tsougar. En réalité, Oosou alla seulement jusqu'à la barrière de Sirakawa en Iwaki, où s'établirent peut-être quelques-uns de ses compagnons ; puis il reprit, par l'intérieur du pays, la route du Yamato. Comme il traversait le massif de l'Asama-yama, il s'arrêta en haut de la passe d'Ousoui-togné, contemplant en silence les provinces nouvelles et songeant à la compagne dévouée qui s'était sacrifiée pour lui ; puis il s'écria : « Ma femme n'est plus », — « Aḡa tsouma haya ». Cette exclamation servit à désigner tout le pays du nord ; l'ensemble des provinces du Kouanto et de l'Oosiou a longtemps porté le nom d'Adzouma, qui en est l'abrégé.

Pendant son retour triomphal, le prince Oosou s'arrêta en Omi, sur le mont Ibouki, dont le dieu s'étant approché sous la forme d'un serpent, l'empoisonna de son haleine. Il put encore gagner le sanctuaire d'Isé, auquel il offrit comme esclaves les prisonniers qu'il ramenait ; il mourut à Isé et fut enterré près de là, à Nobouno, en l'an 111 ; il avait alors trente ans. Il eut les funérailles d'un Mikado, et il a gardé dans l'histoire le nom de Yamato-Daké-no-Mikoto, ou le prince vaillant du Japon, qu'un chef Koumaso vaincu lui avait donné. De la tombe de Nobouno, s'envola un oiseau blanc, qui alla descendre à Kotosikihara en Yamato, où une seconde tombe fut élevée. Le premier cercueil fut trouvé vide ; le Yamato-Daké avait après sa mort accompli son retour au pays natal. De tout temps, il a été connu au Japon que l'homme ne finit point à l'heure de la mort. Les esprits reparaissent sous forme de *youréi*, quand ils ont à protéger leur descendance ou à tirer vengeance d'un ennemi. Souvent aussi ils reviennent simplement pour voir

---

1. Voir une carte datant de 1864, donnée à la fin du volume.

le soleil briller après l'orage ; ils forment alors l'arc-en-ciel, qui fuit devant ceux qui le poursuivent et refuse de livrer le secret de la tombe d'où il est sorti.

Le père d'Oosou-Sinnô employa la fin de son glorieux règne à guerroyer contre les Koumasos, qui, vaincus à plusieurs reprises, furent soumis définitivement par ses successeurs.

L'expédition du prince Oosou contre les Aïnos fut suivie d'une lutte de sept siècles sans incident mémorable, à l'issue de laquelle tout le pays se trouva soumis jusqu'au détroit de Tsougar. Il y eut probablement deux guerres et deux conquêtes distinctes sur les deux versants que sépare la chaîne centrale. Du côté de la mer du Japon, les conquérants qui occupèrent la vaste province de Etii, divisée plus tard en Etiizéin, Etiiou, Etiigo et Déwa, se contentèrent de la soumission des vaincus, et l'on rencontre encore sur ce versant, principalement dans la presqu'île de Noto, beaucoup de descendants d'Aïnos. Du côté de l'Océan, ce fut une guerre d'extermination appelant une résistance désespérée, jusqu'au jour où Saḡa-Tennô, qui régna de 810 à 823, décréta que les Aïnos, après avoir accepté l'autorité du Mikado, seraient traités comme ses autres sujets. Aux environs de l'an 1000, il ne restait probablement plus, sur tout le Honto, de peuplade indépendante ; mais les fils des guerriers aïnos ont encore joué un grand rôle dans les rébellions formidables qui se sont alors succédé dans l'Oosiou, et dont la répression a fondé la puissance des Minamoto. Un dernier souvenir de l'importance de la guerre des Aïnos se trouve dans ce titre de *Sé-i-taï-Siogoun*, combattant-barbares-grand-général, qui fut créé par Kouammou-Tennô pour Ootomo-Ota-Maro [1], et qui, après avoir été comme *impe-*

---

1. L'antique famille des Ootomo (*Oo-tomo*, grand clan) qui eut un grand rôle avant l'apparition des Taïra et des Minamoto, a disparu dans la guerre d'Amakousa (guerre des chrétiens, 1637-1638).

rator le plus haut titre des généraux, a servi à désigner les empereurs militaires, souverains effectifs du Japon jusqu'en 1868.

Division géographique du Honto après la conquête.

La grande île de Honto, entièrement conquise sur les Aïnos, se divisa dans le langage courant, sinon au point de vue administratif, en trois grandes régions.

Le versant nord de la chaîne centrale, du détroit de Sémonoséki à celui de Tsougar, reçut la désignation de Hokkokou, ou pays du nord, qui aujourd'hui ne s'applique plus qu'aux seules provinces du Hokourikoudô, quand on considère la division totale de l'empire en huit routes ou *dô*.

Le versant sud, partagé en deux par la passe ou *Kouan* de Hakoné, reçut le nom de Kouanséi à l'ouest de cette passe, et celui de Kouanto à l'est.

Le mot Kouanséi resta une appellation vague et peu employée, qui n'était jamais appliquée au Gokinaï. La portion du Kouanséi à l'est du Gokinaï prit le nom de Tôkaïdô, en distrayant toutefois le Kii, joint aux îles de Sikok et d'Awadzi, pour former le Nankaïdô. La portion à l'ouest du Gokinaï porta de bonne heure le nom de Tiiougokou, ou pays intermédiaire, à cause de sa situation entre le Gokinaï et le Kiousiou ; c'est le Sanyodô actuel.

La portion septentrionale du Hokkokou et du Kouanto, sur les deux versants de la grande chaîne forma une division particulière, le Oosiou, divisé plus tard lui-même en Moutsou et Déwa. Cette région avait une armée distincte, que son gouverneur militaire était chargé de recruter et d'entretenir ; elle formait ainsi ce qu'on appelait un *tiignedzifou* ou *tandaï*, vice-royauté militaire et centre de recrutement, dont le chef porta souvent le titre de *tiignedzifou-Siogoun*.

Le Honto a formé ainsi, pour la période historique qui nous occupe, six grandes divisions : *Oosiou, Hokkokou, Kouanto, Tôkaïdô, Gokinaï, Tiiougokou*, qui sont figurées sur la carte à la fin du volume.

Cette digression géographique était indispensable pour la clarté du récit, dans la suite duquel les noms des six grandes divisions auront toujours la signification qui vient d'être indiquée [1].

Choki sur un tigre,
netské de Ogokousaï.
(Coll. de M. Bertin)

ÉTAT DE LA CHINE ET DE LA CORÉE.

Plus interminables encore que la guerre des Aïnos, furent les expéditions de Corée, qui mirent le Japon en contact intime avec ses voisins du continent. Pour suivre et pour comprendre la marche des événements, il faut jeter d'abord un coup-d'œil sur l'histoire intérieure de la Chine et de la Corée.

La Chine, dans son antique période républicaine et sous les trois premières dynasties, Ka, Igne, Siou [2], n'a pas de

---

1. Le Tôkaïdô actuel comprend, avec le Tôkaïdô, tel qu'il est défini ici, pays entre le Kouanto et le Gokinaï, le Kouanto lui-même, à l'exception de la province de Kôdzouké rattachée au Tôsandô. De plus, la province de Sinano, autrefois partagée entre le Tôkaïdô et le Kouanto, est tout entière dans le Tôsandô.

2. Tous les noms chinois sont écrits selon la prononciation japonaise actuelle.

relations connues avec le Japon. Vint ensuite l'époque troublée du Séin-gokou (pays des batailles) qui fut aussi l'époque des grands philosophes, Roo-si d'abord, puis Koo-si ou Confucius, Moo-si ou Mencius, Yoo-si, Soo-dzi, Kampi-si, etc., dont les doctrines triomphèrent des persécutions. Le fondateur de la quatrième dynastie, Si-koo-téé, pacificateur de l'empire et constructeur de la grande muraille, qui fut contemporain du huitième Mikado, envoya au Japon une expédition commandée par Joo-fou-kou, à la recherche du remède contre la mort, qui devait se trouver du côté du soleil levant [1]. Joo-fou-kou ne découvrit pas la plante merveilleuse ; mais il trouva le pays à sa convenance et il s'établit au Japon avec ses compagnons au nombre de trois mille ; leurs descendants se distinguent encore aujourd'hui et portent le nom de Hada ou Hadano. Les Chinois durent ainsi

Rêverie de Soo-dzi, netské de Yositomo.
(Coll. de M. Bertin)

Seïwobo portant le fruit de longévité.
(Mythe chinois)
(Coll. de M. Bertin)

[1]. Ce remède fameux, le *Fouzi-no-ksouri* (ne pas mourir-remède) existait au Japon. Il y avait autrefois à Hara, station du Tôkaïdô, un vieillard appelé Takétori ou bûcheron des bambous, qui le possédait. Sa fille Kakouya-Himé avait le corps blanc comme la neige. Le Mikado l'ayant aperçue, en devint éperdument amoureux. Il envoya plusieurs fois ses grands ministres la chercher pour l'amener au palais ; la jeune fille refusa, et, à sa lettre de refus, elle joignit le *Fouzi-no-ksouri*. Alors le souverain désespéré envoya jeter la lettre et le remède dans le cratère, au sommet de la montagne, qui prit de là le nom de Fouzi. Peu après, la belle Kakouya se retira au ciel.

Il existe, pour le nom du Fouzi-san, une étymologie plus répandue, — tirée d'un mot chinois signifiant sans pareil, — et mieux en rapport avec la date assez récente attribuée au soulèvement de la montagne.

introduire au Japon, vers l'an 200 avant J.-C., leur civilisation antérieure au bouddhisme; l'histoire de Sousanoo nous a montré que, bien avant cette époque, les Japonais avaient reçu d'eux l'art d'extraire une liqueur du riz fermenté.

La Chine retomba dans ses dissensions avec la guerre des deux dragons sous la cinquième dynastie, un siècle environ avant l'ère chrétienne. Les artistes japonais ont souvent représenté les héros de cette guerre, Tchôriô, le général du dragon rouge qui reçut du sage Kosékiko les préceptes de l'art de la guerre, après lui avoir montré son respect pour la vieillesse, et Kansigne, célèbre par son sang froid et sa patience, que des pêcheurs brutaux firent un jour, à leur manière, passer sous le joug.

Kôsékikô et Tchôriô, netské de Kiguoriousaï.
(Coll. de M. Bertin)

La sixième dynastie connut aussi les révoltes. Après un intervalle de paix sous la septième dynastie, pendant lequel le bouddhisme fut pour la première fois apporté de l'Inde, la Chine fut déchirée au IIIe siècle par les terribles convulsions de l'époque du Sangokóu ou des trois pays. L'empire se partagea entre les trois dynasties de Gui, Kan, Chokou, ayant leurs capitales respectives à Nankéin (Nankin), Chan-Haï (Shanghaï), et Kan-Tiou. Jamais ne se virent combats plus sanglants. Les trois héros de Kan, l'empereur Guénetokou, Kan-ou, armé du Séé-riou-to [1] (sabre au dragon bleu) et Tiô-hi

Kansigne et les deux pêcheurs
(*Kansigne no matakomori*)
netské de Kiguoriousaï.
(Coll. de M. Bertin)

1. Voir un bel *okimono* de la collection Thiers au Louvre (n° 378).

le guerrier à la lance, qui avait les cheveux roux et les yeux bleus, sont célèbres au Japon, à l'égal des héros nationaux.

La tranquillité se rétablit pour longtemps sous la neuvième dynastie, celle de Signe, et la dizième, celle de Dzoui. C'est alors que le bouddhisme conquit subitement la Chine, à l'arrivée de Dharma, venu de l'Inde en 520 après J.-C., sous le règne de Rio-no-Boutéé, et, de la Chine, gagna aussitôt la Corée.

La Corée était divisée en un grand nombre d'états in-dépendants. Les principaux

Kan-ou et Tiô-li, netské de Tomotiika.
(Coll. de M. Bertin)

étaient les deux royaumes de Siragui ou Signera et de Koma ou Koraï, dont le premier absorba plus tard le second, mais en prenant son nom pour l'imposer à toute la presqu'île. Venaient ensuite les états de Mimana ou Jinna, Koudara ou Hiakoŭsaï, Ara, Hahé, Karé, Bokkaï, Tomouro, Tokoudzioune, etc. — L'industrie et les arts étaient florissants, mais les dissensions intestines étaient incessantes, et les proscrits durent souvent chercher un refuge au Japon.

Guerre de Corée.

Un peu avant le commencement de l'ère chrétienne, un roi de Mimana, menacé par celui de Siragui, implora le secours du dizième Mikado Soudzigne-Tennô ; une armée japonaise débarqua en Corée et battit les gens de Siragui [1].

---

[1]. La première introduction de l'écriture au Japon paraît remonter à cette époque ; c'était une écriture phonétique, le *moukasi-no-kana*, qui a été très peu employée.

Le Japon regarda dès lors le Mimana comme son allié et son tributaire, et le Siragui comme son ennemi;

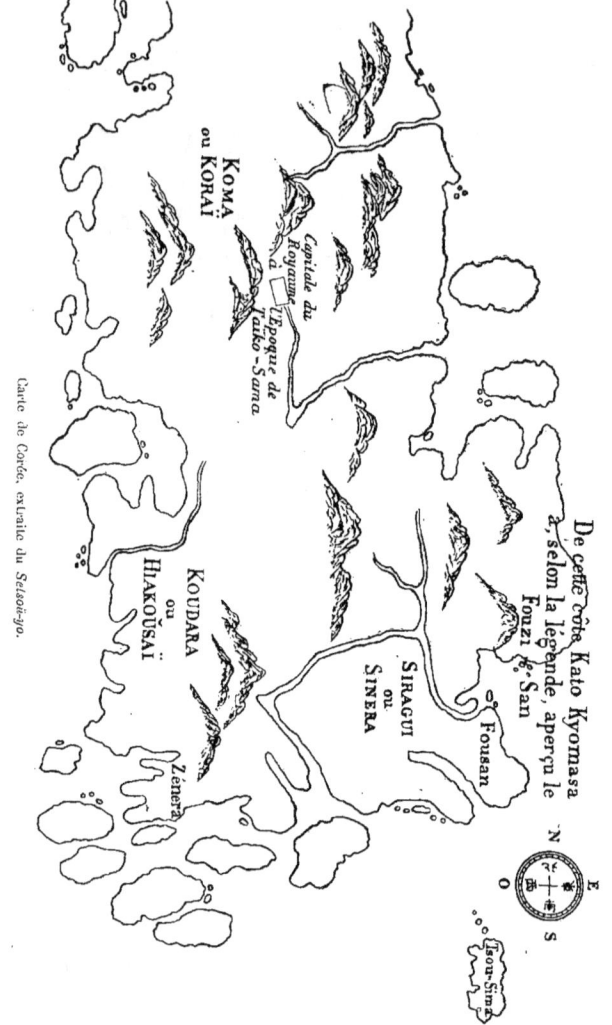

Carte de Corée, extraite du Setsoï-jo.

les conquêtes en Corée devinrent le rêve de tous les guerriers.

En l'an 200 après J.-C., le quatorzième Mikado publia son ban de guerre à l'occasion d'une révolte des Koumasos ;

Dzingo-Kōgō prête à s'embarquer pour la Corée, dessin de Hokoïsaï (signé *Gouakio-rōzigne*).

les soldats affluèrent de toutes parts, et l'armée rassemblée demanda à grands cris le départ pour la Corée. Le Mikado hésitait ; son refus, prononcé ou prévu, fut le signal d'une maladie subite qui l'emporta; sa veuve, Okinaga-Tarasi-Himé, la Dzignegô-Kôgô [1] posthume, prit une résolution virile. Un simple détachement fut envoyé contre les Koumasos; la mort du Mikado fut tenue secrète ; l'expédition fut résolue. La Dzignegô-Kôgô était enceinte; elle demanda aux dieux de retarder sa délivrance jusqu'au retour, endossa l'armure des guerriers, s'arma de l'arc et des flèches qui sont conservés au grand temple de Nara, et partit à la tête de l'armée et de la flotte. Le grand kérai de Dzignegô, à la fois son écuyer, son garde du corps et son général, le guerrier aux cheveux blancs des peintures, était le fameux Také-no-outii-no-Skouné, le chef des armées sous les trois derniers règnes, jadis compagnon d'armes du prince Oosou contre les Koumasos ; il devait avoir alors dépassé, depuis longtemps, l'âge de cent ans, si, bien vraisemblablement, son nom ne représentait une dynastie de Také-no-outii, se succédant de père en fils dans la charge de principal Skouné ou connétable [2]. Après une traversée heureuse, l'armée remporta de brillantes victoires. Le roi de Siragui, Hasami-Kéïnou, fut contraint à la soumission ; les États de Koraï et de Koudara envoyèrent des présents et promirent le tribut. La Dzignegô-Kôgô rentra au Japon dans toute sa gloire, entourée de ses illustres guerriers, Oyada-Skouné, les deux Ootomo, et, au-dessus d'eux tous, Také-no-outii. Débarquée en Tskousi ou Tiikouzéin, elle donna le jour à un fils qui mourut jeune et dont le signetô a fait son dieu de la guerre, sous le nom de Hatiiman [3]. Deux fils du Mikado défunt aspiraient au trône ; la belliqueuse Kôgô les battit et continua ensuite sa longue régence de soixante-neuf ans, au cours de laquelle deux expéditions nouvelles allèrent en Corée réprimer deux révoltes du Siragui.

1. Kôgô, impératrice de *Kô* impérial, *gô* épouse.
2. Dans sa jeunesse, le fidèle Také-no-outii, accusé de complot, triompha de ses dénonciateurs par l'épreuve de l'eau bouillante.
3. Suivant une autre version, ce fils est Odzigne-Tennô, le successeur de la Kôgô.

Les Coréens du ive siècle avaient, à un haut degré, les vertus militaires qui n'ont pas totalement disparu chez leurs descendants. Le Siragui reprit bientôt la lutte et se défendit avec acharnement contre les armées d'Odzigne-Tennô, et du bon Mikado Nignetokou ; il fut souvent vaincu et les prisonniers coréens vinrent au Japon creuser le canal de *Kara-hito-no-iké* (Corée-hommes-étang), qui a conservé leur nom [1] ; mais il ne fit jamais qu'une soumission apparente. Sous les règnes suivants, les guerres furent continuelles ; tous les États de Corée y prirent part. Au milieu du vi^e siècle, le Japon avait pour alliés ou pour vassaux le Mimana, le Koudara et le Siragui ; Kimméi-Tennô attaqua avec eux le royaume de Koraï ; le Siragui passa à l'ennemi et les succès se balancèrent. Le plus fidèle allié du Japon, le Mimana, succomba sous des attaques répétées, et tomba pour toujours aux mains des ennemis. Une victoire de Sadéhiko contre le Koraï rétablit l'honneur des armes japonaises à la fin du règne de Kimméi ; le roi de Koraï paya quelque temps le tribut ; il accompagna un jour son envoi d'une lettre écrite sur la plume d'un corbeau, que le savant Osiouni déchiffra en passant la plume à l'étuve et reportant l'écriture sur une bande de soie blanche.

Osiouni, netské de Siougnets.
(Coll. de M. Bertin)

Les légendes de ce temps ne sont plus remplies des preuves merveilleuses de la protection des dieux ; elles se complaisent surtout à rappeler le deuil des femmes japonaises dont les maris sont envoyés dans le gouffre coréen. Soyo-Himé, femme de Ootomo-no-Sadéhiko, général de Séinkoua-Tennô, ne put détacher ses yeux de la voile qui disparaissait à l'horizon ; toujours

---

1. Actuellement *Kara* signifie Chine, la Corée se nomme *Tchôséin* en japonais.

immobile, elle s'est incrustée peu à peu sur le rivage ; elle est ainsi restée, sous la forme d'une pierre[1], là où elle a pleuré, et elle regarde toujours du côté de la Corée.

Soyo-Himé métamorphosée en pierre, d'après un dessin de Guignekô.

Les campagnes interminables, où l'on combattait sans relâche contre les hommes et contre les tigres, avaient depuis longtemps remplacé les expéditions brillantes et rapides de Dzignegô. Les plus aventureux se décourageaient. La constance du Japon touchait à son terme, épuisée, en même temps que ses ressources, dans une guerre cinq fois séculaire où toutes les victoires avaient été stériles.

Vers le milieu du VIIe siècle, les armées chinoises apparurent à leur tour en Corée. La Chine prétendait avoir soumis la Corée douze cents ans avant J.-C., et, en abandonnant toute action sur ses anciens vassaux pendant ses divisions intestines, elle prétendait n'avoir rien perdu de ses droits

---

1. Le *bô-fou-séki*, ou pierre de l'épouse qui pleure, sur le *Hiré-fourou-yama*, montagne d'où elle agitait sa coiffe en signe d'adieu.

de suzeraineté. Elle avait été trop occupée chez elle, lors des premières expéditions japonaises, pour songer à intervenir. La régence de la Dzignegô-Kogō, en effet, est contemporaine de l'époque du San-gokou. Sous les dynasties Signe et Dzoui, la Chine, toute au bonheur d'avoir retrouvé la paix,

Ancien cavalier chinois, netské de Koguiokousaï.
(Coll. de M. Bertin)

n'eut avec le Japon que des relations amicales et ne lui envoya que des bonzes. Sous la grande dynastie de Tô (onzième), au contraire, les anciennes prétentions furent mises en avant. La Chine s'unit au royaume de Siragui, l'éternel ennemi du Japon, pour attaquer celui de Koudara. Les généraux de la Mikadesse Saïméï-Tennô défendirent encore avec succès son dernier vassal ; quelques centaines de prisonniers chinois purent même être montrés au Japon. Sous le règne du Mikado suivant, Téindzi-Tennô (662-670), les Chinois unis aux forces de Siragui furent vainqueurs ; l'état de Koudara fut soumis au Saragui, comme l'était déjà l'état de Mimana. Il ne resta plus au Japon un pouce de terre en Corée et sa dernière armée quitta le continent, en ramenant un grand nombre de réfugiés du royaume de Koudara.

Le Japon ne devait plus désormais songer, jusqu'à Taïko-Sama, à passer la mer pour batailler en Corée. Le règne de Téindzi-Tennô, qui vit s'élever le premier Foudziwara, ouvrit une ère essentiellement pacifique. Sous les Mikados suivants, l'histoire japonaise mentionne de temps à autre l'arrivée du tribut de Corée. Ce sont des présents qui sont offerts en refusant l'hommage ; la lettre qui les accompagne oblige souvent à les renvoyer. L'orgueil national a des révoltes ; parfois une expédition se rassemble, puis la réflexion vient et la flotte reste. Au ixe siècle, le Japon est riche en poètes et pauvre en guerriers. Les Coréens s'enhardissent et attaquent à leur tour; vers l'an 900, ils viennent en pirates menacer Tsousima. Aux environs de l'an 1000, le Siragui, devenu le Koraï, organise contre le Kiousiou une véritable expédition qui est repoussée. Ainsi se terminent les guerres de Corée.

L'île de Kiousiou, considérée comme pays frontière, reçut une organisation militaire semblable à celle de l'Oosiou, et forma un second *tandaï*, généralement appelé le *Dazaïfou*; le chef militaire chargé d'en recruter et d'en commander l'armée porta souvent le titre de *Sioni*, sous lequel il sera désigné dans la suite du récit.

Le Japon, rentré dans ses limites naturelles, conservait, pour prix de ses longs efforts, une religion nouvelle, les arts et les sciences de la Corée et de la Chine, une écriture qui le rivait pour longtemps, sinon pour toujours, au développement de la civilisation chinoise, enfin de nombreuses colonies de Coréens, venus en émigrants ou ramenés comme prisonniers, et disséminés dans toutes ses provinces.

Leçon d'écriture, gravure extraite du Setsoū-yo.

Tumulte dans une bonzerie.
On promène le *kosi* ou tabernacle du temple.
(D'après une gravure de Téïsaï).

III. — CONSÉQUENCES DES GUERRES DE CORÉE

Le Japon, pendant ses tentatives pour asservir la Corée, fut lui-même conquis par une civilisation supérieure à la sienne. Il n'avait fait jusque là, chez ses voisins, que des emprunts isolés. Le chinois Joo-fou-kou, à quelque titre qu'il soit venu, plus tard un prince coréen proscrit, hospitalièrement accueilli, avaient introduit les étrangers en assez grand nombre sans faire sortir le pays de sa tradition nationale. Dans les villes coréennes, les compagnons de guerre de la Dzignegô-Kôgô se jugèrent grossiers et barbares auprès d'hommes qui dissertaient sur Confucius et pouvaient tous, quelle que fût leur langue, se comprendre par l'écriture. Prompt dès lors à s'assimiler les arts qu'il envie à l'étranger, le Japon entreprit de se modeler sur la Chine. Les Mikados envoyèrent en Corée et en Chine de nombreuses missions d'étude; ils firent venir près d'eux des lettrés et des artistes qu'ils comblèrent de faveurs; ils attirèrent enfin au Japon, par des privilèges et surtout l'exemption d'impôts, des colonies entières de Coréens. L'afflux des hommes du continent se prolongea pendant cinq cents ans, de l'an 200 à l'an 700. Il sortit de là un Japon nouveau, qui devait garder intacte, jusqu'à nos jours, l'empreinte profonde de la culture d'esprit chinoise.

Deux périodes sont à distinguer, dans l'évolution intellectuelle qui commence avec le III° siècle.

Pendant la première période, qui s'étend jusque vers la fin du VI° siècle, la philosophie de Confucius, les lettres, les arts nouveaux s'implantent dans le pays, principalement sous le règne du quinzième Mikado (270-310), successeur immédiat de Dzignegô, et par l'influence du lettré coréen Wani. Le Japon, resté fidèle à son vieux culte, n'est alors entamé qu'à la surface et dans les classes supérieures de la société.

Pendant la seconde période, la conversion presque complète du pays au bouddhisme fait pénétrer l'esprit nouveau dans les couches les plus profondes de la population. C'est l'époque de la Mikadesse Souiko-Tennô (593-628), des bonzes coréens Kanrokou et Donchô suivis des bonzes chinois. Puis, après les étrangers, viennent les grands rénovateurs japonais, le bonze Kôbô-daïsi, Kibi-no-daïdzigne, etc., par lesquels se poursuit, jusqu'au milieu du XI° siècle, l'œuvre de la transformation du pays.

Premiers emprunts a la civilisation coréenne.

Les côtés matériels de la civilisation coréenne ayant vivement frappé les guerriers des premières expéditions, des hommes de métier furent appelés en grand nombre, tisserands, forgerons, architectes, musiciens, couturières, jusqu'à des fabricants de liqueurs. Le célèbre Wani amena avec lui des ouvriers de diverses professions. Il apporta aussi les premiers classiques, le *Séindzimon*[1], recueil élémentaire de

---

1. Livre de sentences en mille caractères; *séin* mille, *dzi* caractères, *mon* sentences.

sentences en mille caractères ou *modzi* chinois, et le *Rongô*[1], livre de lecture composé de préceptes de Confucius, avec lequel les enfants japonais font durement connaissance, dans les écoles où leur jeune intelligence passe sous le rouleau de l'éducation classique chinoise ; Wani fut précepteur du seizième Mikado, et son royal élève a sans doute été la première victime du *Rongô*.

Le Japon possédait son ancien alphabet phonétique, syllabaire, venu de Corée à une époque inconnue, avec lequel sont écrits divers textes aujourd'hui indéchiffrables ; il l'abandonna immédiatement pour la langue universelle des idéogrammes, qui le mettait en libre communication avec la Corée et la Chine. La doctrine de Confucius prit sans doute plus de temps pour se propager, car la fête officielle du grand philosophe ne fut établie que quatre siècles après Wani.

Le signetô en présence du bouddhisme.

Lors des premières expéditions de Corée, le signetô était une religion pleine de vie, qui voyait naître quelques-unes de ses légendes les plus populaires, produisait des miracles, et enfantait encore des dieux.

Le voyage d'Ourasima au palais liquide de la déesse Oto-Himé est contemporain du vingt et unième Mikado (457-479). Une tortue de mer porta le hardi pêcheur près de la déesse ; il resta là deux cents ans, toujours jeune et inconscient de la fuite du temps ; lorsqu'il demanda à revoir sa maison, Oto-Himé lui remit une boîte contenant les années dont son âge était déchargé. Rentré dans son pays, où tout lui était étranger,

Ourasima sur sa tortue, netské.
(Coll. de M. Bertin).

---

1. Discussion ou dissertation.

Ourasima ouvrit la boîte malgré la défense de la déesse; il vit sortir une fumée légère, tomba dans une subite décrépitude, puis aussitôt, mourut de vieillesse. Le miracle de Yôrô [1], dans lequel une cascade de la montagne devint une source de saké pour satisfaire au pieux désir d'un fils seul soutien de son vieux père, est de l'an 485; publiquement reconnu par la Mikadesse il donna son nom à la période chronologique. Le dieu de la guerre Hatiiman a pris place dans le panthéon du signetô peu après la grande expédition de la Dzignegô-Kôgô. Le signetô déifiait tous les grands hommes; il élevait ses temples comme nous dressons des statues en y attachant sans doute plus de respect, mais sans y mettre peut-être beaucoup plus de discernement. Le dieu de la poésie, Kakinomoto-no-Hitomaro, est un poète qui florissait au début du VII° siècle; l'*outa* suivant, qui est un chant d'amour de sa composition, ne dément pas le reproche, fait au signetô, de manquer d'élévation : « Montagnes ondu-« lées, que la queue flottante de vos *yamadori* est longue, « plus longue, plus longue sera cette nuit, pour moi qui « dormirai solitaire [2]. » Ce dieu mourut en 633; c'est donc pendant la ferveur bouddhiste des premiers temps qu'il fut déifié; son temple est à Akasi, où s'arrêtait du côté du sud, il y a cinq ans, la grande ligne de chemin de fer du Japon. La dernière station au nord était à Siôgama, près du temple et des anciennes marmites de Siôdzoutii-no-Oosi, le grand vieillard du sel terrestre, déité oubliée d'une industrie disparue.

Ourasima ouvrant le *tamatébakko*, netské de Masahiro.
(Coll. de M. Bertin).

1. *Yô* nourrir, *rô* vieillard.
2. Voir note II, outa n° 2. Le *yamadori* (montagne-oiseau) doit être une sorte de faisan portant, comme le coq de Tosa, une longue queue flottante.

Le surnaturel remplit tous les contes japonais, dont la forme moderne nous est connue par mainte traduction; l'origine antique de ces contes montre que les Kamis ont su donner quelque satisfaction à l'imagination populaire, et que volontiers, sur cette terre, ils récompensaient les bons et punissaient les méchants. Mais tout ce surnaturel est trop enfantin, les légendes sont trop naïves, les dieux laissent trop voir d'où il sont sortis. Le signetô avait oublié de dire à

TROIS CONTES POPULAIRES

Sibaraki-dzidzi et la pêche d'où est né Momotaro.

Le *Tanouki* et la théière.

Hanasaki-dzidzi et le chien qui découvre les trésors.

Netskés. (Coll. de M. Bertin).

l'homme pourquoi il est sur la terre, sinon pour y vieillir, et de lui expliquer pourquoi, dans son corps chétif, hantent des pensées qui l'élèvent si loin au-dessus des misères de la vie. Aussi le signetô laissait la place libre à une religion pleine de révélations sur les sources d'où l'âme humaine a jailli et les mondes où elle doit achever son destin; simple page d'histoire merveilleuse, il n'avait pas besoin de disparaître pour que le Nipon se convertît au bouddhisme.

Le Bouddhisme au Japon; sa fusion avec le Signetô.

Il ne paraissait guère, au temps de Dzignegô et de ses successeurs, que le Japon dût recevoir une religion du continent. Le bouddhisme, introduit en Chine en l'an 56, sous le règne de Kô-méi-Kôtéi, le deuxième empereur *Kan*, y végétait sans gagner beaucoup de fidèles, et la Corée, là comme partout, prenait exemple sur la Chine.

Les lettrés s'étaient attachés à leur haute morale abstraite, dont ils avaient fixé les règles minutieuses, au point de lui donner des martyrs ; l'un d'eux Siro, qui dans sa jeunesse s'était fait porte-faix pour soutenir ses parents, s'étant aperçu dans un combat que son chapeau avait quitté la position correcte, le redressa au plus fort de la mêlée et fut ainsi tué. Ils mettaient, à défendre leurs opinions une ardeur et une turbulence qui leur attira de terribles persécutions ; un empereur voulut couper court aux querelles des écoles par l'extermination des philosophes. Quant à la masse populaire, elle vivait, dit-on, insouciante d'apparence, dans le plus épais nuage de superstitions bizarres qui ait jamais été amassé. L'étrange peuple ne soupçonnait pas la question religieuse, bien loin d'annoncer une race de néophytes et d'apôtres.

Siro étudie en portant un ballot. Netské.
(Coll. de M. Bertin).

Quand Darouma (Bodhi-Dharma) vint prêcher en 520, sous Rio-no-Boutéé, suivant la légende répandue au Japon qui personnifie peut-être dans le patriarche le bouddhisme lui-même et ses *dharma*, la Chine fut comme illuminée par un éclair d'une frontière à l'autre. Le grand apôtre des pensées intraduisibles et de la vie contemplative trouva des prosélytes par millions dans ce pays d'hommes affairés [1]. Trente-deux ans plus tard, des bonzes coréens tentaient au Japon la première prédication bouddhique ; ils furent écon-

---

1. Darouma se représente toujours, au Japon, enfermé dans un sac et privé de jambes. La légende dit qu'il est resté huit ans en contemplation devant un mur ; ses jambes avaient séché ; lui-même semblait mort ; un peintre s'approcha un jour, pour le repeindre comme une vieille statue ; au contact du pinceau, il se releva soudain, ayant par miracle retrouvé tous ses membres.

duits; le palais décida que le Japon avait des dieux et n'en devait pas changer.

Vers 555, puis en 580, les bonzes reparaissent, accompagnant des objets de culte, des statues du Bouddha, des livres sacrés, joints par le roi de Hiaksaï au tribut qu'il envoyait au Japon. Deux fois les bonzes sont bien accueillis et autorisés à bâtir un temple; puis le parti fidèle au signetô, qui domine parmi les grands, obtient la destruction du temple et l'interdiction du nouveau culte. On s'inquiète pourtant; la première fois, une épi-

Darouma et le peintre,
Okimono.
(Coll. de M. Bertin).

démie a été regardée comme un signe de la colère des Kamis; la seconde fois, une maladie du Mikado paraît un avertissement du Bouddha. La lutte devient vive à la cour. Bitats-Tennô protège Soga-no-Mmako, chef du parti bouddhiste; il meurt en 586, sans s'être lui-même converti; son successeur éphémère Yôméi-Tennô adopte la nouvelle religion. Morya, l'ennemi des bouddhistes, a tout disposé pour faire arriver au trône un prince fidèle aux anciens dieux; mais Mmako connaît son terrain; les études religieuses ne lui font point oublier les moyens terrestres; il devance son adversaire, fait assassiner le prétendant soutenu par Morya, assiège ce dernier dans sa maison avec l'aide du prince

Mmayado[1] le futur Chôtokou-Taïsi, s'empare de lui et le met à mort. Alors monte sur le trône, en 588, par les soins de Mmako, le trente-deuxième Mikado, Sosioun-Tennô, ouvertement favorable au nouveau culte, qui fait élever le temple de Hôkôdzi, pour recevoir les reliques bouddhiques envoyées par le roi de Hiaksaï.

Le palais conquis, le pays était gagné. La conversion s'accomplit surtout sous le règne de la Mikadesse Souikô-Tennô (593-628); le bouddhisme gagna jusqu'au pays reculé du Tokio actuel. Hasi-no-Nakatomo, exilé sur les bords du Soumida-gawa, pêcha dans la rivière une statuette de Kouannon, qui lui apparut sous l'eau entourée de lumière; cette statuette est conservée avec vénération dans le grand temple d'Asaksa. Le rôle des lettrés de l'époque précédente fut partout pris par des bonzes; ce fut un bonze de Koudara, Kanrokou, qui apporta les premières règles approchées pour la fixation de l'année solaire, tandis qu'un bonze de Koraï, Donchô, à la fois peintre et savant, enseignait l'art de faire l'encre et le papier et de fabriquer les meules. La Mikadesse ouvrit avec l'empire chinois, alors gouverné par la dynastie de Dzoui, un échange régulier d'ambassades, le premier que l'histoire mentionne; les envoyés chinois vinrent accompagnés de bonzes, qui s'établirent dans le pays et rivalisèrent de zèle avec les bonzes coréens. On fondit le premier Daïbouts, ou statue de Bouddha, et le roi de Koraï témoigna de sa ferveur, en participant à l'œuvre par l'envoi de trois cents pièces d'or. Le Kôtaïsi ou prince héritier Chôtokou, fils de Souikô, versé dans les lettres et le droit chinois, se distinguait, au milieu des pieux catéchumènes du palais, par sa science approfondie des textes sacrés; il écrivit de volumineux ouvrages, parmi lesquels un recueil de prédictions, qui sont restés l'objet de la vénération des fidèles. Enlevé par une mort prématurée, au trône qu'il devait occu-

---

1. Né dans une étable, comme son nom l'indique.

per, Chôtokou est le grand saint du boudsdô national; c'est lui que la légende oppose toujours à l'impie Morya, et, dans la lutte des deux adversaires, Morya tombe foudroyé par un rayon divin sorti de l'œil du Kôtaïsi. Les successeurs de Souikô-Tennô, le Mikado Kôtokou, qui renouvelle la défense aux kéraïs de se tuer pour être enterrés avec leur maître, et le législateur Temmou-Tennô, sont, à son exemple, des bouddhistes fervents. Les impératrices s'adonnent aux œuvres de charité. La Koméi-Kōḡō, qui soignait elle-même les malades, en rencontra un plus repoussant que tous les autres, et lui fit prendre un bain; alors le malade, se transfigurant, apparut, au milieu d'une lumière, sous les traits du Bouddha lui-même. Dzitô-Tennô, veuve du Mikado Temmou, fit relever le nombre des temples bouddhistes; il y en avait cinq cent quarante-cinq répandus sur la surface du pays.

Les prédicateurs, qui avaient reçu directement la parole de Darouma, ne surent pas former, au Japon, des successeurs capables de poursuivre leur œuvre. Les nouveaux convertis n'avaient pas eu le temps de s'initier aux mystères abstraits du bouddhisme, que, déjà, les bonzes dégénérés négligeaient leurs devoirs religieux pour leurs intérêts matériels. Les schismes accélérèrent cette rapide décadence. Le bouddhisme japonais, qui paraît surtout issu à l'origine de la secte Jô-dzitsou, se divisa bientôt en sectes et sous-sectes très nombreuses, si bien qu'un Daïmio sceptique devait déclarer un jour, à l'arrivée des Chrétiens, que, dans un pays comptant trente-cinq religions, il y avait place pour une trente-sixième [1]. Entre les sectes, les discussions théologiques, furent sans doute assez vives, mais elles troublèrent moins le pays que les luttes armées; le sang coula souvent dans les rues de Kioto. Chaque temple devint une place forte, bien fournie d'armes, bien approvisionnée de flèches,

---

1. Voir dans le *Japon à l'exposition universelle de 1878*, p. 109, la liste des treize principales sectes et l'époque de leur établissement.

où les jeunes samouraïs allèrent puiser une légère éducation religieuse et une solide instruction militaire. Les chefs des partis, qui plus tard se disputèrent le Japon, briguèrent l'alliance des bettos ou chefs des bonzeries, et recrutèrent dans les temples un grand nombre de leurs plus célèbres kéraïs; la chape monastique tint ainsi un rang distingué,

Costumes de bonzes guerriers.
A gauche, Takéda-Signeguéin le rival de Kéinsigne.

sur tous les champs de bataille, à côté du casque des guerriers. De prosélytisme religieux, il ne fut plus question. Dans les temples, les textes sanscrits furent oubliés et les pratiques liturgiques formèrent toute la tradition. Au palais, les grands ne demandèrent au bouddhisme qu'une occupation dans leur vieillesse, ou une consolation dans leur disgrâce. Le peuple resta bouddhiste parce qu'il était religieux, et l'est encore ainsi. La période de ferveur avait été courte, le bouddhisme n'avait pu pénétrer, ni dans les mœurs privées, ni dans les mœurs publiques; Çakiâmouni, dès le XIIe siècle, n'aurait guère reconnu pour ses disciples les adorateurs du Chakkâ japonais.

Pour s'adapter au Japon, le bouddhisme accepta, dans ses dogmes, des compromis surprenants avec le signetô. Les Mikados bouddhistes restèrent dieux, fils de dieux, et, après leur conversion, pratiquèrent, comme devant, selon tous les anciens rites, l'adoration de leurs ancêtres; quand ils entraient dans la vie religieuse, après leur abdication, ils recevaient les dignités particulières de *Hô-ô* et de *Igne*, auxquelles était attaché un double pouvoir civil et religieux. Tous les Sioḡouns, tous les régents, qui exercèrent plus tard sur le pays un empire usurpé, trouvèrent aussi le bouddhisme prêt à leur accorder les honneurs divins que le signetô eût décerné à leur puissance ; ainsi, dans les temples bouddhiques de Siba, de Nikkô et d'Ouéno qui entourent les tombes de Yéyas, de Hidétada, de Yémits et de leurs successeurs, les Sioḡouns déifiés par la volonté du Mikado sous les noms de Tôchoogou, Taïtokouigne, Tayouigne etc., reçoivent les prières de la liturgie sanscrite.

Les sept dieux de fortune, *Sti Foukoudzigne*.
En partant de la gauche.
Djourdzigne coiffé d'une chape.
Daïkokou, son maillet et son ballot de riz.
Foukourokoudjou au grand front.
Ebisou coiffé d'un bonnet laqué.
Bichamon représenté par la pointe de son arme.
Béintenne bizarrement attifée.
Hotéé et son grand sac.
(D'après Kokan).

Dans le pays, comme au palais, le bouddhisme respecta les croyances les plus disparates ; il laissa les populations libres de choisir leurs dieux, d'allier ceux de provenance contraire, et même d'en créer de nouveaux ; c'est ainsi que la joyeuse compagnie des sept dieux de fortune ou *sti foukoudzigne* a réuni, dans la même barque, un vieux Kami du signetô, Ebisou, deux saints du bouddhisme, Bichamon et Béintenne (Benten), deux philosophes de l'antiquité chinoise Foukouroukoudjou et Djourôzigne, Daïkokou demi-hindou et demi-japonais[1], enfin Hotéé personnification plus vulgaire de la richesse et du bonheur ; toutes ces bonnes gens, sauf Bichamon toujours plein de gravité, semblent ravis de se trouver ensemble.

Parmi le nombreux personnel que le panthéon bouddhiste offrait à son adoration, le peuple japonais a un peu négligé le Bouddha, et écarté toutes ses transformations, les Hotokés trop abstraits pour lui ; il a, par respect pour les guerriers, distingué, parmi les gardiens des livres sacrés, les quatre *sitennô* dont Bichamon fait partie ; enfin du simple apôtre ou *bôsats* Awaro-Kitétsouara, le Kan-Hine des chinois, il a fait la grande déesse Kouannon, auteur de miracles sans nombre, dont les sanctuaires attirent tous les fidèles. Ainsi le bouddhisme populaire a versé dans l'idolâtrie, tandis que les lettrés, se détachant de lui, retournaient à Confucius.

Le signetô officiel a fait avec le boudsdô, et cela de tout temps, les confusions les plus étranges. Si dans le vestibule des temples consacrés à ces cultes enchevêtrés, on s'arrête devant un dieu noir et crépu, Foudô-Sama, spécialement chargé de guérir le mal de dents, on apprend non sans surprise qu'on est en face d'un Kami ; on peut même s'entendre dire que ce Kami est l'ancien Takémika, et l'on est exposé à conclure que le Japon avait ses nègres à l'époque d'Amatéras. Mais comme Takémika est évidemment trop occupé avec le *Namadzou* pour s'occuper de mâchoires, on

---

1. Daïkokou est quelquefois identifié à Oo-Kouni-no-Kami, parce que Daïkokou, en chinois, a le même sens que Oo-Kouni en japonais ; devenu ainsi un Kami, il a Ebisou pour compagnon ordinaire.

poursuit son enquête, et l'on reconnaît que l'on a simplement affaire à Takéda-Signeguéin, le rival bien connu de Kéinsigne, qui, après sa mort, est devenu le Kami Foudô-Takéda du signetô, en plein xvie siècle. Quant à Foudô-Sama l'ancien, c'est un pur Hindou du bouddhisme.

Mélange des superstitions chinoises et japonaises.

Avec le bouddhisme, vint de Chine un choix de superstitions auxquelles le Japon a fait subir maint embellissement pour se les approprier. La terre se remplit alors de démons les *Oni* et les *Hannia* ou *Hanniakou*, tantôt monstres terribles, tantôt assez bons diables qui aident aux soins du ménage. Les Onis se glissent indiscrètement partout; on en purge la maison en y jetant des pois le premier jour de l'an; les bonzes les exorcisent en leur coupant les cornes; leur grand ennemi est Choki, à la barbe flottante et au long sabre droit, qui s'est révélé dans un rêve à l'Empereur de Chine et qui les prend sous son chapeau comme de simples papillons. Les Onis ont pour rivaux les *Teingou* (*Tengou*) du signetô,

Tosi-otoko.
On chasse les Onis en jetant des pois.
Netské de Tamémitsou.
(Coll. de M. Bertin).

farfadets ailés plus tracassiers que redoutables, dont le bec souvent transformé en longue protubérance nasale se prête à toutes les facéties du répertoire japonais.

Le *kitsouné*, renard à forme humaine dont nous raconterons quelques exploits, a été d'autant plus facilement accueilli que le Japon avait déjà une tendance à personnifier les animaux. Le petit dieu *Kappa* qui habite au fond des eaux douces et aime à se repaître d'entrailles humaines paraît bien être la loutre, et les *Chôjô* aux cheveux rouges représentent l'orang-outang connu par des récits de voyageurs.

Plus fantastiques que les êtres démoniaques sont les chimères et les hippogriffes chinois, les *kirigne, bakou*, etc.,

Kappa,   Chôjô,
Netskés. (Coll. de M. Berlin).

qui sont venus prendre place à côté de l'ancien dragon des abîmes; l'un d'eux, qui semblerait né d'un cauchemar, remplit au contraire la fonction bienfaisante de dévorer les mauvais rêves.

Les *bakémono* sortes de spectres, que Callot aurait pu dessiner, existaient déjà dans les contes et les légendes. Ils s'allient naturellement aux onis pour accomplir leurs exploits malfaisants.

La magie et la sorcellerie. Histoires de kitsounés.

Quand les superstitions sont venues, la sorcellerie n'est pas loin. Les mystères de la magie noire, liés comme en Europe, à la connaissance de l'astronomie, sorts, envoûtements, incantations, maléfices de toute nature, amenèrent bientôt leur cortège de terreurs. L'histoire des deux Abé, et celle de Kibi-Mabi, ou Kibi-Daïdzigne, souvent racon-

Trois onis tenant une blague à tabac et son netské.
Netské. (Coll. de M. Berlin).

tées par les images populaires, sont propres à faire pénétrer dans les croyances bizarres dont s'imprégna, au contact de la Chine, le moyen âge japonais.

Abé-no-Nakamaro, et Kibi-Daïdzigne sont deux lettrés, envoyés en Chine à la tête de missions savantes, qui contribuèrent largement à la vulgarisation de l'écriture et des sciences chinoises au Japon. Historiquement, Kibi-Daïdzigne est le plus ancien des deux ; il revint au Japon en 754, tandis que Nakamaro mourut en Chine en 770 ; mais, suivant les légendes populaires qui nous intéressent surtout ici, la mort de Nakamaro précède le voyage de Kibi.

Abé-no-Nakamaro, versé dans l'astronomie, déroba le premier à la Chine le secret du calendrier solaire ; l'empereur de Chine jaloux d'une découverte aussi précieuse l'invita, avant son départ, à un festin donné à l'étage supérieur d'une haute pagode. On enivra Nakamaro ; quand il fut endormi, tous les convives se retirèrent et l'escalier de la pagode fut enlevé ; Nakamaro mourut ainsi de faim. Sur sa manche on trouva, tracé de son doigt ensanglanté, un *outa* du genre plaintif, dans lequel il avait célébré, au moment d'expirer, le paysage de Nara et le souvenir du lever de la lune au-dessus des trois sommets arrondis de Mikasa [1].

Kibi, de son côté, cherchait à découvrir le calendrier ; il eut, dans cette recherche, à surmonter toute une série d'épreuves. On lui imposa d'abord la lecture d'une inscription dont tous les caractères avaient été mêlés ; il réussit, grâce à l'intervention d'une araignée magique, qui lui montra l'ordre des lettres ; peut-être est-ce là un souvenir des difficultés que les Japonais rencontrèrent à lire les auteurs chinois au début de l'adoption des idéogrammes, parce que l'ordre des mots diffère dans les deux langues, et que le Japon, en adoptant une écriture et même une prononciation étrangères, est resté fidèle à sa propre grammaire. L'inscription déchiffrée,

---

1. Voir note II, outa n° 3.

l'empereur de Chine fit, du secret convoité, le prix d'une partie de *gô,* que Kibi ignorant de ce jeu difficile devait gagner contre un joueur fameux, en risquant sa tête comme enjeu. La partie s'engagea. L'ombre ou *youréi* de Nakamaro vint guider la main de son compatriote et le fit gagner. Sur ce thème déjà merveilleux, l'imagination populaire a brodé encore. Le joueur chinois était aidé par sa femme, elle-même joueuse habile. La partie finie, la victoire était d'une pierre seulement, la femme avala une des pierres qui restaient à Kibi, et l'on crut un instant la partie égale, mais, on compta les prises et ce qui restait sur la table ; il manquait une pierre au total. On fit apporter du trésor impérial le miroir qui montre les objets cachés, et on aperçut distinctement la pierre dans l'intérieur du corps de la femme chinoise. L'empereur irrité de cette supercherie condamna la coupable à mort, mais Kibi, intercédant pour elle, obtint sa grâce. L'empereur s'exécuta ensuite en livrant son calendrier, mais il voulut faire périr Kibi par le poison. Mis en garde par la Chinoise reconnaissante, le savant japonais échappa au danger et put regagner son pays.

Le vaisseau qui rapporta au Japon Kibi-Daïdzigne et ses précieuses découvertes, transportait aussi un vieux renard ou *Kitsouné,* le plus ancien et le plus célèbre de tous ceux de son espèce qui ont jamais eu la singulière faculté de se métamorphoser en femmes. Celui-là était jadis passé de l'Inde en Chine. Il possédait le pouvoir spécial de revêtir une forme féminine d'une grande beauté ; il avait ainsi fourni aux empereurs chinois quelques-unes des favorites funestes qui ont causé la chute de plusieurs dynasties, telles que la belle Dakki, aux suggestions de laquelle on attribue les actes de prodigalité et de cruauté de l'em-

Tsouwô et Dakki jouant de la flûte, netské.
(Coll. de M. Bertin).

pereur Tsouwô la chute de la dynastie de Signe et l'avènement de celle de Siou. Hôzi, qui ne riait jamais, et qui coûta le trône à Youô, le dernier empereur de la dynastie Siou devait être sa cousine. Yôhiki, maîtresse de Guéinso-Kôtéi de la dynastie de Tô paraît avoir été sa dernière incarnation en impératrice chinoise ; il quitta ensuite le continent. L'arrivée au Japon du malfaisant animal fut vite signalée par des troubles au palais ; c'est à cette époque précise que le bonze Dôkiô fit sa tentative d'usurpation, dont nous parlerons dans le prochain chapitre. Kibi, qui était alors Oudaïdzigne, et qui n'avait pas suffisamment combattu les menées coupables de Dôkiô partagea sa disgrâce ; il se démit de sa charge en 771, et vécut ensuite dans la retraite.

Les kitsounés restèrent ensuite deux siècles sans trop faire parler d'eux au Japon. Après ce temps, un descendant d'Abéno-Nakamaro, le célèbre astronome et mathématicien Kamo-no-Yasounori ou Kamo-Hokéin, qui, à l'aide de calculs astronomiques, paraît avoir fixé le premier la chronologie japonaise, sauva à la chasse un vieux renard que ses chiens allaient déchirer. Yasounori était, à ce moment, en pourparlers de mariage avec Kouzou-no-ha, jeune fille habitant une province éloignée ; le renard, qui était un kitsouné à pouvoir magique, prit la forme de la fiancée, épousa Yasounori pour lui témoigner sa gratitude, et lui donna trois ans de félicité. La véritable Kouzou-no-ha étant alors venue chercher des nouvelles de Yasounori, le kitsouné s'enfuit pour toujours à son approche, en laissant ses adieux dans un outa tracé sur les *chôdzi* ou panneaux de papier à coulisse de la maison ; l'outa a été conservé, il contient un jeu de mots sur le nom de Kouzou-no-ha[1]. Il restait aussi du mariage un fils, qui fut le célèbre Abé-no-Séméi, mort en 1005.

1. Voir note II, outa n° 4.

Abé-no-Séméi[1], fils d'une femme kitsouné, instruit par son père Yasounori, fut à la fois un grand astronome, un mathématicien, un magicien redoutable. Il tenait de sa mère une aptitude spéciale à découvrir les kitsounés.

En ce temps-là, le vieux kitsouné qui avait jadis troublé la cour de Chine prit la forme d'une impératrice japonaise ; le palais eut ainsi le spectacle d'extravagances que n'aurait jamais commises une véritable Kôgô-no-Mya. Abé-no-Séméi démasqua la bête et l'exorcisa ; reprenant sa forme de renard, elle s'enfuit au milieu du fracas d'un orage épouvantable et gagna la plaine de Hasou en Hitatii, où Yosiaki la tua plus tard à la chasse. L'étrange animal présenta bien à ceux qui le poursuivaient tous les signes caractérisques du *Kimmo-kioubi-no-kitsouné* [2], le poil d'or et la queue divisée en neuf branches, signe certain, pour un renard, d'une vieillesse de plus de mille ans. En mourant, il se transforma en une pierre vénéneuse, le *Sessiôséki* (tuer-vivants-pierre) dont la vue seule était mortelle. Un bonze célèbre par sa sainteté, Guennô-Ochoo, vint conjurer ce dernier maléfice, et, la pierre s'étant brisée à sa voix, ses terribles propriétés s'évanouirent ; on a retrouvé les fragments dans la plaine de Hasou, et on a reconnu un minerai arsenical.

L'impératrice Tamamo-no-Maé
et le kitsouné,
uetské.
(Coll. de M. Bertin).

Abé-no-Séméi, ayant atteint un rang élevé au service du Mikado, ou plutôt des Foudziwara du temps, fut nommé

---

1. Abé-no-Séméi (ou Harou-Akira) est en réalité le disciple seulement de Yasounori qui lui transmit ses principes d'astronomie, en laissant ceux de mathématiques à son véritable fils Mitsouyosi.

2. *Kine*, or ; *mo*, fait ; *kou* ou *kiou*, neuf ; *bi*, queue.

directeur de l'observatoire astronomique de Kioto. Les menées occultes, où il excellait, lui donnaient un pouvoir redoutable, mais il ne fit de la sorcellerie qu'un usage bienfaisant. Le Kambakou Mitiinaga [1], qui gouverna le Japon sous divers titres de 995 à 1027, et qui, abusant grandement du pouvoir, avait de nombreux ennemis, lui dut un jour la vie. Il marchait accompagné de deux chiens fidèles, quand soudain les intelligents animaux le saisirent par les vêtements et l'empêchèrent d'avancer. Séméi consulté déclara à Mitiinaga qu'à ce moment on prononçait contre lui à Hôdjôdzi les incantations redoutables de deux heures de la nuit [2], et qu'en creusant le sol à l'endroit où les chiens l'avaient arrêté, on recueillerait des indices; on trouva, en effet, un vase contenant le nom de Mitiinaga écrit en caractères rouges. Abé-no-Séméi déclara que Dôma-Hôsi était seul capable de pratiquer l'envoûtement avec cette perfection; pour avoir une preuve, il fit un oiseau de papier; l'oiseau s'envola, transformé en héron blanc, et conduisit droit au domicile de Dôma-Hôsi; celui-ci surpris avoua son crime. Un autre grand personnage, du nom de Kourandô, ayant été souillé par un oiseau qui volait au-dessus de lui, alla soumettre le cas à Séméi. L'habile astrologue y vit une menace de mort; sur les instances de Kourandô le suppliant de le sauver, il se rendit chez ce dernier et y passa toute la nuit en exorcismes; au matin, un homme se présenta et avoua le dessein qu'il avait formé d'assassiner Kourandô.

A côté des fables qui défigurent ainsi leur origine, les sciences exactes mériteraient une histoire. Au moment où les méthodes du *Séiki* disparaissent, le dernier chef de l'ancien bureau du calendrier, M. Kawakita, s'est mis à l'œuvre dans sa retraite de Sidzouoka. Son manuscrit sur la biogra-

---

1. Voir note II-13°, un outa de ce personnage.
2. *Ousi no toki mairi*, prier à l'heure du bœuf, exprime ce genre d'incantation. Le nom générique pour envoûter, jeter un sort, est *inorou*.

phie des mathématiciens contient beaucoup de noms qui méritent d'être sauvés de l'oubli et fait voir l'éclosion des sciences après les guerres de Corée et leur déclin pendant la période des guerres civiles, époque où l'on ne savait plus guère dépasser l'art de la multiplication par la méthode *séikéi-zan*. Plus intéressant encore sera le manuscrit annoncé sur l'histoire des mathématiques, qui ont atteint des développements étendus en géométrie à l'époque Tokoügawa, et sur les controverses entre mathématiciens.

Les arts, la poésie, l'écriture.

En même temps que les sciences, tous les arts florissaient en Chine sous la grande dynastie de Tô, et, comme les sciences, ils s'introduisirent au Japon. On apprit l'histoire de Tchô-sô-yô, le précurseur chinois des Kanô-san dans l'art de rendre le dragon avec tant de vie; ce grand artiste un jour, ayant terminé quatre dragons, eut soin de ne pas leur peindre d'yeux, et recommanda de les laisser ainsi toujours inachevés. Après sa mort, un disciple imprudent esquissa une paire de prunelles, et l'animal, aussitôt pourvu du seul organe qui lui manquât, sortit du papier et s'éleva en l'air. Les trois autres dragons ont toujours été, dit-on, conservés sans yeux dans leur temple chinois; on peut, quand on voudra, renouveler le miracle. Le Japon ne resta pas en arrière de la Chine. Quand Nagaoka, le père de ses peintres [1], qui

Le disciple de Tchô-sô-yô et le dragon, netské. (Coll. de M. Bertin).

---

[1]. Quelques peintures de Nagaoka existent encore dans le trésor du Mikado et à Nara. Son œuvre principale fut la décoration des *Karakamis* (coulisses de grande dimension) qu'il orna des portraits des savants chinois pour le sisignedéin de Ouda-Tennô et de Daïgo-Tennô.

vécut vers vers l'an 900, dessina un cheval au galop pour le temple de Ninnadzi, il le fit si parfait que l'animal prit vie, et chaque nuit, quittant son papier, alla fouler au loin les rizières dans une course échevelée ; les paysans, qui le guettaient, lui décochèrent une flèche, et le lendemain le panneau du temple fut trouvé percé, à l'œil du cheval qui avait été atteint. Les sculpteurs, plus tard, n'eurent pas un moindre succès, et le peuple de Kioto croit encore que les admirables animaux dus au ciseau de Hidari-Zignegorô sortent la nuit de leurs frises sculptées et se désaltèrent au bassin voisin ; les rats, non moins crédules, ont bien déserté les temples de Nikkô, du jour où fut sculpté le fameux chat de Zignegorô, le *némouri-néko*. Ce qui est vrai, c'est qu'une étude attentive de la nature mit bientôt les Japonais hors de pair, dans l'art, où ils excellent, de rendre le mouvement et la vie.

Hoté-Sama,
cachet sculpté par Hidari-Zignegoro.
(Coll. de M. Bertin).

L'écriture chinoise, dont les progrès avaient été lents pendant la première période des emprunts à la Corée, partagea ensuite la rapide fortune du bouddhisme. Les premiers documents authentiques sont du VII° siècle. L'histoire du Japon prend à cette date plus de précision ; elle est fixée par des œuvres écrites en chinois, comme le *Kôdziki* sous Guemméi-Tennô, et le *Nihonki* sous Guéinchô-Tennô. Les archives du palais se classent et se complètent, surtout pendant les règnes de Mikadesses.

Avec les *modzi*, ou caractères chinois, s'introduit l'étude de leur prononciation chinoise, et le Japon commence à être gratifié d'une langue officielle et savante, le *Kanboun*, totalement différente du langage usuel ou *Zokouboun*. Le génie de la langue primitive persista toutefois dans la grammaire et dans l'ordre des mots conservés par la nouvelle écriture.

La poésie japonaise proscrivit impitoyablement de son rythme toute prononciation chinoise, et, comme les outas furent toujours beaucoup plus répandus que les poésies de forme chinoise, elle sauva la langue nationale du danger de tomber au rang de patois populaire. Le IX° siècle, qui suit l'époque de la grande diffusion du chinois, a, par bonheur pour la langue japonaise, été l'ère des grands poètes, des six

Narihira et Komatii,
netské de Iséin.
(Coll. de M. Bertin).

Rokkaséin, qui comprennent trois Kougnés, Ariwara-no-Narihira, Bouinya-no-Yasouhidé, Ootomo-no-Koŭrônosi, deux bonzes, Kiséin et Siôjo, une dame du palais, Komatii, la plus célèbre des six [1]. On ne peut rencontrer le nom de Komatii sans tracer l'esquisse de sa vie. Aimée et recherchée du Foukakousa-Chôchô [2], elle lui imposa de telles épreuves qu'il y succomba; après sa mort, elle voua à sa mémoire une fidélité inaltérable, et se

Komatii dans sa vieillesse,
netské.
(Coll. de M. Bertin).

condamna elle-même, jusque dans la vieillesse, à une vie errante à travers le pays qu'elle charmait de ses poésies. L'outa suivant, qui est de la jeunesse de Komatii, montre combien la pensée s'était affinée depuis l'époque du dieu d'Akasi; il s'adresse aux algues flottantes :
« Toi que nul ne sema, de quelle
« graine as-tu germé, plante d'oukikousa, que ballotte la
« vague, comment peux-tu naître et croître? » Cet outa fut

---

1. Voir note II, outas n°s 4, 5, 6. 7, 8 et 12.
2. Chôchô est un titre militaire, actuellement employé pour le grade de général de division.

couronné, dans un tournoi poétique, à la confusion du jaloux Koŭrônosi, qui, l'ayant par hasard connu d'avance, l'avait inséré dans un vieux livre, et qui accusa de plagiat Komatii stupéfaite ; la fraude fut découverte par un autre poète d'après la différence des encres ; les mœurs, à ce moment, étaient très douces à la cour, et Koŭronosi fut dispensé de s'ouvrir le ventre. Le développement poétique fut continué par la Séichô-Nagon, par Isé-no-Oosouké, par la belle Mourasaki-Sikibou et sa fille Kosikibou ou Katako qui écrivirent de longs romans historiques aux environs de l'an 1000, et composèrent de nombreux outas [1]. Les femmes étaient particulièrement fidèles à la langue nationale, dans sa lutte contre le chinois.

En adoptant l'écriture figurée, on ne perdit point, au Japon, l'ancienne tradition de la première écriture coréenne, qui fixait les mots par le son. Quand le chinois eut pénétré partout, il se créa de nouveaux *kana*, ou alphabets phonétiques, à la mode du jour. Au bonze Kôbô-Daïsi, philosophe et poète, qui fut Oudaïdzigne sous le mikado Chômou (724-748), sont dus les premiers katakanas, composés avec un côté (*kata*) de certains modzis chinois [2]. Vint ensuite le bonze Kôkaï, qui fixa à quarante-huit le nombre des sons syllabiques ; on lui attribue aussi quelquefois la poésie qui forme l'*Iroha*. Toutefois, l'usage des idéogrammes était déjà entré dans les mœurs ; l'écriture phonétique, incomplète d'ailleurs sous sa forme syllabaire, et impropre à distinguer les nombreux homonymes chinois, resta toujours un instrument dédaigné.

---

1. Voir note II, outas nos 14, 15, 16 17, 18, 19, 20.
2. Le Kôbô-Daïsi a composé un outa imprégné de bouddhisme et de philosophie chinoise, qui donne la suite des sons de l'alphabet ou *Iroha*. Le sens général est à peu près le suivant :

« Les fleurs embaumées tombent un jour éparses et flétries. Dans notre « monde, tout est fragilité. J'ai traversé le monde matériel ; le matin, à mon ré- « veil, les rêves étaient dissipés et l'ivresse évanouie. » Voir note II, outa n° 5.

C'est en japonais, une poésie de longue haleine, un *naḡa-outa* de huit vers, forme rarement employée,

La Législation et les Mœurs.

En même temps que sa religion et son écriture, le Japon prit à la Chine son organisation, ses lois et quelque chose de ses mœurs. Le Chôtokou-Taïsi s'appliqua, dans ses longs travaux, à préparer une loi fondamentale, bien différente de la législation primitive qui admettait, comme procédure, l'épreuve par l'eau bouillante. Sous Ténetii-Tennô, fut promulgué, en 662, un *Taï-hôritsou*, ou grande loi, aujourd'hui perdu. Le *Taï-hôritsou-ryô*, commencé sous Dzitô-Tennô et promulgué en 702 sous Monmou-Tennô, constitue le plus ancien monument de la législation japonaise, ou plutôt de l'adaptation des lois chinoises ; sur dix-sept chapitres, les pénalités en remplissent cinq ; ce code s'applique à toutes les classes indifféremment ; le code particulier des samouraïs ne devait paraître qu'en 1291. La Mikadesse Souikô créa la hiérarchie des douze titres honorifiques et Dzitô-Tennô l'étendit aux femmes. Pendant le vii° siècle, paraît s'être établie au Japon la séparation des castes Chinoises, *si*, *nô*, *kô*, *chô*, guerriers, laboureurs, artisans, marchands ; la vieille égalité disparaît, et le terrain se prépare pour la distinction du samouraï et du hémigne. Bien plus chinoise encore est la classification qui commence à la même époque, parmi les Kougnés *(Kugé)* ou kéraïs directs du Mikado, des familles civiles, *Bounsigne*, et des familles militaires, *Bousigne*, les lettrés s'arrogeant une supériorité sur les guerriers. Le rang social de la femme semble avoir baissé au contact de la Chine ; les mythes du signetô lui étaient favorables ; les légendes bouddhiques lui sont plutôt hostiles. Telle est l'histoire de Kiô-Himé, qui poursuit un bonze fidèle à ses vœux monastiques ; transformée en dragon, elle enlace la cloche sous laquelle le bonze s'est réfugié, et le réduit en cendre. La forme des anses des cloches a consacré cette légende, en souvenir de laquelle il est interdit aux femmes de passer sous la cloche des temples. Le Japon pourrait être plus fier de ses femmes. Enfin, le Japon semble avoir emprunté à la Chine les guerres civiles, dont il avait été exempt si longtemps. Il est permis de voir, en effet, dans la facilité avec laquelle les guerriers japonais, cinq siècles durant, se ruèrent les uns contre les autres, les inspirations de cette histoire de Chine, que remplissent des luttes acharnées, avec tous ces ré-

Kiô-Himé sur la cloche, netské.
(Coll. de M. Bertin).

cits épiques d'un sabre qui fauche des bataillons et du regard d'un héros qui met en fuite des armées.

Depuis la fin de la double période pendant laquelle le Japon s'est ouvert à la Corée et à la Chine, il a rencontré dans son histoire mainte vicissitude. Les révolutions politiques ont défait et ont refait; finalement elles ont ramené le pays à son point de départ. Après trois longues dynasties de souverains militaires, les Mikados ont retrouvé leur empire, et les castes ont disparu. Les principaux effets de la conquête pacifique subie au temps des guerres de Corée ont cependant persisté, dominant tous les événements.

Au milieu du XVIe siècle, le bouddhisme a failli sombrer, avec ses bonzes turbulents, sous les coups de Nobounaga, le grand pacificateur. Il semble que le Japon serait dès lors sorti de son ornière et qu'il se serait lancé dans le grand courant européen, si Nobounaga, après avoir accueilli les Portugais, n'était tombé sous le sabre des assassins, emportant le secret de ses hautes pensées. Une violente réaction a suivi, rejetant le Japon dans l'antique ornière, et l'isolant du monde. Le boudsdô affaibli a repris, sinon la faveur officielle toute acquise au signetô, du moins l'influence dominante sur les classes populaires; il cherche aujourd'hui à se retremper aux sources sanscrites, pour résister au christianisme que le schisme a divisé à son tour; plus que les hommes d'état sceptiques ne peuvent le croire, il sépare le Japon moderne de l'Europe et de l'Amérique.

L'écriture idéographique est une barrière presqu'impénétrable, enfermant le Japon dans son passé. Sa complication, écrasante dès le début, s'est accrue dans le cours des temps. Les mille modzis du *Seindzimon* n'ont jamais suffi pour comprendre et être compris. Les huit ou dix mille caractères, que doit connaître un homme vraiment lettré, s'écrivent actuellement de trois manières différentes, dans le *Kaïchô* de l'imprimerie, le *Guiôchô* des documents officiels et le *Sôchô* vulgaire, sans parler du *Téinchô* et du *Reïchô* moins usités, ni du *Kakihan* des signatures. Un jeune étudiant a plus à faire, pour bien écrire en japonais, que pour apprendre à fond trois langues d'Europe; ensuite, ses dix mille modzis, s'il est parvenu à s'en rendre maître par un labeur mortel, se trouvent impropres à figurer intelligiblement aucun des termes des sciences que le Japon lui demande de s'assimiler aujourd'hui. Il est certes difficile de rompre, dans l'écriture et dans la langue, avec un passé de douze siècles; mais il sera bien plus difficile encore, au Japon, de réussir dans son évolution actuelle, s'il ne se débarrasse pas du plus terrible legs des guerres de Corée.

Djourôsigne et son cerf, netské.
(Coll. de M. Bertin).

Réception de l'ambassadeur de Chine venu pour demander le portrait de Daïgo-Tenno.
(D'après une gravure de Sadahidé).

IV. — LE GOUVERNEMENT DU PALAIS

La longue période de temps, que le Japon employa à atteindre son développement territorial dans la guerre des Aïnos, son développement intellectuel dans les campagnes de Corée et les relations avec la Chine, est tout entière remplie, au point de vue de la politique intérieure du pays, par la lente décadence du pouvoir des Mikados.

Dépositaires de la puissance divine, qui leur a été directement transmise par les Kamis leurs ancêtres, les Mikados ont, au début de l'histoire, une puissance sans limites. La terre est leur propriété; les hommes leur appartiennent, corps et âme; leur gouvernement est le règne de la Providence divine elle-même. Ce caractère sacré de leur pouvoir ne sera jamais contesté en principe; il inspirera toujours les formules officielles, même quand la puissance effective sera depuis longtemps sortie de leurs mains.

Les Mikados pacifiques.

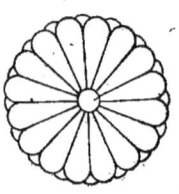

Le *Kikou* (chrysanthème) à seize feuilles, *Mon* du Mikado.

La décadence commença par l'abandon du commandement militaire, que les premiers souverains avaient toujours exercé eux-mêmes, soit comme Mikado, pendant leur règne, soit comme *Kôtaïsi* ou comme *Sinnô* avant de régner. Le Yamato-Daké-no-Mikoto est le dernier prince héritier qui se soit illustré comme général. Après lui, le quatorzième Mikado rassemble bien encore en personne l'armée qui ira soumettre la Corée; mais déjà nous sentons qu'il y a près de lui, dans les Také-no-Outii, une dynastie de connétables; l'appareil militaire l'effraie; la mort le frappe avant qu'il ait pu accomplir son dessein ou plutôt l'abandonner; c'est une femme, la Dzignegô-Kôgô, qui conduit l'expédition. Au moment où la guerre est partout, les vertus militaires achèvent de s'éteindre au palais. Le seizième Mikado est le bon et pacifique Nignetokou-Tennô; il n'était pas destiné au trône, mais son frère cadet, le Taïsi Waki-Irako, reconnaissant la supériorité de son intelligence, se donna la mort pour l'obliger à régner malgré lui; cette lutte de générosité est touchante, mais la vaillance des vieux chefs, destructeurs de monstres et grands exterminateurs d'Aïnos, aurait mieux servi en Corée. Autrefois, tout le monde était soldat dans le pays et surtout auprès du Mikado; les premiers kéraïs du souverain pendant la paix devenaient ses premiers capitaines pendant la guerre. Quand on ne s'occupe plus au palais que de littérature et de prières, la plupart de ceux qui approchent du souverain désapprennent, à son exemple, à porter le harnais. Ainsi, peu à peu, la distinction va s'accentuer, dans les grandes familles, entre *Bounsignes* et *Bousignes,* sujets lettrés et sujets militaires, qui se jalouseront toujours; quand elle sera bien établie et reconnue, les princes et la noblesse de cour, les Sinnôs, Kougnés, Kazokous, constitueront, sauf exception, des familles civiles, étrangères à l'armée et au code d'honneur des samouraïs. Dans le pays, divisé suivant le *si-nô-kô-chô* en quatre castes, les guerriers ou bousis garderont pour eux seuls l'ancienne désignation honorifique de samouraï; on peut voir poindre dès lors la prédominance de la caste militaire qui conduira droit au régime féodal.

Retirés au fond du palais, les Mikados, tant que dura leur pouvoir, s'appliquèrent habituellement à remplir en conscience leur rôle de providence, en veillant au bonheur de leurs sujets. Ils ménagèrent le peuple et défendirent aux provinces de leur envoyer des présents. Une fois, pour voir croître la richesse autour de lui, il arriva à Nignetokou-Tennô d'abolir tous les impôts pendant trois ans, au risque de voir son propre toit tomber en ruine. Dans les temps de disette, les Mikados réduisirent leur table à la plus extrême simplicité, et donnèrent l'exemple de la frugalité à un peuple qui, de tout temps, a dépassé Sparte, sans avoir besoin pour cela des lois de Lycurgue. Ils remplirent les magasins pendant les années fertiles, pour maintenir constant le prix du riz et nourrir leurs sujets après les mauvaises récoltes. Ils se firent remettre toutes les requêtes, et souvent rendirent eux-mêmes la justice. Ils eurent des envoyés qui veillaient aux bonnes mœurs. Ils voulurent aussi arrêter le luxe et édictèrent, à cet effet, de temps à autre, des lois réglant jusqu'à la couleur des vêtements et la coupe des cheveux. Tant de prévoyance naïve n'allait pas sans un peu de faiblesse; dans l'intérieur du palais, le respect pour la personne du souverain diminua, à tel point que le vingtième Mikado périt assassiné par le jeune Mirigne, fils d'Okousaka. Hors du palais, l'autorité était encore profondément respectée; nul n'aurait songé à une rébellion; en dedans de la frontière, le pays jouissait ainsi d'une paix profonde, dont il a gardé fidèlement le souvenir pendant les siècles agités qui ont suivi. Les chroniques ne tarissent pas d'éloges sur les actes du gouvernement et se plaisent à orner les Mikados de toutes les vertus. Les annales détaillées seules mentionnent les horribles cruautés de Bourets-Tennô, vingt-

Voiture de Kougné
poussée à bras par les serviteurs.

cinquième Mikado. Quant au trente-neuvième Mikado, qui manquait au moins de gratitude, car il voulut tuer l'oncle de qui il tenait le trône, l'histoire lui applique les épithètes d'homme très instruit et très bon.

Époque des Mikadesses.

Pour faire fleurir la paix et les arts, les femmes pouvaient être d'excellents souverains. Rien dans le signetô ne les excluait du trône; au contraire, le premier des *Tüdzigne*, Amatéras, avait été une déesse ; plus récemment, la Dzigne-gô-Kôgô, si elle n'avait pas régné en titre, avait exercé une régence glorieuse. Le trente-deuxième Mikado ayant usé, en faveur de sa sœur, de son droit absolu de désignation d'héritier, le trente-troisième fut une Mikadesse. Pendant cent soixante-seize ans, de 593 à 769, six Mikadesses, dont deux reparurent chacune à deux reprises sur le trône, alternèrent presque régulièrement avec des Mikados ; sur quinze règnes, il y eut huit règnes de femmes, dont les plus prospères sont celui de Souikô-Tennô (593-628), souvent cité dans le chapitre précédent pour le développement des arts, de la religion, des relations avec la Chine, et celui de Guemméi-Tennô, qui sauva de l'oubli les débris de la vieille histoire, remania la division des provinces et fonda à Nara la première capitale du Japon.

Les quarante-deux premiers Mikados avaient, à leur avènement, quitté le palais de leur prédécesseur pour transporter, en quelque point nouveau du Yamato, le siège du gouvernement. Rarement, ils avaient choisi un lieu déjà occupé antérieurement; on peut ainsi compter de Kasiwabara à Nara, trente-deux sièges de capitales temporaires. Ces déplacements avaient pu être utiles au début, pour conserver, avec les anciennes mœurs, la simplicité traditionnelle du palais; mais au temps de Guemméi, les habitudes patriarcales avaient disparu, la cour était devenue nombreuse, les affaires variées, les archives importantes ; le déménagement était aussi gênant qu'onéreux. La création d'une capitale fut donc acceptée comme un bienfait. Sept

Mikados successifs habitèrent le palais de Nara, de 708 à 782. En 782, Kouammou-Tennô, qui eut au plus haut degré la passion de bâtir, quitta Nara pour s'établir un instant à Nagaoka, puis, quittant le Yamato, il alla fonder Myako ou Kioto dans le Yamasiro. Là, il éleva son palais aux douze portes, le *Héyan-jô* ou palais de la paix, qu'entoura bientôt une ville immense, toute remplie de temples, d'écoles et de bibliothèques. Kioto enferma douze cent seize rues dans son enceinte plantée de bambous. Le Japon eut sa capitale définitive. Nara déclina rapidement; il ne disparut pas, toutefois; tandis que les moissons couvrent depuis longtemps le site de la ville bien plus moderne de Kamakoura, on visite encore avec intérêt la vieille capitale de Guemméi-Tennô.

S'il y avait souvent des Mikados débonnaires, il se rencontra deux Mikadesses plus incapables encore d'exercer le pouvoir pendant leur règne et d'en assurer, après elles, la transmission régulière.

En 644, la Mikadesse Kôkiokou-Tennô avait laissé prendre à son ministre Ezo ou plutôt Soḡa-no-Emisi, fils de Mmako, une influence telle que celui-ci ne mit plus de bornes à son ambition. Pour les Soḡa, il n'existait ni barrière ni scrupule pouvant les arrêter sur le chemin du pouvoir; ils étaient rompus à l'intrigue; leurs machinations ne respectaient ni la vie des princes ni celle des Mikados eux-mêmes. Poussé par son fils Irouka, Ezo forma le dessein de détrôner la Mikadesse et d'établir à sa place un prince, sa créature, sous le nom duquel il gouvernerait ouvertement. Deux autres princes, Yamasiro-no-Oé et Naka-no-Oé barraient l'accès du trône. Du premier, les conjurés se débarrassèrent par un assassinat; mais ils furent prévenus par Naka-no-Oé, qui les surprit et les tua dans le palais même, après s'être défait d'abord du plus résolu d'entre eux. Les archives furent en partie brûlées dans le combat; leurs débris aidèrent plus tard à composer le Kôdziki. Cette conjuration de 644 eut une conséquence indirecte sur l'abaissement ultérieur des Mikados; elle est l'origine de la grandeur des Foudziwara. L'ancêtre de cette puissante famille est Motomé, qui, simple kéraï du prince Naka-no-oé, conduisit la manœuvre au moment critique, et se chargea du meurtre d'Irouka le plus dangereux des conspirateurs. Ayant séduit Tatiibana, fille d'Irouka, il se fit guider par elle dans le yaski paternel à

Tatiibana   Motomé   Omiwa

Motomé pénètre dans le yaski d'Irouka,
(D'après Nidaï-Tayokouni, c'est-à-dire Kounisada).

l'aide d'un peloton de fil, et, parvenu ainsi aux appartements particuliers à travers le dédale des corridors, il surprit et tua Irouka. L'histoire japonaise a brodé sur cette expédition, qui semble déjà un roman, en la compliquant des aventures d'une deuxième Ariane. La fiancée de Motomé, Omiwa, fille d'un marchand, inquiète et jalouse en voyant son fiancé avec une autre femme, fixa un second fil à son vêtement et le suivit à son insu dans le yaski. Le fil d'Omiwa se rompit, elle s'égara et tomba aux mains des servantes, qui la mirent à mort sur son refus de parler pour justifier sa présence. Motomé, élevé en dignité, devint Nakatomi-no-Kamatari. Plus tard, Naka-no-oé, monté sur le trône en 662, laissa prendre un très grand pouvoir à Kamatari, pour qui il créa le poste de *Naïdaïdzigne*; il lui donna, pour lui et ses descendants,

Le *Foudzi,*
Mon
des Foudziwara.

le nom de famille de Foudziwara, qui signifie champ des glycines.

Après la mort de Soḡa-no-Emisi, Kôkiokou-Tennô dut abdiquer et prendre pour successeur son frère cadet Kôtokou-Tennô, par la volonté de Naka-no-oé. En 655, après la mort de Kôtokou, Kôkiokou remonta sur le trône et régna encore six ans sous le nom de Saïméi-Tennô. A la mort de Saïméi, Naka-no-oé se décida à régner et devint Téindzi-Tennô.

Les deux règnes de la princesse Abé, fille de Siômou-Tennô, qui monta sur le trône en 749 sous le nom de Kôguéin-Tennô, furent encore plus troublés que ceux de Kôkiokou-Tennô, et finirent par compromettre l'existence même de la

Kyômaro rapportant à Chôtokou-Tennô le véritable oracle du dieu Hatiiman.
(D'après Guignekô).

dynastie. Tout d'abord, Kôguéin abandonna, à Emi-no-Osikatsou chargé de l'administration militaire, une telle autorité que celui-ci la fit abdiquer en 758 en faveur de Djoundzigne-Tennô, espérant ainsi pouvoir gouverner encore plus librement. Devenue par son abdication la Dziôkô Hoki, l'ancienne Mikadesse se laissa bientôt dominer par un bonze intrigant et ambitieux, Hokkédzi-Dôkiô, qui eut l'habileté de lui rendre une influence prépondérante dans le palais. Osikatsou ainsi déçu se fâcha, se révolta, fut vaincu et mis à mort. La Dziôkô envoya alors en exil le faible Djoundzigne et commença son second règne, en 765, sous le nom de Chôtokou-Tennô. Le bonze, qui était le souverain véritable, rêva de se faire transmettre régulièrement le pouvoir suprême, et commença à répandre un oracle du dieu Hatiiman déclarant que le trône devait revenir à son fidèle serviteur Dôkiô. La lignée de Dzinmou eût peut-être, ce jour-là, cessé de donner des Mikados au Japon, sans la loyauté de Kyômaro que Chôtokou-Tennô envoya consulter de nouveau le dieu. Kyômaro rapporta une sentence disant que le pouvoir devait éternellement rester dans la même famille ; il fut dégradé et envoyé en exil par Dôkiô ; mais, à la mort de la Mikadesse, en 769, il fut rappelé et récompensé, tandis que Dôkiô payait, à son tour, de l'exil, l'audace de sa tentative [1]. Aucune Mikadesse, depuis Chôtokou jusqu'en l'année 1630, n'a plus occupé le trône du Japon.

Intrigues sanglantes dans le palais.

Les récits d'intrigues, de rivalités, de conspirations et même de luttes armées dans l'intérieur du palais, dont abondent les vieilles annales, permettent de comprendre assez bien le régime de gouvernement sur lequel elles cherchent à être muettes. En principe, le Mikado est tout puissant ; en réalité, il subit toujours une tutelle, parfois celle du précédent Mikado qui a abdiqué en sa faveur, plus souvent celle du ministre ou du Kougné puissant qui a arraché cette abdication. Pour être d'essence divine, un pouvoir personnel ne s'en transmet pas moins par des moyens humains,

---

[1]. L'apothéose de Kiômaro a été faite, onze siècles plus tard, vers 1855, par le prédécesseur du Mikado actuel, qui lui a donné le nom posthume de *Gô-ô daï-Myôdzigne*, défendre-Mikado-grande-divinité.

et sa transmission est un moment critique offrant, au plus habile ou au plus audacieux, l'occasion de s'en saisir. En circonvenant le Mikado présent, on songeait surtout au Mikado futur. La latitude absolue, laissée dans le choix du Kôtaïsi qui devait, comme unique condition, être l'un des proches parents du souverain, ouvrait la porte à toutes les compétitions. Les jalousies ne pouvaient manquer d'être ardentes entre les douze *Kisakis* du Mikado qui partageaient avec la Kôgô-no-Mya, et plus tard la Tiougou-no-Mya, le droit de lui donner un héritier. La cour était toujours divisée en nombreuses factions dont chaque chef se devait à ses partisans. Ce qui, au dehors, se nommait le gouvernement du palais, n'était jamais que la domination d'une coterie.

Au milieu des ambitions déchaînées, la vie du Mikado lui-même n'était plus sacrée; quant aux princes, leur tête tombait sur un soupçon. Le vingtième Mikado périt assassiné en 456. Le vingt-troisième et le vingt-quatrième furent les fils, longtemps proscrits, d'un prince exécuté sous le règne du vingt et unième; la famille impériale était alors tellement décimée que, après eux, il fallut aller chercher le vingt-cinquième Mikado dans une branche collatérale remontant au quinzième. Le trente-deuxième ne monta sur le trône qu'après une lutte armée où périt le prince Anahohé. Koboun-Tennô, le trente-neuvième, fut mis à mort par l'oncle qu'il avait voulu assassiner. Bien d'autres drames sombres ont dû ensanglanter les recoins écartés du palais. A côté du fer, le poison menaçait prince, ministre, ou kéraï, quiconque avait des ennemis; on savait l'extraire depuis longtemps de la cantharide ou *hammio* et d'un lézard nommé *tokagné*; les ravages du poison expliquent la croyance si répandue aux sortilèges. La crainte fit prendre pour la table du Mikado, sous le prétexte de l'étiquette, des mesures de prudence extrêmes et en partie conservées de nos jours; ainsi le vingt et unième Mikado créa, pour son service, des corps spéciaux de chasseurs et de cuisiniers. Des inquiétudes perpétuelles, dans lesquelles on vivait à la cour, naquirent les habitudes cauteleuses et l'habileté dans l'espionnage qui contrastent avec les côtés chevaleresques du caractère national, l'importance des fonctions de l'*Ometské,* chef de la police secrète, l'habitude d'avoir partout deux fonctionnaires qui s'entre-surveillent, et tous ces étonnants détails de construction, ces niches secrètes où une garde veille sur le sommeil du maître, ces parquets-rossignols, chefs-d'œuvre de charpentage, qui révèlent le pas le plus furtif, en l'accompagnant de leur chant cadencé.

Si l'on ajoute, aux ennuis de la réclusion, le souci des affaires à régler sans les connaître et des intrigues à surveiller sans espoir de les étouffer, en y joignant une tutelle mal dissimulée à subir et des craintes perpétuelles pour sa propre sûreté, on n'arrive pas à un total faisant, pour le Mikado, une existence enviable. Les souverains avaient hâte, on le comprend sans peine, d'échapper à leur grandeur par une abdication prématurée. On montait très jeune sur le trône, pour en descendre au bout de dix à douze ans; c'est la durée moyenne des règnes du vingtième au quatre-vingtième Mikado. Plus tard, on verra des Mikados de deux ans qui abdiqueront à cinq ans, après avoir désigné leur héritier; mais alors les souverains auront perdu jusqu'à l'ombre du pouvoir. Un ancien Mikado portait le titre de *Dziôkô,* ou supérieur-empereur; il jouissait de toute sa liberté, et avait quelque chance, s'il était ambitieux, de dominer le Mikado en titre et d'exercer un pouvoir qu'il n'avait pas eu pendant son règne; le plus souvent, il s'adonnait à la poésie ou se plongeait dans les études religieuses. Les Mikados, après leur abdication, s'arrogèrent plus tard le droit de donner des ordres de guerre, et prétendirent désigner le Kôtaïsi. A la difficulté de savoir qui domine le Mikado, s'ajoute ainsi parfois celle de distinguer qui est le véritable Mikado.

ÉLÉVATION DES FOUDZIWARA.

Le *Moŭmébatii*,
Mon de Mitiizané et des Daïmios de Kaga
(famille Maéda).

Les Foudziwara se chargèrent de faire passer à leur profit, à l'état d'institution permanente, l'incapacité d'abord accidentelle des Mikados. Kamatari, après avoir rendu de grands services et gouverné comme Saïdaïdzigne vers le milieu du vii° siècle, laissa une nombreuse postérité; la famille qu'il avait fondée fut divisée plus tard en neuf branches, qui se numérotèrent dans un ordre régulier, Itiidjô, Nidjô, Sandjô, etc. [1], et qui sont encore à la tête de l'aristocratie du Japon. Au milieu du viii° siècle, le nombre des jeunes Foudziwara est tel qu'ils occupent, à eux seuls, une école spécialement fondée à leur intention, près de l'université de Kioto, par Foudziwara-no-Fouyoutsougou. Aussi les Foudziwara se trouvent partout où il y a un pouvoir ou une influence à exercer. Non seulement ils occupent les grands offices de *Sangui* ou conseillers et de *Daïdzigne* ou ministres, mais ce sont eux qui rédigent les nouvelles lois, comme Foudziwara-no-Fouhito, auteur du *Daï-hôritsou-ryo* sous Monmou-Tennô, et Foudziwara-no-Oudzimouné, compilateur du *Iôgan-kakou* et du *Iôkan-siki* sous Seïwa-Tennô. Ils se font historiographes en titre du pays comme Foudziwara-no-Tsougoutsouna auteur du *Zokou-Nihongui* sous Kouammou-Tennô, Foudziwara-no-Outsougou, auteur du *Nihon-kôki* sous Nimmiô-

---

1. *Itii, ni, san, si, go, rokou, s'ti, hatii, kou*, sont les neuf premiers nombres en chinois. — Les neuf familles *jô*, appelées aussi les *Sekkés*, ont conservé pour *mon* le *foudzi* ou glycine; les Konoé, autre branche des Foudziwara ont adopté la fleur de pivoine arborescente ou *botan*.

Tennô, Foudziwara-no-Motatsouné, auteur du *Bountokou-dzitsou-rokou* sous Yôzéi-Tennô, et, plus tard, Foudziwara-no-Sanéyori, auteur du *Sousigne-ki* sous Mourakami-Tennô ; ils célèbrent ainsi eux-mêmes leurs mérites et démontrent à leur gré l'antiquité de leur race. Bien qu'essentiellement bounsignes, ils se mettent souvent à la tête des armées, comme ces philosophes chinois qui furent à la fois de grands lettrés et de grands généraux, mais ils ont rarement brillé comme capitaines ; l'un d'eux, Foudziwara-no-Okio, se fit même battre par les Aïnos révoltés dans la province de Déwa, sous le règne de Yôzéi-Tennô.

De bonne heure, les Foudziwara furent habiles à faire arriver au trône les Sinnôs qui étaient leurs créatures. Le grand Mikado Kouammou lui-même était leur obligé, car il avait été choisi pour Kôtaïsi sur les instances de Foudziwara-no-Momokawa ; lors de la fondation de Kioto, il témoigna sa reconnaissance en donnant aux neuf grandes avenues de la ville les noms des neuf familles Jô. Les Mikados nommés par l'influence des Foudziwara s'inspiraient de leurs recommandations pour désigner à leur tour le Kôtaïsi, et, par un retour constant, la puissance de la famille se perpétuait en grandissant à chaque règne.

Du milieu du IXe siècle au milieu du XIe siècle, les Foudziwara exercèrent une domination à peu près sans intermittence ; tous les Mikados furent des rois fainéants, qu'ils mirent souvent sur le trône dans leur première enfance et qui furent incapables de se dégager de leur tutelle ; les Dziôkôs leur étaient soumis comme les Mikados. Le poste de Daïdjô-daïdzigne, qu'ils avaient créé, et qui donnait autorité sur les autres ministres, mettait entre leurs mains une sorte de dictature. Le Daïdjô-daïdzigne Foudziwara-no-Yosihisa gouverna presque ouvertement sous le règne de Séiwa-Tennô ; son successeur Mototsouné détrôna en 884 le Mikado Yôzéi, dont il n'était pas satisfait, et le remplaça par Kôkô-Tennô. Ce même Mototsouné voulut connaître à l'avance toutes les pièces, rapports, requêtes ou placets, destinés à passer sous les yeux du Mikado, et créa pour lui, à cet effet, le poste de Kambakou que l'on traduit d'habitude par régent. Les Foudziwara ont du reste alors un rang qui va de pair avec celui des princes. La généalogie officielle, qu'ils se sont forgée, les fait remonter à Amatsou-Koyané-no-Mikoto contemporain d'Amatéras; ils font ainsi souche de Kougnés, et, aujourd'hui encore, entre les Kougnés issus des Mikados et ceux des Foudziwara, les *Séiga* et les *Séiké,* il n'y a de différence ni hiérarchique ni honorifique. Ils tinrent à s'allier à la famille impériale à tel point qu'ils imposèrent la règle pour les Mikados de prendre l'impératrice dans une branche des Foudziwara, au lieu de la choisir, comme autrefois, dans leur propre famille ; cette règle s'est perpétuée presque sans exception ; la Kôgô-no-Mya actuelle est une princesse Itiidjô. Le choix de l'impératrice était un moyen d'influence, dont le Foudziwara au pouvoir usait sans scrupules, en prenant dans sa famille particulière. Foudziwara-no-Mitiinaga, en 999, trouvant la place prise près de Itiidjô-Tennô, par une jeune impératrice déjà élevée au rang de Tchougou, créa pour sa fille le poste de Dziôgô, ou élève impératrice. Deux ans après, la fille de Mitiinaga devint Tchougou, sa collègue étant promue Kôgô ; de là, date l'institution des deux impératrices remplaçant deux échelons hiérarchiques primitifs. A la mort de Mitiinaga, l'impératrice grand'mère, l'impératrice mère et la seconde impératrice, les Taïko-taïgô, Kô-taïgô et Tchougou, étaient ses trois filles ; le Mikado Go-Itiidjô était bien gardé. La confusion s'établit entre la famille impériale et les Foudziwara à ce point que, pour quelques Japonais, les Mikados deviennent à partir de cette époque de véritables Foudziwara ; pour trouver un descendant authentique des Kamis, il faudrait aller chercher dans le temple de Oyasiro en Idzoumo. Bien des familles royales d'Europe cependant, se contenteraient d'une généalogie aussi bien établie que celle des Mikados.

La fidélité aux héritiers légitimes de Dzinmou-Tennô restait toujours enracinée profondément dans les cœurs. Quand les Mikados voulurent défendre leurs prérogatives, ils ne manquèrent pas de serviteurs énergiques et dévoués. Au premier rang, parmi ces derniers, l'histoire place le savant Sougawara-Mitiizané, que Ouda-Tennô appela près de lui, au retour d'une longue mission en Chine, éleva au rang de Naïdaïdzigne, et recommanda à son fils Daïgo-Tennô, comme le plus sûr de ses conseillers, lorsqu'il abdiqua en 898. On peut deviner de quel œil le ministre indépendant était vu par les Foudziwara, principalement représentés dans le conseil par le Sadaïdzigne Tokihira. La lutte, sourde d'abord, éclata pendant une maladie du Mikado. L'empereur de Chine avait fait demander le portrait impérial. La question fut agitée de savoir qui, à la place de Daïgo malade, revêtirait, devant le peintre, son costume officiel ; Tokihira se désignait lui-même ; Mitiizané, avançant qu'il y avait, dans le fait de porter les insignes, un certain indice qu'on en

Mitiizané en exil
(d'après une gravure de Sadahidé).

serait un jour le possesseur légitime, repoussa cette prétention et fit tomber le choix sur Tokyo-Sinnô, jeune frère du

Mikado. Les Foudziwara, se jugeant défiés, préparèrent leur attaque, et, ayant circonvenu Daïgo-Tennô, attendirent l'occasion. A quelque temps de là, le prince Tokyo fut envoyé au temple de Kamôdzigne pour demander le rétablissement de son père. Chemin faisant, il rencontra la fille adoptive de Mitiizané dont il était amoureux, s'arrêta un instant et fut en retard au temple. Aussitôt, Tokihira formula une accusation capitale, prétendant que le prince souhaitait la mort du Mikado, pour saisir son héritage avec l'appui de Mitiizané, dont il épouserait la fille. Le prince s'enfuit à pied, avec sa fiancée, et Mitiizané, mandé au palais, s'entendit condamner à l'exil en Tiikouzéin. C'était en l'an 903.

Mitiizané adoucit par la culture de la poésie, où il excellait[1], les mélancolies de l'exil. Il adressa l'outa suivant à ses pruniers de Kioto : « Quand passe la brise de l'est, chargez-« la de vos parfums, fleurs de mes pruniers ; bien que le « maître soit absent, le printemps n'oublie pas de vous « embaumer. » Un des pruniers partit de lui-même, et, en une seule nuit, arriva en Tiikouzéin, où on l'a montré longtemps ; il s'appelait le *tobi-mmé*, ou le prunier qui saute. Une poésie dans le genre chinois fut adressée au Mikado : « L'an passé, à pareil soir, j'étais près de Sa « Majesté, dans le *séério* du palais ; aujourd'hui la vue de « mes poésies sur les pensées d'automne me fend le cœur. « Le vêtement impérial, prix gracieusement offert par mon « seigneur, est près de moi ; chaque matin je l'embrasse « en respirant avec délices son parfum[2]. » Le Mikado, à ce souvenir d'un concours de poésie, fut ému ; mais il était trop faible pour rappeler son fidèle serviteur.

Tokihira voulut assassiner Mitiizané en exil, mais le brave Kéraï Mméwo, venu de Kioto au temps du prunier, dépista l'émissaire et le tua. Il demanda aussi la tête du fils de

---

1. Il était en poésie l'élève de Tono-Riôkô, que les Onis ne dédaignaient pas d'inspirer. Voir note II, 11°.
2. Voir note II, 9° et 10°.

Mitiizané resté à Kioto dans l'école de Guéinzo, son disciple ; Matsouwo, frère de Mméwo, sacrifia son propre fils, dont la tête fut offerte au tyran, à la place de la tête du fils du maître. Ainsi se perpétua la race de Mitiizané, que les Maéda, anciens Daïmios de Kaḡa réclament pour leur ancêtre.

Les Kamis s'émurent des malheurs des Mitiizané et l'enlevèrent vivant au ciel, sur le sommet du Témepaïzan. Il est devenu Kaminari-Sama, le dieu du tonnerre, qui a foudroyé, dans le palais même, Tokihira et son complice Kioto-Oura. Daïḡô-Tennô, alors, a voulu l'apaiser, en le nommant Daïdjô-daïdzigne et lui conférant le rang de *chô-itii-i*. Mais Kaminari gronde encore, et souvent, du haut des nuées, menace le palais du Mikado.

Kaminari mangeant un melon, netské de Djoriou.
(Coll. de M. Bertin).

Après Mitiizané, ce ne fut qu'à force de souplesse, et au prix de longs efforts que l'on parvint aux hauts emplois, quand on n'était pas Foudziwara. On cite, comme exemple, la persévérance de Ono-no-Tôfou, ministre sous le second successeur de Daïgo ; il allait se retirer du palais après sept tentatives infructueuses, quand la vue d'une grenouille, qui ne parvint qu'au huitième saut à atteindre une branche de prunier, lui rendit courage ; il se remit à l'œuvre, et il atteignit sa branche à son tour.

Au milieu du xiiᵉ siècle, quand l'influence des Foudziwara, minée par leurs rivalités, sapée par l'élévation des familles militaires, était à son déclin, ils veillaient encore jalousement autour du pouvoir. Taïra-no-Masamori faillit payer de sa vie, en 1134, la faveur de l'ancien Mikado Toba-no-Igne. On complota de le tuer au

Ono-no-Tôfou et sa grenouille, netské de Otomitsou.
(Coll. de M. Bertin).

palais, où son rang ne lui permettait pas de porter ses armes. C'était pendant une fête de nuit. Il vint accompagné d'un

Tadamori et le bonze Raïguéin (gravure de Arisaka Téisaï).

kéraï, et, en apparence, armé d'un sabre dont il fit briller la lame dans l'obscurité. On n'osa pas l'attaquer. Quand on l'accusa d'avoir enfreint l'étiquette, il produisit la lame, qui était de bambou argenté et qu'il avait eu soin de laisser aux mains des gardes du palais.

Une autre aventure, celle-ci de Tadamori, est restée célèbre et montre de quels événements puérils on était alors réduit à s'occuper autour du Mikado. Il s'agit simplement d'un bonze qui, par une nuit pluvieuse, allumait les lampes des *isidoro* ou lanternes de pierre, et dont la vue effraya Toba-no-Igne. Tadamori, qui craignait peu les revenants, sauta sur le bonze et le terrassa. Les peintres, les sculpteurs, les fondeurs, ont reproduit à l'envie l'aventure de Tadamori et de Raïguéin le bonze à l'huile. Elle caractérise en effet son époque. La caste orgueilleuse des bousis avait grandi depuis deux cents ans ; elle occupait toutes les provinces, et elle y vidait ses querelles sans se soucier d'un gouvernement conduit par les bounsignes. La cour n'avait plus, comme affaires d'État, que ses intrigues intérieures et les menus incidents de la vie quotidienne. Les Foudziwara, qui croyaient encore régner, ne gardaient plus qu'un coffre vide, dans le palais de Kioto. Leur domination avait duré plus de trois siècles ; pendant ce temps, après avoir annihilé les fils de Dzinmou-Tennô, ils avaient ruiné les bases même du pouvoir qu'ils exerçaient. Le gouvernement du Mikado était discrédité, et le Japon était mûr pour le siogounat.

Dame de cour dans une barque.

Sadato prisonnier répond au Kougnô Mitsouyori,
en improvisant un *outa* sur le nom des fleurs de prunier.
(D'après Kouniyosi).

V. — LES GRANDES FAMILLES MILITAIRES

En même temps qu'elle vit naître et grandir la puissance des Foudziwara, la période pacifique de 270 ans, qui sépare les grandes guerres contre les Coréens et les Aïnos de l'ère des rébellions et des guerres civiles inaugurée par Masakado, contient les premières origines du régime féodal, ou plutôt du régime militaire, qui devait succéder au long gouvernement de cette famille.

La population s'était accrue. Le service de garde, sur quelques points du Kiousiou menacés par des pirates coréens et dans quelques forêts du Moutsou près des tribus aïnos les moins soumises, demandait peu de soldats. La grande masse du peuple désapprit le métier des armes; l'application du *si-nô-kô-chô* chinois consacra son désarmement. La profession militaire, adoptée par le petit nombre, se transmit bientôt héréditairement dans certaines familles, celles des *sizokou* (militaires-familles), qui n'étaient sans doute, au début, ni les plus riches, ni les plus considérées, mais qui plus tard s'accrurent, en nombre et en importance, à la faveur des guerres civiles, jusqu'à devenir, pour ainsi dire, le pays légal. L'emploi de la cavalerie, qui se développa vers l'an 1000, accentua la séparation de la caste guerrière. Les hémignes qui composaient les trois autres castes, n'ayant aucun rôle à jouer, se désintéressèrent de toute politique, comme ces bourgeois de Kioto, presque toujours neutres entre les partis qui se disputaient leur ville le sabre et la torche à la main.

Composition de la caste militaire ; son développement.

Les *sizokou*, qui partagèrent avec la noblesse des *kazokou* l'ancien nom honorifique de *samouraï* ou gentilhomme, ne formèrent jamais une caste fermée. Même au temps où la féodalité fut organisée, il suffit à un seigneur de s'attacher comme kéraï un paysan, pour en faire un sizokou ; au début, on devenait sans doute sizokou en se faisant soldat.

La noblesse proprement dite était au contraire une caste. Les kazokous, toujours peu nombreux, appartiennent tous à de vieilles familles remontant aux descendants de Dzinmou ou même aux Mikotos contemporains des Tiidzignes ; beaucoup d'entre eux descendent des Mikados, et ils sont, en général, restés groupés autour du trône dans la noblesse de cour des Kougnés. De même que le reste de la population, les Kazokous se divisèrent, dès que tout le monde cessa d'être soldat, en sujets civils, *bounsigne*, et sujets militaires, *bousigne*; mais dans la noblesse, les civils ne renonçaient nullement à figurer sur les champs de bataille ; ainsi, les Foudziwara, qui sont des bounsignes par excellence, apparaissent souvent dans les armées, et s'ils sont de médiocres généraux, même contre les Aïnos, ils savent mourir en vaillants soldats. La différence entre les bounsignes et les bousignes, c'est que les premiers faisaient de la culture des arts et de la poésie leur occupation principale, tandis que les seconds consacraient surtout leur vie au métier des armes, tout en composant souvent aussi des outas, pendant leurs expéditions guerrières. Quand s'établit plus tard ce code singulier d'honneur qui obligeait, par exemple, à s'ouvrir le ventre en diverses circonstances, il s'appliqua uniquement à la caste guerrière ; les bounsignes et les princes impériaux n'y ont jamais été astreints, même quand ils combattaient. Dans la noblesse, comme dans le peuple, les civils ou lettrés eurent d'abord la prééminence ; ils occupèrent longtemps les hauts emplois, en attendant que la guerre fît passer aux mains des guerriers le gouvernement tout entier.

Les familles militaires, kazokous et sizokous, disséminées dans le pays, n'auraient pu devenir dominantes, s'il ne s'était établi entre elles des liens étroits et une hiérarchie solide. Une première concentration s'opéra

Guerriers ; un *Sioudzigne* et ses kéraïs.

par le développement de l'institution des clans. De tout temps, dans les grandes familles, il y avait eu, groupés autour du chef, des kéraïs issus des branches collatérales ou descendant d'anciens serviteurs. Les kéraïs des familles militaires furent soldats comme leur chef ; le premier intendant fut à la guerre le premier lieutenant ; les autres prirent un grade en rapport avec leurs fonctions pendant la paix. A ce noyau organisé, se rattachèrent bientôt les sizokous du district ou des districts voisins, prêts à vouer, au chef qui les menait au combat, le dévouement d'un kéraï pour son *sioudzigne* ou seigneur. L'unité et l'indivisibilité du clan étaient assurées par des règles rigoureuses d'hérédité suivant l'agnation. Comme chez tous les peuples guerriers, le soin de la conservation du nom étouffe la voix du sang dans le Japon féodal; les enfants nés des filles ne sont pas dans la famille, sinon par adoption; ce seront des ennemis voués au massacre pour le chef des Hôjô voulant fonder la grandeur de sa maison. La famille, ainsi jalousement conservée, grandit en puissance; beaucoup de chefs de clans devinrent des seigneurs disposant d'une petite armée, avec lesquels les Kamis des provinces devaient compter : tels furent les Oyé, d'origine aussi ancienne que les Mikados, et ancêtres des Mori, Daïmios de Nagato, les Tiisôkabé de Sikok qui survivront à la chûte des Taïra, les Kôsôkabé leurs voisins, les Ootomo qui domineront en Kiousiou jusqu'à l'époque où ils succomberont à la tête des chrétiens, et bien d'autres qui furent, pendant des siècles, souverains dans leurs domaines.

Une seconde concentration des forces militaires du pays, plus redoutable que la première, s'opéra lorsque la conduite des armées fut confiée aux descendants de princes, issus de Mikados, et fondateurs de familles militaires infiniment supérieures à toutes les autres. Ces familles devinrent d'autant plus redoutables qu'elles étaient moins nombreuses; elles se réduisirent de bonne heure à deux, Taïra et Minamoto, dont l'histoire est celle de la féodalité japonaise elle-même à son origine. Un soulèvement se produisait-il dans quelque province : un Taïra ou un Minamoto ordinairement, le chef du clan, était chargé de le réprimer; il accourait avec ses kéraïs et ses parents, et il complétait son armée en appelant à lui un nombre suffisant de petits chefs locaux, dont chacun amenait son contingent. Le général distribuait à son gré les grades et les emplois pour la bataille, et, après la victoire, réclamait des récompenses que le gouvernement de Kioto était obligé d'accorder au moins en partie. Fins comme ils le sont, pour tout ce qui touche à leurs intérêts, les Japonais ont toujours estimé que, pour se pousser, rien ne vaut la faveur d'un patron puissant; le proverbe : « Pour trouver de l'ombre, cherchez un grand arbre » (*Tatiiyoraba, oo ki no kangné*), est bien du pays. Pour participer aux grades et aux récompenses, chaque petit chef de clan, au mépris d'un décret puéril de Toba-Tennô, rechercha l'ombre de Taïra ou l'ombre de Minamoto ; il oublia le Mikado, dont il était le sujet, et mit peu à peu, au premier rang de ses devoirs, sa fidélité de vassal et presque de kéraï envers le maître puissant, auquel l'enchaînaient la reconnaissance et l'ambition. Ainsi organisée, la classe des samouraïs militaires ou bousis, se trouva former, dans l'état, un état particulier dont les chefs se succédaient en formant de véritables dynasties. Cette époque précède, du xe au xiie siècle, celle où l'une des deux grandes familles militaires ayant anéanti l'autre, le Mikado va se trouver, du milieu du xiiie au milieu du xixe siècle, en présence du chef unique et tout puissant de tous les samouraïs du Japon.

Attente respectueuse.

L'imprévoyance avec laquelle les Foudziwara laissèrent grandir le pouvoir, qui devait les renverser et jeter ensuite le Japon dans une longue anarchie, s'explique par la nature essentiellement bureaucratique de leur gouvernement. Régentant tout de Kioto, ils ne voyaient pas plus loin que les murailles du palais ; ils se croyaient omnipotents parce qu'ils disposaient de toutes les charges, sans soupçonner la décadence du pouvoir des Mikados dans les provinces, et l'inanité des honneurs qui leur restaient. Ils allèrent ainsi, croyant toujours régner, alors qu'ils n'agitaient plus qu'un vieux décor usé et dédaigné des principaux spectateurs. Non seulement les Foudziwara ne surent rien faire pour maintenir les samouraïs dans la main du gouvernement, mais, de plus, ils manquèrent rarement une occasion de les mécontenter, eux et leurs puissants chefs, et de précipiter ainsi la marche des événements. Les Kougnés et tous les personnages de la cour, se piquant de mœurs raffinées, affectaient le dédain pour les manières plus rudes des hommes des camps; très âpres à la curée, disposant des décrets souverains, ils s'attribuaient volontiers le meilleur lot dans les récompenses, après avoir évité les fatigues et les dangers; quand ils s'étaient servis de l'armée comme d'un instrument, ils se montraient durs envers les vaincus, et parcimonieux jusqu'à l'injustice envers les vainqueurs. Les révoltes éclatèrent donc, quand il y eut des chefs d'armée assez puissants pour tenter de s'affranchir. Dès que la guerre civile gagna les approches de Kioto, le palais fut à la merci du plus fort; les derniers vestiges du pouvoir apparent des Foudziwara s'évanouirent aussitôt; depuis longtemps le pouvoir du Mikado n'était plus qu'un nom.

Familles militaires issues des Mikados

Parmi les familles militaires d'origine impériale, il faut citer en premier lieu, bien qu'elle ne figure jamais qu'au second plan, celle des Tatibana, issue du trentième Mikado, et définitivement constituée par le quarante-cinquième qui lui donna son nom et son emblème, le *Kikou-soui*. Moroé, auteur du recueil de poésies *Manyo-wakasiou,* est le premier chef de cette famille. Un Tatibana combattit la rebellion de Masakado, en réduisant son complice dans la province de Yo. Un autre prit part, en 968, à une tentative contre le soixante-troisième Mikado, ou contre les Foudziwara au pouvoir; la conspiration avorta, et les Tatibana proscrits subirent une éclipse totale. Cette famille jeta un éclat soudain au xive siècle, si l'on accepte la généalogie qui lui rattache Ksounoki-Masasigné, l'illustre champion des Mikados; elle s'éteignit définitivement en 1447, exterminée par les Siogouns victorieux. On peut citer aussi les

Minamoto de Omi, plus connus sous le nom de Sasaki, qu'il ne faut pas confondre avec les grands Minamoto de Kaï ; les Sasaki descendent du cinquante-neuvième Mikado, et se sont perpétués jusqu'à nos jours ; le chef actuel de la famille est le duc Kouroda, riche Kazokou occupant dans le quartier d'Akasaka un des principaux yaskis de Tokio.

Nous arrivons maintenant aux deux familles rivales, entre lesquelles le Japon fut un instant partagé.

Les Taïra descendent du grand Kouammou-Tennô, cinquantième Mikado, par son fils Katsourawara-Sinnô. Le nom de Taïra signifie plaine ; son *modzi* se prononce *hëi* en chinois, d'où les noms de *Hëkë, Hëidzi,* souvent employés pour désigner les Taïra. De son fondateur Katsourawara, jusqu'à Mounémori, qui consomma sa chute en 1186, la dynastie des Taïra compte onze chefs de la famille, dont les premiers, Takamotiiwo, Yosimotii nommé plus tard Kounika, et surtout le quatrième, Sadamori ou Djohéïda, furent les plus puissants. Sadamori fut célèbre par sa vaillance et ses talents militaires ; le Mikado lui dut la défaite et la mort du rebelle Masakado ; à cette époque, la famille Taïra se ramifiait en branches nombreuses ; Masakado lui-même était Taïra ; un autre membre de la famille, nommé Maréyo, était mort foudroyé en 930. Les Taïra s'étant établis autour de Kioto et dans les provinces de l'ouest, leur importance déclina pendant les guerres civiles des provinces de l'est et de l'extrême nord. Tsounéhira, Masanori, Masahira, Masamori, furent effacés par les grands Minamoto, leurs contemporains. Tadamori, neuvième Taïra, commença à relever la grandeur de sa maison, que porta à l'apogée son fils Kyômori. Nous verrons en détail la dramatique histoire de la grandeur de Kyômori et des désastres qui suivirent l'élévation subite de sa maison. Les Taïra ne furent pas entièrement exterminés par Yoritomo ; on les trouve représentés dans la noblesse actuelle, par le Kazokou Sô et par les Oda.

Les Minamoto descendent du cinquante-sixième Mikado par son fils Sadadzoumi ou Momozono-Sinnô. Leur nom signifie source et se prononce *Guéin* en chinois, ce qui les fait désigner ordinairement sous les noms de *Guéindzi* [1] et de *Guéinké*. La famille compte onze chefs, de Momozono à Sanétomo, avec qui s'éteignit la branche principale en 1219. Le second, Tsounémoto, porte habituellement le nom de Rokou-Souô ou petit-fils par le sixième prince, parce que son père était sixième fils du Mikado; il prit part, sous les ordres de Taïra-Sadamori à la guerre contre Masakado. Le troisième, Mitsounaka, vulgairement appelé Tada-no-Mandzi ou simplement Mandjou fut un guerrier féroce, dont la violence se retrouve souvent chez ses descendants; mécontent du travail d'écolier d'un de ses fils âgé de douze ans, il donna ordre de lui trancher la tête, et un kéraï ne sauva l'enfant que par une substitution pour laquelle il sacrifia son propre fils. Mandjou arrêta dans son germe, en 969, la tentative de révolte des Tatiibana. Il fit forger deux sabres célèbres, *Higné-kiri* et *Hiza-marou*, auxquels une admiration superstitieuse attacha la fortune des Guéindzi. Le quatrième chef de la maison, Yorimitsou ou Raïko, accrut beaucoup sa puissance, par ses exploits, ceux de son frère Yorinobou et ceux de ses quatre grands kéraïs. Sous le cinquième, Yoriyosi père de Yosiyé ou Hatiiman-Taro et de Yosimitsou ou Signera-Sabouro, la prépondérance militaire des Minamoto fut entièrement établie. Yosiyé, sixième Minamoto, adopta pour successeur son petit neveu Taméyosi. Yorinobou avait laissé une nombreuse famille; Taméyosi, son petit-fils, eut vingt-sept enfants au moins; on peut juger, d'après cela, de l'extension des Guéindzi. Le huitième Minamoto fut Yositomo; la fortune de la maison sombra, pour se relever sous Yori-

---

1. Par exemple dans le *Guéindzi-Monogatari*, grand roman historique de Mourasaki-Sikibou.

tomo, qui, grandi par l'extermination des Taïra, fonda la souveraineté militaire des Sio͞gouns. Les neuvième et dixième chefs de la maison, Yoriyé et Sanétomo, victimes de la grandeur de l'héritage paternel, furent sacrifiés à l'ambition des Hôjô; avec eux se termine la lignée directe des aînés des Minamoto. Les branches latérales ont donné à l'histoire les Asikag͞a et les Nitta; elles ont laissé de nombreux rejetons dans la noblesse actuelle; les Takoüg͞awa, devenus Sio͞gouns à leur tour, ont les Minamoto de Nitta pour ancêtres; les Simadzou, Daïmios de Satsouma se considèrent aussi comme des Minamoto, bien que, par le sang, ils soient plutôt des Foudziwara. Les filiations conventionnelles, et parfois apocryphes, entre les grandes familles, rendent très difficile l'étude des généalogies japonaises.

Les épisodes du drame, dont les principaux acteurs viennent d'être énumérés par anticipation, montrent qu'entre les Taïra et les Minamoto, il n'y eut pas une haine générale de famille à famille. A l'époque où ils rivalisaient tous également pour le service du Mikado, ils s'unissaient parfois par mariage. Plus tard, ce fut l'ambition personnelle de Kyômori, et ensuite de Yoritomo, qui les arma les uns contre les autres. On trouve des Taïra, entre autres Hôjô, dans le parti Minamoto, et on trouve des Minamoto restés fidèles à leurs engagements envers Kyômori, au début de la guerre de *Guémepé*; les historiens n'en témoignent aucun étonnement, non plus que de la facilité avec laquelle beaucoup de guerriers renommés, prompts à s'orienter selon la brise, ont passé du service des Minamoto à celui des Taïra, pour retourner aux Minamoto.

Entre les branches d'une même famille, chez les Minamoto surtout, s'élevaient parfois des haines furieuses, suivies d'une guerre sans merci, que le chef de la maison était incapable de réprimer.

Revenons maintenant au récit des événements qui donnèrent lieu à l'établissement du régime militaire, et à l'élévation des grandes familles dont nous venons de parler.

Révolte de Masakado.

En 939, eut lieu la révolte de Taïra-no-Masakado, le premier des grands soulèvements causés par la faiblesse du gouvernement des Foudziwara et les mécontentements qu'ils inspiraient. Masakado s'était rendu très puissant dans la région du Tôkaïdô. Ambitieux des charges de cour, comme tous les Taïra, il avait demandé la direction de la police de Kioto, qui lui fut refusée par le ministre Foudziwara-Tadahira. Furieux, il se retira à Sarousima en Simôsa, y éleva un palais, y réunit une cour sur le modèle de celle de Kioto, et se déclara indépendant du Mikado lui-même, sous le titre de *Héï-signe-wô*, ou nouveau roi Taïra. Son oncle Taïra-no-Kounika, Kami de Hitatii, qui refusait de le reconnaître, fut vaincu et tué. Les guerriers vinrent en foule, du Kouanséï et du Kouanto, s'associer à sa fortune. Bientôt il fut à la tête d'une puissante armée qui, en se développant, faisait sept fois et demie le tour de la montagne ; en même temps, un Foudziwara son complice créait une diversion, en se soulevant dans la province de Yo. Il y avait eu déjà des guerres pour la succession au trône ; mais c'était la première fois qu'un sujet prétendait se tailler un empire à part. Le gouvernement ne soupçonnait même pas la situation ; un rapport de Minamoto-Tsounémoto en fit connaître la gravité. Une armée fut aussitôt réunie sous le commandement nominal de Foudziwara-Tadaboumi qui prit pour lieutenant l'habile et vaillant Taïra-no-Sadamori, fils de Kounika. A la tête de forces inférieures, Sadamori sut, par un stratagème de guerre, obliger Masakado à livrer bataille avant l'arrivée de ses meilleures troupes ; il le battit et le tua.

La mort de Masakado est généralement attribuée à Tawara-

Toda-Hidésato, ou Toda-Hidésato au sac de riz, sorte de condottière, cadet de famille Foudziwara, dont l'intervention est bien le plus étonnant épisode de cette guerre. Hidésato, avant la bataille, était venu tout d'abord offrir ses services à Masakado, pensant qu'un nouveau roi devait être plus généreux que l'ancien gouvernement; mais, pendant l'audience, Masakado, qui mangeait son riz, ramassa quelques grains qu'il avait laissé tomber; Hidésato, jugeant qu'un souverain aussi économe ne pouvait être son homme, se retira aussitôt. Il alla s'aboucher avec le général du Mikado, et conclut un marché, probablement à prix ferme, pour la vie du rebelle. Le jour du combat, Masakado, qui se défiait de l'arc du condottière, avait fait revêtir de ses insignes sept de ses kéraïs, et combattait lui-même sous une armure vulgaire. Hidésato perça successivement de ses flèches quatre faux Masakado, et, quatre fois, reconnut que son but était manqué. Usant alors de ruse, il s'avança en prononçant de telles injures contre Masakado que celui-ci se trahit en lui adressant une réponse indignée. Une cinquième flèche perça alors Masakado, dont l'habile archer rapporta la tête.

La récompense de Hidésato fut une renommée très glorieuse, plus une riche pension payée en riz.

La légende de Tawara-Hidésato, plus curieuse encore que son histoire, brouille les dates, confond les provinces, et surtout transforme étrangement l'ennemi dont Hidésato délivra le Japon.

Toda-Hidésato, tuant le moukadé d'un coup de flèche.
(Ciselure d'un manche de couteau).

Au temps de la jeunesse de Hidésato, la province de Omi fut ravagée par un monstrueux *moukadé*, ou mille-pattes, établi sur la montagne de Mikami, qui s'appelle encore Moukadé-yama; son corps faisait sept cercles et demi autour de la montagne et tous les guerriers qui l'avaient attaqué avaient été dévorés. Alors, la déesse Oto-Himé quitta son palais liquide de Riougou, et se mit à la recherche de Hidésato ; elle rencontra le héros sur le pont de Séta et lui donna la mission d'aller délivrer le pays du fléau qui le dévastait. Hidésato se mit en route avec son arc et ses flèches, attaqua le moukadé et lui tira quatre flèches sans pouvoir percer ses écailles. Le serpent lui enseigna un charme pour donner à ses armes la pénétration nécessaire ; ayant mouillé de sa salive la pointe de sa cinquième flèche, l'archer traversa les écailles du monstre et le tua.

La déesse Oto-Himé récompensa Hidésato, en lui donnant une cloche dont le son harmonieux remplissait le pays, et un sac de riz ou *tawara*, qui était inépuisable.

La mort d'un prince issu, comme Masakado, du sang des Mikados, n'était pas encore, en 939, au début des guerres civiles, un événement vulgaire pouvant se passer de prodiges. La tête coupée du rebelle traversa en bondissant les provinces, semant l'effroi et appelant des fléaux sur son passage ; elle s'arrêta à l'emplacement du temple actuel de Miôsignedzi, dans le quartier de Kanda à Tokio ; ce temple est consacré à Masakado, comme son nom l'indique, et a été érigé là pour apaiser ses mânes.

Rébellions et désordres.

En 969, à la suite de querelles intérieures du palais et probablement d'une rivalité entre deux Foudziwara, une tentative fut faite contre le Mikado Réïzéï-Tennô. Les conjurés, Tatiibana-Signénobou, Foudziwara-Tiiharou et leurs adhérents, quittèrent Kioto, emmenant avec eux le prince Toméhira-Sinnô qu'ils se proposaient d'élever au trône. Ils se retirèrent dans le Kouanto, où les Minamato étaient devenus prépondérants sous Minamoto-Tsounémoto. Ils furent d'abord bien accueillis par Mitsounaka, fils de Tsounémoto ;

puis, à la suite d'un dissentiment avec eux, Mitsounaka se rallia au gouvernement de Kioto, s'entendit avec le ministre Foudziwara-Sanéyori et lui livra tous ses ennemis. La cour s'habituait à trouver dans les Minamoto ses plus sûrs appuis.

Sous le successeur de Reïzéï, bien qu'il n'y eût de rébellion ouverte nulle part, le désordre s'étendit partout. Les provinces, mal défendues par leurs Kamis, que les Foudziwara défiants renouvelaient tous les quatre ans, étaient troublées par les guerres privées, et parfois dévastées par d'audacieux brigands. A Kioto surtout, d'où la même politique soupçonneuse écartait toute force militaire, les bandes de malfaiteurs s'étaient organisées, multipliant les meurtres, les vols et les incendies. La population superstitieuse se croyait menacée par des Onis et d'autres êtres monstrueux; on tremblait jusque dans le palais. Le Mikado s'adressa, pour rétablir la sécurité, au fils de Mitsounaka, à Minamoto-no-Yorimitsou, qui avait déjà donné des preuves de sa valeur.

Yorimitsou accourut, amenant ses quatre grands kéraïs. Watanabé-no-Tsouna, le pourfendeur des démons, Sakata-no-Kinetaro ou Kinetoki, qu'une mère sauvage, la Yamamba, avait élevé dans la montagne et qui avait eu un ours pour compagnon de jeux, Ousoui-Sadamitsou, Ourabé-no-Souyékata; cette association de kéraïs fut si célèbre, que, plus tard, tous les grands chefs de guerre s'attachèrent, comme Yorimitsou, quatre preux compagnons, qu'on appelait leurs *sitennô* ou quatre dieux du ciel, par un emprunt au panthéon bouddhique. Bientôt, la ville de Kioto fut purgée des bandits qui l'infestaient, et, avec eux, toutes les puissances démoniaques disparurent. Il n'est pas resté de détail sur

Kinetaro enfant, jouant avec un ours.
Netské.
(Coll. de M. Berlin).

les combats livrés aux bandits ; mais on se rappelle encore la résistance opposée par les Onis au redoutable Minamoto. Yorimitsou fut bien près de succomber à une fièvre ardente, le *hokori,* causée par une araignée monstrueuse, qui l'obsédait pendant son sommeil ; les *sitennô,* par bonheur, surprirent et tuèrent l'animal diabolique. Watanabé-no-Tsouna ne courut pas un danger moins pressant, une nuit qu'il venait de reconduire chez elle la maîtresse de son seigneur. Un Oni s'approcha de lui, sous la forme d'une belle jeune fille demandant protection, puis, le saisissant, l'emporta dans les airs ; mais Watanabé, ce soir-là, était armé du Higné-kiri, le sabre de Yorimitsou ; d'un revers il se dégagea, en faisant sauter le bras du démon qu'il rapporta comme trophée ; le lendemain un Oni, prenant la forme de la nourrice de Watanabé, vint chez lui, examina le bras et disparut en l'emportant, sous ses traits véritables.

Kinetoki tuant l'araignée monstre.
Netské.
(Coll. de M. Bertin).

La capitale délivrée, Yorimitsou s'occupa des provinces. Il alla en Tamba, attaquer des brigands qui étaient en même temps des Onis et qui faisaient leur sabbat sur la montagne de Oéyama ; les ayant surpris dans leur repaire, il en fit, avec les *sitennô,* un terrible carnage. Le plus redoutable des bandits, Kidô-Marou, un colosse, échappa au massacre et tenta de venger ses compagnons ; il s'embusqua un jour sur le passage de Yorimitsou pour le saisir et l'étouffer ; mais il fut découvert et tué par les quatre grands kéraïs.

En récompense de ces services, le Mikado combla Yorimitsou de faveurs et le nomma *Sioḡoun*. Ce titre, que les descendants de Yorimitsou devaient rendre si célèbre, était au début un vieux mot japonais désignant sans doute le chef militaire. Quand le dixième Mikado, un peu avant l'ère chrétienne, avait divisé le Japon en quatre grandes régions, il avait mis un Sioğoun à la tête de chacune d'elle ; puis

Watatabô-no-Tsouna et les *Oni*, à la porte de Rachomon. (Dessin de Hokoïsaï signé *Gouakio-rô=igné*).

les régions ayant été remplacées par des provinces nombreuses gouvernées par des *Kamis,* l'institution des Sioğouns était tombée en désuétude. Nous avions indiqué, à propos des guerres des Aïnos, l'existence temporaire de la haute dignité de *Sé-i-taï-Sioḡoun,* qui devait donner autorité sur toute l'armée. Yorimitsou fut simplement Sioḡoun, et même Sioḡoun à vie ; ce grade, bien qu'il ne lui conférât que le pouvoir militaire dans une région restreinte, lui assura une prédominance que les Minamoto conservèrent ensuite quelque temps par rapport aux Taïra.

Kinetoki soulevant une pierre, netské.
(Coll. de M. Berlin).

Longues guerres dans la région de l'est.

Les soulèvements recommencèrent à partir de 1017, et se renouvelèrent à trois reprises, de 1017 à 1107, sous le soixante-huitième, le soixante-dixième et le soixante-treizième Mikado, dans le Kouanto et dans l'Oosiou. Ils furent, pour les Minamoto, l'occasion de trois nouvelles victoires.

La première révolte fut celle de Taïra-Tadatsouné, qui occupait les deux provinces de Hidatii et de Simodzouké, et qui tint tête pendant trois années à Taïra-no-Naokata, envoyé contre lui avec les contingents fidèles du Tôkaïdô, du Kouanto et de l'Oosiou. Après ce temps, Yorinobou, frère de Yorimitsou, fut chargé des opérations. Les rebelles, à son approche, se retranchèrent derrière le Tono-ḡawa, après avoir enlevé toutes les barques du fleuve. Yorinobou s'étant fait indiquer un gué passa audacieusement avec une troupe d'élite, et surprit l'armée de Tadatsouné qui mit bas les armes; Tadatsouné fut mis à mort. Yorinobou, arguant de son âge avancé, demanda comme récompense le gouvernement du Tamba, qui l'aurait rapproché de Kioto; sa demande fut repoussée; il fut nommé Vice-Kami des deux provinces reconquises et élevé au quatrième grade.

La seconde guerre, le *kou-néin-no-éki*, ou guerre de neuf ans, fut beaucoup plus pénible que la précédente, et la victoire fut plus disputée. Les rebelles étaient Abé-no-Yoritoki ou Mounéto et son fils Sadato. Le général envoyé contre eux était Yoriyosi, fils de Yorinobou. Le succès final fut dû surtout aux exploits de Yosiyé, fils de Yoriyosi et généralement désigné sous le nom de Hatiiman-Taro, ou le fils aîné de Hatiiman. Ce nom lui avait été donné dans les circonstances suivantes : la femme de Yoriyosi, qui était fille de Taïra-no-Naokata, eut, pendant sa grossesse, un songe dans lequel le dieu de la guerre, Hatiiman, lui offrait un sabre merveilleux; Yoriyosi conclut que son fils serait un grand guerrier et lui donna le dieu pour parrain. Yosiyé justifia ce pronostic. La guerre se termina par une bataille décisive gagnée par Yosiyé sur Sadato à la barrière de Nakozo, au sujet de laquelle il reste un outa composé par Yosiyé avant de combattre; on y trouve un jeu de mots sur le mot Nakozo, qui signifie : il n'y a pas. — « A la barrière (de Nakozo) puisqu'il n'y a pas un souffle de vent, que je sache, pourquoi les sentiers de la montagne sont-ils jonchés de fleurs de cerisiers [1]? » Sadato, qui fut amené prisonnier à Kioto par Yosiyé, n'était pas moins habile poète que son vainqueur. Les gens de la cour étaient disposés à le regarder comme un barbare du Moutsou; un Kougné, lui montrant une branche de prunier, lui demanda le nom de la fleur; il répondit par un outa élégant, qui était une leçon de cour-

---

[1]. Voir note 2, outa 21.

toisie : « Dans mon pays, où je l'ai souvent vue, nous disons
« fleur de prunier; quant au nom qu'il faut vraiment don-

Yosiyé, ou Hatiiman-Taro, à la barrière de Nakozo.
(Dessin de Hokoŭsaï signé Gouakio-rôzigue).

« ner, c'est aux hommes de la cour de nous l'apprendre [1]. »
Abé-no-Sadato fut mis à mort à Kioto.

La troisième guerre, le *san-néin-no-éki* ou guerre de trois

1. Voir note 2, outa, 22.

ans, fut conduite par le même Yosiyé contre les deux Kiowara, maîtres de toute la région nord de l'Oosiou. Bien que, depuis le *kou-néin-no-éki,* Yosiyé eût reçu des leçons de stratégie de Oyé-no-Masafousa, dépositaire des livres chinois, il fut d'abord repoussé par les Kiowara ; son frère Yosimitsou, célèbre surtout jusque-là comme musicien et joueur de *tchoo,* déposa alors sa charge de cour et accourut de Kioto à son secours. Les deux frères, aidés d'un vaillant kéraï Kosino-Hidékata, reprirent le dessus et finirent par resserrer les rebelles dans leur dernier siro qu'ils emportèrent d'assaut en faisant un grand butin. Le palais affecta de ne voir dans cette guerre qu'une querelle privée entre voisins et refusa toute récompense aux vainqueurs.

Ces trois guerres du Kouanto et de l'Oosiou furent suivies d'une période de paix, qui se prolongea jusqu'en 1156, et qui dut sembler longue aux samouraïs. Les esprits étaient tournés vers les choses de la guerre. L'art de forger les lames de sabres venait d'atteindre un degré de perfection qui n'a plus été égalé, même par le célèbre Masamouné. Il y avait trop de sabres ; il y avait trop d'hommes surtout vivant du sabre, pour que la cour affaiblie de Kioto pût maintenir la tranquillité.

Les Foudziwara étaient tellement déchus que, de 1073 à 1086, Sirakawa-Tennô, avait pu régner par lui-même, autant que le palais régnait encore. Le gouvernement ne pouvait guère se reconstituer que sous l'une des deux maisons militaires ; laquelle ? Les Minamoto avaient l'avantage, sous le rapport de la puissance matérielle ; mais l'éloignement de leurs provinces de Kaï et de Sagami, qui avait été probablement la source première de leur fortune en les plaçant sur le théâtre même des grandes rébellions, était une cause de faiblesse, maintenant qu'il s'agissait de dominer à Kioto. Les Taïra, avec une moindre clientèle de guerriers, étaient mieux concentrés autour de la capitale ; ils étaient plus unis entre eux ; ils étaient mieux rompus aux affaires et aux intrigues de la cour. Les deux maisons pouvaient lutter à armes égales.

En attendant l'explosion, les Minamoto se faisaient la main, en se querellant entre eux; c'est ainsi que Yosihira, fils de Yositomo, attaqua et tua son oncle Yositaka, fils de Taméyosi, puis voulut en exterminer les fils, méritant ainsi le nom de Akou-Guéinda, ou Minamoto-le-misérable.

Tout présageait des convulsions violentes. En 1153, une apparition de funeste augure terrifia le palais. Le *Noui*, à tête de singe, à corps de tigre et à queue de serpent, vint, plusieurs nuits de suite, s'abattre sur le toit du *sisignedéin*, ou salle impériale, en poussant des cris affreux. Le grand guerrier Guéinn'zami-Yorimasa, aidé de son fidèle kéraï, tua le monstre à coups de flèches; mais, chacun resta dans l'attente de catastrophes prochaines.

Guéinn'zami-Yorimasa tuant le *Noui*, netské.
(Coll. de M. Berlin).

FIN DE L'INTRODUCTION.

Le sennigne à la grue, netské de Hidémasa.
(Coll. de M. Berlin).

LES

GRANDES GUERRES CIVILES DU JAPON.

LES MINAMOTO ET LES TAÏRA,

LES MIKADOS ET LES SIOGOUNS.

(1156-1391)

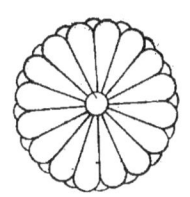

Fête au palais de Kyômori, la danse de l'*Otoko-maï*.
(D'après un *Nisikié* de Toyokouni).

CHAPITRE PREMIER

MINAMOTO ET TAÏRA. — RÈGNE DE KYÔMORI.

(1156-1181)

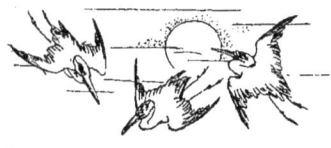 Pendant la première moitié du XII° siècle, le Japon étant tranquille, la vie politique se concentra autour du palais, et les principaux Minamoto et Taïra s'établirent à Kioto, surveillant les approches du pouvoir; à ce contact, la rivalité s'accentua sans doute entre les deux familles, mais leurs deux chefs, Taméyosi et Tadamori, surent vieillir en paix, l'un en face de l'autre: Le Minamoto Taméyosi, fils de Yorinobou, n'eut pas, comme ses ancêtres, l'occasion de s'illustrer à la guerre; il laissa de lui, surtout, une très nombreuse lignée. Le Taïra Masamori, habile et insinuant, avait pris sur le Mikado une influence telle que les courtisans, étrangers aux Minamoto, lui en voulurent mal de mort, comme nous l'avons vu par la tentative d'assassinat à laquelle

il sut échapper en 1134. Son fils Tadamori, non moins en faveur acheva de relever les Taïra, sans jamais porter toutefois de défi aux Minamoto; il mourut en 1152, laissant six fils, dont l'aîné, Kyômori, né en 1117, devint le chef de la famille militaire des Taïra.

Origine de Kyômori. — Guerre de Hoguéin.

Etendard portant le *Tchô* ou papillon, *mon* des Taïra.

Kyômori n'était point un Taïra par le sang, car sa mère était déjà enceinte quand l'ancien Mikado, Sirakawa-Dziôkô, la donna pour femme à Tadamori, en stipulant que l'enfant lui ferait retour, seulement si c'était une fille. Rapproché du palais par cette origine, Kyômori grandit en nourrissant des rêves de grandeur; très jeune, il obtint le gouvernement de la province d'Iga, d'où il prit le nom d'Iga-no-Kami; il s'occupa surtout de relever les temples et s'attacha les puissantes bonzeries, moyen presqu'infaillible d'obtenir la faveur des dieux. En 1156, une querelle de princes, connue sous le nom de guerre de Hoguéin [1], lui fournit l'occasion guettée de saisir la prépondérance, à laquelle le destinaient une vive intelligence politique et une grande bravoure militaire au service d'une ambition sans scrupules.

Les origines de la guerre de Hoguéin sont curieuses à étudier, au point de vue des mœurs intérieures du palais au xiie siècle. Toba-Tennô, lorsqu'il abdiqua en 1124, avait deux fils, dont il attribuait la paternité à son oncle Sirakawa, et qu'il trouvait plaisant d'appeler ses petits cousins germains; il avait aussi un fils plus jeune, réellement à lui,

---

1. *Hoguéin*, comme plus tard *Héidzi*, est le nom d'une période chronologique.

né de sa favorite Tokoukô ; l'aîné des trois lui succéda, par la volonté toute puissante de Sirakawa-Dziôkô, et devint Choutokou-Tennô. En 1137, Sirakawa étant mort, Toba, devenu à son tour tout puissant, obligea Choutokou à abdiquer et mit sur le trône son fils véritable, Konoé-Tennô. Le Mikado Konoé mourut après treize ans de règne, sans laisser d'héritier, et Toba-Dziôkô eut à choisir pour Mikado, entre ses deux anciens petits cousins. Choutokou fut écarté cette fois, parce que Tokoukô l'accusait d'avoir fait périr Konoé-Tennô par ses maléfices, et son frère cadet devint Mikado sous le nom de Gosirakawa-Tennô. Choutokou protesta, affirmant les droits qu'il tenait de son règne antérieur. La rivalité des deux princes se compliqua de celle des deux frères Tadamitii et Yorinaḡa, de la famille Foudziwara, dont l'aîné Tadamitii était premier ministre et favori de Gosirakawa-Tennô, tandis que le second Yorinaḡa, simple Sadaïdzigne, appuyait les prétentions de Choutokou.

Toba-Dziôkô maintint la paix dans le palais, tant qu'il vécut ; connaissant la faiblesse dont Gosirakawa-Tennô devait toute sa vie fournir des preuves, il se fit donner, en sa faveur, un engagement écrit de fidélité par les dix principaux représentants de la féodalité militaire ; Taméyosi chef des Minamoto, son fils aîné Yositomo, Kyômori chef des Taïra, étaient les principaux signataires. Toba-Dziôkô mourut en juillet 1156, et Yorinaḡa, dévoré de jalousie, se mit aussitôt à l'œuvre. Le vieux Taméyosi, après quelque résistance, se laissa séduire par l'astucieux Foudziwara et se déclara pour Choutokou, entraînant avec lui tout le clan Minamoto, à l'exception de Yositomo. Avec Yositomo, restèrent fidèles à Gosirakawa, Kyômori et tous les Taïra, à l'exception de Tadamasa, frère de Tadamori. Avant la fin de l'année, les deux partis en armes se menaçaient dans Kioto.

Les partisans de Gosirakawa, qui étaient les plus nombreux, surprirent de nuit leurs adversaires dans l'ancien palais de Sirakawa où ils étaient retranchés, et remportèrent une victoire complète. Choutokou s'enfuit, gagna un temple, y fut retrouvé et fut envoyé en exil. Yorinaga fut découvert, enseveli sous terre, respirant à l'aide d'un bambou ; il fut extrait de sa cachette et mis à mort. Taméyosi, son fils le grand archer Tamétomo [1], Taïra-no-Tadamasa et beaucoup de leurs compagnons restèrent prisonniers.

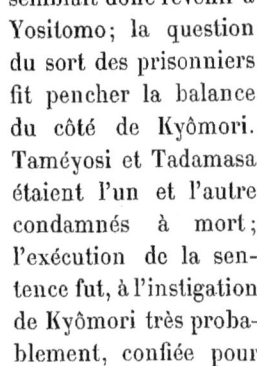

Étendards portant le *Sasarignedo* ou petit bambou, *mon* des Minamoto.

Kyômori s'était comporté vaillamment ; mais le succès était dû surtout à Yositomo, qui avait proposé la surprise nocturne et dirigé l'attaque. La première place dans le parti triomphant semblait donc revenir à Yositomo ; la question du sort des prisonniers fit pencher la balance du côté de Kyômori. Taméyosi et Tadamasa étaient l'un et l'autre condamnés à mort ; l'exécution de la sentence fut, à l'instigation de Kyômori très probablement, confiée pour Taméyosi à Yositomo, et pour Tadamasa à Kyômori. Sans hésitation, Kyômori sacrifia son oncle qui fut décapité par ses ordres, et il se fit un mérite de son zèle ; Yositomo implora la grâce de son père, fut durement refusé, se retira mécontent et demeura suspect.

Les autres prisonniers furent, ou graciés, ou simplement exilés. Parmi eux, Kyômori ne craignait que Tamétomo ; il lui fit couper le muscle du bras qui sert à tendre l'arc, puis le relégua dans l'île de Oosima, ou Vries ; d'autres historiens disent dans l'îlot de Hatiidziô-sima (Fatsidjô dans la pro-

---

1. Connu aussi sous le nom de Tiinezéi-Hatiiro (*Hatii*, huitième, *ro* fils).

nonciation du Kiousiou); plus tard, il essaya, sans succès, de le faire assassiner pendant un séjour aux eaux d'Isi-yama, auxquelles Tamétomo demandait la guérison de sa blessure. Devenu tout puissant, Kyômori, redoutant toujours l'exilé de Oosima, envoya une expédition chargée de le mettre à mort; mais le muscle avait repoussé au terrible archer, il attendait ses ennemis sur la plage, averti à temps, la légende ne dit pas par quel messager. D'une seule flèche, il fit sombrer au large le vaisseau de Kyômori. Tamétomo

Tamétomo fait sombrer d'un coup de flèche le pné des Taïra.
(D'après Kouniyosi).

s'échappa plus tard de son lieu d'exil, pour traverser les mers à travers mille dangers [1], et aller faire la conquête

---

[1]. La légende a reproduit à ce sujet, en l'amplifiant, le récit du dévouement de Tatiibana-Himé.
Pendant une tempête soulevée dans la mer de Snouki par un ancien Mikado

des îles Liou-Kiou ; il aurait pour descendant direct, selon la croyance populaire, le dernier roi des Liou-Kiou, qui vit aujourd'hui à Tokio, remplacé dans son royaume par un préfet japonais.

Guerre de Héidzi ; abaissement des Minamoto.

Les deux années qui suivirent le combat de 1156 ne présentèrent d'autre événement notable que l'abdication de Gosirakawa, qui fut remplacé comme Mikado, en 1158, par Nijô-Tennô, mais qui conserva, jusqu'à sa mort, l'autorité dans le palais, avec le titre bouddhique Hô-ô. La paix ne pouvait être qu'une trêve tant que Yositomo et Kyômori étaient en présence. La rivalité des deux chefs était devenue ouvertement la querelle des deux maisons, parce que Kyômori usait de son pouvoir pour élever partout les Taïra au détriment des Minamoto. Une compétition avait cette fois encore surgi entre deux Foudziwara, l'un, Mitiinori, homme des affaires sérieuses et ministre tout puissant, l'autre, Nobouyori, compagnon de plaisirs du nouveau Mikado et ardent à exciter les ressentiments de Yositomo. En 1159, Yositomo, profitant de l'absence de Kyômori qui était aux eaux de Koumano, enleva le palais de vive force, à la tête de cinq cents guerriers, s'empara de la personne du Mikado et du Hô-ô, mit à mort Foudziwara-Mitiinori et brûla son yaski. A cette nouvelle, Kyômori revient en toute hâte, rassemble toutes les forces des Taïra et court attaquer Yositomo dans le palais administratif, le *ô-outii*, avant qu'il ait établi un gouvernement. Il y eut, cette fois, un combat acharné ; Signémori, fils aîné de Kyômori, et Yosihira, fils aîné de Yositomo,

exilé et devenu un dieu marin, Siranoui mékaké de Yostiomo, qui avait combattu à ses côtés à Oosima, se sacrifia pour apaiser la divinité. Puis un fidèle kéraï et sa femme se jetèrent à l'eau à leur tour, et ressuscitant aussitôt, sous la forme de monstres marins, retirèrent de l'abime le fils de leur maître.

accomplirent de grands exploits; Yoritomo, âgé de treize ans, se signala par sa bravoure précoce à côté de son frère Yosihira. Les Minamoto furent vaincus, mais Yositomo et ses fils parvinrent à s'enfuir; Foudziwara-Nobouyori fut tué; le palais fut brûlé.

Le combat de 1159 s'appelle guerre de Héidzi, d'après le nom donné à la période chronologique, qui signifie paix des Taïra. Il assura à Kyômori une puissance que rien ne pouvait plus contrebalancer, non pas que le clan Minamoto fût beaucoup réduit en nombre, — la plupart de ses membres vivant dans des provinces reculées n'avaient pas pris part à la lutte, — mais bien parce que les chefs de la famille se trouvaient livrés à la merci du vainqueur.

Kyômori n'eut pas à verser le sang de Yositomo; le chef fugitif des Guéindzi fut tué, dans son bain, par un de ses kéraïs avide d'obtenir par sa trahison les bonnes grâces du grand Taïra. Yosihira, qui était rentré à Kioto sous un déguisement pour tuer Kyômori par surprise, fut découvert et mis à mort. Yoritomo, égaré dans la campagne, tomba aux mains d'un kéraï de Yorimori, frère de Kyômori, nommé Taïra-no-Mounékyo, qui le ramena prisonnier; il sut inspirer pitié à son gardien; Mounékyo intéressa la Iké-no-Ama, mère de Kyômori, en lui disant que Yoritomo ressemblait à un fils qu'elle avait perdu en bas âge. Ébranlé déjà par Signémori et Yorimori, qui inclinaient pour la clémence, Kyômori finit, à regret, par céder aux instances de sa mère; il laissa la vie à Yoritomo et l'exila dans la province de Idzou, sous la garde de deux de ses kéraïs, Ito-Skétiika et Hôjô-Tokimasa; le dernier était bien mal choisi. Quand Yoritomo partit pour l'exil, les habitants de Kioto devinèrent les implacables ressentiments cachés sous son masque

Tigre, netské de Séounsaï-Noritiika. (Coll. de M. Bertin).

impassible : « Voilà, disaient-ils, un jeune tigre qu'il sera
« bon de ne pas lâcher dans la prairie. »

Yositomo avait deux autres fils légitimes que Kyômori épargna, l'un Noriyori, parce qu'il était entré par adoption dans la famille de Foudziwara-Horihidé et n'appartenait plus aux Minamoto, l'autre Maréyosi, parce qu'il n'inspirait aucune inquiétude. Ce dernier, exilé en Tosa, y vécut obscurément ; nous retrouverons plus tard Noriyori.

Fuite de la Tokiwa-Gozéin,
netské de Siouzan.
(Coll. de M. Bertin).

Enfin, Kyômori s'occupa de poursuivre trois fils en bas âge que Yositomo venait d'avoir de sa mékaké, la Tokiwa-Gozéin. Portant dans ses bras les deux plus petits de ses enfants et faisant marcher l'aîné qui avait deux ans, la jeune mère s'était enfuie seule pour éviter toute trahison ; après le plus pénible voyage dans les neiges, elle avait trouvé une retraite sûre ; il était impossible de découvrir sa trace. Kyômori fit saisir la mère de la Gozéin, et publia partout qu'il la ferait périr si la descendance de Yoritomo ne lui était pas livrée. Tokiwa vint alors avec ses trois fils, dont elle obtint la grâce en se faisant mékaké de Kyômori. Les trois enfants furent mis dans des temples et élevés pour la vie religieuse ; les deux aînés, Imawaka et Otowaka, restèrent bonzes, sous les noms obscurs de Zéinzé et de Guiéin ; le troisième, Ousiwaka, eut plus tard pour nom d'homme, Yositsouné.

Les anciens vassaux des Minamoto se mirent dans la vassalité de Kyômori. Même dans le Kouanto, où ils occupaient tout le pays, ceux qui restaient le plus Guéindzi de cœur, les Ooba, les Saïto, les Hatakéyama, n'osèrent pas envoyer de secours matériels à Yoritomo dans ses années de détresse. Seul, Sasaki-Hidéyosi observa les règles strictes de la courtoisie japonaise auprès du fils de ses maîtres, en faisant prendre des nouvelles de sa santé. Ainsi, le Japon tout entier était devenu Taïra.

Toute-puissance de Kyômori.

Kyômori était vraiment né pour le commandement. Dans son entourage, la crainte de lui déplaire ou de l'irriter était telle que sa femme n'osait lui avouer la naissance d'une fille, quand il avait souhaité un fils. L'obéissance et le dévouement de ses kéraïs étaient sans bornes. La légende a exprimé ce don de régner, naturel à Kyômori, en le faisant un jour commander au soleil. C'était à la fin de la construction du Foukouhara, palais qu'il fit élever pour sa résidence, à l'emplacement actuel de Hiogo, dans l'intervalle de la guerre de Hoguéin et de la guerre de Héidzi ; les travaux touchaient à leur fin ; on espérait finir le soir même ; les ouvriers se hâtaient sous l'œil impérieux du maître ; mais le soleil déclinait rapidement sur les montagnes d'Awadzi. Du haut de la terrasse, Kyômori arrêta l'astre du geste de son éventail, et le jour se prolongea jusqu'à l'œuvre terminée.

Rien ne fut changé au gouvernement officiel. Kyômori prit le titre de Daïdjô-Daïdzigne, sous lequel le pouvoir avait été déjà exercé par des Foudziwara ; il dédaigna tout cumul de titres et de fonctions, laissant à d'autres les vains honneurs, comme l'office de grand chancelier ou *Sessiô,* littéralement chef de la police, qui donnait dans le palais le premier rang de préséance. Au lieu d'un Foudziwara impuissant, on eut un ministre dont les moindres volontés étaient devinées partout. L'autorité déchue du gouvernement, passant aux mains de Kyômori, se trouva instantanément restaurée d'une extrémité à l'autre du Japon.

La paix régna profonde et fit fleurir ses arts favoris, la musique et la danse. Les gracieuses pantomimes de l'*Otokomaï,* où les femmes armées du sabre et coiffées de l'*ébosi* s'enveloppent dans les longs replis de leur tunique blanche, remplacèrent décidément les anciennes danses, dont les

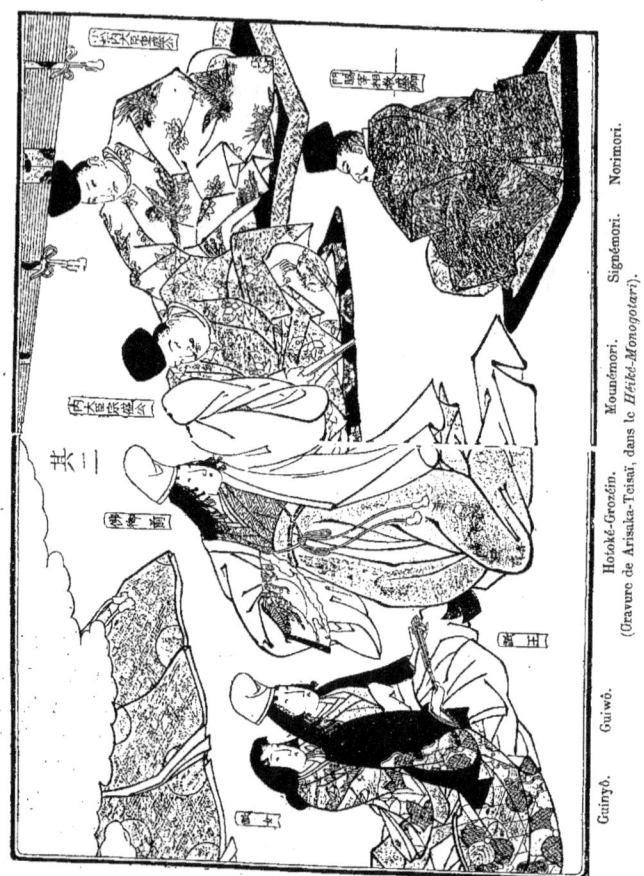

Hotoké-Grozéin. Guiwô. Mounémori. Signémori. Norimori. Guinyô.
(Gravure de Arisaka-Tcisaï, dans le *Héïké-Monogotari*).

hommes avaient eu le monopole, jusqu'au temps de Toba-Tennô. Le splendide palais de Foukouhara vit, durant vingt ans, se succéder des fêtes dont le souvenir n'est pas effacé. La composition des poésies, les amours du maître, sa faveur qui se retire des deux danseuses Guiwô et Guinyô, deux sœurs unies d'une touchante amitié, pour passer à la Hotoké-Gozéin, font toute l'histoire de ces années.

Un avertissement terrible vint rappeler à Kyômori qu'il était un simple mortel, soumis aux misères de la vie. En 1168, il subit la première atteinte de la terrible fièvre ardente, le *hi-no-yamaé*, qui n'a existé que pour lui seul et qui devait le consumer jusqu'à sa mort. Avec sa fougue ordinaire, Kyômori se jeta dans les exercices de piété pour obtenir sa guérison ; il se fit bonze, sous le nom de Jôkaï, et il garda toujours, depuis lors, la tête rasée et la robe bouddhique, ne changeant rien d'ailleurs à sa vie, et bien moins abbé que les pieux Capétiens, ses contemporains, parfois coiffés comme lui de la chape monastique. Kyômori partagea toujours ses dévotions entre le Bouddha et les vieilles divinités du signetô ; il avait voué un culte particulier à la déesse d'Itskousima, et, pour raccourcir le voyage entre Foukouhara et l'île sacrée, il fit creuser, à travers un isthme, un canal qui est aujourd'hui l'une des passes de la rade, devant le nouvel arsenal maritime de Kré. La maladie aigrit l'humeur de Kyômori ; ses emportements atteignirent une violence que ne pouvaient plus calmer toujours les sages avis de son fils aîné Signémori ; on dut trembler souvent autour de lui.

Les membres de la famille Taïra s'étaient laissé enivrer par leur grandeur subite. La montagne des *Momidzi*[1] garde le souvenir des folles équipées de Korémori, qui, un jour, y trouva, pour compagnon un diable de la famille des Hannias.

Skémori, l'un des jeunes fils de Kyômori, rencontrant un jour le Sessiô Foudziwara-Motofousa, lui refusa les honneurs

Korémori et le *Hannia*, netské de Siouzan. (Coll. de M. Bertin).

1. Érables rouges.

dus à son rang, et il fallut que les gardes du dignitaire allassent l'obliger à descendre de cheval. Signémori réprimanda sévèrement son frère et reçut avec courtoisie les gardes du Sessiô, que celui-ci, très effrayé de l'aventure, avait envoyés porter des excuses. L'histoire vint aux oreilles de Kyômori qui s'emporta violemment, s'écriant : « Qui donc, en ces « temps, est assez osé pour traiter avec ignominie un fils de « Jôkaï? » Signémori intervint pour apaiser son père; mais quelque temps après, Kyômori fit attaquer le yaski de Motofousa par trois cents soldats, qui, en manière d'insulte, brisèrent le char du maître et coupèrent la crinière à tous les chevaux des kéraïs.

Kyômori ne ménageait pas plus le Mikado que ses grands dignitaires; l'arrogante autorité qu'il s'attribuait dans le palais, finit par exaspérer le pacifique et débonnaire Hô-ô Gosirakawa, dépositaire du pouvoir nominal sous le règne de Takakoura-Tennô comme sous ceux de ses deux prédécesseurs. Le Mikado était tenu en servitude jusque dans sa vie privée. En 1171, le poste d'impératrice intermédiaire ou Tiiougou étant vacant, Takakoura-Tennô voulut y élever sa favorite la Kongô-no-Tsouboné; Kyômori destinait l'emploi à sa fille Tokouko, la Kégneré-Mon-Igne de l'histoire; le Hô-ô poussait le Mikado à suivre son penchant personnel, mais la Tsouboné, effrayée, s'enfuit, craignant pour sa vie et pour celle du Mikado. Tokouko devint donc impératrice. Kyômori relégua plus tard dans une bonzerie la Kongô-no-Tsouboné que le Mikado n'oubliait pas [1].

Tous ces motifs accumulés d'inquiétude et d'irritation firent surgir, en 1171, un premier complot contre le tout puissant Taïra; mais, dès les premiers conciliabules, l'un des conjurés, un Minamoto rallié aux Taïra, prit peur et livra à Kyômori ses principaux complices, un bonze, un Foudziwara et un Taïra mécontent. Kyômori, dédaigneux

---

1. Voir note II, 23°, un *outa* de la Tsouboné bonzesse.

d'adversaires aussi impuissants, se contenta de les exiler ; il les gracia plus tard à l'exception de Foudziwara-Naritiika. Toute sa colère se tourna contre le Hô-ô, qu'il considérait comme le chef des mécontents, et il résolut d'aller le saisir dans le palais, pour l'enfermer dans le temple de Toba-no-Igne. Déjà il avait réuni une troupe en armes ; le Japon allait voir le scandale public du souverain prisonnier d'un sujet, quand Signémori, secrètement averti, accourut dans le yaski de son père. Signémori demanda quel motif faisait ainsi endosser l'armure à sa famille quand lui-même venait dans son costume civil de Sadaïdzigne ; où étaient donc les rebelles, menaçant le gouvernement, qui obligeaient les fidèles Taïra à s'armer pour le défendre ? Kyômori s'éloigna confus et revêtit sa robe de bonze sur son costume de guerre ; Signémori, le prenant à part, lui rappela vivement comment leur puissance émanait de celle du Mikado, et le supplia de conserver pour le Hô-ô les égards dus au trône. Gosirakawa fut ainsi épargné, mais pour un temps seulement ; plus tard, quand Signémori ne fut plus là, Kyômori le soumit à une étroite séquestration.

Ainsi la paix des Taïra commençait à se tourner en trouble et en confusion. Les bonzeries n'avaient rien perdu de leurs turbulentes habitudes, et, d'Eïzan [1], de Miidéra, de Nantô, elles étaient toujours prêtes à descendre en armes dans les rues de Kioto. En 1176, quelques samouraïs ayant maltraité des bonzes de Youséindzi, la puissante corporation d'Einryakoudzi vint de l'Eïzan réclamer la punition des coupables. Les soldats Héïké, qui gardaient Kioto, rétablirent l'ordre et chassèrent les bonzes de la ville ; mais Kyômori, après une enquête, accorda le châtiment demandé. La querelle s'envenima aussitôt. Des samouraïs, pour venger leurs camarades, s'en prirent aux temples d'Eïzan eux-mêmes et percèrent de flèches la châsse où

---

1. Eïzan ou Hiéizan ; l'abréviation est généralement employée.

l'on portait, dans les processions, le dieu Hi-Yosi (divinité du signetô). Grand émoi dans le temple. Sept des sacrilèges ayant été arrêtés, les bonzes demandèrent avec insistance qu'ils fussent crucifiés. Signémori intervint encore et fit prononcer une simple sentence d'exil ; il devait s'intéresser du reste particulièrement à l'un des coupables, Narita-Toménari, qui était fils de sa nourrice. Cependant les esprits s'exaltaient. Le soir qui devait précéder le départ des exilés, leurs amis leur offrirent une fête d'adieu où le saké ne fut pas épargné. Un vent de frénésie passa sur la réunion surexcitée par les discours et les libations. L'un des convives s'étant coupé les cheveux, pour les offrir à Narita en présent d'adieu, un second se coupa

Le *Harakiri* de Narita-Toménari et de ses compagnons.
(D'après Arisaka-Téisaï).

les oreilles, un troisième le nez ; un autre enfin déclara qu'il offrait sa vie elle-même, et fit incontinent *harakiri*.

Narita, ne voulant pas rester en arrière, s'ouvrit le ventre à son tour, et toute l'assemblée suivit son exemple. Le propriétaire, jugeant qu'une pareille catastrophe, arrivée chez lui, à des hommes qui tenaient un rang distingué parmi les tout-puissants Taïra, lui attirerait quelque gros malheur, mit le feu à sa maison et se jeta dans les flammes. Il soufflait une brise violente ; l'incendie se propagea, brûla une partie de Kioto et consuma en particulier le *Hassio*, ou palais privé du Mikado. Ainsi fut vengée, au dire de ses dévots, la divinité d'Eïzan.

L'incendie de 1176 fut l'occasion d'un nouvel empiètement, non plus sur le pouvoir du Mikado déjà confisqué entièrement, mais sur sa majesté. Le palais brûlé ne fut pas rebâti. Le Foukouhara était assez vaste pour recevoir la cour ; le Mikado y fut installé. La demeure de Kyômori devint soit immédiatement, soit un peu plus tard, aux approches de la guerre civile, le centre officiel du gouvernement.

Dernières années de Kyômori.

En 1178, la domination de Kyômori approchait de sa vingtième année ; c'est une longue durée pour un règne, au Japon surtout, où l'on aime le changement ; le proverbe qui fut créé pour Kyômori et qui est resté dans la langue : « Gens détestés vivent longtemps, » circulait sans doute déjà. La fortune eut, pour le vieillard, une dernière faveur. La Kégneré-Mon-Igne devint enceinte ; Kyômori porta ses prières à la déesse d'Itskousima qui l'exauça ; un fils naquit ; c'était le futur Antokou-Tennô. Il y eut à ce sujet de grandes réjouissances, et les conspirateurs de 1171 furent grâciés. Pressé de voir, avant de mourir, son petit-fils Mikado, Kyômori exigea bientôt après l'abdication de Takakoura-Tennô ; mais Antokou-Tennô, monté sur le trône en 1181, à l'âge de trois ans, ne régna guère que pour fuir et mourir.

Le sage et généreux Signémori était l'idole du pays. L'espoir de le voir bientôt succéder à son père maintenait encore le Japon uni sous la domination des Taïra. Il mourut en 1179 ; il n'avait que quarante-deux ans. La vue des abus de pouvoir auxquels il assistait impuissant, lui faisait depuis longtemps souhaiter la mort; un rêve affreux lui avait montré les têtes des Taïra promenées par la populace dans les rues de Kioto. Pendant sa maladie, Kyômori, qui entretenait des relations avec la dynastie de Sô, voulait demander un médecin à l'empereur de Chine ; Signémori refusa, en se faisant un point d'honneur de ne pas recevoir les soins d'un étranger, et il ajouta qu'il connaissait, mieux que les médecins, les racines du mal qui l'emportait. L'histoire, semi-politique, semi-religieuse des Mikados, a tenu compte à Signémori de ses efforts pour défendre les souverains légitimes contre les violences de son père, et l'a placé, comme Mitiizané, parmi les fidèles défenseurs de la dynastie issue des dieux.

Les dernières années de Kyômori rappellent le sort lugubre des héros que le destin poursuit dans les tragédies antiques. Le souverain du Japon, vieilli et morose, erre sur les beaux rivages de la mer intérieure, hanté de terribles visions. De cette terrasse du Foukouhara, d'où il a jadis arrêté le soleil, il aperçoit, dans l'obscurité, le *youréi* de Yositomo et les ossements blanchis des victimes des guerres de Hoguéin et de Héidzi. Dans les accès du mal qui le dévore, ses cris de douleur retentissent jusqu'en dehors de l'enceinte de son palais ; les eaux glacées, que l'on apporte du Hiyéïzan pour remplir sa vaste baignoire de pieux jointifs, ne suffisent plus à le soulager ; on les renouvelle sans cesse, et elles se changent en vapeur au contact de son corps brûlant. Une belle peinture de l'école de Tosa, exposée à la Bibliothèque nationale de Paris, nous le montre ainsi, au milieu des servantes qui, au sortir du bain, cherchent à le rafraîchir de leurs éventails. A ces tourments s'ajoute le souci de son œuvre qui décline et de la désaffection grandissante, qui réduira son successeur aux seules forces du clan Taïra.

L'année 1180 vit les premiers tressaillements du pays, prélude de la guerre de Guémepé que nous raconterons au chapitre suivant. Kyômori peut croire d'abord qu'il n'y a là qu'une émeute de bonzes turbulents, à laquelle l'appui d'un prince en disgrâce et d'un guerrier désireux de finir de la mort du soldat donne à peine l'apparence d'une guerre. Mais derrière les bonzes du Nii-mya vaincus, il rencontre Yoritomo, qui, muni d'un ordre de guerre envoyé par le prince Yorihito, a relevé la bannière des Guéindzi ; une première victoire ne le débarrasse pas de son adversaire ; les guerriers de Kouanto ont bien voulu tenir leurs engagements en combattant la rébellion ; mais ils n'ont pas voulu s'emparer du fils de leurs anciens maîtres. Yoritomo reparaît ; une victoire facile, sur les contingents des provinces qui se désintéressent de la lutte entre les deux grandes maisons militaires, lui rend, avec le Kouanto, les anciens vassaux de sa maison.

Kyômori, à la nouvelle de son premier échec, voulut un instant ôter la vie au général qui s'était laissé battre, et envoya en exil son fils Korémori, chef nominal de la malheureuse expédition ; puis, la première fureur apaisée, il s'occupa d'agir en homme d'État. Pour bien mener la guerre, qui s'annonçait terrible, il lui fallait d'abord n'avoir pas d'ennemis dans ses propres provinces du Gokinaï. Il sentait deux foyers actifs d'hostilité dans les bonzeries et dans le palais ; ses premiers efforts furent de ce côté.

Contre les bonzes, Kyômori, rejetant tout ménagement, voulut procéder par extermination. Une vieille jalousie animait les samouraïs ; l'attaque fut vivement conduite par Signéhira, fils de Kyômori, contre Miidéra et Nantô ; ces magnifiques sanctuaires furent réduits en cendres, et les bonzes vaincus tombèrent par centaines sous le sabre des guerriers. Eïzan, qui s'était soumis, après avoir adhéré d'abord à la rébellion, fut épargné.

Bâtiment de guerre des Taïra, le plus ancien navire dont le dessin soit resté.
(D'après une gravure du *Kaïgoun-éinkakousi*).

Relativement à la cour, Kyômori tint conseil avec ses principaux officiers, pour discuter sur le retour du gouvernement à Kioto. Chacun, par frayeur, dissimulait sa secrète pensée et opinait pour le maintien au Foukouhara. Le Kougné Foudziwara-Nagataka déclara que la volonté du ciel s'était clairement manifestée par les revers qui avaient suivi l'abandon de la vieille capitale; il rappela Kyômori au respect religieux dû au Mikado et lui conseilla les mesures propres à recouvrer les bonnes grâces du palais, comme le plus sûr moyen de rétablir la popularité des Taïra. Réprimant un premier accès de colère, Kyômori se rangea à l'avis du hardi conseiller. La cour fut renvoyée à Tokio. Le Hô-ô prisonnier fut rendu à la liberté et installé avec honneur, en compagnie du Dziôkô Takakoura dans le yaski de Yorimori; ses fidèles, autrefois proscrits, furent rappelés; les provinces de Mino et de Sanouki lui furent attribuées comme domaine; il fut invité à reprendre la direction ostensible du gouvernement.

Dans les premiers jours de l'année 1180, le Dziôkô mourut subitement; en pareil cas, tous les soupçons sont permis; peut-être Kyômori le trouvait-il moins souple que le Hô-ô; peut-être lui attribuait-il une participation dans l'ordre de guerre envoyé à Yoritomo.

A ce moment-là, Minamoto-Yosinaka s'était soulevé dans l'Etiizéin et menaçait de descendre des montagnes de Kisô vers la capitale. Kyômori n'hésita pas entre les deux adversaires. Le chef de la famille Minamoto lui parut le plus à redouter. Tous les contingents militaires furent convoqués au nom du gouvernement; l'armée ainsi réunie devait aller écraser Yoritomo, sous le commandement de Mounémori, maintenant l'aîné des fils de Kyômori et le futur chef des Taïra. Les Héïké obéirent fidèlement, mais les Daïmios et les Kamis des provinces se récusèrent, déclarant ne pas discerner clairement si l'ordre émanait de la volonté du Hô-ô ou de celle de Kyômori.

Au cours de ces préparatifs, Kyômori rendit le dernier soupir en février 1181. La fièvre avait usé son corps, sans abattre la vigueur de son esprit. Peu d'instants avant sa mort, il fit prier le Hô-ô, dans une requête suprême, de conserver, après lui, la direction des affaires à Mounémori. Puis il réunit toute sa famille autour de lui et fit entendre, pour la dernière fois, sa parole redoutée.

« Je sais que tout ce qui a vie en ce monde est appelé
« à mourir un jour, et j'ai toujours été prêt à subir le sort
« commun. Depuis la guerre de Héidzi, je suis élevé en hon-
« neur au-dessus de tous les autres serviteurs du Mikado.
« J'ai véritablement gouverné sans rival le pays tout entier;

« mon rang est le plus haut auquel puisse prétendre un
« sujet; le Mikado régnant est un de mes petits-fils. La for-
« tune ne m'a pas refusé un seul bien, qui semble digne de
« regret. Une chose pourtant manque à ma vie ; une pensée
« amère tourmente mes derniers moments. Je meurs, sans
« avoir vu devant moi la tête sanglante de Yoritomo. Point
« de lectures devant ma tombe dans les livres sacrés; point
« d'aumônes en souvenir de moi; ne priez pas le Bouddha
« pour mon âme. Je ne veux qu'une chose, une seule :
« guerre à mort à Yoritomo, et que la tête de Yoritomo
« soit déposée sur mon tombeau. — Frères, fils, petits-
« fils, entendez-moi tous, et vous, généraux et capitai-
« nes des Taïra, entendez-moi bien et ayez toujours à la
« mémoire ma dernière parole, et au cœur ma dernière
« volonté. »

Bien qu'il n'ait pas créé d'institutions nouvelles, se contentant pour régner de son ascendant personnel, Taïra-no-Kyômori est bien le premier des empereurs militaires du Japon. Il était le César devant qui tout devait fléchir, et le palais du Mikado ne comptait pas pour lui plus que le sénat de Tibère ne comptait pour le solitaire de Caprée. Il est aussi le premier des grands personnages japonais, dont l'histoire et les arts se sont plu à conserver le portrait complet. Quand on voit, sur un kakémono, un homme corpulent, couvert de la robe de bonze, aux traits accusés et énergiques, menton large, lèvres serrées, front haut et crâne rasé, devant qui tous s'inclinent, c'est Kyômori. Au moral, il se distingua surtout par une foi en lui-même qui lui fit regarder, comme des devoirs naturels, la soumission que le pays lui accorda, et l'adoration dont son propre clan l'entoura. Comme les Taïra en général, tous poètes et musiciens, il avait une haute culture d'esprit. Sagace pour juger les événements et les situations, il ne l'a pas toujours été dans le choix des personnes. Kyômori était dur, mais non pas inflexible; il ne savait pas étouffer toute pitié devant la raison d'État; il n'y a pas de souverain à qui ses violences aient fait plus d'ennemis et à qui la clémence ait été aussi funeste.

Sabre et bâton de commandement, ciselés sur un manche de couteau.

Episode des combats de Yasima ; le *Sikoro-biki*.
(D'après Itiiyousaï-Kouniyosi).

CHAPITRE II

LA GUERRE DE GUÉMEPÉ

(1181-1185)

La guerre de Guémepé[1] est, dans la plupart de ses épisodes, la lutte épique de deux familles rivales; mais, comme dans toutes les guerres du Japon, les grands événements y sont soumis au jeu des passions personnelles, et l'histoire s'y confond avec la biographie des chefs de parti.

---

1. *Guéin-Hé*, par euphonie *Guéin-mpé* ou *Guémepé*, guerre de *Guéin* contre *Héi*.

Les chefs survivants des Minamoto.

Yoritomo passa la première année de son exil à Hirouḡasima en Idzou, près de Ito-Skétiika, sans aucun revenu, vivant surtout des secours d'une bonzesse, son ancienne nourrice. Il séduisit la fille de Skétiika, que celui-ci lui avait refusée pour femme, et il en eut un fils. Skétiika tua l'enfant à sa naissance, et médita d'assassiner Yoritomo, qui semblait d'une garde difficile; Kyômori lui aurait pardonné ce meurtre. Hôjô-Tokimasa, qui était établi à Odawara, sans doute pour surveiller Skétiika, et qui était soucieux de sa propre fortune beaucoup plus que des intérêts des Taïra, soupçonna ce que l'avenir réservait de vicissitudes et fit passer un avis secret à Yoritomo; celui-ci s'enfuit à temps et vint s'établir près de lui. A Odawara, Yoritomo fut bien traité; Tokimasa l'accepta pour gendre, l'habitua à recevoir ses avis, et, avec l'aide de sa fille Masago, ou Masako, prit sur lui un empire qu'il devait toujours conserver. La jeunesse de Yoritomo s'écoula ainsi, renfermée et taciturne, auprès d'un gardien qui ne l'empêchait point de méditer au relèvement de sa fortune et l'aidait même, sans doute, à y travailler en secret.

Pendant ce temps, l'espiègle Ousiwaka faisait le désespoir des bonzes, dans le temple de Kourama. De bonne heure, il manifesta tout l'opposé d'un penchant pour la vie religieuse; puis, vers l'âge de onze ans, ayant appris l'histoire de son père et la sienne, il ne rêva plus que coups de sabre et vengeance à tirer des odieux Taïra. Quand le chef de la bonzerie voulut lui faire raser la tête, selon l'engagement pris avec Kyômori, il répondit que c'était trop déjà que ses deux aînés fussent des bonzes, et qu'il en avait grand honte. Il se lança ensuite dans les plus folles équipées. Il découvrit, paraît-il, sur le Kouramayama, la retraite des téinḡous, les farfadets ailés et munis d'un bec; il apprit d'eux l'escrime, où il fut bientôt passé maître; rien ne faisait rire le vieux roi des téingous, sous son nez crochu, comme de voir un de ses agiles sujets recevoir du bonzillon une verte volée avec le sabre d'escrime en bambou. Ousiwaka, devenu Yositsouné, livra bataille avec son éventail, au bonze Bégneké (Benké) qui défiait les passants au sabre, sur le pont de Godjôbasi, l'émerveilla par son adresse et se l'attacha pour la vie. Il fit là une précieuse acquisition, car Bégneké n'était pas seulement l'her-

Ousiwaka-Marou et le teingou, netské.
(Coll. de M. Bertin).

Combat de Yositsouné et de Bégneké sur le pont de Godjô.
(D'après une gravure de Kouniyosi).

cule qui emporta un jour une énorme cloche de Miidéra, à

l'Eïzan, et la renvoya d'un coup de pied à Miidéra, en voyant qu'elle pleurait; c'était surtout le conseiller sage et prudent, versé dans toutes les écritures, fécond en stratagèmes, qui devait tirer son maître des situations les plus difficiles. Enfin, pour que rien ne manque aux légendes de sa jeunesse, Yositsouné eut une aventure précoce avec la Djorouri-Himé, qui plus tard mourut de fatigue en voyageant à sa recherche, et qui a laissé d'elle un air de musique connu, souvenir de la façon romanesque dont commencèrent leurs amours.

Béguoké emportant la cloche de Miidéra, netské de Saunko.
(Coll. de M. Bertin).

Dès que Yositsouné eût rallié quelques compagnons de fortune, le séjour de Kioto devenant trop dangereux, il s'enfuit, et, après un voyage très accidenté, dans lequel il tua un chef de brigands et s'en attacha un autre comme kéraï, il arriva en Oosiou. Le principal Daïmio du pays, Foudziwara-Hidéhira, qui résidait à Sirakawa en Iwaki, accueillit les fugitifs et leur permit de s'établir au nord dans le Rikousiou; la police de Kyômori ne s'étendait pas jusque là. Le souvenir de Yositsouné est resté très vivant dans ce pays, où, du reste, il a fait plus tard un second séjour. En descendant l'Osikaïdô, entre Midzousawa et Itii-no-séki, le voyageur apprend longtemps à l'avance qu'il verra l'ancienne résidence de Yositsouné; il laisse à gauche une ancienne maison curieusement sculptée qu'il croirait historique, mais qui fut simplement construite par un marchand enrichi de *Kine-mé-gan* ou orviétan (or-vie-remède); puis on lui montre, à droite, une rizière qui verdoie entre des bouquets d'arbres; c'est l'emplacement que les paysans se montrent de père en fils; toute trace d'habitation en a disparu depuis des siècles. Plus au sud, dans un temple antique, ombragé par les plus beaux *soŭgni* [1] du Japon, on trouve, avec beaucoup d'archives remontant à cette époque, un sabre de Bégneké et une statue du bonze-guerrier, sculptée par lui-même. Dans cet asile reculé, Yositsouné put recruter une troupe dévouée et l'exercer au maniement des armes. Il noua sans doute des relations secrètes avec Yoritomo et se tint de bonne heure à sa disposition.

Kisô-Yosinaka, le troisième grand Minamoto de la guerre de Guémepé, était fils de ce Yosikata, qui fut tué par son neveu Yosihira appelé communément Akou-Guéindzi. Le kéraï, que ce dernier avait chargé de tuer aussi Yosinaka, alors âgé de deux ans, eut pitié de l'enfant; il le remit à un autre vassal de Yosihira, nommé Saïto-Sanémori, qui était établi en Mousasi, mais qui appartenait à une famille puissante en Etiizéin. Saïto garda quelque temps l'enfant près de lui, puis, pour l'éloigner du Kouanto trop rempli de vassaux des Guéindzi de la branche aînée, il l'envoya chez lui et le fit élever par un habitant des montagnes d'Etiizéin nommé Kisô-Kanéto, d'où le nom de Kisô gardé par Yosinaka.

Yosinaka reçut une bonne éducation, grâce à Saïto, qui pourvut à tous ses besoins et veilla sur lui comme un père. Il s'annonça de bonne heure pour un vaillant guerrier. Entendant parler sans cesse de l'oppression où les Taïra tenaient les Minamoto, il manifesta l'ambition d'être le vengeur de sa famille; il était devenu le chef avoué des partisans des Guéindzi dans le Hokkokou [2], au moment où la guerre éclata.

Signal de la guerre.

Le signal partit de Kioto. Là, au nombre des Minamoto soumis ou ralliés aux Taïra, vivait le célèbre Guéinn'zami-

---

1. Cryptoméria.
2. Du moins dans les provinces d'Etiizéin, Etiiou, Etiigo, Kaḡa, Noto. — Le nom de Hokkokou ne s'applique plus guère qu'à ces cinq provinces, à l'époque où nous sommes arrivés.

Yorimasa, dont les flèches avaient jadis tué le Noui. Il s'était fait bonze pour échapper à la vie politique et garder quelque indépendance; mais, dans son cœur, il gémissait de voir les années s'accumuler sur sa tête sans qu'il pût tirer le sabre du fourreau contre les Taïra. Il s'attacha au prince Motii-hito-ô, douzième fils du Hô-ô et frère aîné du Dziôkô Taka-koura, à qui l'illégitimité de sa naissance avait empêché Kyômori de laisser accorder le titre de Sinnô; il lui montra la famille impériale tenue sous le joug, exalta la puissance des Minamoto, et surtout excita ses ressentiments personnels. Le prince, qui n'était guère sorti du palais, entrevit, avec orgueil, son père tiré de prison par ses victoires et le Japon affranchi de la tyrannie; il donna l'ordre de guerre qui, venant d'un chef de son sang, rendait légitime un soulève-ment contre le gouvernement organisé. Yorimasa se prépara aussitôt à combattre, après avoir remis la précieuse pièce à Minamoto-Oukiyé, pour la communiquer à Yoritomo et à Yosinaka.

Les premières hostilités éclatèrent à l'improviste. En passant à Niimya, Oukiyé avait décidé les bonzes du temple à s'associer au mouvement qui se préparait; ceux-ci divulguè-rent le secret de l'entreprise. Les bonzes de Kouma, fidèles aux Taïra, allèrent aussitôt attaquer Niimya; ils furent repoussés; ils avisèrent Kyômori de la rébellion de Niimya et de l'ordre de guerre lancé par Motiihito. Kyômori envoya saisir le prince; mais Yorimasa, dont le second fils était membre du Conseil de police, l'avait déjà prévenu, et Mo-tiihito s'était enfui avec son kéraï Hasébé-Noboutsoura sous des déguisements de femmes. Les soldats de Kyômori trou-vèrent donc le yaski vide; pendant qu'ils le livraient aux flammes, Noboutsoura revint à l'improviste après avoir mis son maître en sûreté, les chargea avec furie, en tua un grand nombre et ne fut pris qu'après que son sabre se fut brisé. Noboutsoura, amené devant Kyômori, refusa de révéler la retraite du prince; admirant son courage, Kyômori lui con-

KYÔMORI ÉVENTÉ PAR LES DAMES DE LA COUR. — PEINTURE DE L'ÉCOLE DE TOSA.
Bibliothèque Nationale de Paris.

serva la vie et l'envoya en prison ; il rejoignit plus tard l'armée des Guéindzi. Yorimasa, dont les menées étaient jusque là secrètes, se déclara ouvertement, mit le feu à son yaski et alla, avec cinquante kéraïs, rejoindre le prince au temple de Ondziôdzi, où il lui avait donné rendez-vous ; il y fut rejoint par Watanabé-Kisô, son plus fidèle serviteur, qui, avant de partir, avait joué à Mounémori le mauvais tour de se faire donner par lui un magnifique cheval, en déclarant qu'il restait fidèle aux Taïra, puis, aussitôt monté, était parti au galop en lançant une raillerie au crédule donateur. Yorimasa, qui s'était assuré du concours des trois bonzeries de Miidéra, Eïzan et Nantô, était en mesure, avec leurs contingents, de surprendre les Taïra dans Kioto ; mais il avait près de lui un traître qui retarda l'opération et donna à Kyômori le temps d'agir ; les bonzes d'Eïzan furent détachés de la coalition ; les Taïra réunirent leurs forces ; les révoltés durent abandonner Ondziôdzi pour se replier sur Nantô. Serré de près par l'armée Taïra, que commandaient Tomomori, Signéhira et Kiôtada, retardé dans sa marche par le prince qui tomba six fois de cheval, Yorimasa fut obligé de combattre derrière la rivière de Oudzi. Un bonze d'Eïzan défendit à lui seul le pont de l'Oudzi-gawa contre les trois cents cavaliers de Kiôtada, reçut soixante-deux blessures et regagna son temple à pied ; les Heiké passèrent à gué et écrasèrent leurs adversaires sous le nombre. Yorimasa atteint d'une flèche composa son dernier outa : « Une fois « enseveli sous terre, l'arbre ne donne plus de fleurs ; c'est « le sort lamentable qui m'attend [1] » ; puis il fit *harakiri,* en proclamant qu'il était heureux de trouver la mort du guerrier dans le premier combat livré à Kyômori. Le prince Motiihito, à qui on avait essayé de faire gagner le temple de Nantô pendant la défense de la rivière, n'eut pas le temps de rejoindre les bonzes qui accouraient en armes au-devant

1. Voir note II, outa 25.

de lui ; il fut tué d'un coup de flèche. Après cette victoire, Kyômori fit détruire, comme nous avons vu, les sanctuaires de Nantô et de Miidéra. Le Gokinaï était pacifié.

Premières campagnes de Yoritomo.

En Idzou, Yoritomo avait pris les armes, dès l'arrivée de l'ordre de guerre apporté par Oukiyé ; Hôjô-Tokimasa était son lieutenant. En août 1180, il surprit, près de la cascade de Hikanné, un *Hangan* qui rassemblait, de son côté, les guerriers de la province fidèles aux Taïra, et le battit complètement ; armé du tronc d'un pin en guise de massue, l'ancien brigand Sabouro, kéraï de Yositsouné, eut les honneurs du combat. Enhardi par sa victoire, Yoritomo quitta les montagnes d'Idzou et s'avança jusqu'au mont Isibisi, où il rencontra l'armée du Kouanto, toute composée d'anciens vassaux de sa famille, qui n'avaient pas encore quitté à ce moment le drapeau des Taïra. La troupe de Yoritomo, plus propre à une attaque par surprise qu'à un combat régulier, fut mise en pleine déroute. Yoritomo lui-même, serré de près dans sa fuite, n'échappa que par le respect de l'un, au moins, des vainqueurs pour le sang des Minamoto ; en effet, Kadziwara-Kangnétoki, l'ayant aperçu caché dans un arbre creux, entraîna la poursuite dans une autre direction. D'habitude, après une bataille, la défection se met chez les vaincus. Après Isibisi-yama, les vainqueurs, jugeant leur dette payée à Kyômori, se rallièrent peu à peu à Yoritomo, qui put tranquillement rétablir son armée. Tokimasa, envoyé dans le Kaï, en souleva tous les Guéindzi. Yoritomo, parcourant les provinces d'Awa, de Kadzousa, de Simôsa, y rallia de son côté les principaux guerriers ; de grands Daïmios, même un Taïra, se prononcèrent pour lui ; Kadziwara-Kangnétoki entra à son service et devint l'un de ses principaux favoris.

Kyômori envoya l'ordre de réunir les contingents des provinces du Tôkaïdô et du Tôsandô [1], et mit Korémori et Tadanori, ses petits-fils, à la tête de ces levées. Les deux armées se rencontrèrent en Sourouḡa, séparées l'une de l'autre par le Fouzi-ḡawa. Les Guéindzi, plus nombreux, étaient pleins d'ardeur ; les milices rassemblées contre eux, fort étrangères à la querelle des Minamoto et des Taïra, ne demandaient qu'à rentrer dans leurs foyers. L'histoire veut qu'une nuit, l'armée Héiké, entendant le bruit d'un vol de grues s'élevant des roseaux, se soit crue surprise, et, frappée de panique, se soit enfuie et dispersée ; les chefs ne s'arrêtèrent qu'à Kioto. Il est permis de croire que Yoritomo, ayant franchi le fleuve et surpris ses adversaires, les mit en déroute après un court combat. La victoire du Fouzi-ḡawa mit fin, pour l'instant, aux hostilités dans ces régions.

Maître du Kouanto, tranquille du côté de l'Oosiou, où Kyômori n'obtenait qu'une obéissance nominale, ne se jugeant pas assez fort pour aller attaquer les Taïra au cœur de leur puissance, Yoritomo établit sa résidence à Kamakoura et employa les trois années 1181, 1182, 1183, à bien asseoir son autorité. Avec l'aide de ses deux frères, Noriyori et Yositsouné, il organisa une solide armée. Le temps travaillait pour lui, la mort de Kyômori et l'avènement de l'incapable Mounémori valaient plus qu'une victoire. Yoritomo était un joueur patient ; il voulait la guerre, mais seulement après que la politique l'aurait préparée. Il s'appliqua à dissimuler son ambition et ses haines sous des dehors de modération :
« Il est bien loin des intentions de votre obéissant serviteur,
« écrivait-il dans une supplique au Hô-ô, de déchaîner la
« guerre ; tous mes vœux, au contraire, sont pour la pacifi-
« cation. S'il est toujours le bon plaisir de votre Majesté
« de favoriser les Heiké, que, du moins, elle me fasse faire
« la paix avec eux, afin que nos deux familles puissent,

---

1. Voir le tableau joint à la carte du Japon.

« comme autrefois, servir de concert le Mikado. » Le crédule Hô-ô ne put être que très touché de cette missive ; il communiqua aux Taïra les ouvertures de Yoritomo. Mounémori répondit que le dernier vœu de son père rendait toute réconciliation impossible et qu'on se battrait jusqu'à la mort. Mais il se contenta d'envoyer à Foudziwara-Hidéhira, nommé gouverneur du Moutsou, un ordre d'attaquer Yoritomo, que Hidéhira se garda bien d'exécuter, et il tourna contre Yosinaka les préparatifs de guerre commencés par Kyômori contre Yoritomo.

Victoires de Yosinaka.

Kisô-Yosinaka s'était soulevé un peu après Yoritomo ; il avait enrôlé dans le nord plusieurs guerriers de grande valeur. Comme premier lieutenant, il prit sa mékaké, la Tomoé-Gozéin, et celle-ci, remarquablement douée comme force musculaire, devint une guerrière célèbre. A la fin de 1181, Yosinaka battit Mitiinori, envoyé de Kioto à la tête d'une armée par son frère Mounémori. En octobre 1182, il battit également le gouverneur d'Etiigo, qui avait mené contre lui les milices provinciales de l'Etiigo et du Déwa. Ces deux victoires lui assurèrent une domination à peu près complète sur tout le Hokkokou.

Dès le début, les opérations de Yoritomo et de Yosinaka, sur les deux versants de la grande chaîne, ne furent nullement combinées entre elles et les ferments de discorde intestine, si fréquents dans la famille Minamoto, se manifestèrent entre les deux cousins. Yosinaka par suite de la mort de son père et des malheurs de son enfance, devait être fort peu attaché à la branche aînée, et Yoritomo s'irritait sourdement de ne recevoir aucun message, le reconnaissant pour le chef de la maison et du parti. Un troisième Minamoto, le chef des Takéda, l'une des plus nobles branches de la famille, à qui Yosinaka avait refusé d'accepter sa fille pour femme, en lui proposant de la prendre pour mékaké, excitait sans cesse les ressentiments de Yoritomo. Au commencement de 1183, Yoritomo, si prudent du côté des Taïra, exprima la résolution d'attaquer Yosinaka. Ce dernier, qui savait combien les querelles des Minamoto étaient célèbres et leur attiraient de cruelles plaisanteries de la part de leurs ennemis, fit preuve, en cette occurrence, d'une rare modération; il envoya un message à Yoritomo pour le prier de renoncer à son dessein, lui donnant son fils aîné Yositaka en otage, comme garantie de ses intentions pacifiques. Mounémori n'eut pas, pour cette fois, le plaisir de voir ses deux adversaires aux prises.

Au printemps de 1183, Mounémori réunit une puissante armée comprenant la plupart des guerriers du clan même des Taïra, et l'envoya contre Yosinaka, sous la conduite de deux de ses frères, Tadanori et Korémori. Les premiers engagements leur furent favorables et les Héiké s'avancèrent jusqu'au mont Tonami, où Yosinaka concentrait ses forces pour une action décisive. Tadanori se posta sur le mont Si-ô; Korémori s'établit à Kourikara sur le mont Tonami. Yosinaka envoya un simple détachement pour observer et amuser le premier et attaqua le second avec toute son armée. Korémori n'avait pas occupé le sommet du mont; Yosinaka y fit parvenir de nuit une troupe d'élite par des sentiers presque impraticables; puis, au matin, il attaqua de front la position, en se faisant précéder par une troupe de bœufs furieux portant un faisceau de bois enflammé entre les cornes. Mis en désordre par cette cavalerie d'un nouveau genre, chargés de front et surpris par derrière, les Héiké lâchèrent pied. La déroute fut désastreuse; un groupe compact de fuyards, acculé à un ravin par la terrible Tomoé fut précipité dans les rochers. Un fils de Kyômori fut tué; un de ses neveux, dédaigneux de fuir, s'ouvrit le ventre après avoir tué un chef Guéindzi en combat singulier. Tadanori recueillit ce qu'il put des fuyards et commença la retraite ; Yosinaka l'atteignit à Ataké, sur le Kisi-g̃awa et le battit à son tour. Les Héiké ne furent sauvés d'un désastre complet que par les exploits d'un vieux guerrier, Hatakéyama-Signéyosi, qui arrêta les vainqueurs ; mais, quand ils rentrèrent à Kioto, leur nombre était réduit des deux tiers.

A la bataille d'Ataké périt, du côté des Taïra, le brave Saïto-Sanémori qui avait jadis pris soin de la jeunesse de Yosinaka. Ancien kéraï des Guéindzi, il ne devait pas être un Héiké bien fervent ; cependant il combattit contre Yosinaka. Les samouraïs étaient sujets au caprice ; il y avait, dans leur point d'honneur, autant d'orgueil, au moins, que de dévouement ; ils étaient quelquefois hésitants dans le choix de leur chef, passaient en général sans remords de l'un à l'autre, mais se faisaient tuer avec entrain pour le maître du moment. Saïto s'était peut-être jugé trop vieux pour retourner aux Guéindzi. Comme il s'agissait de guerroyer dans son pays, il se préoccupa beaucoup de faire bonne figure dans l'armée Taïra. N'ayant pas trouvé la fortune dans le service militaire, il alla trouver Mounémori, et lui cita un vieux proverbe disant qu'au retour dans son pays, après une longue absence, le guerrier aime à éblouir les siens par sa splendeur ; il reçut en don une magnifique tunique de brocart. Pour la bataille, il revêtit sa tunique et il teignit sa chevelure, de peur que ses cheveux blancs ne le fissent ménager par l'ennemi. Il fut tué par un guerrier à qui il avait refusé de se nommer, disant que Yosinaka reconnaîtrait facilement sa tête. Yosinaka témoigna de grands regrets de sa mort et lui fit faire des funérailles honorables.

Après sa double victoire, Yosinaka marcha sur Kioto. La plupart des Taïra voulaient défendre la capitale en désespérés, rappelant qu'elle avait été fondée par leur ancêtre Kouammou-Tennŏ, et que, pendant huit générations, ils y avaient formé l'entourage militaire des Mikados. Mounémori décida qu'il fallait se retirer dans l'ouest pour former une nouvelle armée.

Tous les chefs de la famille Taïra, Mounémori, ses frères Tomomori, Signéhira, Kyofousa, ses beaux-frères, ses oncles et tous les fils de ces derniers, parmi lesquels Atsoumori et Noritsouné, partirent, en emmenant les femmes, les enfants, les kéraïs. Signémori ne fut pas oublié ; un des guerriers alla fouiller sa tombe et emporta ses ossements en le priant de protéger sa famille. Le petit Mikado Antokou-Tennô, son frère en bas âge, déjà Kôtaïsi, les trois *Signeki*, emblèmes du pouvoir, représentaient le gouvernement légitime désertant sa capitale ; mais on ne put trouver le Hô-ô qui s'était échappé et se préparait à recevoir le vainqueur. Les yaskis avaient été brûlés. Les pensées les plus sombres agitaient l'âme des fugitifs ; plusieurs d'entre eux laissèrent en sûreté les trésors précieux, qu'ils ne voulaient pas aller noyer avec eux dans les flots de la mer occidentale ; l'un, poète distingué, s'échappa un instant du cortège pour aller à la hâte remettre le manuscrit de ses œuvres à un ami [1], qui, déjà, osait à peine recevoir sa visite, de peur d'être compromis ; un autre, habile musicien, alla rendre à un prince le *biwa* célèbre qu'il avait reçu en don ; un troisième laissa sa femme à Kioto, jugeant trop dangereux pour elle les hasards de la fuite ; enfin Yorimori, frère de Kyômori, resta lui-même en arrière ne pouvant se décider à quitter la capitale.

En passant à Foukouhara, les Taïra s'arrêtèrent autour de la tombe de Kyômori et offrirent à ses mânes un concert des instruments de musique sur lesquels ils excellaient. Ils gagnèrent ensuite la province de Bougo. Menacés dans le Kiousiou, où les Guéindzi avaient un parti puissant, ils vinrent s'établir dans l'île de Sikok qui se rallia à eux tout entière. Ils établirent leur capitale à Yasima en Sanouki, et, de là, étendirent leur domination sur tout le Sanyodô.

---

1. Voir note 11, outa 24.

Yosinaka et Youkiyé, maîtres de Kioto, témoignèrent peu de respect pour le Hô-ô. Ils exigèrent des provinces que la

Atsoumori jouant du *fouyé*. Tsounémasa tenant un *biwa*.
(Gravure d'Arisaka. — Téisaï dans le *Héiké-Monogatori*).

cour ne leur destinait pas et se partagèrent avidement les domaines des Taïra. Le Hô-ô avait désigné, comme nouveau Mikado à opposer à Antokou-Tennô, un fils du dernier Dziôkô Takakoura. Yosinaka aurait voulu prendre le fils du

prince Motiihito-ô; il s'emporta, menaça et finalement livra
Kioto au pillage de son armée. Le Hô-ô, très effrayé, envoya
demander le secours de Yoritomo.

Yoritomo, qui visait au rôle de libérateur de Kioto et de
défenseur du Mikado, ne jugea pas que la querelle fût suffisamment envenimée, et sa propre arrivée assez ardemment
désirée. Il répondit que des raisons impérieuses le retenaient
dans le Kouanto et que, d'ailleurs, la présence de deux
armées dans Kioto entraînerait de trop grands malheurs ;
mais, tout en refusant, il eut soin de témoigner la plus
grande déférence pour le message et de séduire par sa courtoisie l'envoyé de la cour qui, à son retour, fit le portrait le
plus flatteur de ses manières accomplies et de son langage
élégant [1]. Yoritomo continua sa comédie de modération dans
un rapport au gouvernement, exposant que les Minamoto
ne voulaient point s'enrichir, qu'ils n'enlèveraient aux Taïra
que les biens dont eux-mêmes avaient été injustement dépouillés, que tout Taïra qui se soumettait devait recevoir
son pardon, comme lui-même Yoritomo avait jadis été épargné par Kyômori, et que les membres des deux familles récon-
ciliées devaient redevenir conjointement, comme autrefois,
les gardiens du palais et les défenseurs du trône.

Les affaires empiraient à Tokio. Le Hô-ô, qui, de sa vie,
ne montra tant d'énergie, voulut charger Youkiyé de poursuivre la guerre contre les Taïra redevenus menaçants. Yosinaka annula l'ordre, marcha lui-même contre les Taïra,
subit même un échec à Midzousima, puis, au cours des opérations, bravant une défense formelle de Gosirakawa, rentra
dans Kioto, qu'il craignait maintenant de voir occuper en
son absence par Yoritomo. A Kioto, Yosinaka perdit toute
mesure ; il laissa la ville à la merci de son armée ; il exigea
pour lui la dignité de Siogoun ; il voulut extorquer du Hô-ô

---

1. Yoritomo est un des six poètes célèbres de son époque; voir note II, outa 27.

un ordre de guerre contre Yoritomo déclaré rebelle, brûla son palais et l'emprisonna, lui et le petit Mikado; enfin, il dépouilla de leurs biens et de leurs titres les dignitaires de la cour, les sachant favorables à son rival. Du Kambakou, il exigea en mariage sa fille, qui était d'une grande beauté, et dont, pour le plus grand dommage de ses opérations de guerre futures, il devint éperdument amoureux.

Guerre intestine des Minamoto.

Yoritomo pensa alors que son heure était venue de paraître. Son armée était prête; il était assez sûr de ses kéraïs pour les envoyer guerroyer sans lui; il confia le commandement à ses deux frères, Noriyori et Yositsouné. Le premier, qui était général en chef, devait marcher sur Kioto par Séta; le second devait forcer le passage de l'Oudzi-ḡawa. Prévoyant que l'ennemi se concentrerait surtout derrière l'Oudzi-ḡawa et que les compagnons de Yositsoutné avaient besoin d'être bien montés pour traverser la rivière, Yoritomo leur distribua ses propres chevaux; Kadziwara eut, pour lui, Sourousoumi, le meilleur de tous, après le célèbre Ikédzoutii, né à Choono, d'une prière fervente adressée à Kouannon. Yoritomo se dessaisit même ensuite de son coursier favori, en faveur de Sasaki-Takatsouna, qui rejoignait en retard; il faillit en résulter une fâcheuse jalousie entre Kadziwara et Sasaki; mais ce dernier eut l'adresse d'éviter la querelle. L'armée de Yoritomo quitta Kamakoura le 1ᵉʳ janvier 1184.

Yosinaka, pris entre deux adversaires, essaya de traiter avec Mounémori. Les exigences des Taïra rendirent l'entente impossible. Toutefois, une sorte de trêve tacite laissa Yosinaka libre de ses mouvements. Son armée, comme il arrivait toujours au Japon, avait fondu beaucoup depuis le départ de l'Etiizéin; le séjour à Kioto avait achevé de lui faire perdre sa cohésion. Yosinaka rassembla ce qui lui restait de monde, envoya un détachement commandé par Imaï-Kanéhira, son meilleur lieutenant [1], au devant de Noriyori et se porta de sa personne à la rencontre de Yositsouné.

En arrivant sur l'Oudzi-ḡawa, Yositsouné trouva le plancher du pont enlevé et le rivage opposé bordé d'ennemis; Yosinaka, qui ne pouvait se séparer de sa nouvelle épouse, était resté en arrière, assez loin de son armée. Les premières tentatives de passage furent repoussées à coups de flèches; mais Sasaki, qui était du pays, conduisit à un endroit où des cavaliers bien montés pouvaient passer. Kadziwara et Sasaki rivalisaient d'ardeur pour atteindre la rive ennemie;

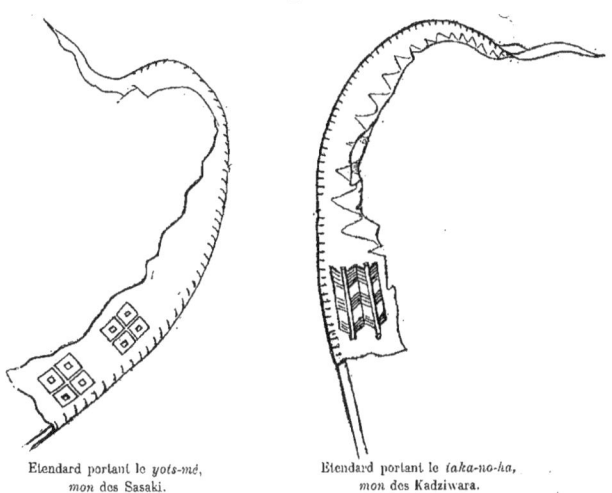

Etendard portant le *yots-mé*, mon des Sasaki.   Etendard portant le *taka-no-ha*, mon des Kadziwara.

Kadziwara prenait l'avance; Sasaki lui cria que la sous-ventrière de son cheval allait se détacher, et, pendant qu'il s'arrêtait, put arriver le premier. En même temps, un guerrier célèbre, Koumagaï-no-Naozané, avec son fils Kodziro, âgé de seize ans, passait sur les poutres du pont, suivi bientôt d'une troupe de soldats. On se battit corps à corps; la Tomoé-Go-

---

1. Frère de la Tomoé-Gozéin.

zéin, comme toujours, paya bravement de sa personne; l'armée de Yosinaka, qui était sans ordres et sans chef, fut mise en fuite.

A la nouvelle de la défaite, Yosinaka, pour la première fois de sa vie, resta sans force et sans courage. Il prolongeait ses adieux à sa femme sans se décider à rien. Deux de ses kéraïs s'ouvrirent le ventre en sa présence, pour le rappeler à la situation. Il sortit alors avec une centaine d'hommes qu'il avait près de lui, réunit quelques-uns de ceux qui revenaient du combat et alla au devant de Yositsouné qui approchait. Après un combat acharné, il ne resta plus à Yosinaka que six compagnons et Tomoé qui, toujours indomptable, venait d'étrangler un ennemi de sa main. On se sépara pour fuir chacun de son côté.

Yosinaka gagna le village d'Awadzou en Omi; il y fut rejoint par Kanéhira, qui avait vaillamment combattu du côté de Séta, puis, apprenant le désastre de l'Oudzi-g̃awa s'était mis à la recherche de son maître. Les fugitifs espéraient pouvoir regagner le Hokkokou, quand arrivèrent les coureurs de Yositsouné. Kanéhira se fit tuer, en arrêtant un instant les assaillants pour donner à Yosinaka le temps de s'échapper; mais ce dernier fut rejoint à quelque distance et périt frappé d'une flèche; il était âgé de trente-deux-ans.

Tomoé fut l'objet d'une poursuite acharnée. Elle échappa à Hatakéyama-Signétada, aux mains duquel elle laissa une manche de sa tunique. Wada-Yosimori parvint à la rejoindre; les deux adversaires, courant l'un près de l'autre, se saisirent et roulèrent en bas de leurs chevaux; Wada était dessous et il allait succomber sous l'étreinte, quand il parvint à glisser la main sous le hakama de la guerrière; celle-ci se releva brusquement fut renversée à son tour et faite prisonnière. On a dit que, devenue dans sa captivité mékaké de Yosimori, Tomoé eut un fils, Asahina-no-Sabouro, ou Wada-Yosihidé, né de Yosinaka, célèbre par sa force, qui périt dans la guerre des Hôjô contre les Wada, peut-être aussi un second fils né de Yosimori [1]. Fidèle à la mémoire de Yosinaka, Tomoé se retira du monde de bonne heure et se fit bonzesse ; c'est le seul point bien établi à son sujet.

Yositaka, le fils de Yosinaka, qui avait été envoyé en otage à Kamakoura et que Yoritomo avait fiancé à sa fille O-Himé, s'enfuit en apprenant la mort de son père et chercha plus tard à le venger. Il était aidé dans son entreprise par un gros *nedzoumi* (le rat japonais), incarnation posthume d'un bonze de Miidéra mort à la suite d'excès de jeûne ; mais il fut découvert et tué par des émissaires de Yoritomo.

La mort de Yosinaka laissait en face l'un de l'autre Yoritomo et Mounémori, l'armée du Kouanto, que la victoire de l'Oudzi-gawa avait à peine affaiblie, et celle des Taïra qui s'était en partie remise du désastre de Kourikara. Les adversaires, sans illusions sur leurs résolutions réciproques, se préparaient à une guerre sans merci. Alors commença le dernier acte, et le plus dramatique, de la guerre de Guémepé ; l'histoire en a conservé avec soin tous les détails et le pinceau en a retracé à l'envi les principaux épisodes.

Deuxième campagne de Yoritomo.

Le premier choc fut la bataille d'Itii-no-tani. Les Taïra s'étaient établis à l'emplacement du Foukouhara, dans un vaste camp retranché allant du rivage au pied des montagnes, s'étendant, à l'est, jusqu'au bois d'Ikouta, emplacement actuel de Kobé ; à l'ouest, jusqu'à Itii-no-tani, au-delà de Hiogo. Sur l'ordre de Yoritomo, les armées combinées de

---

1. Asahina-Yosihidé, appelé aussi Sabouro, troisième fils de Wada-Yosimori, appartient surtout à la légende. Il est douteux pour l'historien qu'il soit fils de Tomoé. Asahina-no-Sabouro et Wada-Yosihidé sont peut-être deux personnages différents.
Le nom d'Asahina a été conservé à une tranchée dans la montagne, entre Kanazawa et Kamakoura, le *Asahina-no-kiridosi*.

Noriyori et de Yositsouné les attaquèrent en février 1144. Noriyori s'établit devant Ikouta, tandis que son frère faisait un crochet à travers le Tamba pour se présenter devant Itii-no-tani. Confiant à Doï-Sanéhira le soin d'attaquer la barrière avec le gros de ses forces, Yositsouné gravit, avec une troupe de cavaliers d'élite, le versant nord du Hi-odorigoé, auquel le siro était adossé, « les sangliers seuls », lui avait dit un bûcheron, « ont passé par là ». — « Bah ! » avait répondu l'audacieux guerrier, « nos chevaux n'ont-ils pas « quatre pieds comme les sangliers [1] ? » Le fils du bûcheron s'offrit comme guide. Parvenu au sommet de la montagne, le matin de la bataille, Yositsouné vit de là les premiers assauts, les exploits de Kangnétoki et de son fils Kangnésouyé, les efforts infructueux de Koumagaï, la résistance victorieuse des Taïra, du côté d'Ikouta, comme du côté d'Itii-no-tani. Après avoir fait descendre la montagne à deux chevaux dont l'un gagna le pied sans accident, Yositsouné se lança intrépidement avec ses cavaliers sur la pente abrupte, franchit la muraille du siro en un point qui n'était pas gardé, mit le feu au camp ennemi et chargea les Taïra par derrière. Surpris par cette brusque attaque, les défenseurs des barrières lâchèrent pied et laissèrent pénétrer les assaillants. Dans la confusion qui suivit, périrent beaucoup des principaux Héiké, Tsounémasa, Moromori, Tomoakira, dont le dévouement sauva son père Tomomori, etc ; Signéhira fut fait prisonnier. Le gros des Taïra parvint pourtant à opérer sa retraite avec le Mikado, le Kôtaïsi, les trois emblèmes, et regagna la flotte où il s'embarqua. Les Minamoto n'ayant pas de navires pour les poursuivre, les Taïra regagnèrent Yasima.

Il n'est guère, au Japon, de grande bataille sans quelque épisode héroïque ou touchant. Itii-no-tani se termine par

---

1. Sur ces montagnes, aujourd'hui déboisées, on ne retrouve ni les pentes abruptes du Hi-odorigoé de la légende, ni surtout les terribles escarpements figurés sur les *moucha-no-é*.

la mort d'Atsoumori tué par Koumagaï, dont le récit entraîne à raconter toute la vie de Koumagaï.

Seize ans avant la bataille, Koumagaï-no-Naozané, officier de la cour de Kioto, aima secrètement une fille du palais nommée Sagami, qui devint enceinte. Le règlement du palais condamnait à mort les deux coupables ; mais une des douze *Kisaki*, la Foudzi-no-Tsouboné, sur le point elle-même d'être mère, les fit évader et ils se retirèrent à Koumagaï. Sagami eut un fils, Kodziro, en même temps que la Tsouboné, dont le fils, entré par adoption dans la famille de Taïra-no-Tsounémori, devint Atsoumori. A Itii-no-tani, Koumagaï, séparé de son fils qu'il cherchait de tous côtés, arriva au rivage et aperçut dans la mer, regagnant la flotte, un guerrier dont l'armure indiquait la haute naissance ; enflant la voix, il lança un défi au fugitif. Atsoumori revint et fut bientôt terrassé ; ému de sa jeunesse, Koumagaï, avec tout le respect d'un simple guerrier comme lui pour un chef de haut lignage, lui demanda son âge et sa naissance, et apprit qu'il était le fils de la Foudzi-no-Tsouboné. Il eût souhaité lui rendre la liberté, mais Atsoumori refusa la honte d'être épargné après sa défaite,

Koumagaï défiant Atsoumori, netské de Ejòriou. (Coll. de M. Bertin).

demanda seulement à Koumagaï quelques prières et lui fit don de son *fouyé*, ou flûte japonaise. D'autres guerriers Guéindzi les entouraient déjà. Koumagaï accomplit le sacrifice, mais il renvoya à Tsounémori le corps de son fils et son *fouyé*. Ensuite, il abandonna l'armée, alla demander à Yoritomo la permission de quitter son service et se fit bonze pour prier toute sa vie. Koumagaï fut un bonze de sentiments guerriers, car on a de lui un outa exprimant qu'au paradis il lui sera tenu compte de ses exploits à Itii-no-tani [1] ; mais il fut un saint bonze, connu pour ses mira-

---

1. Voir note II, outa 26.

cles. Un jour, à Foudzi-éda, il emprunta à une femme une pièce de dix sols, lui donnant en gage dix prières qu'il récita; à chaque prière dite, naissait une fleur de lotus. Au retour, il rendit la pièce et redemanda son gage; la femme récita les prières, et, chaque fois, une fleur disparaissait; à la neuvième, elle demanda à s'arrêter, pour garder la dizième fleur. Le nom du temple de Régnechôdzi, bâti sur le théâtre de cet événement, en a perpétué le souvenir.

Yositsouné, dont la bataille d'Itii-no-tani venait de consacrer la renommée guerrière, se reposa un instant à Souma, accompagné de son fidèle Bégneké, et y admira les cerisiers en fleurs, en l'honneur desquels Bégneké composa une inscription. Noriyori et Yositsouné firent ensuite leur première entrée à Kioto, portant en triomphe les têtes des Taïra et traînant avec eux le malheureux Signéhira. Le Hô-ô, qui, pour la première fois de sa vie, avait vraiment régné pendant quelques semaines, apprit bien vite la distance qu'il y avait entre les protestations de Yoritomo avant la guerre et les actes de ses généraux victorieux : au mépris de sa défense, on fit l'exposition publique, ou *Gokoumon*, des têtes des vaincus d'Itii-no-tani, en représailles du *Gokoumon* fait vingt-cinq ans auparavant de la tête de Yositomo. On fit ensuite écrire par le Hô-ô, pour proposer aux Taïra d'échanger la personne de Signéhira contre les trois emblèmes. Les Taïra refusèrent fièrement l'échange; ils offrirent au Hô-ô de le recevoir parmi eux, s'il voulait rejoindre le Mikado, et de verser alors les dernières gouttes de leur sang pour le défendre, Antokou-Tennô et lui, contre les rebelles du Kouanto. Signéhira, que la bonzerie de Nanto poursuivait d'une rancune mortelle, fut conduit à Kamakoura, gardé un an prisonnier, sans jamais rien perdre de la fierté de son attitude, et finalement exécuté à quelque distance de Nanto ; les bonzes, qui avaient demandé à le tuer eux-mêmes, eurent, du moins, la satisfaction d'exposer sa tête à la porte de leur enceinte.

Depuis longtemps, Yoritomo avait fait savoir à Taïra-no-

Yorimori, qu'il n'oubliait pas comment il avait dû la vie à son kéraï Mounékyo et à lui-même. Après Itii-no-tani, Yorimori, qui déjà n'avait pas suivi sa famille en fuite devant Yosinaka, jugea la situation des Taïra désespérée et fit sa soumission complète à Yoritomo ; il reçut à Kamakoura l'accueil le plus flatteur et fut réintégré dans tous ses biens et ses honneurs. Mounékyo accompagna son maître au départ de Kioto ; mais il le quitta en Omi, et retourna partager le sort des Taïra. La défaillance de Yorimori rendit suspect, parmi les Taïra, Korémori fils de Signémori, qui aurait pu, lui aussi, profiter du souvenir des conseils de clémence autrefois donnés par son père ; fidèle au fond à la cause de sa famille, il ne put supporter les injustes soupçons qui pesaient sur lui ; il s'échappa secrètement de Yasima, chercha, sans y réussir, à pénétrer incognito dans Kioto, où il avait laissé sa femme et ses enfants, et gagna Koya dans le Kii ; il alla faire ses dernières prières au temple de Koumano, cher aux Taïra, et mit fin à son désespoir en se noyant dans la mer de Nasi. Il ne resta autour du faible Mounémori que les Taïra les plus indomptables, Tomomori, Norimori, Noritsouné, dont les résolutions désespérées étaient peu propres à maintenir dans la fidélité les familles qui tenaient aux Héïké par une simple alliance politique. Le Sanyodô fit donc défection ; il n'y eut plus, sous la domination Taïra, que l'île du Sikok et la partie sud du Kiousou.

En septembre 1184, Yoritomo, pressé d'en finir partout à la fois avec les Taïra, divisa son armée. Noriyori fut chargé de pacifier le Kiousiou, Yoritsouné eut pour mission la conquête du Sikok et l'anéantissement des Taïra de Yasima.

En Kiousiou, où les Guéindzi dominaient déjà, il n'y eut pas de grands combats à livrer.

Victoire décisive de Yositsouné.

Pour gagner le Sikok, Yositsouné eut à réunir une flotte. Il quitta Kioto, en février 1185 seulement, pour s'embarquer à Foukouhara. Dans un conseil tenu au départ, une discussion violente s'engagea entre Kangnétoki et Yositsouné. Le motif de la querelle était futile. Il s'agissait des avirons que Kangnétoki voulait disposer pour marcher en avant et en arrière, ou plutôt simplement de la position habituelle des godilleurs. Yositsouné, peu famillier avec les choses de la mer, énonçait sans doute quelque gros contre-sens maritime en refusant, soit d'aller en arrière, soit de voir ses hommes tourner le dos à l'ennemi. Kangnétoki eut le tort de s'emporter, taxant son général d'ignorance et de présomption. Yositsouné, tirant son sabre, voulait se venger sur place ; on s'interposa ; Kangnétoki quitta l'armée, rejoignit Noriyori, puis alla commencer à Kamakoura une campagne d'insinuations perfides qui perdit Yositsouné dans l'esprit de Yoritomo.

Ramené d'abord au mouillage par une tempête du sud, Yositsouné appareille le 17 février, par un coup de vent du nord qui déracinait les arbres ; quatre barques seulement osent le suivre ; il arrive en Awa, ayant fait en six heures une traversée qui prenait alors trois jours. Il marche sur Yasima, capture en route un courrier apportant de Kioto aux Taïra l'avis secret de se tenir sur leurs gardes, apprend par là que le siro est presque sans défense et précipite sa course ; il n'avait avec lui que cinquante hommes. Les Taïra surpris se croient toute une armée sur les bras, et s'embarquent précipitamment. Yositsouné entre dans le siro et le livre aux flammes.

Les Taïra sur leur flottille, les Minamoto sur le rivage, restèrent deux jours en présence à Yasima. Les bateaux s'approchaient de terre, les Guéindzi entraient à cheval dans la mer, et on échangeait des flèches. Les Taïra, par moquerie, firent avancer une barque, où se tenait une dame de la cour en grand costume au pied d'une longue perche portant un éventail ouvert; l'archer Nasou-no-Yoïtii, s'approchant sur son cheval, décocha une flèche si juste, qu'il

La flèche de Nasou-no-Yoïtii. (D'après une gravure de Guignekô).

fit sauter la cheville-ouvrière de l'éventail, et des deux côtés on applaudit. Noritsouné, descendant à terre, vint offrir une flèche à Yositsouné, c'est-à-dire le défier de l'attendre. Yositsouné accepta le défi; mais son fidèle kéraï Sato-no-Sougninobou le couvrit de son corps pendant le trajet de la flèche et fut tué à sa place. Dans le combat qui suivit, un Héïké célèbre, Kangnékiyo, poursuivant le Guéindzi Miwono-Ya, le saisit par le *sikoro*, ou couvre-nuque du casque, mais le *sikoro*, se détachant, lui resta dans la main; cette fois on rit des deux côtés, et l'incident a gardé une sorte de célébrité, sous le nom de *sikoro-biki* [1]. Puis les Taïra appareillèrent.

Partis de Yasima, qui était situé à la pointe séparant le

---

1. De *hiki*, *hikou*, tirer.

Harima-nada du Bignego-nada (Bingo-nada), dans la mer intérieure, les Taïra longèrent la côte en appelant à eux leurs partisans. Yositsouné, qui les suivait sur la rive, les empêcha de débarquer dans la baie de Sido. Ils firent route vers l'ouest et arrivèrent sur la côte de Bougo, où ils apprirent que Noriyori occupait la province. Longeant alors la côte nord-est du Kiousiou et recrutant leurs derniers fidèles, ils arrivèrent au détroit de Simonoséki; la rive sud, où ils avaient fondé, à Daïri, un grand établissement militaire, était à l'ennemi; ils mouillèrent près de la rive de Nagato, dans la baie de Dan-no-oura. Ainsi parvenus à l'extrémité du Japon, et la terre leur manquant, les Taïra se préparèrent pour le dernier combat. Leur flotte comptait cinq cents barques.

Yositsouné arriva bientôt avec sept cents voiles; après un premier engagement, qui fut favorable aux Taïra, on se prépara pour le lendemain à une action décisive.

Yoritomo avait prescrit de prendre vivants Antokou-Tennô, le Kôtaïsi, la Nii-no-Zenni, veuve de Kyômori, et de les traiter avec honneur. Les Taïra installèrent la famille impériale et la cour sur un navire ordinaire, et remplirent de guerriers le vaisseau du Mikado, pour tendre aux assaillants une sorte d'embuscade; mais le stratagème fut révélé aux Guéindzi par un traître, que tous soupçonnaient, et que Mounémori, toujours hésitant, ne livra pas à temps au sabre de Tomomori.

La bataille se livra furieuse; la mêlée était si serrée que l'on put à peine se servir des arcs; on sautait d'un bateau sur l'autre le sabre à la main; souvent on se saisissait corps à corps. L'histoire, qui a pitié des grandes infortunes, a surtout célébré les exploits des derniers Taïra. Les pertes se balançaient; mais les Taïra étant bien moins nombreux, le cercle se rétrécissait autour du vaisseau qui portait la cour. Quand tout espoir de victoire est perdu, Tomomori, qui vient de tuer Mioura-Sitiro en combat singulier, monte à

La Nii-no-Zenni portant le petit Mikado. — Yositsouné. — Noritsouné.
Bataille de Dan-no-oura. — Épisode du *koü-ô-tobi*. (D'après une gravure de Kounitsouna)

bord; les dames s'empressent, demandant où en est le combat : « Vous allez le voir vous-même, répond le guerrier, en riant bruyamment; les sauvages d'Adzouma sont là. » Les cris de désespoir éclatent; silencieusement, Tomomori fait balayer le navire et jeter tout à la mer; il est compris. La Nii-no-Zenni saisit le petit Mikado, prend la boule et le miroir sacrés, désavoué Mounémori pour son fils et fils de Kyômori, apparaît à l'avant, élevant dans ses bras Antokou-Tennô, et se précipite avec lui dans les flots. Ainsi périt, à l'âge de huit ans, le quatre-vingt unième souverain du Japon; sa tombe est sur le rivage, avec celle de quelques guerriers. Le Kôtaïsi, jeté aussi à la mer, fut sauvé par les Guéindzi. On se battait encore; Youkimori, Arimori, tombent successivement; Noritsouné, vainqueur dans plusieurs combats singuliers, fauchait tout autour de lui; il aperçoit Yositsouné qui s'approche, et il s'élance pour tuer, en mourant, le plus grand de ses ennemis. Le vaillant Minamoto n'osa pas affronter les dernières fureurs du héros des Taïra; d'un bond il franchit huit barques et retomba sur la neuvième; ce saut légendaire s'appelle le *kou-sô-tobi* ou saut des neuf bateaux. Noritsouné saisit alors dans ses bras deux compagnons de Yositsouné, deux frères qui étaient chacun de la force de seize hommes, et, après avoir renversé leurs kéraïs sous ses pieds, les entraîne dans la mer et se noie avec eux. Le lâche Mounémori et son fils Kyômouné, qui ne savaient pas mourir, furent jetés à la mer par leurs kéraïs; ils nagèrent et furent faits prisonniers. Norimori et Tomomori purent voir cet opprobe; le premier fut tué un instant après; Tomomori, le dernier des combattants, sauta dans la mer en tenant l'ancre de son bateau; son spectre erre encore aujourd'hui sur le rivage de Dan-no-oura.

La boule et le miroir sacrés furent sauvés; mais le plus précieux des signekis, le sabre de Sousanoo et de Oosou, disparut pour toujours; on l'a remplacé, en 1190, par le sabre actuel *Hirou-no-goza-no-tsourougni*.

Mounémori s'humilia jusqu'à demander la vie à Yoritomo, en promettant de se faire bonze ; son fils Kyômouné eut une contenance plus digne. Yoritomo les fit exécuter le 24 juin 1185 à Séta en Omi, et fit exposer leurs têtes à Kioto. D'après la déclaration *in extremis* de la Nii-no-Zenni, Mounémori n'était que le fils d'un marchand de parapluies de Kioto, substitué par elle à une fille qu'elle avait eue le même jour.

Un des prisonniers de Dan-no-oura nommé Taïra-no-Tokitada, fut épargné par Yositsouné parce qu'il avait sauvé le miroir sacré. Quelques fugitifs purent se cacher ; quelques enfants en bas âge furent sauvés par des serviteurs fidèles ; Tomotada ne fut découvert et exécuté qu'en 1196. Un Taïra, simple kéraï de la famille, fut encore à la tête d'un petit soulèvement en Isé et Iga, en 1204. La plupart de ceux qui échappèrent au décret d'extermination gagnèrent les îles extrêmes du sud, et en particulier Tanéga-sima. Quelques-uns enfin se cachèrent avec leurs familles, au cœur des montagnes de Higo, et y fondèrent le village de Goka, évitant si soigneusement toute relation avec le monde extérieur que l'existence d'une colonie, dans ce district sauvage, ne fut révélée que longtemps après, par les vieilles chaussures que charriait un ruisseau de la montagne.

Yoritomo régna ensuite pendant onze ans, de 1185 à 1196.

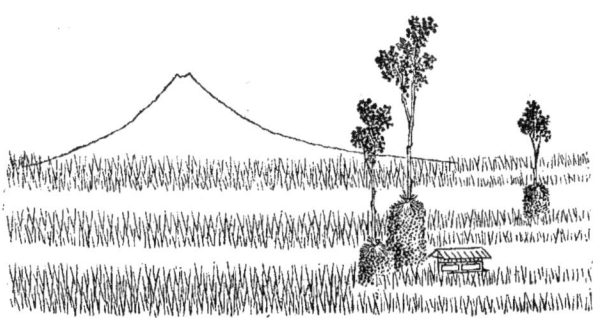

CHAPITRE III

LE RÈGNE DE YORITOMO.
LE GOUVERNEMENT DES HOJO.

(1185-1318)

Yoritomo.

De la fin de la guerre de Gué-mepé à la restauration passagère de Godaïgo-Tennô en 1331, le gouvernement central fondé par Yoritomo fut assez fort pour maintenir la paix ou, du moins, pour comprimer, en une seule bataille, toutes les tentatives de soulèvement. Nous parcourrons rapidement l'histoire de cette longue trêve entre les grandes guerres civiles du Japon.

Établissement et organisation du Siogounat.

On sait que Yoritomo dota le Japon d'une constitution nouvelle. Il étendit sur tous les samouraïs l'autorité que le chef d'une grande maison militaire exerçait déjà héréditairement dans son clan. Depuis des siècles, le Mikado ne disposait d'aucune force armée; quand surgissait quelque rébellion, il s'adressait pour la dompter, comme nous l'avons vu déjà, soit au chef des Taïra, soit au chef des Minamoto. Désormais, le Mikado n'aura pas de choix à faire ; il n'y a plus de Taïra. Le chef des Minamoto restera ce qu'il est en fait, le chef de toute l'armée. Yoritomo dédaigne les titres de Kambakou et de Daïdjo-Daïdzigne, indiquant une autorité déléguée par le Mikado et révocable en principe; il s'appellera le *Sé-i-daï-Siogoun*, vieux titre qui rappelle, avec une haute extension, celui porté par son ancêtre Yorimitsou, et qui convient très bien à un chef militaire. Le Siogoun sera le protecteur perpétuel du Mikado, en même temps qu'il sera son gouvernement exécutif.

Les guerriers du Kouanto, vainqueurs dans les dernières guerres, ne pouvaient être chargés à perpétuité de la police de tout le Japon. Pour maintenir partout la paix, chaque province aura son armée ; mais toutes ces armées relèveront directement du Siogoun, qui les fera recruter et commander par un officier à lui, le *Siougo* placé près du gouverneur ou *Taïsiou* de chaque province. L'autorité du Siougo annulera bien vite celle du Taïsiou. Précédemment, les généraux nommés Siogouns exerçaient déjà tous les pouvoirs dans certaines provinces, celles, sans doute, où ils guerroyaient, et dans les deux *tandaï* de l'Oosiou et du Kiousiou ; d'autres provinces étaient gouvernées par le Kambakou ; d'autres restaient au Mikado. Toutes les provinces maintenant seront provinces du grand Siogoun. Yoritomo alla même jusqu'à introduire un fonctionnaire à lui, le *Iito*, auprès des grands Daïmios.

Il fallait des finances au nouveau gouvernement ; les revenus des Minamoto dans leurs provinces ne suffisaient pas. Un impôt particulier, de cinq *tô* de riz par *tan* [1] de rizière, soit environ vingt hectolitres par hectare, fut établi sur les trente-quatre provinces du Sanyodô, du Sanignedô, du Nankaïdô et du Saïkaïdô, qui comprennent le Kiousiou, le Sikok, l'ouest de l'ancien Hokkokou et tout le Tiiougokou ; il était destiné à la solde des bousis ; or, tous les fonctionnaires du Sioğoun étaient des bousis. Cette mesure fiscale ne passa point sans difficulté à la cour du Mikado, si coulante sur tout le reste ; il fallut toute l'habileté de Hôjô-Tokimasa, envoyé à Kioto par Yoritomo, et la pression des nombreuses créatures du Sioğoun sur le Hô-ô Gosirakawa, pour obtenir l'édit nécessaire.

Ainsi se trouva complètement organisé le *Bakoufou*, ou gouvernement de la tente, avec ses organes indépendants du *Tüôtéi*, ou gouvernement du palais. De part et d'autre, on souhaitait d'être séparé ; du côté du Sioğoun, pour se soustraire aux règles rigoureuses d'une hiérarchie respectée qui attribuait tous les premiers rangs à l'entourage du Mikado ; du côté du Mikado, pour échapper à la main de fer des guerriers, dont on avait senti la dure étreinte sous Kyômori et Yosinaka.

Le Mikado garda, comme domaine privé, Kioto et sa banlieue, avec le port d'Ots sur le lac Biwa.

Yoritomo resta à Kamakoura. La nouvelle capitale était au milieu des provinces dévouées du Kouanto, ouverte aux brises du sud,

Goto-Bioé, guerrier et ciseleur célèbre, contemporain de Yoritomo ; à côté de lui un baril de saké. Notské. (Coll. de M. Bertin).

---

1. Le *tô* peut être estimé à 41,2 litres et le *tan* à 1.003 mètres carrés.

entourée de collines formant une assez bonne défense. L'emplacement était restreint, l'eau peu abondante. Une grande ville, peuplée par les marchands et les artisans, qui, bien différents au Japon des bourgeois batailleurs de nos vieilles cités, ne se sont jamais prononcés pour aucun parti, n'eût pas convenu au Sioḡoun. Il fallait à Yoritomo un campement de guerriers. La petite ville de Kamakoura, si souvent attaquée, et maintes fois prise et brûlée, a toujours opposé aux assaillants une résistance acharnée que ne rencontraient pas les envahisseurs de Kioto.

Dans Kamakoura, le Bakoufou s'établit avec des conseils variés, recevant beaucoup de rapports, expédiant de nombreuses dépêches et classant de vastes archives. Le principal conseiller de Yoritomo en matière administrative était Oyé-no-Hiromoto, ancêtre des Mori de Nagato, savant versé dans toutes les sciences politiques et militaires de la Chine. Hiromoto était l'homme prédestiné pour élaborer une constitution. Il avait d'abord étudié si le Japon pourrait être réorganisé sous le gouvernement de la Cour de Kioto ; jugeant la chose impossible, après mûre réflexion, il avait conclu qu'il ne restait qu'à établir régulièrement le pouvoir de la caste militaire, et il était allé offrir ses services à Yoritomo. Son esprit était subtil et porté aux solutions compliquées ; aussi la juxtaposition bizarre du Mikado et du Sioḡoun ne lui répugna pas ; il marqua partout de son empreinte la bureaucratie naissante de Kamakoura.

Itii-ni-mitsoŭ-bosi, mon des Oyé.

Le sioḡounat répondait assez bien à l'état du pays ; sa longue durée en est la preuve. Sur un point, cependant, Yoritomo manqua de clairvoyance ; il ne soupçonna jamais que le Mikado, dans l'indépendance qui lui était laissée à Kioto, reprendrait des forces et deviendrait un adversaire redoutable pour les nouvelles institutions. Les Foudziwara avaient exercé pendant trois siècles une puissance si absolue à l'intérieur du palais, Kyômori et Yoritomo lui-même avaient toujours si bien trouvé dans le Hô-ô Gosirakawa un automate prêt à légitimer toutes leurs usurpations, qu'il était permis de croire le règne des Mikados tombé dans les vieilles légendes, avec le règne des Kamis. Yoritomo jugeait sans doute le Japon d'après les hommes de son entourage ; or, autour de lui, on devait faire bon marché des droits divins de la lignée de Dziṅmou-Tennô, si nous jugeons de ses autres familiers par le bonze Saïguio-Hosi, dont il prenait volontiers les avis. Saïguio, esprit chagrin, dédaigneux des biens de ce monde et sceptique endurci, a consigné ses méditations religieuses, au sujet de l'habitude de se tourner vers l'ouest pour prier, dans un outa, où il joue sur un mot signifiant à la fois « en soi-même » et « vers le sud [1]. »

Saïguio donnant à un enfant le chat d'or que Yoritomo l'a forcé d'accepter.
Okémono.
(Coll. de M. Bertin).

« Le Paradis est vers le sud ; ceux qui prient tournés du côté de l'ouest sont des sots. »

Les Saïguio ont toujours été l'exception. Le Japonais, et c'est là son honneur, a la foi plus tenace peut-être qu'aucun peuple du monde ; contrairement aux apparences, les gouvernements n'ont pas de prise sur son âme et sur ses croyances ; on l'a bien vu plus tard à la fidélité merveilleuse, avec laquelle les chrétientés échappées aux massacres de 1638, isolées du monde, sous le poids d'un édit de persécution terrible, ont conservé, pendant plus de deux siècles, tout ce qui pouvait leur rester de leur religion. Or, le respect pour

---

1. Voir note 11, outa 29. Saïguio, au Soosaïguio était un membre de la famille Foudziwara, poète et général renommé dans sa jeunesse ; il s'était appelé d'abord Yosikiyo ; il mourut en 1190.

l'autorité du Mikado est une religion; c'est une religion d'autant plus puissante qu'elle est le culte même de la patrie et que le signetô, derrière la divinité convenue du Mikado d'un jour, a réellement pour dieu le Daï-Nipon lui-même, dont l'unité est son dogme. Par ces sentiments profonds, le Mikado restait toujours un souverain respecté sinon puissant.

Pour confisquer à leur profit le pouvoir souverain, les Foudziwara avaient imaginé de ne laisser régner que des enfants. Le moyen était usé; le remède avait été découvert. Bien avant Yoritomo, il était passé en règle au palais, que le respect filial obligeait le Mikado à suivre en toutes choses, même dans la vie privée, les ordres de son père ou du plus ancien de ses ascendants ayant régné; ainsi, après avoir paru sur le trône comme enfant, on gouvernait plus tard, à l'âge d'homme, avec le titre bouddhique de Hô-ô, ou le titre politique de Dziôkô. L'institution s'était complétée, prévoyant, pour les dignités bouddhiques, le cas où le Mikado aurait son bisaïeul, son aïeul et son père; les trois générations prenaient les titres de supérieur, moyen, nouveau, en japonais, *Hon-Igne*, *Tüou-Igne*, *Sine-Igne*; le plus ancien régnait toujours. Le palais était ainsi gouverné par un homme; si le souverain pouvait être faible, comme le Hô-ô Gosirakawa, il pouvait aussi se montrer énergique.

Disgrace et mort des frères de Yoritomo.

Trop confiant du côté de la cour de Kioto, Yoritomo était au contraire soupçonneux et cruel pour son entourage. Il poursuivit de ses défiances tous ceux qui avaient grandi à son service, et, surtout à la fin de son règne, il frappa, de sentences toujours sans appel, plusieurs de ses fidèles compagnons. Ses victimes les plus illustres furent ses deux frères, Noriyori et Yositsouné; la disgrâce de ce dernier, suivant de près ses grandes victoires, est comme l'épilogue dramatique de la guerre de Guémepé.

La prudence, qui n'avait guère été, pendant la guerre, la qualité maîtresse de Yositsouné, ne pouvait pas lui venir après la victoire. Il ne semble pas qu'il ait nourri de desseins perfides contre le frère aîné qu'il appelait familièrement Nii, comme celui-ci l'apppelait Kourô d'après son numéro d'ordre dans les fils de Yoritomo [1]; il serait même allé lui renouveler ses serments de fidélité à Kamakoura, s'il n'avait reçu en route un ordre lui interdisant l'entrée de la capitale. Mais, en général, il fit tout ce qu'il fallait pour exaspérer un chef, même moins ombrageux que Yoritomo. Après Dan-no-oura, il se lia avec Taïra-no-Tokitada, épousa sa fille et lui remit un coffret plein de papiers compromettants, qui avait été trouvé à bord. A Kioto, il entra en relations directes avec la cour; il fit son ami de Minamoto-no-Youkiyé, son cousin, qui, après avoir porté à Yoritomo le premier ordre de guerre, était resté avec Yosinaka et avait fait campagne avec lui. Youkiyé n'était pas encore allé porter son hommage à Yoritomo et le reconnaître pour chef de la maison, ce qui mettait les deux Minamoto sur un pied d'hostilité. Yoritomo envoya à Yositsouné l'ordre formel d'attaquer Youkiyé et reçut en réponse un refus dans la forme japonaise (Yositsouné se déclarait malade). Alors Yoritomo s'emporte; dans son Conseil il se répand en plaintes amères, demandant s'il ne se trouvera pas quelque serviteur fidèle pour aller le délivrer de Kourô. Les guerriers font la sourde oreille; le bonze Tosabô-Chôsioune se dévoue et part pour Kioto. Là, Yositsouné est sur ses gardes; sa mékaké favorite, Sidzouka, flairant les projets du bonze, l'a mis en défiance; il exige le serment écrit que rien ne se prépare contre lui. Chôsioune écrit, signe, rassemble ses partisans et surprend

---

1. *Nii* deuxième rang; *Kourô* neuvième fils. — Le mot *i* indique la classe honorifique, et *rô* le numéro d'ordre comme enfant.

de nuit le yaski de Yositsouné. Défendu par les femmes, que

Tadanabou se défendant avec la table de *go*, netské de Masatsougo. (Coll. de M. Bertin).

Sidzouka a armées, secouru par ses kéraïs, Yositsouné repousse les assaillants et fait Chôsioune prisonnier. En même temps, Sato-Tadanobou, un des premiers kéraïs de Yositsouné, trahi par Mandjou, sa maîtresse, est attaqué par d'autres émissaires de Yoritomo ; il les met en fuite avec la lourde table du jeu de *gô*, qu'il saisit par un angle et manie comme une massue ; puis il rejoint son maître.

Yositsouné fait comparaître Chôsioune prisonnier, l'injurie, le frappe, sans tirer de lui autre chose que l'assurance de son dévouement à Yoritomo et le regret de l'entreprise manquée. Il le fait mettre à mort. La guerre est ainsi déclarée entre les deux frères. Prudent, pour une fois, et soucieux de la légalité, Yositsouné extorque du facile Hô-ô, l'ordre régulier d'attaquer Yoritomo, mais les soldats lui font défaut. Yoritomo ne perd pas une minute ; il lance en avant tout ce qu'il a de monde, sous les ordres de cinquante capitaines, et suit bientôt avec tout le ban du Kouanto. Yositsouné veut gagner le Kiousiou pour y lever une armée ; la tempête détruit sa petite flotte et le rejette lui-même sur le rivage [1], d'où il parvient à gagner les montagnes du Yosino.

Alors commencent la recherche et la poursuite à travers tout le Japon. Yoritomo a mis tous ses limiers en chasse ; pour surveiller le pays, il a envoyé, près de chaque gouverneur, près de chaque Daïmio, les émissaires qu'il aura soin d'y laisser et qui seront bientôt les Siougos et les Iitos ; surtout il a fait garder avec soin, d'une mer à l'autre, tous les

---

[1]. C'est à ce moment, sans doute, que se rapporte la légende de Yositsouné en fuite, harcelé sur la plage d'Itii-no-tani par les *youréi* des grands Taïra morts dans la guerre. Bégneké dispersa les fantômes en récitant à haute voix des textes sacrés.

passages qui peuvent mener vers les provinces du nord-est. Les fugitifs se cachaient bien, car Youkiyé ne fut découvert et mis à mort qu'en 1186. Après avoir essayé de fuir de

Adieux de Yositsouné et de Sidzouka. (Gravure d'Arisaka-Téisaï).

divers côtés, Yositsouné s'était vu dépister en Yosino par un des officiers de son frère, Yokongawa-Kakouhan, que Tadanobou battit et tua à Yosinohama. Il fallut alors quitter au plus vite la province de Yamato, et Yositsouné dut se séparer de sa chère Sidzouka; il lui laissa comme cadeau d'adieu un tambourin, en souvenir de son talent pour la danse.

L'épisode de la fuite de Sidzouka vaut qu'on s'y arrête. Yositsouné avait chargé le fidèle Tadanobou d'accompagner sa mékaké. Or, il arriva que ce n'était pas le vrai Tadanobou, mais bien un kitsouné qui en avait pris la forme; de là l'extravagance de sa conduite. Sidzouka fut très effrayée d'abord, mais on s'expliqua; le kitsouné ne voulait au fond que le tambourin, qui avait été fait de la peau de sa mère renarde; Sidzouka donna de bon cœur l'instrument, heureuse d'être débarrassée d'un si dangereux compagnon. Sidzouka fut prise dans sa fuite et conduite à Kamakoura, où elle refusa de rien révéler sur Yositsouné; elle mit au monde un fils, que Yoritomo fit enterrer vivant.

Kitsouné-Tadanobou.
netské de Chôïtii.
(Coll. de M. Bertin).

Après s'être caché un instant dans Kioto, Yositsouné reprit sa route. Sur l'Eïzan, il fut surpris par une troupe de bonzes du parti de Yoritomo et n'échappa que par le dévouement de Tadanobou qui se fit tuer à sa place, payant ainsi de sa personne pour les méfaits de son sosie le kitsouné.

Les fugitifs, maintenant très peu nombreux, parmi lesquels restait encore Kawagoyé, femme de Yositsouné, se déguisent en *Yama-bousis*, bonzes mendiants du signetô, et reprennent leur course errante. Ils traversent tout le pays, jusqu'à la mer du Japon, trouvant les chemins partout fermés. Arrivés sur le rivage de Kaga, dans une contrée qu'ils ne connaissent plus, ils risquent une tentative décisive; Bégneké se fait renseigner par de petits coupeurs d'herbes, à qui il distribue des éventails. Il y a une passe à Ataka.

L'officier qui garde la barrière, Toḡasi-Soyémon, examine avec soin tous les voyageurs, mais il laissera passer un cortège de bonzes ; il présente à lire une liste de noms en vieux caractères, que des samouraïs ne déchiffreraient pas; Bégneké se tire facilement de cette épreuve, et on est sauvé. Un *nô* célèbre, le *kouanzigne-tchô*, a perpétué le souvenir de ce dernier incident de la fuite.

Bégneké et un petit coupeur d'herbes, notské.
(Coll. de M. Berlin).

Yositsouné et Bégneké, arrivés en Moutsou avec leurs compagnons, furent accueillis par leur ancien ami Foudziwara-Hidéhira, qui se mit en état de défense pour repousser les attaques de Yoritomo. Les femmes même s'exercèrent au maniement des armes dans le château d'Hiraïdzoumi. Yoritomo se contenta de faire envoyer par le Hô-ô un blâme officiel, avec injonction de livrer les rebelles, auquel Hidéhira répondit par une lettre d'excuses conforme aux circonstances. En 1189, Hidéhira vint à mourir ; dans son testament, il prescrivait à ses fils de rester unis entre eux et de défendre leurs hôtes à tout prix. Son fils aîné, Yasouhira, effrayé de la puissance croissante de Yoritomo, résolut de se débarrasser de Yositsouné ; il l'attaqua par surprise avec une nombreuse troupe de soldats dans sa résidence de Koromokawa, près de Nakozo et de la bourgade actuelle de Maézawa, et mit le feu à la maison. Yositsouné et ses compagnons, se voyant perdus, se donnèrent la mort. On dit que, pendant l'attaque, Bégneké avait défendu seul le pont qui donnait accès à la porte principale et, resté debout, tout criblé de flèches, n'était tombé que dans l'écroulement du pont en flammes. Le crime de Yasouhira ne lui profita pas. Yoritomo était bien décidé à ne pas laisser aux fils de Foudziwara-Hidéhira la vaste province du Moutsou ; il fit déclarer Yasouhira rebelle par le Hô-ô, pour la lenteur mise à exécuter ses ordres, et, avant même que le décret eût été signé, il se mit en campagne avec son armée. Yasouhira vaincu fut mis à mort par ses propres kéraïs.

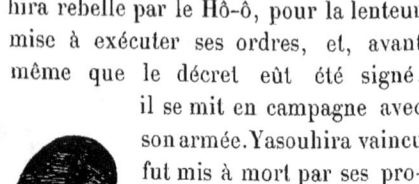

Bégneké portant son attirail de guerre.

Suivant une version accréditée au Japon, Yositsouné ne serait pas mort à Koromokawa. Echappé de la maison en flammes avec ses compagnons, par une issue mal gardée, pendant qu'un simple mannequin de Bégneké attirait l'effort d'un autre côté, il aurait gagné l'île de Yézo. Là, il aurait régné quelque temps chez les Aïnos, qui, aujourd'hui encore, adressent un salut à Yositsouné au moment de manger. Il aurait vécu aussi dans l'île de Sàghalien. Enfin, il serait passé en Mongolie, où la forme de certaines tombes, et surtout un vieux *torii*, découvert récemment devant un temple du pays, révèlent le passage des Japonais à une époque déjà ancienne. Au milieu des nomades qui l'avaient accueilli, Yositsouné, bientôt admiré pour sa valeur guerrière, aurait rallié toutes les hordes du pays et fondé un grand empire. Il serait devenu le fameux Gengis-Khan. Cette légende, chère au patriotisme japonais, repose sur l'idéogramme *Guéin* ou *Gen*, le même dans Gengis que dans Guéindzi, et prononcé Minamoto en japonais; un Japonais ignorant le chinois, à qui l'on présente le nom de « *Gengis-Kkan* », ne peut y lire que « Général Minamoto »[1].

---

1. Le caractère *yosi* qui figure dans Yositsouné et qui est particulier aux

La mort de Noriyori est un drame obscur de l'intérieur du siro de Kamakoura ; une parole imprudente, montrant qu'il songeait à recueillir un jour l'héritage du siogounat, fut rapportée à Yoritomo ; il reçut l'invitation de s'ouvrir le ventre en 1193.

Parmi les anciens compagnons d'armes, victimes des soupçons de Yoritomo, il faut citer le fils aîné et le frère de Takéda-Nobouyosi, qui avait relevé la fortune de Yoritomo après Isibasi-yama et assuré sa victoire sur le Fouzi-ḡawa, en lui amenant tous les Guéindzi du Kaï et du Sourouḡa ; les Takéda étaient une branche de Minamoto issue de Yosimitsou. Taïra-Hirotsouné, qui, malgré son origine, avait été un compagnon fidèle et un auxiliaire précieux, ne fut pas épargné.

Ceux-là restèrent en faveur, qui encourageaient la politique ombrageuse du Sioḡoun, comme Hôjô-Tokimasa, ourdisseur de trames perfides, et le vindicatif Kadziwara-Kangnétoki, auteur principal de la disgrâce de Yositsouné. Ce dernier est le compagnon ordinaire des mélancoliques distractions de Yoritomo ; c'est en sa compagnie que les peintures japonaises montrent Yoritomo lâchant des grues, auxquelles il a attaché une bande de papier doré, pour qu'on puisse reconnaître un jour s'il est vrai que ces oiseaux vivent mille ans.

Portrait de Yoritomo ; ses successeurs.

Yoritomo ne connut guère de plaisirs que ceux de la conduite des affaires. Sa femme Masako fut surtout un auxiliaire dévoué de sa politique et un membre très actif du Bakoufou. Ce taciturne n'eut que la passion du pouvoir. Son seul

---

Minamoto se prononce *gui* en chinois. Quant au caractère *tsouné*, il se prononce *Ké*. Ainsi Minamoto-Yositsouné donne *Guéin-gui-Ké* en prononciation chinoise.

attachement connu, d'après les images populaires, est pour Miochoo, une humble *jôro*, rencontre de hasard, qui le suivit à Kamakoura et se fit bonzesse après sa mort. Convaincu

Exploit équestre de Ogouri-Hangan.
(Dessin de Hokoŭsaï gravé par Egawa-Sennetaro).

que la durée du nouveau gouvernement était attachée à la conservation des vertus militaires, il donnait volontiers l'exemple de la frugalité. Il maintenait avec soin autour de lui l'habitude des armes et aimait à assister aux exercices de ses kéraïs. Ses fêtes ne ressemblent guère à celles de Kyômori ; ce sont les grandes chasses auxquelles il convie ses compagnons dans les montagnes d'Idzou, ou dans les makis du Fouzi-san ; pour spectacle, on y a des luttes comme celles de Kawatsou et de Matano ; les exercices violents y rappellent la guerre. On y court parfois de sérieux dangers, comme le jour où Yoritomo faillit lui-même être jeté par son cheval dans le Saḡami-ḡawa. La légende veut que Nitan-no-Sirô y ait un jour tué un sanglier d'un coup de poing. On y fait montre de son habileté comme cavalier, non de ses talents comme musicien [1].

Les chasses de l'année 1193 dans le maki du Fouzi-san furent marquées par la vengeance des frères Soḡa, célébrée sur le théâtre et dans le roman. On sait que les deux frères, Gorô et Djourô, c'est-à-dire cinquième et dixième fils, de leurs vrais noms Soukénari et Tokimouné, aidés de la Tora-Gozéin, maîtresse de Soukénari, pénétrèrent dans la tente de Koudo-Sketsouné, leur parent et l'assassin de leur père Kawadzou-no-Sabouro, et qu'ils le tuèrent. On connaît moins la suite de l'histoire ; leur vengeance accomplie, les deux frères voulurent aller tuer Yoritomo lui-même, contre lequel ils n'avaient ni intérêt ni haine de famille ; c'est en cherchant à pénétrer dans la tente du Sioḡoun qu'ils furent arrêtés par les kéraïs ; Djourô fut tué par Nitan-no-Sirô, et Gorô fait prisonnier par Gorô-Marou. On s'est demandé

Soḡa-no-Gorô arrêté et saisi par Gorô-Marou, netské.
(Coll. de M. Bertin).

---

1. Oḡouri-hangan, qui faisait tenir son cheval sur une table de gô, eut pour femme Térouté-Himé dont les aventures ont souvent été retracées par le burin et le pinceau. Enlevée par des brigands, Térouté fut vendue au maître d'une *jôro-ya* et sut conserver sa vertu jusqu'au jour où elle fut retrouvée et rachetée par son mari.

quelle main les avait armés contre Yoritomo ; quelques historiens n'ont pas hésité à accuser Hôjô-Tokimasa, qui avait élevé Tokimouné dans sa jeunesse et lui avait donné la première moitié de son nom. Tokimasa, en travaillant pour Yoritomo, n'avait jamais songé qu'à lui-même et aux Hôjô. A l'époque où nous sommes arrivés, il avait rempli le Bakoufou de ses créatures, et il était assez sûr de son influence et de celle de Masako pour compter recueillir l'héritage du Siogoun.

Yoritomo, si défiant à l'égard de tous et surtout à l'égard de ses proches, ne paraît pas avoir jamais soupçonné que ses fils seraient à demi sacrifiés par leur propre mère Masako, et poursuivis sans merci par leur grand-père Tokimasa, pour faire d'une dynastie issue de l'obscure famille Hôjô l'héritière des grands Minamoto. En décapitant lui-même la famille Minamoto par la mort de Noriyori, et en tenant ses fils éloignés des affaires, il facilita la tâche des usurpateurs. Peut-être, à la fin de sa vie, n'eût-il plus été lui-même en état de réprimer l'ambition de Tokimasa. On sait rarement au Japon où réside la puissance réelle, et les yaski du Bakoufou n'ont pas recelé moins de mystères que l'ancien palais de Kioto.

Yoritomo mourut en 1199, à l'âge de cinquante trois ans. Politique plus profond, surtout plus profondément dissimulé que Kyômori, il avait été beaucoup plus sanguinaire. On ne peut citer de lui qu'un seul acte de clémence ; il épargna la vie du Héïké Kangnékiyo [1] par un raffinement de cruauté ; Kangnékiyo se creva lui-même les yeux, pour ne pas voir le triomphe de son ennemi.

---

1. Kangnékiyo et Tadamitsou étaient les fils de Foudziwara-Tadakiyo, que Yoritomo avait fait mettre à mort à cause de son attachement aux Taïra. Ils passèrent leur vie à se cacher, cherchant à venger leur père. Tadamitsou fut pris le premier et exécuté dans des circonstances tragiques.

Dans le Japon moderne, Kangnékiyo a été choisi pour patron par la nombreuse corporation des aveugles.

Le fils aîné de Yoritomo, Yoriyé, âgé de dix-huit ans, lui succéda nominalement comme chef du Bakoufou et chef de la maison Minamoto. Il ne reçut pas de suite, de la cour de Kioto, le titre de Siogoun ; il fut nommé provisoirement *Oukon-yé-nagon-notiioudjo,* c'est-à-dire général suppléant de la porte de droite. Le nouveau Hô-ô Gotoba tenait à affirmer le droit du Mikado, de disposer des titres et des dignités ; c'est en 1202 seulement qu'il fit envoyer à Yoriyé le titre de Siogoun.

La veuve de Yoritomo se fit bonzesse, mais elle resta à Kamakoura, gardant une influence prépondérante dans le Bakoufou ; les guerriers, qui écoutaient toujours sa parole avec déférence et qui n'auraient pas volontiers bravé sa vengeance, lui donnèrent le nom de *Ama-Siogoun,* ou Siogoun-bonzesse.

Trames de Hôjô-Tokimasa. Sa chute.

Hôjô-Tokimasa, profitant à la fois de l'âge et de la faiblesse de Yoriyé, qui n'était guère occupé que de ses plaisirs, prit la prépondérance dans le conseil et l'autorité complète dans l'exécution, ce qui le fit appeler le *Sïkkéin* ou régent : il s'occupa aussitôt de rendre cette régence perpétuelle pour lui-même et héréditaire dans la famille Hôjô. Les premières années qui suivirent la mort de Yoritomo ne sont occupées que par les crimes et la rapide élévation des Hôjô.

Le seul obstacle aux ambitieux desseins de Tokimasa était dans l'existence même des fils de Yoritomo, le Siogoun Yoriyé et son jeune frère, que nous appellerons de suite de son nom historique Sanétomo. Les Hôjô, ces transfuges du clan Taïra, étaient de trop petite famille pour es-

Mitsoü-Ourouko, mon des Hôjô [1].

---

1. Tokimasa adopta pour *mon,* le *mitsoü-ourouko,* ou les trois écailles de serpent, à la suite d'un songe où il avait vu un serpent gigantesque.

pérer dominer officiellement la branche aînée des Minamoto. Tokimasa n'hésita pas à méditer la mort de ses petits-fils et l'extinction de leur race. Les deux jeunes princes, d'un esprit frivole, de tout temps éloignés des affaires, étaient trop livrés au déréglement pour être, par eux-mêmes, d'une résistance sérieuse. Ils pouvaient compter sur l'attachement des derniers survivants des grands kéraïs militaires de Yoritomo et surtout sur celui du loyal Hatakéyama-Signétada, bien que celui-ci fût gendre lui-même de Tokimasa; ils avaient aussi pour eux l'appui probable des grandes familles, comme les Wada, indépendantes par leur puissance militaire du Bakoufou lui-même. De plus, Yoriyé avait le conseil et le concours actif de Hiké-Yosikatsou dont il avait épousé la fille.

Masako, restée Hôjô de cœur et très dévouée à son père, ne devait intervenir qu'en voyant les jours de ses fils menacés. Dans le Conseil, Oyé-no-Hiromoto était un doctrinaire, indifférent aux personnes, prêt à accepter les Hôjô si ceux-ci lui paraissaient assurer, mieux que les Minamoto, le fonctionnement de la machine gouvernementale.

Tokimasa, qui avait peu fait la guerre, eut soin de donner les commandements militaires à son fils Hôjô-Yositoki, afin de s'assurer de l'armée.

En 1201, éclata la révolte des Ziô, ancien rameau des Taïra, puissant en Etiigo, que Yosinaka avait eus pour adversaires, lors de sa première victoire. Ils allèrent au palais du Dziôkô demander un ordre de guerre contre Yoriyé; chassés de Kioto, ils furent pris ou tués dans les montagnes du Yosino. Skémori, l'un des Ziô, tint quelque temps dans le siro de Torizaka, d'où il fut délogé par Sasaki-Moritsouma, malgré les exploits de sa belle-mère la guerrière Hangakou [1]. Dans toute cette guerre, Yoriyé ne parut pas à l'ar-

---

1. Hangakou était célèbre pour sa laideur, autant que pour sa force, ce qui ne l'empêcha pas d'être recherchée pour femme lorsqu'elle fut ramenée pri-

mée; il passa quatre années à user sa santé dans une vie de débauches, à laquelle Tokimasa le poussait secrètement, et d'où les fréquentes admonestations de Masako étaient impuissantes à le tirer. En 1203, le jeune Siogoun tomba malade; Masako reconnut qu'il ne pouvait plus gouverner, et elle se prêta à obtenir de lui, à l'instigation de Tokimasa, son abdication de Siogoun. Yoriyé avait déjà trois fils, Itiiman, Kouguiyô et Séindjou-Marou; Itiiman, l'aîné et l'héritier légitime, ne reçut que les vingt-huit provinces de l'est; le gouvernement des trente-huit provinces de l'ouest, comprenant le Kiousiou, le Tiiougokou, le Gokinaï, le Tôkaïdô, fut donné à Sanétomo.

Cette division du pays, qui élevait parmi les Minamoto une branche cadette plus puissante que la branche aînée, était favorable aux visées secrètes de Tokimasa. Hiki-Yosikadzou pressa vivement Yoriyé de lui refuser sa sanction et complota la mort des Hôjô; Masako en informa son père qui fit tuer Yosikadzou, par surprise. Le fils de Yosikadzou, prenant avec lui le jeune Itiiman, leva des troupes pour venger son père et défendre les droits de son neveu; il fut vaincu et assiégé par Hôjô-Yositoki, secondé de Hatakéyama-Signétada; près d'être forcé, il mit le feu à son yaski et s'ouvrit le ventre; le jeune Itiiman périt dans les flammes.

Yoriyé se livra alors aux accès d'une fureur impuissante; il appela de tous côtés des vengeurs. Les Wada refusèrent de s'armer pour lui; un Nitta, mieux disposé, fut tué par le régent. Tokimasa obligea Yoriyé à se raser la tête et le confina dans un temple d'Idzou où il le fit secrètement assassiner quelque temps après; il enferma aussi dans un temple le petit Kouguiyô, que nous ne désignons que par son nom de bonze; enfin, il obtint du Mikado le rescrit qui nommait Siogoun son protégé Sanétomo.

sonnière à Kamakoura. Dans cette société guerrière, la vigueur physique, dont les fils pouvaient hériter, n'était pas moins prisée que la beauté.

En 1305, Hôjô-Tokimasa se débarrassa par un nouveau meurtre de Hatakéyama-Signétada, dont la puissance et surtout la fidélité inviolable aux Minamoto gênait ses desseins, et qui, peut-être, avait manifesté le regret d'avoir participé à la mort d'Itiiman. Ce crime, universellement réprouvé, ébranla la puissance de Tokimasa, mais il accrut sans doute celle de son fils Yositoki, maintenant seul maître de l'armée.

Il ne restait plus à Tokimasa qu'à supprimer Sanétomo pour faire nommer Sioḡoun, à sa place, son troisième gendre, Tomomasa, mari d'une fille préférée. Au moment où il touchait au but, une imprudence le perdit. Comme il avait fait venir Sanétomo dans son yaski, Masako apprit que des soldats accouraient sur son ordre pour tuer le jeune Sioḡoun ; aussitôt la Sioḡoun-bonzesse enleva son petit-fils et le mit en sûreté chez Yositoki. Les soldats qui avaient été rassemblés se rangèrent du côté de Yositoki. Tokimasa, démasqué et réduit à l'impuissance, se fit raser la tête et disparut de la scène politique.

Le second Hôjô continuateur de l'œuvre de son père.

Pendant les années qui suivirent, Yositoki, appuyé par sa sœur Masako, exerça toute la puissance de son père ; comme lui, mais plus dangereusement encore, parce qu'il était plus dissimulé et moins suspect, il trama la mort des derniers Minamoto.

Le Sioḡoun Sanétomo, frivole et occupé de ses plaisirs, laissait volontiers le soin des affaires au Hôjô qui en avait la pratique. Il ne manquait cependant ni d'intelligence, ni de perspicacité ; il cultiva la poésie avec talent[1] ; il projeta d'aller visiter la Chine et fit même construire un vaisseau à

---

1. Voir note 11, outa 28.

cette intention ; il aimait la mer et avait pour compagnon l'intrépide Asahina qui, un jour, plongeant sous ses yeux, ramena du fond des eaux d'énormes monstres marins. Le Dziôkô Gotoba qui, dès lors, rêvait de restaurer le pouvoir des Mikados, et avait même réuni quelques soldats, se plaisait à combler Sanétomo des dignités les plus excessives, soit pour accroître son orgueil et le pousser à l'extravagance, soit pour exciter des jalousies autour de lui. Un jour Hiromoto fit remarquer au Siogoun qu'il fallait laisser quelques titres à gagner à sa postérité ; celui-ci lui répondit mélancoliquement que les jours des Guéindzi étaient comptés et qu'il n'avait pas à songer à l'avenir de ses descendants.

Yositoki hâtait la venue de l'heure propice. Il guettait l'occasion de se débarrasser d'abord de la puissante famille des Wada, en poussant à bout l'orgueilleux clan ; le vieux chef Yosimori gardait bien au Bakoufou une fidélité inébranlable ; mais ses fils et ses petits-fils, depuis longtemps jaloux de Yositoki et irrités de son arrogance, allaient d'eux-mêmes au-devant des provocations.

En 1213, un puissant Daïmio du Sinano, descendant de Tsounémoto, l'ancêtre commun des Guéindzi, se souleva au nom de Séindjou-Marou. La tentative fut de suite réprimée. Séindjou-Marou se réfugia dans un temple de Kioto, où il se fit bonze. On découvrit que plusieurs Daïmios de Kamakoura avaient promis leur appui à un émissaire des conjurés. Deux fils et un neveu de Wada-Yositoki étaient compromis ; Yositoki obtint de Sanétomo le pardon de ses fils ; il eut de plus la permission de conserver sous sa garde le yaski de son neveu mis en prison malgré ses instances. Yositoki, pour défier les Wada, se fit donner à son tour, pour lui-même, le yaski convoité, en chassa ouvertement les gens de Wada et y établit une garde. La révolte éclata aussitôt. Les Wada vinrent au nombre de cent cinquante attaquer le Bakoufou et ne furent repoussés qu'après un combat de vingt-quatre heures, où le terrible Asahina-

Yosihidé fit sentir aux Hôjô la force de son bras ; ils quittèrent alors Kamakoura et se retirèrent à Mayénohama, où ils reçurent des renforts. Entre Hôjô et Wada, les guerriers

Aventures d'Asahina. (D'après Itiiyôsaï-Kouniyosi).

du Bakoufou, accourus de toutes parts à Kamakoura, hésitaient, demandant où était le Siogoun. Un ordre écrit, obtenu de la faiblesse de Sanétomo, les décida en faveur de Yositoki. La bataille de Mayénohama fut fatale aux Wada, malgré les exploits d'Asahina ; Yosimori périt avec sept de ses huit fils ; Asahina, le huitième, s'échappa par mer et gagna, dit-on, la Corée. L'histoire perd sa trace après la bataille ; les romanciers l'ont pris pour leur héros, et ils lui font traverser les mers au milieu d'aventures qui font de lui le Gulliver du Japon.

Quelques survivants des Wada complotèrent, en 1214, un soulèvement à Kioto, en mettant Séindjou-Marou à leur tête ; ils furent découverts et tués ; Séindjou-Marou périt avec les autres conjurés sous les coups des soldats du Bakoufou.

Extinction de la descendance de Yoritomo.

Il restait encore, avec Sanétomo, le second fils de Yoriyé, que Masako avait fait entrer dans une bonzerie dès l'âge de quatre ans, sous le motif apparent de lui faire consacrer sa vie à prier pour l'âme de son père. Pour en finir d'un seul coup avec les deux derniers représentants de la race de Yoritomo, Yositoki ourdit une trame si fine qu'elle échappa même aux soupçons de la défiante Masako.

Le prince-bonze Kouguiyô, parvenu à l'âge d'homme, et voyant au pouvoir son oncle Sanétomo, sans rien connaître des ressorts secrets du Bakoufou, ne manqua pas d'attribuer à Sanétomo la mort de son père et de ses frères ; il se jura d'en tirer vengeance. Yositoki le sut et, en 1377, fit nommer Kouguiyô grand bonze du temple de Tsourouḡa-Oka où Sanétomo avait l'habitude d'aller, chaque année, procéder à une cérémonie traditionnelle, qui s'accomplissait après la tombée de la nuit. La fête commençait en très grand apparat. Le Sioḡoun était accompagné de tous ses kéraïs et d'un millier de soldats ; mais il pénétrait seul dans le sanctuaire, avec un compagnon chargé de son sabre. Tout s'accomplit sans incident la première année. En 1379, Yositoki, qui avait la charge de porter le sabre, eut soin de transmettre cet office à un de ses compagnons et s'éloigna sous prétexte de maladie. Au moment où Sanétomo, ayant accompli les rites, redescendait les degrés, Kouguiyô surgit brusquement et tua Sanétomo et son compagnon. Au milieu de l'obscurité, toute la suite s'agita confusément, sans pouvoir reconnaître l'auteur du crime. Kouḡuiyô proclama à haute voix qu'il venait de venger son père ; il s'enfuit, fut bientôt rejoint et fut mis à mort.

Il ne restait plus de descendants de Yoritomo.

Il fallait cependant un Sioḡoun, comme enseigne du Bakoufou. Yositoki eut soin de ne pas imiter l'imprudence de son père. Un simple Hôjô ne pouvait revêtir une si haute dignité ; il suffisait qu'elle sortît des Minamoto. Sur l'avis de Masako, le Sĭkkéin fit demander à la cour de Kioto, au nom de la noblesse militaire, d'envoyer un Sinnô comme Sioḡoun à Kamakoura. Le Dziôkô, avec une bonne foi naïve, où il n'est pas permis de soupçonner l'ironie, répondit que, si l'un de ses fils était Siogoun à Kamakoura pendant que l'autre était Mikado à Kioto, le Japon pourrait sembler avoir deux souverains à la fois. On s'accorda donc à prendre pour Sioḡoun un jeune Foudziwara, qui, par sa mère, descendait d'une sœur de Yoritomo. Ce nouveau Sioḡoun, nommé Yoritsouné, était âgé de deux ans. Masako fut nommée régente. Yositoki avait maintenant ses coudées franches pour organiser et faire reconnaître partout la puissance du Sĭkkéin.

Le moment approchait pour le Bakoufou de faire la preuve de sa solidité. Une crise subite allait le mettre directement aux prises, avec le souverain légitime et en principe absolu, qui s'irritait à Kioto de l'impuissance à laquelle l'avait condamné Yoritomo.

Première tentative de restauration du Mikado.

Gotoba-Tennô, qui, depuis la mort de Gosirakawa en 1192, avait gouverné le palais de Kioto, en son propre nom d'abord, puis successivement au nom de ses deux fils Tsoutiimikado-Tennô et Djounetokou-Tennô, avait constamment témoigné d'un vif mécontentement pour le nouvel ordre de choses établi. Il avait, comme nous avons vu, usé des faibles moyens qui lui restaient pour contrecarrer ou discréditer le siogounat, tantôt en refusant l'investiture à Yoriyé, tantôt en comblant Sanétomo de dignités imméritées. Il était l'espoir de ceux qui, à Kioto, rêvaient un retour aux anciennes institutions. L'extinction, en 1219, de la courte dynastie de Yoritomo lui parut une occasion de ressaisir le pouvoir effectif; il croyait sans doute le siogounat attaché à la fortune des Minamoto et aux décrets de Gosirakawa. Tsoutiimikado se rendait beaucoup mieux compte de la puissante organisation du Bakoufou et combattait, par de sages avis, les ambitieux projets de son père. Djounetokou-Tennô n'avait vraisemblablement pas d'opinion et cherchait seulement à vivre en paix.

En 1221, Djounetokou-Tennô abdiqua en faveur de son fils âgé de quatre ans, qui s'appelle souvent dans l'histoire le demi-Mikado, ou le Mikado de quatre-vingt-dix jours. Aussitôt les tendances guerrières prévalurent dans le palais. Était-il tolérable qu'un simple Hôjô, sans titres reconnus, dominât dans tout le pays ; la faiblesse du Mikado ne faisait-elle pas toute sa force et pourrait-il jamais tenir contre la volonté souveraine? Les conseils prudents du Tiiou-Igne et des plus sages des Kougnés furent écartés. Le Hon-Igne Gotoba brusqua les événements et lança une proclamation au nom du palais : Yositoki, qui s'est arrogé sans droit le pouvoir qu'il exerce, est déchu de toutes ses dignités ;

appel est adressé aux sujets fidèles pour le réduire par la force.

Aucun préparatif n'était fait; mais à la voix du Hon-Igne, toutes les provinces du Gokinaï et du Tiiougokou s'agitèrent; les guerriers vinrent en nombre se ranger sous les ordres des Hatta, des Sasaki, de plusieurs Foudziwara. Le général manquait; les divers chefs se préparèrent à opérer isolément; ils se partagèrent la garde des différentes routes qui, venant de l'est, conduisent vers Kioto, et ils y attendirent l'ennemi. Les émissaires de Gotoba, envoyés dans le Kouanto pour y soulever le pays, échouèrent complètement.

Yositoki était bien assuré de ne point rencontrer d'adversaires dans la région de Kamakoura; il était moins certain de trouver l'armée du Kouanto prête à marcher résolument sur Kioto et à traiter le palais légitime comme un simple nid de rebelles. Ce fut Masako, la Siogoun-bonzesse et l'âme du Bakoufou, qui harangua les guerriers. Elle leur demanda s'ils étaient disposés à laisser détruire en un jour l'œuvre de leurs pères, les héros de la guerre de Guémepé et les exterminateurs des Taïra. Les capitaines du Kouanto se rappelaient-ils encore les bienfaits de Yoritomo? Quel vain scrupule les empêcherait alors d'aller balayer à Kioto une troupe de conseillers perfides et de mettre ainsi la dernière main à l'œuvre du grand Siogoun? Elle demanda de se déclarer de suite, à ceux qui préféreraient aller répondre à l'appel du Dziôkô contre Kamakoura. Tous jurèrent fidélité à Yositoki.

Masako, la *Ama-Sioÿoun*.

L'armée se rassembla sous les ordres du frère et des deux fils de Yositoki. On dit qu'au moment de partir, Yasoutoki, le fils aîné, fut pris d'un dernier remords. Jamais, jusqu'à ce jour, un sujet n'avait ouvertement marché contre le Mikado. Yasoutoki alla donc trouver son père et lui demanda ce qu'il devait faire, s'il rencontrait le Mikado en personne, sorti du palais, s'avançant au combat à la tête de ses soldats : « Alors, mon fils, aurait répondu Yositoki, tu déposeras ton casque, tu couperas la corde de ton arc ; tu feras ta soumission toi et ton armée. » L'âge du Mikado de quatre ans ne permit pas que ces loyales dispositions fussent mises à l'épreuve.

Les recrues du Mikado firent bravement honneur à la bannière écarlate ; elles tuèrent beaucoup de monde à l'ennemi, et la plupart de leurs chefs restèrent sur le champ de bataille ; mais partout, en Mino, en Omi, sur le Yodo-gawa, la victoire resta aux vétérans de Kamakoura, qui envahirent le Gokinaï et pénétrèrent ensuite sans résistance dans Kioto.

Tremblant au fond de son palais, Gotoba-Dziôkô révoqua son ordre de guerre, rétablit Yositoki dans ses dignités, et dépêcha des émissaires aux vainqueurs pour protester qu'il n'était lui-même pour rien dans les derniers événements. Il rejeta toute la responsabilité sur six de ses principaux officiers, qui furent aussitôt saisis et entraînés à Kamakoura ; cinq furent massacrés en route. Cette lâche soumission ne désarma point d'ailleurs la colère du Bakoufou. Gotoba fut déporté à Ikisima, où il vécut dix-huit ans encore, dans une mauvaise cabane ouverte au vent et à la pluie, avec une caverne pour refuge. Le Signe-Igne Djountokou fut déporté dans l'île Sado. Les vainqueurs auraient volontiers épargné le Tiiou-Igne dont l'opposition à la tentative téméraire de Gotoba leur était connue ; mais il exigea d'être traité comme son père et son frère ; on l'envoya donc en Tosa. Le petit Mikado fut simplement déposé. Les quatre vaincus de la guerre de Siôkiou [1] ont été privés par la rancune du Bakoufou de l'honneur de recevoir un nom après leur mort ; c'est en 1867 seulement que le Mikado actuel les a vengés de leur longue persécution posthume, et leur a

---

1. Période chronologique qui a donné son nom à cette guerre.

donné leurs noms d'anciens Mikados sous lesquels nous les avons désignés.

Yositoki récompensa magnifiquement ses fidèles ; il leur distribua trois mille domaines enlevés aux vaincus, sans garder pour lui-même aucune parcelle des dépouilles. Les guerriers du Kouanto prirent ainsi pied autour de Kioto et y implantèrent leur dévouement au Sïkkéin de Kamakoura.

La victoire avait été si prompte que Yositoki n'ouvrit pas les yeux sur le danger qui pourrait renaître, par suite de l'indépendance des deux capitales. Il se contenta d'enlever au Mikado l'administration directe de son domaine, qui fut confiée à deux bureaux relevant du Bakoufou. Ces deux bureaux, chacun placé sous un chef distinct, s'appelèrent le Rokouhara du nord et le Rokouhara du sud, d'après le nom du quartier où ils étaient établis ; ils se surveillaient l'un l'autre, en même temps qu'ils observaient le Mikado. Ils exerçaient le pouvoir judiciaire dans la capitale ; l'un rendait les jugements et l'autre les faisait exécuter. Une petite garnison, fournie par les familles fidèles au Bakoufou dans les provinces de l'ouest, fut établie à Kioto, à la disposition du Rokouhara.

Mesures pour assurer l'abaissement du Mikado.

Après la guerre de Siôkiou, l'ordre dans lequel les Mikados, réduits à la plus complète impuissance, se succédèrent sur le trône de Kioto, est important à suivre, pour l'étude de l'histoire ultérieure du Japon pendant les grandes guerres civiles du xive siècle.

En 1221, dans le palais vidé par la proscription, fut intronisé comme Mikado un frère cadet d'Antokou et de Gotoba, dont le fils et successeur mourut en 1243 sans laisser d'héritier. Force fut alors pour le Bakoufou de revenir à la lignée suspecte de Gotoba ; le Sïkkéin Yasoutoki eut soin de faire son choix dans la branche du Tiiou-Igne, qui n'avait témoigné d'aucune hostilité contre le Bakoufou. La précaution fut inutile; pacifique comme son père, le nouveau Mikado Gosaḡa-Tennô ne cessa d'entretenir, au fond du cœur, un amer ressentiment de la persécution de sa famille et de l'usurpation des Hôjô. Gosaḡa est l'ancêtre des deux dynasties dites du sud et du nord. Devenu Dziôkô après son abdication en 1246, il étudia soigneusement, pendant leur règne, le caractère de ses deux fils, Gofoukaḡousa et Kaméyama, qui lui succédèrent l'un après l'autre; jugeant que le second était le plus propre à poursuivre ses secrets desseins et à en transmettre la tradition, il décida par un testament que le trône devait rester dans sa descendance. Le Sĭkkéin, qui jugeait les choses à un point de vue différent, choisit au contraire, pour succéder au fils de Kaméyama déposé en 1287, un fils Gofoukaḡousa; le palais protesta de toutes ses forces.

En 1301, Hôjô-Sadatoki, soit dans une pensée de conciliation, soit plutôt pour affaiblir encore le palais en y entretenant la division, fixa un nouveau mode d'hérédité. Le Mikado devait être pris alternativement dans les deux branches. Cette règle fut suivie jusqu'à la fin du règne des Hôjô, et donna des Mikados soumis et des Mikados indépendants, se succédant à tour de rôle, chaque branche conservant fidèlement sa tradition.

Hôjô-Yositoki, le vainqueur sacrilège de la guerre de Siôkiou et l'exterminateur des Minamoto, périt assez misérablement en 1224, tué par des gens de son entourage. Masako lui survécut peu.

Les grands règnes des Hôjô.

Le règne des deux successeurs de Yositoki, les Sĭkkéins Yasoutoki et Tokiyori, 1224-1253, inaugure le siècle bril-

Portrait de Tokiyori.

lant et prospère des Hôjô, dont il est la plus belle époque. C'est le seul moment entièrement paisible de tout le moyen âge japonais. La rivalité des pouvoirs et les haines de famille font trève, sous un gouvernement respecté. Les crimes des deux premiers Hôjô sont oubliés. Les Sĭkkéins, sentant que la popularité est leur seul titre devant le pays, légitiment par leur sagesse le pouvoir qu'ils ont hérité de leurs ancêtres. Les Sioḡouns, oubliés dans leur château de Kamakoura, n'arrivent même pas à agiter la ville, quand ils cherchent à revendiquer, sous Tokiyori, leur part d'autorité dans le Bakoufou. Les Mikados, résignés dans leur palais de Kioto, se laissent imposer leurs grands dignitaires, le Kambakou et le Séssio ; auprès d'eux, les Sĭkkéins restaurent, au profit de leurs créatures, le lustre des grandes familles Itiidjo et Nidjo.

La richesse se développe. Les arts atteignent au plus haut degré de splendeur. Kamakoura se couvre de monuments magnifiques. L'architecture religieuse surtout se développe, car les Hôjô sont de fervents bouddhistes ; parmi les temples dont il ne reste que le nom et le souvenir, Tokiyori se plaît à embellir celui où il ira terminer ses jours, et dont il garde le nom dans l'histoire, quand on l'appelle le seigneur de Saïmiyôdzi.

La classe des guerriers, devenue l'aristocratie régnante, conserve les vertus qui font sa force. Elle s'applique, sous l'œil de son chef, à pratiquer les préceptes du *Bousi-dô,* l'évangile du soldat, qui prescrit la vie frugale, le culte de l'honneur, la mort par le *harakiri* plutôt qu'une tache au blason. Elle sera prête, en 1281, lorsque Koublaï-Khan menacera le pays d'une terrible invasion.

Dans le droit civil, l'œuvre de Oyé-no-Hiromoto et de son école se condense en un code, le *Joëi-skimokou,* ou *Hôjô-skimokou,* dont le nom même, de *siki*, exemple, et *mokou,* liste, indique la nature : c'est une œuvre de jurisprudence plutôt que de législation [1], issue, comme l'édit du préteur, de la conscience du magistrat et non des vieux textes barbares; il n'a été promulgué qu'en 1291, mais il ne faisait que résumer la pratique de l'époque antérieure. — Une des dispositions du *Skimokou* défend de prononcer la peine de mort contre les bonzes, ce qui contredit la condamnation, sous Tokiyori, du célèbre bonze Nitiiréin fondateur de la secte du Hokkésiou, et prive le bouddhisme japonais de son plus célèbre miracle.

Tokiyori reçoit l'hospitalité chez Sano-Guénzaïma. (D'après Toyokouni).

Les légendes de cette époque ne roulent que sur les bienfaits des Sikkéins parcourant incognito le pays, étudiant les besoins, redressant les injustices et retrouvant d'anciens serviteurs oubliés : ainsi, pendant un jour d'hiver, Sano-

[1]. Les codes chinois ont, en principe, force de loi au Japon, depuis l'époque du Taï-hôritsou-ryô jusqu'à la restauration de 1868.

Guéinzaïma, vieux soldat laissé sans récompense, donna l'hospitalité à un bonze, sous la robe duquel il ne soupçonnait pas le tout puissant Sïkkéin ; il sacrifia ses trois pauvres petits pruniers à fleurs pour réchauffer son visiteur transi, et il reçut en retour trois beaux domaines.

Aux noms de Yasoutoki et de Tokiyori, la reconnaissance populaire a soigneusement associé ceux de leurs ministres, parfois sortis des rangs les plus obscurs du peuple. Il n'est pas de mémoire plus respectée que celle de Ota-Foudzitsouna qui, de sa vie, n'a jamais donné un avis injuste, et qui, parvenu aux plus hautes dignités, n'a jamais porté qu'une simple robe de coton. Les principes économiques, qui lui faisaient dépenser cinquante sous en torches, pour retrouver cinq sous tombés dans la rivière, sont contestables, mais la pénétration de ses jugements était surprenante. L'aventure qui fit connaître sa sagacité au Sïkkéin est d'une saveur assez japonaise. C'était au temps d'une grande famine ame-

Foudzitsouna et le bœuf chargé des dons de Tokiyori.
(D'après une gravure de Guignokô).

née par la sécheresse ; le riz se desséchait avant de mûrir ; Tokiyori, faisant de grandes distributions d'aumônes, envoyait à une bonzerie des bœufs chargés de grains ; l'un des bœufs, en traversant la rivière de Katazé, s'arrêta un instant pour donner satisfaction à un besoin des plus natu-

rels; le jeune Foudzitsouna, qui l'observait, s'écria : « Voilà
« comment un bœuf suit l'exemple de son maître. » Les
conducteurs s'enquirent du sens de cette observation irres-
pectueuse, et Foudzitsouna répondit que, en versant de l'eau
dans la rivière, au lieu de la garder pour quelque rizière
desséchée, ce bœuf faisait tout à fait comme les grands, qui
adressent leurs bienfaits aux riches et oublient de secourir
les pauvres. Tokiyori, charmé de ce propos, fit venir le jeune
homme et lui confia de suite une charge importante. Foudzitsouna avait réponse à tout. Comme il ne voulait accepter
absolument aucune libéralité, Tokiyori lui assura qu'il
venait de recevoir, en songe, un ordre des dieux de lui
donner certain domaine : « Si vous avez de semblables
« songes, répondit-il, je ne veux rien de vous, parce qu'un
« autre jour, vous pourriez recevoir, par la même voie,
« l'ordre de reprendre le domaine et ma tête. »

Sous le dur et cruel Hôjô-Tokimouné, qui prit après un
court intervalle la succession des bons Sikkéins, le Nipon
connut la gloire militaire et échappa au seul danger qui l'ait
jamais menacé dans son existence nationale, l'invasion des
Mongols.

La guerre contre les Tartares.

Depuis les défaites en Corée, suivies d'incursions repoussées
victorieusement en Kiousiou, le Japon n'avait eu, avec le
continent, que des relations pacifiques. Le renom de puissance de la longue dynastie de Tô avait grandi le prestige
des Chinois, qui, aujourd'hui encore, se nomment *Tô-dzigne*
au Japon ; de fréquentes ambassades parties de Kioto allaient
porter à l'empereur Tô des présents à peu près périodiques,
que l'orgueil chinois considérait certainement comme un
tribut. Sous la dynastie de Sô, la Chine étant devenue beaucoup moins redoutable, les Hôjô s'affranchirent de la servi-

tude des présents. Koublaï-Khan (Kopitsourétsou en japonais), lorsqu'il eut conquis la Chine, entendit conserver intact tout l'héritage des anciennes dynasties et voulut imposer au Japon la reprise des anciennes relations, dans lesquelles il voyait, lui aussi, une vassalité; il est à noter, en passant, qu'il n'éleva aucune revendication du chef de son grand-père Gengis-Khan.

Dès l'année 1268, après s'être emparé de Ein, capitale de la dynastie de Sô, et y avoir organisé son propre gouvernement, Koublaï-Khan fit parvenir, par des envoyés coréens, une lettre où il proposait à l'empereur du Japon de renouer les rapports d'autrefois. La lettre fut jugée offensante à Kamakoura. L'année suivante, de nouveaux envoyés vinrent inutilement chercher une réponse; on ne les laissa même pas débarquer à Tsousima. En 1271, un véritable ambassadeur vint dans l'île de Kiousiou, qui avait conservé son organisation de Dazaïfou, ou gouvernement civil et militaire de l'ouest, et qui relevait alors de Kamakoura; il y tint un langage menaçant. Sur l'ordre de Tokimouné, le Sioni ou chef du Dazaïfou répondit simplement par une expulsion. En 1274, une flotte chinoise s'empara des îles de Tsousima et d'Ikisima. Après la victoire, tous les habitants des deux îles furent massacrés; les cadavres des femmes, alternant avec les têtes des guerriers, formèrent un sinistre cordon autour des vaisseaux. De là, les Mongols passèrent en Kiousiou où ils rencontrèrent l'armée de Dazaïfou; leur général Rignefoukoukô fut tué dans le combat; la victoire resta indécise; les envahisseurs se rembarquèrent.

Après une trêve de quelques années, employée par Koublaï-Khan à poursuivre ses conquêtes en Chine, la dynastie de Sô étant réduite aux abois, le souverain mongol songea de nouveau au Japon; il envoya en ambassade trois hauts personnages accompagnés d'une suite de six personnes, qui débarquèrent en Nagato. Tokimouné donna l'ordre de lui expédier les envoyés; il fit arrêter le cortège à Tatsou-no-

Koutii ou la gueule du dragon, lieu ordinaire des exécutions entre Enosima et Kamakoura ; là on mit à mort les trois ambassadeurs dont la tête fut exposée à la porte de la prison ; la suite fut renvoyée avec une lettre mentionnant simplement l'exécution. Une nouvelle ambassade débarquée en 1279 en Kiousiou y fut traitée de la même manière sur l'ordre du Dazaïfou. Koublaï-Khan fit ses préparatifs pour une grande expédition.

Tokimouné organisa la défense. Hôjô-Sanémasa, chargé du commandement en chef, fortifia les côtes et réunit des approvisionnements ; les troupes du Kiousiou et du Tiiougokou qui gardaient Kioto furent renvoyées dans leur pays et remplacées par une garnison venue du Kouanto. Tous les clans du Sud-ouest se réunirent sous la conduite de leurs chefs ; les principaux capitaines appartenaient à la famille des Harada et à celle des Ootomo.

Tchôzi,
Mon des Ootomo.

La flotte chinoise parut en mai 1281 dans les eaux du Japon ; elle comptait trois mille navires et portait cent mille hommes, Mongols, Chinois et Coréens ; on avait embarqué des ustensiles et des instruments aratoires, pour coloniser le pays après la destruction des habitants. Les premières rencontres eurent lieu à Tsousima et Ikisima ; les Japonais furent vaincus. La flotte se présenta ensuite devant la ville de Hakata, siège du Dazaïfou et centre des relations maritimes avec le continent, avant la création de Nagazaki. Hakata est situé en Tiikouzéin, près de la ville nouvelle de Foukouoka et sur la rade de ce nom ; les abords en avaient été fortifiés avec soin ; la plage était bordée d'une longue muraille de pierre dont les débris se voient encore, dit-on, à l'ouest de Foukouoka. Les trois mille navires couvrirent l'immense rade ; ils s'amarrèrent les uns aux autres ; des passerelles en planches furent établies pour communiquer entre eux et descendre à terre. Les tentatives de débarque-

Bâtiment de la flotte tartare.
(D'après le Setsoûyo).

ment commençèrent à la fin de juin. Les historiens japonais rapportent que la flotte chinoise était armée d'artillerie, et, dans les tableaux des combats de Hakata, les peintres ont soin de représenter les bombes éclatant au milieu des défenseurs du rivage : on peut en conclure que l'art de composer avec la poudre des fusées de guerre et des artifices effrayants était très développé dans la Chine du XIII° siècle. Quoi qu'il en soit, les Japonais rejetèrent les Mongols dans leurs navires et prirent parfois l'offensive ; Kô-no-Mitiitoki et son neveu Kô-no-Mitiinotii se distinguèrent en enlevant un bâtiment chinois, et faisant prisonnier un chef ennemi.

Les Mongols, repoussés de terre, groupèrent leur flotte autour de l'îlot de Takazima, attendant l'occasion d'une nouvelle attaque ; cette inaction, à l'approche de la saison des typhons leur fut fatale. Vers le milieu d'août, un violent coup de vent vint bouleverser la rade de Foukouoka, qui est ouverte du côté du nord-ouest, les navires rompant leurs amarrages, se broyèrent les uns contre les autres. Les Japonais, conduits par les Ootomo et par le Sioni Kangnésouké, attaquaient tous ceux qui se jetaient à terre et ne faisaient pas de quartier. Quelques bâtiments coréens surent se dégager et regagnèrent leur pays, rapportant trois mille hommes sur un contingent de dix mille ; quant aux quatre-vingt-dix mille Mongols et Chinois, les historiens les tuent, soit pendant, soit après la tempête, à l'exception de trois qui rapportèrent chez eux la nouvelle du désastre.

Pendant le danger, tout le monde avait fait son devoir ; les samouraïs de l'ouest avaient vaillamment payé de leurs personnes ; le Sïkkéin avait fait de grándes levées dans l'est et envoyé de puissants renforts qui arrivèrent après la bataille ; les bonzes avaient prié avec ferveur dans les téras ; au palais, on avait fait appel aux dieux, ancêtres des Mikados, et Kaméyama-Dziôkô était allé en personne à Isé implorer la puissante Amatéras, lui offrant de laisser prendre sa vie pour le salut du pays. Après la victoire, les récompenses furent inégales. S'associant à la croyance populaire, le gouvernement de Kamakoura attribua à la déesse de Isé, l'honneur d'avoir soulevé la tempête et détruit la flotte ennemie. Les bonzes, comme les Kannousis, reçurent des présents. Les samouraïs furent simplement licenciés et rentrèrent mécontents dans leur pays. Yositoki aurait été plus habile.

Les derniers régents de Kamakoura.

Les successeurs de Tokimouné, les régents Sadatoki, Morotoki, Mototoki, qui gouvernèrent de 1284 à 1316, tiennent peu de place dans l'histoire. Une incursion des Chinois dans une île du côté de Satsouma, un envoyé chinois emprisonné, des Siogouns déposés sans qu'on sache bien pourquoi, enfin un grand tremblement de terre qui renversa une partie de Kamakoura en 1293, sont les seuls événements dignes de mention. Les Hôjô déclinaient; les dynasties s'usent vite au Japon ; les Mikados seuls, préservés peut-être par une étiquette rigoureuse contre les principales causes de dépérissement des vieilles races, restent immuables. Rien cependant ne semblait menacer directement le gouvernement de Bakoufou, qui marchait, comme marche une vieille machine bien montée, attendant qu'un organe se brise. Il allait appartenir à Takatoki, le successeur de Mototoki, et le douzième Sïkkéin si l'on donne ce titre à Tokimasa, de ruiner par ses folies l'édifice un peu vermoulu, mais encore solide, sous lequel le Japon s'abritait depuis les victoires de Yoritomo.

Au moment où le Japon va retomber, au xiv° siècle, dans des convulsions, cette fois plus longues et plus terribles que celles du xii°, il convient de jeter un nouveau coup d'œil sur l'état social du pays, et de voir les lentes transformations produites dans l'œuvre de Yoritomo et de ses conseillers.

A Kamakoura, le Siogoun, qui n'est plus, après la mort de Sanétomo, le chef héréditaire des Minamoto, cesse même, après 1252, d'appartenir à la famille de Yoritomo. Yoritsouné et son fils Yoritsougou ayant été déposés pour velléités d'opposition, le Mikado envoya docilement un prince de sa famille, généralement un de ses frères, occuper la charge qui subsistait pour dissimuler l'usurpation des Hôjô. Le Siogoun n'est plus, dès lors, qu'une sorte de second Mikado encore plus effacé que le premier, incapable d'ajouter aucun prestige au gouvernement de Kamakoura au moment où la lutte s'ouvrira contre le Mikado véritable.

Dans les provinces, les Siougos du Bakoufou ont absorbé les pouvoirs des anciens Taïsious du Mikado et du Kambakou et, par l'accroissement même de leur pouvoir, ils sont devenus presque indépendants de Kamakoura, quand ils ne sont pas annihilés par quelque grand Daïmio, maître de la province. Les Iitos placés près des grands Daïmios ont disparu. Les Daïmios ont étendu leurs domaines et accru leur indépendance. En Satsouma les Simadzou qui prétendent à une parenté avec Yoritomo, en Nagato les Mori issus de l'antique famille Oyé, règnent déjà en souverains. On rencontrait donc, quoique peu nombreux encore, ces grands Daïmios, les Kokousious, qui plus tard posséderont jusqu'à cinq ou six provinces, et entre lesquels l'empire se partagera tout entier. En général, le pays était encore très morcelé; les grands propriétaires terriens étaient de simples

Djôsious ou châtelains. Kokousious et Djôsious formaient deux classes de seigneurs de puissance très différente, mais sans lien de vassalité entre elles; le moindre Kodaïmio était aussi maître chez lui que le plus grand Daïmio ; ni l'un ni l'autre ne relevait du gouverneur de la province; une fois payée la taxe annuelle, une fois fourni le contingent militaire sur un ordre venu de Kamakoura, ils ne devaient plus rien à personne. Chaque Daïmio avait son armée, petite ou grande, composée de ses kéraïs; il y ajoutait au besoin des bousis mercenaires; il levait aussi parfois des soldats, appelés *asigarou*, recrutés dans la classe populaire ; mais ces derniers ont toujours été réputés moins propres à charger l'ennemi qu'à dépouiller les morts et à couper les têtes après la bataille.

En dehors de la clientèle du Bakoufou, soldée par l'impôt de Yoritomo, les samouraïs avaient dû, pendant cent quarante ans de paix, se créer des ressources que le sabre ne leur donnait plus. Le plus grand nombre, n'ayant ni terre ni château, avait dû se grouper autour des Daïmios, augmentant la clientèle des kéraïs et recevant, en échange de ses services, une terre ou plus souvent une pension. Les kéraïs forment dès lors la classe dominante, au point de vue politique comme au point de vue militaire; les premiers kéraïs d'un grand Kokousiou sont de hauts personnages, comparés aux simples Djôsious. D'autres bousis, assez nombreux encore, ont gardé leur indépendance; ils cultivent leur terre de leurs mains; mais, bien qu'ayant renoncé au métier des armes, ils conservent le droit de porter les deux sabres : ce sont les *gôsi*; leur existence est obscure ; mais si la fortune les favorise, ils font souche de Daïmios. Il existe enfin des bousis n'ayant ni seigneur pour les solder ni terre pour les nourrir, et réduits à vivre d'expédients : on les nomme *nobousi*; ils disputent aux bonzes l'emploi d'écrivain public et de magister de village, louent leur sabre quand ils peuvent, et se font brigands faute de mieux ; ce sont des recrues pour les armées qui se forment et des ennemis pour celles qui se débandent.

Sous les Hôjô le pays a achevé de se couvrir de temples, et les bonzes n'ont rien perdu de leur humeur batailleuse. Les bonzeries sont aussi indépendantes que les Daïmios, et plus disposées à s'étendre sur les terres du voisin. Judicieusement placés, plus solides et mieux munis d'armes que les siros, les téras sont les châteaux-forts du pays, et certains temples sont les meilleures écoles où un gentilhomme puisse faire son éducation militaire.

Ainsi, au moment où le Mikado va enlever de force au Sĭkkéin un pouvoir usurpé et lutter ensuite contre une nouvelle dynastie de Siogouns, les éléments abondent pour alimenter les armées pendant une guerre civile d'un siècle de durée.

Groupe de singes jouant avec un masque, netské de Djôwa.
(Coll. de M. Bertin).

Yagoura et muraille d'un siro ; préparatifs de défense.
(D'après un ancien *makimono*.)

CHAPITRE IV

CHUTE DE LA DYNASTIE HÔJÔ
RESTAURATION IMPÉRIALE

(1156-1181)

En février 1318, le quatre-vingt-quinzième Mikado, Hanazono-Tennô, âgé de vingt-deux ans, transmit la dignité suprême à son cousin le prince Takahito et se retira au temple de Miôsignedzi, pour consacrer sa vie à l'exercice du bouddhisme et à la culture de la poésie. L'avènement du nouveau souverain fut célébré au palais, selon l'usage, par les danses hiératiques qui durent trois jours, et dont la mimique immuable rappelle les hauts faits des premiers Mikados. Hors du temple et du palais, l'événement passa inaperçu.

A ce moment, le Sïkkéin de Kamakoura était un jeune

homme de dix-sept ans, Takatoki, extravagant et présomptueux, capable de tout, sauf d'écouter un sage avis. Il avait perdu son père Sadatoki en 1310. Un de ses parents, Mototoki, avait gouverné pour lui de 1310 à 1316, et lui avait ensuite remis la direction des affaires. Depuis 1316, il était à la tête du Bakoufou.

Le Mikado revendique ses droits.

Le nouveau Mikado, Godaïgo-Tennô, était un homme de trente et un ans qui appartenait à la branche indépendante de Kaméyama. Il était passionné pour l'ancienne histoire et les anciennes institutions. L'éducation d'un roi lui faisait défaut ; la pratique des affaires lui manquait totalement, comme à tout son entourage. Son caractère était ferme, le sentiment de ses devoirs profond ; sa foi dans la grandeur divine de sa race était assez grande pour lui inspirer des résolutions énergiques et même désespérées.

Il y avait trois anciens Mikados vivants : le quatre-vingt-treizième Gofousimi-Tennô, le quatre-vingt-quinzième Hanazono-Tennô, tous deux de la branche servile de Gofoukagōusa, et le quatre-vingt-onzième Goouda-Tennô, père de Godaïgo-Tennô et propre fils de Kaméyama ; le quatre-vingt-quatrième Mikado, frère de Godaïgo, en faveur duquel la règle de succession de 1301 avait été appliquée pour la première fois, était mort.

Selon la règle, Godaïgo offrit à son père, le Hô-ô Goouda, l'exercice du pouvoir, c'est-à-dire la direction intérieure du palais ; celui-ci accepta jusqu'en 1321 ; pendant ce temps, l'histoire ne mentionne rien que l'hommage fait au Mikado par un Kougné d'un recueil de poésies, événement qui s'est toujours renouvelé, de temps à autre, au palais. Puis le Hô-ô fatigué se retire ; Godaïgo commence son règne et le palais assiste aussitôt au plus inattendu des spectacles. On voit le

Mikado réunir des conseils et les présider, se faire remettre des pétitions et les examiner; il ose congédier de lui-même les garnisons installées en 1221 par le Bakoufou sur plusieurs points de son domaine, et, chose plus singulière encore, il est obéi, à la grande joie des bourgeois de Kioto, que molestaient à plaisir les samouraïs de Kamakoura. Ce simulacre d'administration ne suffisant pas à remplir les journées de Godaïgo, il passait son temps, entouré de savants, à compulser les vieilles chroniques, où éclatait à chaque ligne l'évidence de ses droits absolus ; sans pouvoir remonter des effets à leur cause, il s'habituait ainsi à ne voir dans le Siogoun et dans le Sïkkéin gouvernant pour le Siogoun, que deux sujets, autrefois les délégués du Mikado, aujourd'hui les usurpateurs avoués de son pouvoir.

Tokatoki, atteignant l'âge viril, se jetait pendant ce temps, à Kamakoura, dans une débauche effrénée, scandalisait ses conseillers les moins austères, blessait par son arrogance tous les dignitaires du Bakoufou, et, violant à la fois les convenances et les lois de l'étiquette, témoignait au Siogoun un dédain affecté. Il laissait le pouvoir aux mains de son favori Nagasaki-Takasouké, qui en abusait étrangement. Dans sa hâte de profiter, pour s'enrichir, du caprice momentané de la fortune, Takasouké extorquait en toute occasion de riches présents, et faisait prononcer les condamnations les plus injustes pour s'adjuger les biens des fidèles serviteurs de la maison Hôjô. L'obéissance aux Sïkkéins ne reposait sur aucun dogme sacré ; la conduite de Takatoki devait bien vite soulever le pays.

Dès l'année 1322, trois Daïmios conjurés contre le Bakoufou entrèrent à la fois en campagne dans les trois provinces de Yamato, de Setsou, de Kii, voisines de Kioto. La rébellion n'avait pas de but bien défini ; un Mikado homme d'action aurait pu se mettre à sa tête ; Godaïgo-Tennô méditait encore dans le palais. Les chefs du Rokouhara levèrent les contingents fidèles du Gokinaï ; leur armée écrasa successivement les trois chefs de la révolte. L'honneur de la victoire, dans les trois expéditions, revint à Ksounoki-Masa-signé, un Djôsiou de la province de Kawatii, qui avait déjà acquis auparavant une célébrité militaire dans une longue guerre privée contre un temple puissant.

Ksounoki-Masasigné, *nigneguio* de Oyé-Tioubéé.
(Gravé par Oyé-Tioubéé).

Deux années encore, Godaïgo-Tennô resta hésitant et perplexe, et, pendant ce temps, le Japon en paix ne s'occupa que des prédications religieuses de Guénekeï et de la doctrine philosophique de Taïsiou, qui étaient les nouveautés du moment. Enfin, en 1324, le Mikado prit la résolution de faire appel aux armes et songea aux moyens de s'assurer une armée. Il fit venir secrètement quelques samouraïs, dans des audiences privées, que le cérémonial permettait, et les trouva bien disposés ; il réunit alors un conseil de Kougnés auxquels il fit part de ses projets belliqueux. Les Kougnés convenaient peu à de telles entreprises ; grisés par les perspectives de guerre, les rêves d'ambition, et aussi, dit-on, par le saké, ils perdirent toute retenue ; le secret du conseil fut connu au Rokouhara. Aussitôt le Bakoufou fit mettre à mort les deux Kougnés les plus dangereux, et envoya comme otages à Kamakoura les deux plus compromis. Takatoki voulut déposer le Mikado ; ce dernier, pour l'apaiser, dut écrire une humble lettre d'excuses.

Godaïgo-Tennô n'était pas de ceux qu'un échec décourage ; mais la leçon de 1323, qui ne le corrigea pas d'ailleurs de sa confiance dans les courtisans, lui apprit du moins à dissimuler ses projets. Pendant deux années, le palais reprit son allure habituelle, et l'histoire n'y mentionne que l'hommage au Mikado d'un nouveau recueil de poésies par un autre Foudziwara. Un conflit de pouvoir éclata ensuite à l'improviste, au sujet de la désignation du Kôtaïsi. Godaïgo refusait absolument d'accepter l'ordre successoral de 1301 ; le Bakoufou lui avait imposé pour Kôtaïsi, contre son gré, un fils de Gonijô-Tennô, qui vint à mourir en 1326 ; cette fois, il revendiqua le droit antique des Mikados, et désigna, non pas son fils aîné Takanaḡa [1], qu'il avait voulu choisir la première fois, mais un fils plus jeune, Morinaḡa qu'il avait eu de Minamoto-No-Tiikako, l'une des Kisakis, et qui annonçait toutes les vertus guerrières de ses ancêtres maternels. Le Bakoufou ne s'arrêtait pas à discuter les ques-

---

1. J'adopte, pour les noms des princes, la prononciation et l'orthographe phonétique en usage. Le caractère *naḡa* peut d'ailleurs se prononcer *yosi* ; il est probable que les noms véritables, au temps des princes, ont été Takayosi, Mori-yosi, etc.

tions de droit avec le Tiiôtéï ; il proclama Kôtaïsi, un autre fils de Gonijô nommé Kadzou-Hito, le futur Kôḡon-Tennô, et fit entendre des paroles menaçantes. Godaïḡo et Morinaḡa simulèrent une soumission complète. Morinaḡa se fit raser la tête, ce qui semblait significatif, car le Kôtaïsi, comme le Mikado, portait une longue chevelure que le fer ne touchait jamais ; il s'adonna en apparence à la vie religieuse, et parvint à la plus haute dignité des bonzeries. Enfermé au temple de Einriakoudzi à Eïzan, qui était une excellente école militaire, Morinaḡa s'appliqua, en réalité, à l'exercice des armes et à l'étude de la guerre ; il se prépara surtout de solides alliances dans les bonzeries, pour le jour où il reparaîtrait en prince sur la scène politique. Personne d'ailleurs ne se trompa sur la vocation religieuse de Morinaḡa ; jamais on ne le désigna sous son nom ecclésiastique de Son-Oun, qui signifie respectable nuage ; on continua à l'appeler le prince d'Oto, ou Oto-no-mya, du nom du village de Oto, ou plutôt Daïto[1], où il avait été élevé.

Cependant Takatoki, depuis longtemps odieux, se couvrait maintenant de ridicule. Il ne vivait plus qu'entouré d'histrions, de musiciens ou de jongleurs. Il fit un jour réunir des milliers de chiens pour les faire battre entre eux Ses folies étaient ruineuses. Le peuple, grevé d'impôts, murmurait hautement. Les teinḡous, émissaires habituels des rancunes populaires, harcelèrent souvent le Sïkkéin ; mais il était incapable de comprendre cet avertissement du ciel. Le grand tremblement de terre, qui survint alors, en 1331, et auquel le Fouzi-san doit la bosse qui altère sa régularité, fut regardé comme le signe le plus manifeste de la colère divine.

Le Mikado, à qui revenait le soin d'apaiser par ses prières ses ancêtres célestes, leur demanda, en même temps,

1. C'est un exemple de plus de la difficulté de connaître les noms propres anciens, conservés en caractères idéographiques qui ont plusieurs prononciations. Les Japonais hésitent sur beaucoup de noms historiques.

leur appui sur terre, contre le régent qui gouvernait si mal en son nom. Il alla aussi dans les temples bouddhiques d'Eïzan et de Nara et y reçut des bonzes la promesse d'un

Takatoki persécuté par les *Teingou*. (Dessin de Hokoûsaï, signé *Gouakio-rôzigne*).

appui matériel. Enfin, il fit venir de Nara les bonzes Egnekan et Bounekan, et leur fit réciter des prières dans le palais pour la mort de Takatoki et la chute du Bakoufou. Le Rokouhara avait de bons espions autour du Mikado ; les deux bonzes furent emprisonnés ; les deux Kougnés tenus en exil et gardés comme otages depuis 1324 furent mis à mort ; l'un d'eux, Tosimoto, est le père de la Béne-no-Naïsi, dont nous raconterons plus tard la touchante histoire. En même temps le Bakoufou, se sentant menacé par l'intervention possible des puissantes bonzeries, dirigea sur Kioto un corps de trois mille cavaliers.

Début de la guerre du Mikado contre le régent.

A l'approche de l'armée qui va remettre le palais à la discrétion du Rokouhara, au commencement d'août 1334, Morinaḡa accourt de l'Eïzan et décide son père à la fuite. Le Mikado s'échappe secrètement, dans une voiture de dame du palais, emportant les *Signekis* et emmenant quelques Kougnés, parmi lesquels le sage et fidèle Foudziwara-Foudzifousa, ancêtre des Madénokotii. En même temps, un autre Kougné, revêtu du costume impérial, sort ostensiblement du palais avec le prince Morinaḡa et son escorte, et prend la route de l'Eïzan.

Les troupes du Rokouhara, trompées par le stratagème du prince, allèrent, avec l'armée venue de Kamakoura, attaquer les temples de l'Eïzan. Morinaḡa était sur ses gardes ; il avait réuni toutes les forces des bonzeries, et, à leur tête, il repoussa les assaillants en leur infligeant de grandes pertes ; il déposa ensuite l'habit de bonze, et, quittant son temple sous le casque d'un guerrier, il alla tenir la campagne du côté de Kioto, en soulevant toute la contrée.

Libre de ses mouvements, Godaïgo-Tennô s'arrêta d'abord sur le Sioubouzan, puis sur le mont Kasagni, d'où il appela aux armes les samouraïs du pays. Ceux-ci, encouragés par les nouvelles qui arrivaient d'Eïzan, accoururent en grand nombre. On avait une armée, mais il y manquait le général ; aucun Daïmio, aucun guerrier de marque, n'avait répondu à l'appel du Mikado. Foudzifousa indiqua Ksounoki-Masasigné, comme le meilleur chef militaire auquel le Mikado pût confier le salut de sa cause.

Masasigné est, au Japon, un héros national, type accompli du loyal serviteur et du parfait guerrier. Son éducation première et toute sa jeunesse l'avaient préparé à la guerre où il allait tenir le premier rôle.

La famille Ksounoki. Jeunesse de Masasigné.

On a fait remonter la généalogie des Ksounoki à l'antique famille des Tatiibana, issue de Bidats-Tennô et tombée dans la disgrâce et dans l'obscurité ; Moroé, chef des Tatiibana, porta, en effet, le premier, pour *mon*, le Kikousoui, ou chrysantème à demi noyé qui fut plus tard le *mon* des Ksounoki. Quoi qu'il en soit de cette illustre descendance, les proches ancêtres de Masasigné étaient de simples gôsis ; ce fut même sans doute l'obscurité de cette origine immédiate et bien prouvée, qui empêcha le héros de parvenir à un grade militaire supérieur à celui de *hangan*, alors que des Minamoto, comme les Asikaḡa et les Nitta, obtinrent du Mikado des dignités plus hautes pour des services moins éclatants. Les gentilshommes laboureurs de Ksounoki avaient prospéré au pied du Kongôzan, et avaient peu à peu occupé le sud de la province de Kawatii. Du côté du nord, ils s'étaient heurtés à la bonzerie de Yao, avec laquelle ils étaient en guerre continuelle au sujet d'un territoire contesté qui aurait doublé leur revenu ; les guerres privées entre voisins étaient l'état habituel du Japon en temps de paix.

Masasigné fut annoncé avant sa naissance comme un grand guerrier par les rêves merveilleux de sa mère. Son père Masadzoumi lui donna une éducation très soignée. A l'âge de huit ans, il fut envoyé au temple de Hinozan en

Yamato; là il donna de suites les plus belles espérances, se montrant aussi ponctuel dans l'accomplissement des devoirs de politesse et de piété filiale qu'appliqué à l'étude des caractères chinois et adroit dans le maniement des armes. Rentré à l'âge de quinze ans au yaski paternel, il obtint d'un Oyé établi à Kaḡada en Kawatii, la permission de lire trente volumes de stratégie chinoise achetés, vers l'an 897, à un empereur de Chine, par Oyé-no-Korétoki, ancêtre de tous les Oyé et des Mori de Naḡato, au prix de 30,000 taëls de poudre d'or; il pénétra ainsi les précieux secrets de l'art militaire chinois. Déjà, la bonzerie s'inquiétait de ce jeune voisin; son chef Kégneko, le Yao-no-betto, voulut se débarrasser du lionceau qui grandissait; il lui fit tendre une embuscade par cinquante brigands dans le bois qu'il traversait de nuit en revenant de Kaḡada. Le jeune homme, favorisé par les ténèbres, mit les brigands en déroute et échappa sain et sauf. Ainsi, ses preuves de bravoure étaient faites le jour de son *guême-pkou*, cérémonie dans laquelle un samouraï se faisait raser le front, endossait sa première armure, quittait son nom d'enfant, prenait son nom d'homme où entrait un caractère du nom de son parrain d'armes, et devenait ainsi un guerrier. L'enfant s'était appelé Tamo-Maro; le guerrier fut Masasigné.

Masasigné eut toute sa jeunesse remplie par la guerre contre les bonzes de Yao, au cours de laquelle son père fut emporté par une maladie. Le biographe a religieusement retracé le détail de ses premières campagnes, où il déploya toutes les qualités que nous retrouverons plus tard sur un théâtre plus vaste. Il y eut des embuscades, des sièges, des surprises de siro, des attaques vigoureuses et des retraites habiles, puis enfin un trait de magnanimité. Masasigné, ayant fait prisonnier le frère du Betto de Yao dans sa dernière victoire, le renvoya libre et chargé de présents. Ce fut la fin des hostilités, mais non encore la réconciliation entre le téra d'Yao et le yaski d'Akasaka.

Pendant la paix qui suivit, Masasigné, dont le revenu atteignait maintenant 3700 kans de ligatures, entretint avec soin sa petite armée, exerçant ses soldats et initiant ses lieutenants aux règles de la tactique. Ses guerres contre Yao n'avaient remué que des centaines d'hommes ; les trois expéditions de 1322, dont nous avons parlé, lui apprirent à manier plusieurs milliers de cavaliers. La campagne de Kii fut rude. Le chef des rebelles, Yasouta, était un guerrier habile, entouré de kéraïs très vaillants, dont l'un Takékouma-Foudzisiro s'illustra en tuant d'un seul coup de sabre les deux frères Tatsouta. Masasigné, qui conduisait les contingents des trois provinces de Yamato, Kawatii et Idzoumi, remporta une victoire complète. Yasouta s'ouvrit le ventre ; ses domaines furent donnés au vainqueur par le Bakoufou. En 1331, Masasigné possédait un territoire compact, de 7500 kans de revenu, au milieu duquel la montagne du Kongôzan lui offrait d'inexpugnables retraites. Il pouvait lever un millier de cavaliers dévoués et fidèles. Son frère Ksounoki-Stiro, son cousin Wada-Masatô, ses kéraïs Onnti-Sakon et Sikki-no-Yotaro, formés à ses leçons, étaient des guerriers consommés. Jamais Foudzifousa ne donna plus sage avis que le jour où il proposa le choix de Masasigné, au Mikado réfugié sur le sommet du Kasagni-san.

L'étiquette du palais ne permettait pas que le Mikado envoyât simplement demander à un sujet de lui venir en aide. Un biais ingénieux fut imaginé. Le lendemain du jour où il avait pris conseil de Foudzifousa, Godaïgo-Tennô, rassemblant ses compagnons, leur raconta qu'il avait vu en rêve un grand arbre dont les branches s'étendaient du côté du sud, et que deux divinités lui avaient ordonné de s'abriter sous ses branches. Foudzifousa déclara aussitôt que cette intervention des dieux était du meilleur augure, et l'assemblée s'écria que l'arbre était un camphrier représentant Masasigné. En effet, le mot ksounoki signifie camphrier et s'écrit avec les deux caractères sud, arbre. Aussitôt, un messager fut dépêché à Akasaka pour exposer le songe du Mikado et l'avis unanime du conseil. Masasigné comprit, accourut et se donna pour la vie.

Dans les paroles prononcées par Masasigné sur le Kasagnisan, d'après son biographe, il est intéressant de démêler, au milieu des circonlocutions de rigueur, les sentiments de l'illustre guerrier. Il a, de l'autorité morale du Mikado, une idée si haute que, selon lui, aucune force au Japon ne peut prévaloir contre le souverain sachant choisir l'occasion favorable pour lancer une sentence de disgrâce. A la guerre, il redoute peu le nombre des soldats; l'habileté du chef a bien plus d'importance à ses yeux. Il ne se méprend pas d'ailleurs sur la puissance du Bakoufou. Il prie le Mikado de ne jamais désespérer, quels que soient les événements, tant que lui, Masasigné, sera en vie.

Masasigné aurait eu sans doute peu de goût pour commander à la foule confuse qu'il avait rencontrée sur le mont Kasagni. Il se hâta de regagner Akasaka et prépara la guerre dans ses propres montagnes.

Takatoki proclama la déchéance de Godaïgo et l'avènement de Kôgon-Tennô; à Kioto, le Dziokô Hanazono déclara que le nouveau Mikado était bien son légitime successeur. On sentait, au Bakoufou, que l'entrée en lice de Masasigné promettait une guerre sérieuse; les préparatifs furent poussés avec vigueur. Les deux chefs du Rokouhara en particulier, deux Hôjô énergiques, Tokimasou et Nakatoki, ne perdirent pas de temps pour agir.

Les événements qui vont se précipiter de tous côtés forment trois séries bien distinctes, accomplies sur trois théâtres différents. Nous ferons d'abord le récit complet des aventures de Godaïgo, ensuite celui des opérations militaires du prince Morinaga, enfin celui de la mémorable campagne de Masasigné.

Echec du Mikado, son exil.

Dès que le lieu de retraite du Mikado fut connu à Kioto, les troupes du Rokouhara allèrent l'attaquer. La bataille ne fut pas longue. Quelques hommes résolus soutinrent vaillamment le premier choc, pour laisser à Godaïgo-Tennô le temps de s'échapper; la masse des défenseurs de la montagne se dispersa. Le Mikado erra pendant plusieurs jours avec Foudzifousa comme seul compagnon ; il se cachait le jour, avançait la nuit dans la direction d'Akasaka, n'osait se confier à personne et souffrait parfois de la faim. Il conservait d'ailleurs toute sa sérénité; voyant pleurer Foudzifousa, il composa, pour le consoler, un outa plaisant, signifiant à volonté : « Depuis que j'ai quitté l'Akagni-san, rien « ne m'abrite plus sous le ciel », — ou bien : « Depuis que « j'ai perdu mon parapluie, rien ne me protège plus de « l'ondée [1]. » Le Kougné répondit par une poésie non moins ingénieuse, où l'on trouve à volonté une allusion à ses larmes ou aux gouttes de rosée [2]. Puis, comme les deux fugitifs étaient moins habiles à courir les bois qu'à composer des outas, ils furent pris par un parti de soldats ennemis. Godaïgo fut amené à Oudzi et enfermé provisoirement dans le temple de Biôdô-igne.

Cette arrestation du Mikado eut un grand retentissement. Plusieurs provinces commençaient à s'agiter; le mouvement s'arrêta. En Bignego (Bingo), Sakouréyama-Korétoki, qui s'était déjà prononcé et commençait à se fortifier à Itii-nomya, s'ouvrit le ventre; le suicide n'était pas seulement, en pareil cas, un acte de désespoir; c'était le moyen convenu d'apaiser le gouvernement et de sauver sa famille.

---

1. Voir note II, 32°.
2. Voir note II, 33°.

Godaïgo-Tennô montrait surtout dans l'infortune la solidité de son caractère. Sa fière contenance déconcerta les vainqueurs. Osaragni-Sadanao, à la tête de l'armée qui venait de Kamakoura pour combattre Masasigné, passa à Oudzi dans tout l'appareil de la force, et vint prier le Mikado de se rendre à Kioto pour y être enfermé au Rokouhara. Godaïgo ne consentit à partir qu'avec tout le cérémonial du souverain en voyage. Arrivé à Kioto à petites étapes, il continua à agir en Mikado, faisant chaque matin la prière aux ancêtres et gardant sa chevelure. Il refusa de faire connaître où étaient cachés les *Signeki*. Au commencement de 1332, le gouvernement de Kamakoura, qui s'irritait, voulut le contraindre à se faire raser la tête, ou, selon la formule consacrée, lui offrit une robe de bonze. Godaïgo répondit par un refus formel; contraint sur la question des signekis, il fit remettre à Kôḡon-Tennô de faux emblèmes, fabriqués pour la circonstance.

Le Mikado fut exilé en 1332 dans l'île de Oki. Ses fils furent dispersés dans diverses provinces pour y être gardés comme otages; ils étaient nombreux; l'histoire en connaît seize; on en trouve cinq au moins prisonniers en ce moment, Takánaḡa, l'aîné de tous, Tsounénaḡa, futur Kôtaïsi, qui fut confié en Tazima à la garde de Ota-Morinobou, Mounénaḡa, alors bonze sous le nom de Sontsiô et destiné plus tard à un rôle militaire, Seïdjohô et Kôdjô, véritablement bonzes; ce dernier relégué en Etsiou, fut le seul qui paya de sa vie, en février 1333, le triomphe de son père.

L'attitude de Godaïgo-Tennô encourageait les résistances et éveillait les dévouements. A Kioto même, le bonze Riôtiou, kéraï de Morinaḡa, faillit enlever le Mikado prisonnier. Pendant son voyage vers Oki-sima, à la fin de 1332, comme il devait traverser le Bizéin, les Kozima, seigneurs de cette province, au dire de l'auteur un peu romanesque du *Nankoki*, se préparèrent à le délivrer par la force. Le cortège averti changea de route. Alors Kozima-Takanori traversa tout le pays à sa recherche, le rejoignit après trois jours de course et pénétra de nuit dans le campement; de la pointe de son sabre il grava, sur l'écorce d'un cerisier, en

Kozima-Takanori gravant une poésie sur l'écorce d'un cerisier.
En réalité l'inscription de la gravure donne seulement sa date, avec la signature et l'âge de 76 ans de l'artiste.
(Dessin de Hokoūsaï, signé *Gouakio-rôzigne*.)

caractères savants que le Mikado seul sut lire le lendemain, l'allusion suivante à un épisode de l'histoire de Chine : « Si

« le ciel n'avait pas voulu le salut de Kozéin, il n'aurait pas
« suscité son libérateur Hanréï [1]. »

La critique moderne aurait tort de s'attacher à dépouiller
l'histoire déjà si pâle des temps anciens, des légendes impro-
visées qui lui conservent un peu de couleur; elle trouvera
plus utilement à s'exercer sur l'histoire des trois derniers
siècles, en s'attachant à lui donner à la fois son exactitude
matérielle et sa physionomie véritable. L'épisode de l'inscription de Takanori peint bien son époque ; il a inspiré maint
artiste depuis le jour où la fidélité au Mikado est redevenue
une vertu ; il a orné l'armure des combattants de 1868 ; il
avait ainsi sa place marquée dans notre récit, bien que la
tombe d'aucun membre de la loyale famille des Kozima ou
Bignego-Samouro n'ait jamais pu être retrouvée.

Godaïgo fut débarqué en Oki-sima dans les premiers jours
de 1333. Il y fut enfermé dans un temple voisin du petit
port de Tiibouri, sous la garde de Sasaki-Kyôtaka. Son exil
ne devait durer que soixante-dix jours.

Campagne du prince Morinaḡa.

Le prince Morinaḡa, dès qu'il avait pu réunir quelques
partisans, avait couru rejoindre son père sur le Kasagni-san
et s'était heurté à l'armée du Rokouhara, déjà maîtresse de
la montagne. Sa petite troupe fut dispersée ; il s'enfuit à
toutes jambes et parvint au temple de Hangadzi à Nara. Là,
serré de près, sans moyens de défense, il songea un instant
à s'ôter la vie, puis avisant trois grands coffres remplis de
livres religieux, il se cacha au fond de l'un d'eux et échappa
aux recherches. Sorti de sa cachette, il se rendit en Yamato
et y fut rejoint par plusieurs partisans, dont un Akamats, fils
du Daïmio de ce nom, en Harima. Il souleva le pays au nom

---

1. « *Téin Kozéin wo mounasiou sourou nasi, toki ni Hanréï naki ni
aradzou.* »

du Mikado, enrôlant samouraïs, bonzes, paysans, sans trop de scrupules même à l'égard des simples brigands ; il s'établit dans le Yosino, district montueux du Yamato et fortifia rapidement un siro. Les armées de Kamakoura inondèrent bientôt le pays. Pendant toute l'année 1332, le siro du Yosino repoussa les attaques ; il fut pris d'assaut au commencement de 1333. Le prince s'échappa, au milieu des flammes, grâce au dévouement de son kéraï Mourakami, qui, endossant son armure, se fit tuer à sa place.

Morinaḡa fugitif trouva un asile sûr dans le célèbre sanctuaire du Koya-san, et, jusqu'à la chute de Takatoki, il tint campagne avec une énergie indomptable. Il n'avait plus d'armée pour jouer un rôle militaire, mais il appuyait Masasigné de son prestige, encourageait les espérances, préparait les soulèvements, et restait l'âme du parti, en même temps que la représentation vivante et active de sa légitimité.

Victoires répétées de Masasigné.

Le Bakoufou assez dédaigneux des armées de Godaïgo et même de Morinaḡa, s'inquiétait fort de Masasigné. Pour la campagne à entreprendre dans le Kongôzan, Tokatoki convoqua à Kamakoura un grand conseil où se rendirent soixante-trois seigneurs, tant Chômios que Daïmios, qui tous promirent leur contingent. L'armée compta 27,800 cavaliers, au dire des historiens, et quitta Kamakoura au commencement d'août 1331, sous le commandement d'Osaragni-Sadanao ; elle apprit en Owari la victoire du Kasagnisan, vit à Oudzi le Mikado prisonnier, et, pleine d'ardeur, marcha sur Akasaka.

Masasigné était prêt. Il avait travaillé nuit et jour à un siro carré, de deux cents mètres seulement de côté, tracé dans la montagne, au-dessus de son yaski abandonné. Le temps lui manquant pour établir une forte enceinte, il s'était hâté d'élever les yaḡouras, ou tours de flanquement, autrefois simples caisses carrées en bois élevées sur des poteaux. Ces légers bâtiments, au nombre de trente-trois, reçurent plusieurs étages et furent percés de nombreuses meurtrières. Enfin il avait levé cinq cents cavaliers, tous soldats d'élite ; il en prit deux cents, choisis parmi les meilleurs archers, pour défendre le siro ; il posta les trois cents autres au sommet d'une montagne boisée du voisinage, sous les ordres de Wada et de Stiro.

Arrivés en vue d'Akasaka, les soldats de Kamakoura, sans faire halte, se disputent l'honneur d'enlever à l'escalade une simple palissade dépourvue de fossé. Leur attaque désordonnée les livre aux coups assurés des archers et ils couvrent de leurs cadavres les approches des yaḡouras, sans même atteindre jusqu'à l'enceinte. Les généraux ramènent leurs hommes en arrière et disposent le campement ; Stiro, aux aguets, fait une attaque soudaine au moment où l'on venait de déposer les armures et de déharnacher les chevaux ; Masasiḡné fait une sortie ; l'armée de Kamakoura perd beaucoup de monde et recule jusqu'à l'Isi-ḡawa.

Les jours suivants, les assauts réguliers n'eurent pas un meilleur résultat que la première attaque. La muraille était revêtue à l'extérieur d'un grillage en madriers, suspendu par des cordes que les défenseurs coupaient au moment où il était couvert d'assaillants ; une avalanche de pierres et de troncs d'arbres roulait alors du siro. Une autre fois, les premiers rangs, qui s'étaient munis de perches à crocs appelées pattes d'ours, pour saisir la véritable palissade et la renverser, furent arrosés d'eau bouillante. Toujours au moment décisif, les archers des yaḡouras redoublaient leur tir meurtrier. Sadanao reconnut qu'à des attaques de vive force, il userait inutilement son armée ; rien ne pressait ; le soulèvement du pays était arrêté ; le prince Morinaḡa était resserré dans le Yosino ; le siège d'Akasaka fut transformé en blocus.

Masasiḡné n'avait pas de grands approvisionnements ; le

moment vint où il n'eut plus que cinq jours de vivres. S'échapper de nuit, en se dispersant, n'était point impossible ; encore fallait-il éviter la poursuite. Masasigné réunit ses guerriers et leur fit connaître la famine prochaine. Il ne leur proposait point, leur dit-il, le *harakiri* de circonstance, parce que cela eût peu servi la cause sacrée à laquelle ils s'étaient dévoués ; il s'agissait seulement de se faire passer pour morts, afin de se préparer sans obstacle à de nouvelles entreprises. La proposition fut universellement agréée, car, même au Japon, on fait *harakiri* par devoir, mais non pas par plaisir. On se mit à l'ouvrage avec ardeur. Un vaste bûcher fut dressé, tout semé de cadavres d'ennemis, puis, la nuit, grâce à la position du siro et à la connaissance des lieux, tout le monde s'échappa en se glissant entre les postes des assiégeants. En arrière, était resté un soldat, bon comédien, qui mit le feu au bûcher quand on fut en sûreté. A la vue des flammes, l'armée de Kamakoura accourut et pénétra dans le siro. Le soldat, au milieu des lamentations de circonstance, raconta comment il venait de voir mourir son chef Masasigné et les principaux kéraïs, tandis que le commun des guerriers s'était enfui et dispersé. La scène était trop naturelle pour soulever des doutes ; on laissa même aller le pleureur qui put rejoindre ses compagnons. Osaragni crut sa victoire complète et se retira avec son armée, laissant une petite garnison dans le siro d'Akasaka.

Masasigné et tous ses hommes se retrouvèrent au rendez-vous fixé. Masasigné seul avait été légèrement blessé au bras d'une flèche lancée dans l'obscurité ; il récompensa par le don d'un sabre le serviteur dévoué qui avait mis le feu au bûcher, renvoya chez eux la plupart de ses guerriers, et avec une troupe assez peu nombreuse pour se cacher facilement et trouver partout à vivre, il s'éleva dans le Kongôzan, pour attendre les événements.

Les premières nouvelles vinrent du Yosino, où le prince Morinaga tenait, et pour plusieurs mois encore, l'ennemi

Montreur de singes, netské.
(Coll. de M. Bertin).

en échec. Rien n'était désespéré. Masasigné rappela ses soldats et vint rôder autour d'Akasaka. Onnti-Sakon s'introduisit dans le siro, déguisé en montreur de singes, et en rapporta une précieuse information : la garnison, qui attendait ses vivres, allait sortir, en grande partie, allant au-devant du convoi. Masasigné, divisant son monde, envoya Onnti-Sakon et Wada surprendre et enlever le convoi à Kii-no-misaki. Avec le reste de ses soldats déguisés en porteurs de riz, il forma un faux convoi qui fut accueilli sans défiance dans le château; les armes furent tirées des ballots, et le siro se trouva repris. Le commandant fut gardé prisonnier; mais la garnison jugea que le *kôsan*, c'est-à-dire la soumission au vainqueur en passant à son service, n'était pas un opprobre quand il s'agissait d'accepter un chef tel que Masasigné, et elle s'enrôla sous la bannière des Ksounoki. On était arrivé au mois d'avril 1332. Après six mois de lutte acharnée, Masasigné se retrouvait dans sa première situation, avec deux cents cavaliers de renfort.

La réapparition de Masasigné après l'annonce de sa mort, succédant aux premières victoires d'Akasaka, acheva d'émerveiller tous les samouraïs. Aux adhésions qui lui vinrent, Masasigné sentit qu'il pourrait bientôt être maître des deux provinces de Kawatii et d'Idzoumi; il fallait seulement qu'à la limite de son propre domaine, il désarmât l'hostilité de la bonzerie de Yao. La besogne était déjà plus qu'à moitié faite, car Masasigné avait profité de ce qu'on le croyait mort, pour attirer la bonzerie dans le parti légitime; à son instigation, le prince Morinaga, haut dignitaire, précisément de la secte bouddhique à laquelle appartenait le temple de Yao, avait donné au betto Kégnekô un avancement dans l'ordre religieux, et lui avait demandé son alliance politique. Le piquant de l'histoire est que Masasigné, se substituant au prince, écrivait lui-même les lettres pour exposer à Kégnekô que rien ne l'empêchait de devenir le chef du parti dans le Kawatii, puisqu'on n'avait aucune nouvelle de son adversaire Masasigné. Kégnekô n'avait pas repoussé ces avances et se trouvait compromis. Rentré dans Akasaka, Masasigné alla trouver lui-même Kégnekô, le désarma par sa confiance et sa loyauté et scella une réconciliation complète ; plus tard, il aimait à lui raconter les subterfuges dont il s'était servi, et le bonze applaudissait de bon cœur.

Dans l'été de 1332, Masasigné, renforcé du contingent de Yao et des guerriers accourus du Kawatii, de l'Idzoumi et du Setzou, se trouva en état de tenir la plaine en face de l'armée du Rokouhara. Les adversaires s'observèrent quelque temps sur les deux rives du Yodo-gawa, qui, dans les vieux récits, s'appelle la rivière de Watanabé. L'armée du Bakoufou perdit patience la première et passa la rivière, partie à gué et partie sur un pont. Masasigné, qui disposait réellement de trois mille cavaliers, avait dissimulé sa force ; il laissa une embuscade à Smiyosi, tout près du pont, et établit le gros de son armée à Tennodzi, près d'Ozaka qui était alors un village. Il s'avança ensuite au-devant de l'ennemi, qu'il attira à Tennodzi en reculant devant lui ; là on combattit avec fureur ; dans la mêlée Masasigné changea sept fois de cheval. L'armée du Rokouhara recula en désordre ; serrée de près dans sa retraite, elle alla tomber dans l'embuscade de Smiyosis et fut taillée en pièces. Beaucoup de fuyards se noyèrent dans la rivière. Les généraux vaincus se nommaient Takahasi, c'est-à-dire grand pont, et Soumida, c'est-à-dire rizière ; de là, l'épigramme composée à Kioto : « La rivière de Watanabé a renversé le grand pont et noyé la rizière. »

La défaite de Tennodzi exaspéra le Bakoufou, qui se vengea sur les Kougnés prisonniers, dont plusieurs furent exilés et dont cinq, parmi les plus ouvertement fidèles au Mikado, furent mis à mort. Outsounomya-Kinetsouna[1] le plus célèbre des guerriers de Kamakoura, fut envoyé arrêter les progrès de Masasigné. Kinetsouna ne fit que traverser Kioto, courut aux camps, choisit un à un les cinq cents meilleurs soldats de l'armée et ne voulut pas d'autres forces pour entrer en campagne. Masasigné ne trouva aucun avantage à risquer une nouvelle bataille dans ces conditions; contenant l'impatience de Wada, il évacua sa position de Tennodzi, et recula devant Kinetsouna en le harcelant de tous côtés; les bonzes de Yao s'associèrent activement à cette guérilla. Kinetsouna se retira bientôt avec sa petite troupe harassée de fatigue, sans avoir rien pu faire, et Masasigné réoccupa Tennodzi.

La saison favorable aux grandes opérations approchant avec la fin de l'année, on se prépara, de part et d'autre, à une lutte décisive.

Le Bakoufou ne se contenta plus de faire appel à ses partisans; il leva le ban et l'arrière-ban des provinces. Jamais le Japon n'avait vu tant d'hommes en mouvement.

Il faut se défier de l'exagération des historiens japonais jaloux de trouver dans leur pays l'équivalent des hordes chinoises. Au Japon, les armées n'ont jamais été nombreuses, parce que les samouraïs les ont toujours à peu près exclusivement composées. D'ailleurs, de grandes armées ne pourraient ni se mouvoir, ni se déployer pour combattre, dans un pays de montagnes abruptes et de rizières impraticables. On peut supposer que chaque soldat amenait avec lui quatre porteurs, pour son bagage et sa provision d'*osonaï*. Dans ces conditions, il est possible que les chiffres de cent mille hommes en tout, indiqués pour les armées qui se rencontrèrent en l'an 1600 à Sékigabara, soient exacts; mais ils n'ont certainement jamais été atteints

Bousi brisant l'*Osonaï*, netské de Guiokoumigue. (Coll. de M. Bertin).

---

1. Prononcez Kine-tsouna.

dans les temps anciens. On peut admettre, au plus, que l'armée de 1332 se soit élevée à dix ou quinze mille combattants, et on reste ainsi très loin du million d'hommes indiqué par les textes officiels.

Masasigné, qui ne pouvait guère réunir que le cinquième des forces de ses adversaires, retourna dans sa montagne pour s'y retrancher. Il compléta d'abord les défenses d'Akasaka, dont il confia la garde à un neveu du bonze Kégnekô, nommé Hirano-Chôgnéin, en lui laissant un bon approvisionnement de vivres et lui recommandant de creuser des puits assez profonds pour que les assiégeants ne pussent pas couper la nappe d'eau. Remontant ensuite la haute vallée du Tôdzio-gawa, Masasigné éleva un nouveau siro en rapport avec ses forces actuelles. Deux mamelons escarpés couronnaient un contrefort isolé, sur la droite du sentier qui s'élève vers le sommet du Kongôzan ; Masasigné les réunit dans l'intérieur d'une enceinte qui s'étendit sur un quart de lieue environ dans le sens de la grande longueur. On y trouvait cinq puits inépuisables ; de plus, des réservoirs furent disposés pour recevoir l'eau des toits. De vastes magasins furent remplis de vivres. Un atelier de forgerons fut établi pour bien fournir de pointes de flèches tous les archers. Masasigné surveilla chaque détail par lui-même et travailla nuit et jour. Le siro de Tiiwaya fut prêt avant l'arrivée de l'ennemi.

Les remparts ne valent que par la confiance de ceux qui les défendent. Masasigné, redoutant les fatigues d'un long siège, tint à prémunir ses hommes contre tout danger de découragement. Il eut soin d'abord de se rendre favorables les dieux de Smiyosi et de Tennodzi par de riches présents de chevaux, d'armes et d'équipements de guerre faits aux bonzes. Le temple de Tennodzi gardait, comme un dépôt sacré, les livres de prophéties écrits au commencement du viie siècle par son fondateur, le prince Mmayadô, le célèbre Chôtokou-Taïsi à l'histoire miraculeuse. De connivence avec le grand bonze, Masasigné ajouta un rouleau de sa fabrication, et vint ensuite avec ses principaux kéraïs consulter l'oracle. Les visiteurs furent introduits dans le *honndô*, et on déroula le nouveau makimono qui était celui se rapportant à l'époque actuelle. La lecture du livre prophétique, faite à haute voix par Wada, fut saisissante : il était dit expressément que, sous le quatre-vingt-seizième Mikado, le pays serait bouleversé par un gros poisson venu de l'ouest, qui engloutirait la mer ; le soleil resterait couché pendant soixante-dix jours, après quoi un grand oiseau, arrivant du sud, dévorerait le poisson. Cela montrait bien clairement que Masasigné triompherait de Takatoki, et, de plus, que le Mikado ne subirait que soixante-dix jours d'exil. Sur ce dernier point, il est probable que les historiens ont un peu ajouté eux-mêmes au rouleau de Masasigné, comme ils ont fait, du reste, en continuant la prophétie par l'histoire des Asikaga, auxquels personne ne songeait à la fin de 1332. L'impression faite par la prophétie était profonde ; les défenseurs du siro de Tiiwaya étaient aussi bien préparés que ses murailles.

L'armée du Bakoufou s'avança, commandée par le favori Nagasaki-Takasouké, qui s'était orné pour la circonstance du titre d'Inspecteur-général des guerres, mais qui avait de bons lieutenants. Elle traversa le Yosino, où les troupes de Morinaga furent écrasées et son siro enlevé d'assaut, et elle vint s'établir devant Akasaka. Une tranchée fut creusée, qui coupa l'eau des puits ; la précaution recommandée par Masasigné n'avait pas été prise ; après treize jours de siège et des assauts bravement repoussés, les défenseurs furent obligés de se rendre. Masasigné, qui comptait manœuvrer entre ses deux forteresses, fut violemment irrité. Il se vengea de la maladresse commise, en écrivant une faussse lettre du gouverneur l'informant qu'il se faisait prendre pour espionner l'ennemi, et en la faisant tomber aux mains du Bakoufou. Hirano fut mis à mort. Ceci est cité comme un simple trait d'habileté.

Défense d'un *Siro*.

Toute la guerre maintenant était concentrée dans l'attaque et la défense de Tiiwaya-djô. Masasigné s'était enfermé dans le siro avec huit cent soixante-huit hommes. Il avait caché dans les forêts voisines Stiro, Wada, Onnti-Sakon avec le reste de ses forces, mille cavaliers environ, et il sut se tenir en communication constante avec eux.

Le siège s'ouvrit par un violent assaut, dans lequel, sous les flèches des yagouras, les pierres, les poutres qui roulaient du haut des murailles, l'armée du Bakoufou perdit tant de monde qu'il fallut trois jours, à huit écrivains travaillant nuit et jour, pour dresser la liste des morts.

On essaya du moyen qui avait réussi à Akasaka en ouvrant une profonde tranchée, et quand on crut les puits taris, on disposa une embuscade pour surprendre ceux qui viendraient la nuit puiser de l'eau à la petite rivière de Tiiwaya. L'eau ne manquait pas au siro; l'embuscade fut éventée, se morfondit quelque temps, puis, une belle nuit, fut elle-même surprise et massacrée. Le lendemain, les défenseurs du siro agitèrent les étendards pris pendant la nuit, en plaisantant si cruellement leurs adversaires que ceux-ci perdirent patience; un second assaut, aussi furieux, aussi téméraire que le premier, se termina comme lui. Dès lors les opérations se bornèrent à un simple blocus. Toutefois, les assiégeants ne surent pas résister à la tentative d'attaquer un matin, en apercevant à travers le brouillard une troupe de soldats sortis du siro; ces soldats étaient des mannequins, et, en arrivant près d'eux, les assaillants reçurent l'accueil ordinaire de flèches, de pierres et de troncs d'arbres.

Un blocus prolongé pouvait être dangereux pour Masasigné, à qui il fallait des succès continuels et retentissants ; mais le Sikkéïn, de son côté, était pressé d'en finir, parce que l'agitation du pays devenait menaçante. Dans le Harima, Akamasts-Norimoura, qui avait reçu par son fils l'ordre de guerre de Morinaḡa, fortifiait ses siros. En Sikok, Doï-Mitiimasou et Tokouno-Mitiitsouna avaient pris les armes au nom du Mikado, et battu Hôjô-Tokinao à la bataille de Hosiḡaoka. Devant Tiiwaya même, l'armée commençait à souffrir de la longueur du siège ; les convois étaient enlevés par des paysans soulevés à la voix de Morinaḡa ; les vivres manquaient souvent. Ordre fut donné de tenter un grand effort.

L'attaque fut dirigée cette fois du côté qui semblait inabordable, à l'aide d'un immense pont de bois atteignant le sommet de la muraille, jeté par dessus la vallée où serpente la route du Kongôzan. Le jour de l'assaut, au moment où une colonne d'élite couvrait le pont et commençait l'attaque, les échafaudages, arrosés d'huile par les assiégés, furent incendiés par des torches lancées du rempart. Toute la charpente s'écroula au milieu des flammes. Le nombre des morts dépassa celui des précédents assauts. La démoralisation se mit dans les assiégeants. A ce moment Nitta-Yosisada, seigneur de Kotsouké, travaillé sous main par un émissaire de Morinaḡa, se retira avec son contingent, en déclarant que l'état de sa santé ne lui permettait plus de continuer la guerre.

Après quelques assauts, que Kinetsouna conduisit sur l'ordre exprès du Bakoufou, le siro de Tiiwaya fut enfin tenu pour inexpugnable ; il ne paraissait pas craindre la famine ; restait à essayer la trahison.

Parmi les chefs principaux de l'armée de siège, était le rusé Asikaḡa-Takaoudzi, dont la fausse prophétie de Tennodzi avait parlé comme d'un singe fort dangereux. Il était tout indiqué pour prendre l'affaire en mains, du moment qu'il s'agissait d'une machination ténébreuse. Il découvrit dans l'armée, un soldat qui avait connu à Kioto le ronine Kosé-Saïmon, kéraï disgrâcié de Masasigné. Saïmon, rentré au service de son ancien maître, gardait un des yaḡouras. Le Bakoufou se réunit en conseil et décida qu'une tentative de corruption serait faite sur Saïmon. Le soldat écrivit une lettre et l'attacha à une flèche ; Saïmoṅ reçut la lettre et la porta à Masasigné. C'était la plus magnifique occasion de combiner un de ces pièges où Masasigné excellait. Vite on creuse un fossé profond derrière l'enceinte autour du yaḡoura menacé ; heure est prise par Saïmon pour introduire l'ennemi par une nuit sans lune ; Sikki et Kégnekô se postent hors du siro, prêts à charger. Tout étant disposé, l'avant-garde de Takaoudzi est introduite dans le siro ; les premiers rangs tombent dans le fossé, et le reste y est poussé par une brusque attaque. Le gros des forces, qui attend en dehors de l'enceinte, reçoit une avalanche de troncs d'arbres, et s'enfuit en rangs si serrés que la garde du camp croit voir une sortie du siro et l'attaque dans l'obscurité. Pendant ce temps, Sikki, tournant l'armée ennemie, a allumé derrière elle, dans les herbes sèches, un incendie que le vent rabat sur le camp et qui éclaire la vallée. Masasigné fait une sortie. Tout tombe dans une confusion inextricable, au milieu de laquelle les Ksounoki seuls peuvent se reconnaître. Le corps le plus éprouvé ce jour-là fut celui de Tadayosi, frère de Takaoudzi, sur lequel avait porté la charge de Masasigné, et qui, en s'enfuyant vers Akasi, rencontra Sikki et ses cavaliers ; bien peu s'en fallut, ce jour-là, que Tadayosi, reconnu à son armure écarlate et au dragon de son casque, ne tombât sous le sabre de Sikki. Les troupes de Takaoudzi, surprises et chargées par Wada, pendant qu'elles se battaient entre elles, subirent aussi de grandes pertes.

Ce combat, qui mit fin aux opérations du siège, eut lieu à la fin d'avril 1333. Masasigné n'avait pas assez de monde pour descendre en plaine et prendre l'offensive. On se contenta de s'observer de loin.

Takatoki venait d'être mortellement atteint dans son prestige et dans sa puissance, au pied du Kongôzan; c'est au bruit de ses défaites répétées devant Tiiwaya que se sont levées les armées qui avancent maintenant, de l'ouest et du nord-est, et qui vont lui porter le coup de grâce.

Retour du Mikado et prise de Kioto.

Au commencement de mars, Takatoki, inquiet de la tournure des événements, avait envoyé à Kiôtaka l'ordre de redoubler de vigilance auprès de Godaïgo-Tennô et lui avait donné ses instructions pour toutes les éventualités. L'histoire n'avoue pas ouvertement que le meurtre du Mikado ait été prescrit, mais il est certain que ses jours couraient à ce moment un sérieux danger. Un parent de Kiôtaka, nommé Yositsouna, avertit secrètement Godaïgo, lui apprit que son fils le prince Kôtchô avait été mis à mort sur l'ordre du Bakoufou et lui conseilla de fuir; il lui fit connaître aussi les premières victoires de Masasigné et lui assura que, dans les provinces de Yo, de Bizéin, de Harima, il trouverait des Daïmios prêts à le recevoir et à s'armer en sa faveur. Godaïgo soumit secrètement Yositsouna à quelques épreuves, puis certain de sa véracité, l'envoya sur la grande île pour préparer le mouvement. Yositsouna débarqua en Idzoumo et alla tout d'abord chez Yéinya-Takasada[1], qui l'arrêta et le retint provisoirement prisonnier. On comptait encore avec Takatoki.

Quelques jours après, Godaïgo s'échappe de nuit, déguisé en dame du palais et accompagné du seul Minamoto-no-Tadaaki. Il arrive au port de Tiibouri, sur le dos d'un paysan, qui le confie à un *séindo* de ses amis. La barque lève

---

1. Prononcez Yéin-ya.

l'ancre aussitôt et cingle vers le sud. En mer, le Mikado s'est fait reconnaître, et le séindo l'a assuré de son dévouement, quand apparaît Kiôtaka, qui a équipé ses fnés de guerre et cherche de tous côtés les fugitifs. Le fidèle séindo cache ses passagers sous une couche de poissons et s'accrou-

Godaïgo-Tenno débarquant à Nawa, sur les épaules de Nawa-Nagataka.
(D'après un *nisikié* de Kiôtiika).

pit lui-même par-dessus; quand on le hèle, il répond qu'il a vu courir vers l'est une barque portant deux personnages de la cour. Kiôtaka s'éloigne dans cette direction, et Godaïgo va débarquer au port de Nawa, ou Ozaka-no-Minato, en Hôki.

Les Nawa, dont les ancêtres avaient été gouverneurs de Hôki, étaient une famille de vaincus de la guerre de Siôkiou. Disgrâciés et dépouillés en 1221, ils tenaient encore un rang élevé dans la contrée ; c'est à leur maison que les gens du port adressèrent Tadaaki. Le père venait de mourir ; il restait quatre fils, vaillants guerriers ; l'aîné Nagataka hésitait ; le segond Nagasigné le décida ; on courut au-devant du Mikado et on le porta au sommet de la montagne voisine, le Fné-no-oué-yama, où un lit de feuilles sèches lui fut préparé ; puis, sans perdre un instant, on appela les guerriers du voisinage et on amassa des vivres. Dès le lendemain Kiôtaka débarqua à son tour, et, divisant sa troupe, cerna la montagne des deux côtés. Les Nawa ayant, par un stratagème, retardé l'une des attaques, battirent les deux détachements l'un après l'autre, et firent prisonniers presque tous les soldats de Kiôtaka. Alors, de sa montagne, Godaïgo lança de tous côtés l'ordre de guerre contre Takatoki déclaré rebelle.

Le Tiiougokou fut bientôt en armes. Yéinya rendit la liberté à Yositsouna qui rassembla aussitôt un millier de cavaliers. Les Akamats, déjà à demi déclarés dans le Harima, réunirent toutes leurs forces pour entrer en campagne. Ota-Morinobou, Siougo de Tazima, qui gardait le prince Tsounénaga, se plaça sous les ordres de son prisonnier, lui et toutes ses troupes. Enfin Morinaga et le bonze Riôtiou, chez qui le prince vivait caché à ce moment, enrôlèrent tout ce qui savait manier un sabre. L'armée ainsi formée ne manquait pas de bravoure, mais elle n'avait ni cohésion ni discipline ; le Kougné Tadaaki, chargé du commandement en chef par le Mikado, était lui-même trop étranger au métier des armes pour lui donner l'organisation nécessaire.

Bien que très réduites en nombre, les forces du Bakoufou étaient encore redoutables. Sans rappeler l'armée qui tenait

Masasigné en échec, les deux chefs du Rokouhara réunirent une troupe solide et allèrent attendre à Nidjô, l'armée du Mikado qui venait sur Kioto par la province de Tamba. Tadaaki fut vaincu à la bataille de Nidjô ; Ota-Morinobou périt dans l'action avec plus de trois cents cavaliers. Kozima-Takanori à la tête de ses soldats arrêta, dit-on, la poursuite des Hôjo, et sauva l'armée du Mikado d'une déroute désastreuse ; il établit ensuite une discipline inconnue de soldats qui entassaient au camp leurs armures en désordre et laissaient traîner dans la boue les bannières écarlates du Mikado. Les vaincus reculèrent jusqu'à Miné-no-dô en Yamato et s'y reformèrent.

Les Akamats opéraient isolément. A l'aide de fortifications élevées rapidement, ils cernèrent des troupes que le Bakoufou faisait venir du Bisiou, de l'Aki et du Souwo, et les obligèrent à se rendre ; tous les prisonniers préférèrent le kôsan au harakiri. L'armée des Akamats ainsi très renforcée s'avança le long de la mer et occupa le Maya-san, au-dessus de Kobé ; elle y fut attaquée par l'armée du Rokouhara, qu'elle repoussa avec pertes.

Akamatsoŭ-Einsigne, kéraï de Morinaga.

Au mois d'avril, les Akamats combinèrent leurs mouvements avec ceux de Tadaaki pour tenter sur Kioto une nouvelle attaque. L'armée du Rokouhara avait reçu des renforts de Kamakoura et tenait solidement la tête des neuf avenues qui portent les noms des branches de la famille Foudziwara ; son quartier-général, où se tenait Kôgon-Tennô avec les anciens Mikados de sa branche, était à Itiidjô, en face de l'attaque des Akamats. On combattit partout avec vigueur, sans aucun succès prononcé. Les Akamats mirent le feu en plus de cinquante endroits, sans faire reculer leurs adversaires nulle part; eux-mêmes ne lâchaient pas prise. La position des Hôjô était probablement désespérée, mais ils étaient en état de tenir quelque temps encore et de donner plus d'un rude coup de boutoir avant de succomber, quand subitement Asikaga-Takaoudzi fit défection avec Youki-Tiikamidzou, et, pénétrant dans Kioto par l'ouest, incendia les Rokouhara. Les Hôjô menacés d'être pris à revers abandonnèrent leurs positions et se retirèrent dans l'est, emmenant avec eux Kogon-Tennô et les deux Dziôkô, Goufousimi et Hanazono; ils furent atteints en Omi et y livrèrent leur dernier combat; Tokimasa fut tué, Nakatoki se donna lui-même la mort; Kôgon-Tennô, blessé d'une flèche, fut ramené prisonnier à Kioto avec les deux Dziôkô.

L'armée du Kongôzan se retira alors devant Masasigné, et tout ce qu'il restait de soldats fidèles au Bakoufou se concentra au Hangadzi de Nara, sous les ordres d'Outsounomya-Kinetsouna, pour tenter encore le sort des armes. Masasigné attaqua sans balancer son rival en art militaire, le battit complètement et l'obligea à faire sa soumission. Quelques débris des vaincus, retranchés dans Imoridjô, y furent assiégés et pris par Wada. La guerre était finie dans le Gokinaï. Les vainqueurs furent cléments; tous les prisonniers furent relâchés, à l'exception de soixante des principaux chefs qui furent décapités; on laissa la vie à Kinetsouna et à Nikaïdo, en signe de l'estime qu'ils inspiraient et par désir de s'attacher des guerriers de si haute valeur.

Le mouvement qui avait entraîné les Akamats et les Ota s'était propagé en même temps dans l'île de Kiousiou. Kikoutii-Takétoki, Daïmio de Higo, se déclara pour le Mikado et attaqua le Sioni du Dazaïfou, Hôjô-Hidétoki; il fut vainqueur dans une première bataille, battu et tué dans une seconde, puis vengé par son fils Kikoutii-Takésigné qui battit et tua Hidétoki, dans une troisième rencontre. Le Kiousiou reconnut le pouvoir du Mikado en même temps que le Honto.

Prise de Kamakoura et mort du dernier régent.

Le dernier acte du drame est la prise de Kamakoura.
Nitta-Yosisada, après avoir quitté le camp des Hôjô devant Tiiwaya, avait envoyé secrètement auprès du prince Morinaga, un kéraï qui lui rapporta un ordre en règle de guerroyer contre le Bakoufou, avec l'armée qu'il pourrait lever. Il rentra chez lui, dans le Kotsouké, où, le pays paraissant tranquille, il attendit les événements. A Kamakoura, on ne sut pas pardonner à Yosisada sa retraite ; pour le punir, Takatoki envoya en Nitta deux collecteurs d'impôts chargés de lever une lourde taxe. Les exactions durèrent cinq jours. Quand les habitants furent suffisamment exaspérés, Yosisada fit arrêter les deux collecteurs ; à l'un d'eux, il coupa seulement le nez et les oreilles, pour le charger de rapporter à Kamakoura la tête de son compagnon.

Takatoki n'avait pas encore épuisé le Kouanto. Il trouva des ressources pour une nouvelle armée.

Yosisada réunit en conseil ses parents de Nitta ; le clan tout entier donnait cent cinquante cavaliers. On hésitait entre deux partis, aller se mettre sur la défensive derrière le Tonégawa, ou bien traverser les montagnes et passer en Etiigo pour y chercher des renforts. Wakya-Yosisoŭké, jeune frère de Yosisada, devenu Wakya par une adoption, ouvrit un troisième avis : appeler tout le pays à entrer en campagne contre Kamakoura et marcher droit sur l'ennemi. Toute la famille se rallia à l'avis de Yosisoŭké. Le 6 mai 1333, cinq ou six jours avant la défection décisive de Takaoudzi à Kioto, Yosisada se mit en route avec sa petite troupe de cavaliers.

La marche contre Kamakoura fut accueillie avec un enthousiasme imprévu. On culbuta les partisans des Hôjô, qui essayèrent de disputer le passage d'une rivière. Les renforts affluèrent de tous côtés; les cavaliers d'Etiigo, toujours prêts à batailler contre le Kouanto, accoururent au nombre de

Défense d'une rivière. (D'après Sounguiôsaï dans le *Ehon Nankoki*).

deux mille. Quand les deux armées se rencontrèrent, Yosisada avait vingt mille hommes avec lui, les porteurs probablement compris; l'armée du Bakoufou, commandée par deux Hôjô, était inférieure de moitié. La bataille fut livrée dans la plaine de Mousasi, sur l'emplacement alors inculte et sauvage du Tokio actuel. La première journée resta indécise, on se chargea à plus de trente reprises, rapportant chaque fois quelques têtes de part et d'autre; le soir chacun coucha sur ses positions. Le lendemain matin, des renforts venus de Kamakoura sous le commandement de Mioura trahirent leur parti, et attaquèrent les Hôjô de concert avec Yosisada. L'armée du Bakoufou fut alors obligée de battre en retraite sur Kamakoura, suivie de près par les vainqueurs.

Kamakoura situé à l'entrée de la presqu'île qui ferme la baie de Tokio du côté du sud-ouest, ne communique avec le petit port de Kanazawa sur le golfe, que par des tranchées étroites, les *kiridosi* d'Asahina et il est inabordable de ce côté pour la cavalerie. Le massif de montagnes peu élevées mais très escarpées, qui lui forme une ceinture complète au nord et à l'ouest, diminue de hauteur et surtout de profondeur, en approchant de la plaine qui regarde Enosima, et il se termine par une simple chaîne de collines au cap Inamoura-ḡa-saki ; de ce côté, les pentes, abruptes vers la ville, sont très douces sur le versant extérieur et forment une sorte de glacis mamelonné, le Kéwaïzaka, qui devait être alors couvert de maisons et de jardins. Yosisada avait divisé son armée en trois corps, entre lesquels étaient répartis les cent cinquante cavaliers du clan de Nitta ; il se présenta le 20 mai devant Kéwaïzaka, à la tête du premier corps, appuyé par Yosisoŭké qui commandait le second, et commença aussitôt l'attaque. La charge battit toute la journée ; on peut voir encore, sur le théâtre du combat, au temple de Gokourakoudzi, la caisse en bois de camphrier qui excitait à l'assaut.

Yosisada lançant son sabre, comme offrande au dieu de la mer.
(D'après Inóuo dans le *Nihon Siôsi*).

De part et d'autre, on fit de brillants exploits ; maint défi échangé fut suivi de grands coups de sabre ; on a célébré surtout, du côté de Kamakoura, les prouesses d'Osaragni, et, du côté des assaillants, celles de Sinodzouka le guerrier à la massue de fer. Les Nitta pénétrèrent à plusieurs reprises au milieu des maisons et y mirent le feu, mais l'incendie ne se propagea pas dans les arbres; les défenseurs favorisés par la disposition des lieux tinrent ferme sur tous les points.

Le soir, Yosisada, appuyant de plus en plus à l'est, arrive au cap Inamoura, où la mer est peu profonde et laisse même, à marée basse, une plage étroite au pied de la falaise. Le passage était gardé par des barques remplies d'archers. Alors Yosisada se prosterne, invoque le dieu de la mer protecteur des Mikados, le supplie d'emporter au loin, dans son grand reflux, les barques et les archers, lance en offrande au milieu des flots son sabre garni d'or et remet l'attaque au lendemain.

Prise et destruction de Kamakoura. (D'après Sounguiôsaï dans le *Ehon Nankoki*).

A l'heure de la marée basse, les barques d'archers sont hors de portée de flèches. Yosisada force alors le passage, et, contournant le pied du cap, pénètre dans Kamakoura. Bientôt l'incendie favorisé par le vent consume la ville, et les derniers défenseurs sont tués ou se donnent la mort.

Le Sïkkéin Takatoki termina en brave sa vie de désordres. Le Sioḡoun, qui s'appelait Morikouni-Sinnô, se retira dans un temple où il fut facilement oublié.

Ainsi finit, le 21 mai 1333, la dynastie de Hôjô-oudzi, qui avait régné cent trente-quatre ans.

Désolation au palais, à la mort de Godaïgo-Tennô. (D'après Sounguiôsaï).

CHAPITRE V

GOUVERNEMENT DE GODAÏGO-TENNÔ. RÉVOLTE DES ASIKAGA

(1333-1339)

Le *Kikou-Joui*. Mon des Ksounoki.

Godaïgo-Tennô, en apprenant que les deux chefs du Rokouhara s'étaient enfuis de Kioto et que la dernière armée du Bakoufou, commandée par Kinetsouna, avait été vaincue par Masasigné, quitta la province de Hôki et prit la route du Gokinaï. Il arriva à Hiogo le 30 mai 1333. Là il reçut le 1ᵉʳ juin la nouvelle de la prise de Kamakoura par Yosisada, qui faisait de lui le souverain absolu et incontesté du Japon tout entier. Le 2 juin, arriva à Hioḡo, Masasigné venu au-devant du Mikado avec sa vaillante troupe qui comptait maintenant sept mille guerriers. Le héros reçut l'éloge qu'il méritait : « A votre invincible fidélité », lui dit Godaïgo, « est dû le triomphe d'aujourd'hui. » — « Sans l'influence merveilleuse exercée par vos droits « sacrés, répondit le soldat, nous ne serions pas sortis vain- « queurs de la guerre, et nous ne présenterions pas, en ce « moment, notre hommage à votre auguste Majesté. » Le Mikado ordonna à Masasigné de prendre la tête du cortège et fit, le 5 juin, sa rentrée solennelle dans Kioto, que, vingt-deux mois auparavant, il avait quitté en fugitif.

Espérances déçues; difficultés de la situation.

Le Mikado allait régner. Il y eut dans les masses populaires une heure d'enthousiasme et d'espérances sans limites, tant était vivace, dans le pays, le souvenir de l'âge d'or, que le Japon avait jadis traversé, paisible et prospère, sous le sceptre paternel de ses premiers souverains. Adepte fervent, comme il l'était, des vieilles croyances qui confondaient son pouvoir avec celui du ciel et qui faisaient de lui, dans tous ses décrets, l'interprète direct de la providence divine, Godaïgo, plus que personne, dut croire que le bonheur universel allait renaître et que l'ère des guerres civiles, déjà fermée une fois par Yoritomo, était close à tout jamais. Autour de lui, tous les courtisans, mais surtout les dernières victimes de Takatoki revenues de l'exil, le sage Foudzifousa, les bonzes Egnekan et Bounekan, les trois princes Takanaḡa, Mounénaḡa, Séïdjô-hô, partagèrent sans doute son illusion.

En réalité, la situation était difficile. La victoire avait bien fait disparaître, avec le Sĭkkéin enseveli sous les cendres de Kamakoura, le Sioḡoun oublié depuis longtemps, et le faux

Mikado, Kôgon-Tennô, dont la déposition fut une simple formalité. L'unité dans l'organisation du pouvoir central ne rendait point l'unité au pays partagé entre les seigneurs. La caste militaire restait toute puissante, bien que privée de chef; pour régner, il fallait, ou la détruire, ou se mettre à sa tête. Sur un pays aussi malléable que le Japon dans ses institutions politiques, une réorganisation aurait pu se tenter avec succès; la féodalité militaire créée par les événements et consacrée par Yoritomo, fut conservée intacte. Peut-être eût-il été possible à un Morinaga de renouer la tradition antique des Mikados à la fois législateurs et guerriers; Godaïgo s'occupa utilement de législation, car son court règne vit paraître un code nouveau, le *Kemmou-Sikimokou* et siéger le premier tribunal suprême pour tout l'empire, le *Ketsoudan-chô*, que Yéyas devait plus tard rétablir; mais il se montra aussi incapable de s'attacher les samouraïs, par le respect ou la reconnaissance, qu'il eût pu l'être de les conduire au combat. Les livres, où était consignée l'histoire, avaient été écrits par des Kougnés, pour les Kougnés; l'importance des familles militaires y était méconnue; l'idéal de gouvernement qu'ils offraient au studieux Mikado reposait sur la suprématie des philosophes et des poètes remplissant de discussions courtoises la vie oiseuse du palais, loin du tracas des affaires et du tumulte des armées. Aux bounsignes lettrés, revenaient ainsi de droit les grands offices et les hautes dignités; les kéraïs militaires devaient être tenus à l'écart du Mikado, dans les échelons inférieurs d'une hiérarchie formaliste. Ainsi, l'éducation de Godaïgo le vouait au rôle de roi fainéant, attendant son maire du palais, alors que l'état du pays eût exigé la main sûre d'un maître tout puissant.

La première mesure fut le rétablissement des Kougnés dans leurs honneurs et dignités. Le palais reprit son aspect d'autrefois. Les Foudziwara purent espérer revoir les jours de leur splendeur; mais le Mikado refusa de rétablir la charge de Kambakou, jadis héréditaire chez eux, manifestant ainsi la volonté, ou du moins l'intention, de ne pas se remettre en tutelle.

Le gouvernement ainsi reconstitué, avec les organes un peu vieillis qui avaient suffi au temps du grand Mikado Kouammou, le moment de régner était venu. Godaïgo-Tennô fit alors preuve d'une faiblesse de caractère égale à son ignorance de l'état du pays. Il était entièrement dominé par sa favorite la Sanmi-no-Tsouboné ou Mii-no-Tsouboné, une Foudziwara, comme toutes les impératrices et la plupart des Kisakis. Cette dernière limitait tout son horizon politique à l'ambition de dépouiller le prince Morinaga au profit de ses propres fils, qui étaient au nombre de trois, et dont l'aîné venait d'atteindre sa dixième année; elle était femme, d'ailleurs, à ne reculer devant aucun moyen. Par les soins de la Tsouboné, l'accès du trône se ferma de suite à tous les bons serviteurs, et Godaïgo n'eut plus, autour de lui, que des flatteurs choisis parmi les Kougnés les plus riches d'ambition et les plus légers de scrupules.

Mécontentement des partisans du Mikado.

Le double caractère du nouveau gouvernement, le dédain du palais pour la caste militaire, et, dans le palais même, l'intrigue substituée à la justice, se manifesta de suite dans la distribution des récompenses attendues par les vainqueurs avec une impatience légitime. Les convoitises étaient grandes : d'abord les fils des anciens vaincus de 1221 comptaient rentrer dans leurs domaines; de plus, beaucoup de guerriers espéraient bien trouver leur propre fortune dans le triomphe de la cause pour laquelle ils avaient risqué leurs biens et leur vie. L'exemple donné par Yositoki n'était pas oublié. Les loyaux serviteurs de la cause sacrée pouvaient-ils être moins bien traités que les rebelles vainqueurs dans la guerre de Siôkiou? Les dépouilles du parti vaincu étaient immenses; il y avait à faire un remaniement presque complet de la propriété féodale.

Les petits seigneurs et tous les simples bousis, qui attendaient un domaine et non une province, furent traités d'une manière uniforme. Ils furent invités à formuler leurs prétentions par écrit. Les demandes s'élevèrent à trois mille environ. Alors le palais se déchargea sur une commission, du soin d'examiner et de conclure. Les tiraillements se produisirent aussitôt entre les membres, on parla beaucoup sans jamais décider; au bout d'un mois, il n'y avait pas vingt cas de jugés. La commission fut alors dissoute comme incapable; tous les pétitionnaires furent renvoyés chez eux, emportant leurs sabres pour toute richesse. Les vainqueurs se trouvèrent ainsi associés à l'irritation des vaincus. Les régions du Tiiougokou et du Tôkaïdô, qui avaient fourni au Mikado une bonne partie de ses soldats, furent à jamais perdues pour le recrutement ultérieur de ses armées.

La fidélité des grands Daïmios pouvait contrebalancer le mécontentement des simples gentilshommes. Parmi eux, les uns, comme Masasigné, avaient donné la mesure de leur dévouement à l'heure de l'extrême danger; d'autres, comme les Akamats, sans foi politique, avaient attendu pour se rallier que les chances fussent devenues égales entre les deux partis, et, par leur adhésion opportune, avaient décidé du succès; d'autres enfin, associés à la fortune des Hôjô, n'avaient trahi au dernier moment le Bakoufou vaincu que pour échapper à son désastre et venir demander leur part de la curée. Un homme d'État aurait récompensé dignement les dévoués, se serait attaché pour toujours les hésitants, aurait pris des garanties contre les suspects. Godaïgo ne songea qu'à satisfaire son caprice et n'écouta que les obsessions de son entourage.

Dans la distribution des provinces aux généraux des armées victorieuses, Masasigné reçut, en Gokinaï, les trois provinces de Kawatii, d'Idzoumi et de Setsou, qu'il occupait déjà. Yosisada fut nommé Siougo du Kodzouké où ses domaines étaient situés, en même temps que son fils Yosiaki et son frère Yosisoŭké recevaient, le premier l'Etiigo, le second le Tsourouga ; plus tard, le Harima sur la mer intérieure fut ajouté au domaine de Yosisada. Nawa-Nagatosi reçut les deux provinces de Hôki et de Inaba. Akamats-Norimoura reçut d'abord la province de Harima, qui devait lui être enlevée presque aussitôt; il ne conserva finalement que le district de Sayo-no-Siô.

Ces premières récompenses, peut-être suffisantes en elles-mêmes, pour la plupart, perdirent tout leur prix par les faveurs accordées aux Asikaga. Takaoudzi, en effet, fut mis à la tête des trois provinces de Mousasi, de Hidatii et de Simôsa qui le rendaient maître du Kouanto, en même temps que Tadayosi occupait, à peu de distance, le Tôtomi dans le Tôkaïdô. C'était là le prix, non pas de services rendus à la guerre, mais d'adroites flatteries ; c'était surtout le fruit d'une alliance secrète déjà conclue avec la Sanmi-no-Tsouboné.

Enfin, des Kougnés oisifs furent traités comme des généraux victorieux; ainsi Minamoto-no-Akiyé, âgé de dix-sept ans, fut mis à la tête du *tandaï* d'Oosiou, avec tous les pouvoirs militaires et le titre de Tiignedzifou-Siogoun. Celui-là, du moins, justifia plus tard l'insigne faveur dont il avait été l'objet, par une fidélité à laquelle s'associa tout le clan des Kitabataké, dont il était le chef.

Masasigné s'occupa de suite de prendre pied solidement dans ses provinces, bien situées auprès de Kioto ; il y rendit pour longtemps les Ksounoki populaires, en allégeant les impôts, étendant les rizières et reboisant les montagnes. Les Nawa se trouvèrent bien traités. Yosisada justement jaloux des faveurs faites aux Asikaga, ne reçut qu'une satisfaction incomplète, par l'addition d'une province à celle qu'il avait eue d'abord. Akamats-Norimoura mécontent se prépara pour plus tard à faire payer au Mikado son ingratitude. Asikaḡa, dans son domaine vaste et compact, était d'autant plus dangereux que le Kouanto était plus dévoué à l'ancien Bakoufou et aurait eu plus besoin d'être surveillé par le nouveau gouvernement.

En somme, cette distribution de provinces avait semé, comme à plaisir, les germes de rébellion et les ferments de jalousie. Une vieille haine entre les Nitta et les Asikaḡa rendait plus impolitique encore la faveur excessive accordée à ces derniers. Ces deux familles étaient issues de deux fils de Minamoto-no-Yosikouni, troisième fils de Yosiyé, qui s'était fait reléguer en Kodzouké, où il était mort en exil, à la suite d'un manque de respect à l'égard de Foudziwara-Sanéyosi. Dans l'isolement d'une province reculée, les dissentiments habituels entre Minamoto s'étaient aigris. Des services rendus dans la guerre de Guémepé avaient donné aux Asikaḡa une situation prépondérante, dont témoigne le haut rang de Takaoudzi dans l'armée du Bakoufou, au siège de Tiiwaya. L'espoir de relever les Nitta d'une infériorité humiliante avait peut-être poussé Yosisada et ses frères dans le parti du Mikado. Après le foudroyant succès de sa campagne de Kamakoura, un guerrier orgueilleux comme Yosisada devait mal supporter l'ironie du sort qui, à Kioto, lui faisait retrouver l'intrigant Takaoudzi élevé au-dessus de lui par le caprice d'une favorite.

Au milieu des discordes latentes, le prince Morinaḡa aurait pu servir de centre de ralliement à son parti; mais il avait été la première victime des intrigues du palais. Au lieu d'être proclamé Kôtaïsi, comme tout le faisait prévoir, il reçut l'invitation de licencier ses troupes, de raser sa chevelure et d'aller revêtir l'habit de bonze qui lui avait été jadis imposé par Takatoki. Il refusa avec indignation, demanda la dignité de Sioḡoun, puisqu'un autre devait être Kôtaïsi, et n'obtint même pas le gouvernement d'une province. On lui donna simplement les domaines privés d'un frère de Takatoki.

Tsounénaga, l'aîné des fils de la Sanmi-no-Tsouboné, fut proclamé Kôtaïsi ; Narinaga, le second, un enfant, fut nommé Taïsiou du Kodzouké, ce qui lui donnait une prééminence honorifique sur Yosisada Siougo de la même province. Toute la famille de la Tsouboné prit une riche part dans les dépouilles; elle-même se fit donner les domaines de Hôjô-Sadanawo. Godaïgo, n'imitant pas le désintéressement de Yositoki en 1221, avait gardé pour lui-même les biens personnels de Takatoki.

Masasigné, à la tête de l'armée, aurait eu l'autorité nécessaire pour imposer silence aux mécontents et faire régner la concorde. Godaïgo-Tennô ne voulait pas d'un Siogoun déguisé. D'autre part les grands emplois civils étaient donnés à des Kougnés. Masasigné fut simplement nommé Kébiisi, c'est-à-dire grand juge et chef de la police dans la capitale; Nagatosi fut nommé second juge.

A la même époque, Takaoudzi fut nommé *Sangui* ou conseiller, charge importante par l'accès qu'elle ouvrait dans le palais; de plus, par une faveur unique, le Mikado modifia la manière d'écrire son nom en y introduisant un modzi très flatteur. Évidemment, Takaoudzi, faisant agir lui-même les ressorts du gouvernement, prenait un malin plaisir à marquer sa supériorité sur son ancien vainqueur de Tiiwaya-djô.

On sentit de suite, dans le parti vaincu, que le nouveau gouvernement manquait de solidité. Trois soulèvements éclatèrent dès la fin de 1333, dont l'un dans le Kawatii même, au cœur du gouvernement de Masasigné; ils furent facilement réprimés, mais on put voir combien l'ancien Bakoufou comptait encore de partisans dévoués, parmi les bousis de toutes les provinces. La paix, que la restauration du Mikado devait assurer éternellement, n'avait pas duré six mois.

Gouvernement du palais. Intrigues des Asikaga.

L'année 1334 fut surtout consacrée aux travaux de reconstruction du palais. Les bâtiments brûlés en 1177 avaient été relevés plus tard par Yoritomo, mais sur une échelle fort réduite; un nouvel incendie les détruisit, en 1249, et on les rebâtit avec une nouvelle diminution; les grands travaux se faisaient alors à Kamakoura. Godaïgo-Tennô voulut une résidence conforme aux anciennes traditions et digne du maître du ciel. Les ouvriers furent appelés en foule, et l'argent dépensé plus vite qu'il ne pouvait affluer dans les coffres du trésor. Pendant un mois, les paiements furent faits en billets; c'est ainsi que le papier-monnaie fit sa première apparition au Japon.

Dans les vastes salles de son nouveau palais, Godaïgo-Tennô ne s'occupa que de fêtes et de festins; il se passionna pour une collection d'animaux rares et de minéraux curieux, qu'il rassemblait à grands frais. Déjà fatigué du pouvoir, et sentant peut-être son impuissance à l'exercer, il laissa de plus en plus la direction de toutes les affaires à Takaoudzi.

L'ambitieux Sangui entrevoyait bien la possibilité de fonder une nouvelle dynastie militaire, en reconstituant le siogounat au profit des Asikaga. L'obstacle principal était le prince Morinaḡa, déjà mécontent, aigri et suspect, mais d'autant plus aimé des samouraïs. Pour achever de le perdre, Takaoudzi pouvait compter sur le concours passionné de la Saumi-no-Tsouboné. Yosisada, en cherchant à lutter, ne parvenait qu'à ruiner son crédit; les autres généraux, Masasigné, les Nawa, semblaient oubliés au palais; dépourvus d'ambition, ils se tenaient inactifs ou frondeurs.

Les dangers de la situation furent exposés au Mikado, par le sage Foudzifousa, à l'occasion du don d'un cheval célèbre, appelé le cheval de mille ris, que Takasada, le Daïmio d'Inaba, envoya pour la collection d'animaux rares réunie au palais. Godaïgo ravi, montra le merveilleux animal à Foudzifousa, comme un gage de la faveur des dieux. « Ce « n'est point aux travaux de la paix, répondit le fidèle con-« seiller, qu'un cheval de mille ris est destiné. J'ai vu, d'ail-« leurs, les récompenses et les châtiments mal proportion-« nés aux services et aux offenses. Les dépenses pour le « palais et les jardins sont excessives. Les kéraïs lettrés, « seuls admis près du Mikado, ne sont que des flatteurs. Les « kéraïs militaires, dont on aura besoin bientôt, sont tenus « à l'écart et s'irritent dans l'isolement. Les méchants sont « à l'affût, attendant l'occasion de nuire ; les vaincus de la « dernière guerre ont déjà osé se soulever. Non, ce n'est « pas la prospérité que présage le cheval de mille ris. » — La légende veut qu'un avertissement soit aussi venu du ciel, comme au temps où l'apparition du *noui* avait annoncé les usurpations de Kiômori et la querelle des Taïra et des Minamoto. Un oiseau monstrueux se serait, plusieurs nuits de suite, perché sur le *sisignedéin* en poussant des cris lugubres, et aurait été tué par les flèches d'un Kougné. Godaïgo-Tennô était sourd à tous les présages.

La guerre souterraine dirigée contre Morinaḡa se changea en hostilités ouvertes, à la suite d'un affront public fait au prince par le favori. Pendant la guerre, Morinaḡa, enrôlant tous les porteurs de sabres disponibles, avait eu, dans son armée, quelques brigands que la paix avait rendus à leur premier métier. La police de Kioto arrêta ainsi, pour des actes criminels, d'anciens soldats du bonze Riôtiou ; Takaoudzi les fit exécuter, et, pour l'édification du public, il fit exposer leurs têtes avec un écriteau racontant leur vie passée, sur lequel figurait le nom de Morinaḡa-Sinnô. Aussitôt Riôtiou courut rejoindre le prince qui voyageait en Yamato et lui rapporta l'outrage, en l'excitant à le laver dans le sang de Takaoudzi. Morinaga s'établit sur le Sikizan, déploya sa bannière et appela le pays aux armes. Les samouraïs accoururent avec enthousiasme. Le palais était désarmé ; aucun des généraux du Mikado n'était disposé à épouser, contre Morinaga, une querelle qui était visiblement celle de Takaoudzi. Le Sangui avait mal calculé ses forces, en provoquant une guerre ouverte ; il se résigna à entrer en composition ; son âme damnée, le Kougné Kiôtada fut envoyé, par le Mikado, porter des paroles de paix ; on répétait au prince qu'il devait rentrer dans la vie monastique, l'heure étant passée des dangers qui l'avaient fait agir en guerrier. — Morinaga répondit que les dangers duraient toujours, que Takaoudzi serait bientôt un autre Takatoki, et qu'il se jugeait plus utile comme général que comme bonze ; il exigea la dignité de Siogoun, qui lui fut accordée sous la condition qu'il n'attaquerait pas Takaoudzi.

Rentré à Kioto comme Siogoun, Morinaga se laissa éblouir par sa nouvelle dignité. L'absence de tout frein moral lui devint fatale, comme à tant d'autres personnages historiques du Japon ; il se livra sans mesure à la débauche, et oubliant toute prudence, s'irritant de toute remontrance, enrôla un ramassis de vagabonds qui étaient une menace pour la capitale aussi bien que pour Takaoudzi. Ses ennemis, pendant ce temps, se fortifiaient à leur manière en circonvenant de plus en plus le souverain. La Sanmi-no-Tsouboné fut élevée au rang de Djounekô, qui faisait d'elle une sorte d'impératrice et, par conséquent, de mère adoptive de tous les enfants du Mikado, y compris Morinaga ; l'histoire remarque qu'elle n'en conçut pas pour ce prince le moindre sentiment maternel.

Takaoudzi, s'étant procuré une des lettres du prince appelant les soldats sous ses drapeaux, la montra au Mikado et lui persuada que Morinaga voulait le déposer lui-même, pour le remplacer sur le trône par son propre fils Okinaga encore enfant. La Djounekô appuya la calomnie. Le crédule Godaïgo manda son fils au palais ; celui-ci se présenta sans escorte et fut incontinent saisi et enfermé dans la prison de

Babadono. De sa prison, Morinaga envoya un mémoire justificatif ; la Djounekô eut soin de l'arrêter en route ; le Mikado prononça une sentence de bannissement.

L'exil ne suffisait pas ; il fallait, pour la sécurité des Asikaga, que la peine fût changée en prison et qu'eux-mêmes fussent chargés de la garde du prisonnier. La Djounekô usa de tous ses moyens. Le Mikado perplexe prit, cette fois, l'avis de Masasigné, qui lui rappela les grands services du prince, dont le souvenir devait faire absoudre les écarts de conduite récents. A la longue, les obsessions de la Djounekô l'emportèrent. Tadayosi, dont les historiens japonais aiment à charger la mémoire, plutôt que celle du fondateur de la dynastie Asikaga, put emporter sa proie à Kamakoura. Le prince Morinaga fut enfermé dans la cave du Nikaïdo, sorte de trou ovoïde pratiqué dans la roche marneuse de la montagne, que l'on montre encore aujourd'hui aux visiteurs, derrière le temple moderne de Kamakoura-no-mya.

Ainsi finit tristement la deuxième année du règne.

L'année 1345 commença plus tristement encore. Les fidèles serviteurs du Mikado n'espéraient plus de remède à la situation. Foudzifousa ne put se résigner au spectacle des fautes qu'il était impuissant à empêcher et des malheurs qu'il prévoyait prochains ; il se décida à disparaître de la scène du monde. On raconte qu'avant de quitter Kioto, il alla faire ses adieux à Masasigné. Dans les paroles qu'il prête aux deux interlocuteurs, l'historien s'est appliqué à peindre le désespoir de la situation, l'inanité des efforts d'un conseiller clairvoyant, les perplexités du guerrier inébranlable dans sa fidélité mais exposé à recevoir des ordres qui neutraliseront ses efforts. La disparition de Foudzifousa émut cependant encore Godaïgo-Tennô, qui envoya partout des émissaires à la recherche de son compagnon des jours d'infortune. Pendant des siècles, on n'a pas retrouvé ses traces. Tout récemment, la découverte, dans un temple d'Atami, d'une boîte de volumes de religion et de quelques lambeaux de soierie portant le *mon* de Foudzifousa a fait penser qu'il a séjourné dans ce temple; on ignore encore où est sa tombe.

Premiers soulèvements. Meurtre du prince Morinaḡa.

Les mois suivants virent éclater des troubles graves. Une conjuration fut découverte au palais, dans laquelle trempaient un Hôjô et un Foudziwara; les auteurs furent mis à mort. Puis les Hôjô se soulevèrent en Saḡami, et leur révolte fut suivie de près par une rébellion en Kaḡa. Les Asikaḡa prirent le commandement de l'armée destinée à comprimer la rébellion des Hôjô; après leur départ, ce fut Momonoï, un de leurs lieutenants, qui fut chargé d'aller combattre en Etiizéin. Tout ce qui n'était pas Asikaḡa était suspect; la Djounekô tenait Yosisada en disgrâce déclarée, et redoutait trop la loyauté et la fière indépendance de Masasigné, pour lui laisser donner un commandement.

Masasigné aida Momonoï de ses secours et de ses conseils. La révolte de Kaga fut comprimée; ce n'était qu'un soulèvement isolé, sans conséquences pour l'avenir.

En Saḡami, où le pays était resté dévoué au Bakoufou et où les généraux chargés de comprimer la rébellion étaient beaucoup plus dangereux que les révoltés eux-mêmes, le mouvement allait conduire au bouleversement du pays et inaugurait une guerre civile de cinquante-sept ans.

Godaïgo-Tennô, qui voulait sans doute former de bonne heure ses fils aux vertus militaires, mit l'armée de Saḡami sous le commandement du prince Narinaḡa, deuxième fils de la Djounekô, nommé Sioḡoun à la place de Morinaḡa. Sous cet enfant, les deux frères Asikaḡa exerçaient le commandement effectif. L'armée du Mikado se concentra à Kamakoura, capitale de la province de Saḡami. Les révoltés, d'abord peu nombreux, commandés par Hôjô-

Tokiyouki [1], second fils de Takatoki, furent renforcés par tous les mécontents du pays. Pour ne pas s'exposer à être bloqués dans la presqu'île, les Asikaga furent obligés d'évacuer Kamakoura; leur retraite fut signalée par le plus odieux des forfaits que leur reprochent les annales japonaises, l'assassinat du prince Morinaga.

Les Asikaga avaient presque entièrement évacué Kamakoura, laissant Morinaga dans sa prison, à ce qu'assurent les historiens, quand Tadaoyosi proposa à son frère de profiter du désordre pour faire disparaître leur plus redoutable adversaire. Avec le consentement de Takaoudzi, il renvoya en arrière son kéraï, Foutiibé-Yosihiro, avec mission de tuer le prince. Au moment où Foutiibé sauta du seuil de la porte

Mort de Morinaga-Sinnô. (D'après une gravure du Nankô-ki).

sur le sol de la prison, Morinaga, à la lueur de la pauvre lampe qui lui servait à lire un livre religieux, reconnut le sicaire et se jeta sur lui; Foutiibé le blessa au genou, mais Morinaga s'empara du second sabre et se mit en défense.

1. Désigné quelquefois sous le nom de Manogon-no-Kami.

Après une lutte acharnée, le prince épuisé par la perte de son sang finit par succomber; son assassin cherchait à lui couper la tête; il saisit le sabre des dents, avec tant de force qu'il le brisa; alors Foutiibé le frappa au cœur avec le petit couteau qui se loge sur le fourreau des sabres japonais, puis il lui coupa la tête. A la lumière du jour, la figure contractée de Morinaḡa et la bouche grinçante qui tenait encore le tronçon de lame, frappèrent de terreur le meurtrier, qui s'enfuit et alla mourir au loin, dévoré par une affreuse maladie. Le corps du prince fut enseveli par sa servante qui se fit bonzesse pour garder sa tombe, ou, peut-être, par le bonze du temple qui se trouve sur la colline en face du Nikaïdo; les versions varient; la tombe n'a pas été retrouvée.

Ensuite Takaoudzi, qui avait reçu des renforts, eut facilement raison de Hôjô-Tokiyouki; la force des révoltés était bien moins dans l'attachement inspiré par les Hôjô, très discrédités depuis leur désastre, que dans l'aversion invincible des bousis du Kouanto pour le gouvernement du Mikado; les Asikaḡa pardonnaient volontiers ce dernier sentiment. Poussé par son frère, Takaoudzi reconnut sans peine qu'en le plaçant à la tête d'une armée solide, au milieu d'un pays qui ne demandait qu'à l'acclamer pour maître et à lui fournir de nouveaux soldats, la fortune le comblait de biens plus solides que la faveur chancelante d'un Mikado.

Asikaḡa Takaoudzi se proclame Sioḡoun.

Takaoudzi se proclama indépendant en s'attribuant le double titre de Sioḡoun du Japon et de gouverneur de toutes les provinces orientales. Sans même se couvrir de quelque rescrit arraché à la faiblesse d'un Sinnô, il promulgua, de sa propre autorité, un ordre de recrutement pour son armée; les samouraïs affluèrent, du Kouanto et des contrées voisines. Ainsi commença la dynastie des Asikaḡa. Le premier soin du nouveau Siogoun souverain de l'est, fut de confisquer les domaines de Nitta, en Kodzouké, et de les distribuer à ses kéraïs.

Takaoudzi n'avait guère révélé jusqu'ici que des aptitudes pour l'intrigue, avec un penchant marqué pour la trahison. Devenu chef de parti, il se montra un politique audacieux, très persévérant, assez dédaigneux des subterfuges; il fut surtout d'une remarquable clairvoyance pour juger les hommes et apprécier l'état du pays. A la guerre, sans être, ni hardi combattant, ni grand stratégiste, il fut un général avisé, capable d'accepter une défaite pour éviter un désastre, sachant échapper à l'étreinte du vainqueur et ne lâchant le vaincu qu'après l'avoir anéanti. Sa justice a été vantée; ce n'était rien de plus qu'une équité habile vis-à-vis de ses partisans. Dans une armée qui combat pour l'ambition du chef et les convoitises des subalternes, le seul lien est la confiance des soldats dans leur général, pour la répartition des dépouilles de l'ennemi. Takaoudzi l'avait compris; ce fut là sa justice, ou plutôt sa force. Vis-à-vis de ses adversaires, il ne connaissait guère que la rancune et la vengeance; une seule fois nous le verrons généreux. Après la victoire, il fut incapable de réfréner, dans son parti, les passions déchaînées. Sa popularité prouva qu'au Japon, comme ailleurs, l'esprit chevaleresque n'anima jamais qu'une minorité d'élite; son succès inaugura la démoralisation profonde, qui, vers la fin des Asikaga, plongea le Japon dans un affreux désordre. Les écrivains japonais sont rarement impartiaux; les passions de caste ou de secte, et les partis pris politiques les inspirent toujours. Personne n'a soulevé des passions plus violentes et plus durables que Takaoudzi; personne n'a été plus diversement jugé. Les historiens du siogounat ont pour lui l'indulgence facile, même au temps des Tokoŭgawa, qui pourtant se rattachent à une branche collatérale des Nitta. Pour les historiens du palais, il est le type abhorré du rebelle, et quand en 1868 les quatre clans du sud-ouest vinrent restaurer le pouvoir du Mikado, on a vu leurs guerriers, en entrant dans Kioto, courir aux temples pour y scier les têtes de ses statues et les exposer sur le pont de Sijô.

Pendant que Takaoudzi organisait son gouvernement et son armée, Godaïgo-Tennô ne pouvait en croire les rapports qui lui parvenaient. Il envoya un Kougné s'assurer de la vérité et inviter Takaoudzi à venir conférer avec son souverain. Takaoudzi déclina l'invitation et envoya à la Djouneko quelques-unes de ces curiosités naturelles chères au Mikado, en y joignant un mémoire calomniateur contre Yosisada. Godaïgo consulta de tous côtés et reçut de Yosisada un contre-mémoire exposant toutes les trames et les crimes de Takaoudzi dans les deux dernières années; il resta plus perplexe que jamais. Enfin arriva à Kioto, en novembre 1335, un des deux kéraïs de Morinaga, qui avaient suivi secrètement leur maître, et auxquels sont consacrés les deux édicules voisins du Kamakoura-no-mya. Tous les détails de la mort du prince furent révélés. Tiré enfin de son illusion, Godaïgo déclara Takaoudzi rebelle et le dégrada de ses dignités. Yosisada fut chargé de réunir l'armée, et reçut le sabre de justice qui doit trancher la tête de quiconque refuse l'obéissance à celui qui le porte.

Yosisada divisa ses troupes en trois corps. Les deux premiers, sous son commandement, et celui de Yosisoŭké suivirent le Tôkaïdô [1]; Takanaga-Sinnô, maintenant fils aîné de Godaïgo et commandant en chef nominal de l'expédition, les accompagnait. Le troisième corps, sous les ordres de Foudziwara-Sanéyo, avec Tadafousa-Sinnô commandant nominal, prit la route du Tôsandô ou Nakaséindô. Le prince Yosinaga, le futur Gomourakami-Tennô fut envoyé en Oosiou, portant à Kitabataké-no-Akiyé l'ordre de réunir un quatrième corps. Le rendez-vous général était devant Kamakoura.

---

1. Il s'agit ici des véritables routes, non des régions qui ont emprunté leurs noms.

PRISE DE KIOTO PAR LES REBELLES.

L'impétueux Yosisada rencontra Tadayosi en Mikawa, le battit deux fois à Tégosigawara sur la plage de Yahagni, et, chassant les vaincus devant lui, arriva rapidement jusqu'en Idzou, où il attendit un instant le corps du Tôsandô. Ne voyant rien paraître, il poursuivit imprudemment sa marche sur Kamakoura.

Les vaincus de Tégosigawara, en arrivant à Kamakoura, s'étaient présentés au yaski de Takaoudzi ; là, un vieux kéraï leur dit que son maître venait d'aller au temple de Kégne-tchô-dzi, qu'il se faisait raser la tête, et qu'il voulait se retirer dans une bonzerie. On court au temple ; Takaoudzi a les cheveux déjà coupés, mais non encore rasés ; les généraux s'écrient que rien n'est désespéré et le pressent de renoncer à son dessein ; Tadayosi présente un faux décret qu'il dit avoir trouvé sur le corps d'un ennemi : il n'y aurait point de pardon pour les Asikaga et leurs partisans, même pour ceux qui se soumettraient et se feraient bonzes ; les instances redoublent. Quand cette scène concertée eut assez duré, Takaoudzi alla retirer sa robe de bonze et reparut en armure devant l'armée qui l'acclama. Tous les guerriers se firent couper les cheveux à la mode nouvelle ; c'est ainsi que disparut la longue chevelure liée en touffe épaisse sur le sommet de la tête des anciens guerriers japonais [1]. Profitant de l'enthousiasme général, les Asikaga reforment l'armée et la mènent à l'ennemi, Tadayosi à l'avant-garde, Takaoudzi avec le corps principal.

Yosisoŭké était arrivé à Takénosïta, non loin de Hakoné ;

---

1. Certaines histoires, celle de la fidèle Késa, par exemple, qui se fit tuer dans l'obscurité en se faisant prendre pour son mari, montrent clairement qu'autrefois la chevelure d'un samouraï, une fois dénouée, était aussi longue que celle d'une femme.

il reçut le choc, repoussa Tadayosi, mais fut écrasé à l'arrivée de Takaoudzi. Yosisada assista de loin à la défaite de son frère ; une partie de ses soldats le trahirent et passèrent aux Asikaḡa, sous les ordres de Yéinya-Takasada[1] et de Ootomo-Sadamori ; il ne lui resta qu'à battre en retraite. La poursuite fut très vive ; Yosisoŭké eut quelque peine à dégager son fils Yosinarou qui, à l'âge de treize ans, combattait avec ardeur ; Yosisada fut serré de si près que son kéraï Yosimasa tua neuf ennemis à ses côtés. Le pont du Tégneriou-ḡawa (Tenriu) avait été coupé, peut-être par les fuyards ; Yosisada franchit le vide d'un bond en se tenant par les mains avec Yosimasa ; son cheval de bataille entraîné dans le courant fut sauvé par un soldat. Derrière le fleuve, les vaincus se rallièrent.

Yosisada, comptant trois mille guerriers autour de lui, refusa d'achever la destruction du pont. Résolu à tenir ferme, soit immédiatement derrière le Tégneriou, soit plus à l'ouest en Mikawa ou en Owari, il fit demander du renfort à Kioto. Malheureusement, les événements qui se précipitaient effrayaient tellement le Mikado qu'il n'osait plus se démunir de troupes, ni surtout se séparer de Masasigné. A la première nouvelle de la bataille de Takénosïta, Akamats-Norimoura, en Harima, se prononça pour les Asikaḡa ; en Sikok, et surtout dans la province de Tamba, aux portes même de Kioto, les soulèvements se multiplièrent. Le cheval de mille ris, donné, dit-on, au messager qui devait informer de toutes les révoltes, succomba de fatigue. En vain, Masasigné frémissant affirmait que les Nawa, avec un des Nitta, suffisaient à garder la capitale, que Takaoudzi seul était à craindre, qu'il fallait l'attaquer avec toutes les forces disponibles, que l'on pouvait avoir toute confiance en Yosisada soutenu de renforts suffisants ; en vain, il demandait à être lui-même envoyé en Owari où toute l'armée se concentrerait. Après du temps

---

1. Prononcez Yéin-ya.

perdu en conseils et en hésitations, le Mikado appela Masa-signé au palais, et, derrière son rideau vert, l'interrogea directement sur les causes d'une rébellion si subite et si générale. La Djounekô assistait à l'entretien. Masasigné répondit avec la franchise d'un soldat ; il exposa les injustices commises et toutes les fautes du gouvernement ; il formula en particulier trente et une accusations précises contre la Djounekô, qui sortit en rougissant de colère ; puis il demanda de nouveau la permission d'aller rejoindre Yosisada, qui lui fut encore refusée. La présence de Masasigné ne suffisait même plus à rassurer Godaïgo-Tennô, qui rappela près de lui Yosisada lui-même. Yosisada rentra ainsi à Kioto, en janvier 1336.

Takaoudzi, ne rencontrant aucune résistance, s'avança rapidement vers Kioto avec toute son armée. Connaissant bien ses adversaires, il s'en rapportait au Mikado et à son entourage pour désorganiser la résistance ; il ne s'effrayait pas d'avoir à se mesurer avec Yosisada ; il redoutait Masasigné, dont il reconnaissait la supériorité militaire, sans pouvoir comprendre la loyauté absolue de son caractère. Il fit donc, avant les opérations décisives, une tentative secrète auprès de Masasigné, à qui il proposait le partage du Japon ; il lui offrait pour sa part toute la région centrale, avec Kioto, se contentant, pour lui-même, des provinces de l'est, et pour son frère Tadayosi, de l'ouest et du sud ; il ne manqua pas de renouveler l'assurance qu'il guerroyait en ce moment, non contre le Mikado, mais seulement contre Yosisada, son ennemi personnel. Masasigné rejeta dédaigneusement ces ouvertures. Takaoudzi reprit sa marche sur la capitale.

L'armée du Mikado avait été disséminée de manière à garder toutes les routes à la fois. Yosisada était à Owatari, avec le quartier-général, à portée de Yamazaki où se trouvaient Yosisoüké, Foudziwara-Kimiyasou et le bonze Monkan. Un second corps, commandé par les Nawa et par Youki-Tiikamitsou, occupait Séta, à la pointe sud du lac Biwa, derrière le Yodo-gawa. Entre les deux, Masasigné était campé à Oudzi, près du temple de Biôdô-igne. Enfin, la réserve commandée par Foudziwara-Moromoto était en arrière à Minéno-dô à la porte de Kioto. Takaoudzi, arrivant à Yamazaki par le Minatokaïdô, trouva Yosisoŭké devant lui; Outsounomya-Kinetsouna[1] et Ootomo-Oudziyasou, passèrent du côté du Siogoun dès qu'il fut à portée. Affaibli par cette défection et attaqué par toute l'armée de Kamakoura, le corps des Nitta fut mis en déroute après un combat très vif; Yosiaki, fils de Yosisada, arrêta quelque temps la poursuite, faillit être pris par Kinetsouna, et regagna Kioto grièvement blessé; il annonça lui-même la défaite au Mikado qui le complimenta sur sa vaillance. Les autres corps se replièrent rapidement sur Kioto. La route principale était ouverte; la capitale n'était pas tenable; Masasigné proposa le seul parti raisonnable, la retraite sur l'Eïzan.

La retraite se fit en bon ordre. Godaïgo-Tennô, sur son chariot, emmenait les deux anciens Mikados de la branche Gofoukagousa; les Kougnés et la Djounekô suivaient à pied. L'armée fermait la marche. Deux des chefs les plus renommés quittèrent le cortège pour aller se signaler par des faits d'armes selon la mode japonaise.

Youki-Tiikamitsou simula une défection, dans l'espoir de pouvoir s'approcher de Takaoudzi et de le tuer au milieu de son armée; mais le soupçonneux Asikaga le fit recevoir par un de ses kéraïs qui lui demanda de déposer son sabre. Tiikamitsou tua l'envoyé, puis, entouré aussitôt d'ennemis, se donna la mort, lui et les siens.

Nawa-Nagatosi eut l'audace de retourner faire ses adieux au palais, au milieu de la ville déjà occupée par l'ennemi. Parti de l'Eïzan avec trois cents cavaliers, il livra dix-sept combats dans les rues, arriva avec trente et un survivants

---

1. Prononcez Kine-tsouna, comme il a été dit plus haut.

dans la cour du *Sisignedéin*, s'y prosterna, puis, tournant bride, regagna l'Eïzan. Derrière lui, le palais fut livré aux flammes.

Retour offensif et victoires du Mikado.

Concentrée sur l'Eïzan, et soutenue par les troupes de la bonzerie, l'armée du Mikado défiait toute attaque. Bientôt de puissants renforts la mirent en état de prendre l'offensive.

Akiyé avait fait avec diligence la levée militaire en Oosiou, et avait appelé à lui tous les Nitta restés dans les provinces de l'est. Descendant avec son armée, il arriva à la hauteur de Kamakoura après la bataille de Takénosïta. Jugeant bien que la partie décisive allait se jouer dans le Gokinaï, il laissa de côté Kamakoura, que gardait Yosinori[1] fils de Takaoudzi, continua sa route en doublant les étapes, refoula les rebelles qui essayèrent de l'arrêter, enleva le siro de Kamondjô, domaine d'un Sasaki, et arriva au bord du lac Biwa. Une flottille envoyée de l'Eïzan vint le prendre et le porta sur la rive opposée. En même temps, arrivait aussi, par le lac, Otatii-Oudziaki, amenant un contingent fidèle à travers l'Omi. Sans retard, on tint conseil; Akiyé demandait un peu de repos pour son cheval; Oudziaki prétendait que le sien avait tant couru que, une fois arrêté, il ne pourrait plus se remettre en mouvement; on résolut d'aller de suite surprendre Hosokawa qui s'était avancé jusqu'à Miidéra près d'Ots. Le soir même, Yosisada mena toute l'armée à Karasaki.

Le lendemain l'attaque commença avant le jour. Les soldats de Hosokawa étaient déjà en défense, armés de la longue lance que l'on dit avoir fait ce jour là sa première apparition sur un champ de bataille japonais; ils furent taillés

---

1. Appelé quelquefois à tort Yosiakira.

en pièces; un des *sitenno* de Yosisada, enfonça la porte du temple de Ondziô-dzi où ils étaient retranchés. Partout on fit une large moisson de têtes. La bataille gagnée, Akiyé arrêta ses soldats pour leur donner du repos ; Yosisada allait rallier les siens, quand son kéraï Tsounémasa, enflammé par l'ardeur du combat, lui montre dans quel désordre l'ennemi se retire, et lui dit que pareille occasion ne doit pas être perdue de le détruire et peut-être de prendre le génral. La poursuite commence acharnée; les fuyards ne se défendent plus et couvrent de leurs cadavres la longue route de Ots à Kioto. Yosisada franchit le Katio-san, arrive au temple de Tiiô-igne, et, le soir, contemple Kioto tout fourmillant de soldats.

Battre à lui seul Takaoudzi, reprendre Kioto sans en partager la gloire, ni avec Masasigné, ni avec Akiyé, — la tentation était trop forte pour que Yosisada put y résister. La supériorité numérique de l'ennemi ne l'effrayait pas; elle lui inspira au contraire un stratagème pour le combat du lendemain. Estimant, à juste raison, que, dans une armée comme celle des Asikaga, les hommes ne se connaissaient pas les uns les autres, il forma cinquante petits pelotons de ses propres soldats, leur fit prendre les insignes des rebelles, et les envoya, pendant la nuit, se glisser sur cinquante points différents de Kioto. Au matin, l'attaque commença. Le Kamo-gawa est moins un fossé pour la ville qu'un champ de bataille commode ; il s'y livra soixante combats, tous à l'avantage de Yosisada ; mais, au-delà du fleuve, les rues sont de facile défense et les vainqueurs ne pouvaient avancer. A l'approche de la nuit, les cinquante détachements de Nitta commencèrent à sabrer les Asikaga autour d'eux ; un tumulte général s'en suivit. Incapables de se reconnaître, les rebelles se tuaient les uns les autres ; ils finirent par évacuer la ville que Yosisada occupa entièrement. La journée paraissait gagnée. Takaoudzi, qui, à trois reprises avait menacé ses soldats de se tuer pour les ramener au combat, ne renonçait pas à la partie ; il reforma ses troupes hors de la ville, et, à la fin de la soirée, sachant les vainqueurs dispersés dans l'immense cité, les uns se reposant, les autres pillant, il les surprit par un rapide retour offensif et les chassa de Kioto. Les pertes des Nitta furent grandes ; la plus sensible fut celle de Fnada-Tsounémasa.

Le retour du corps de Sanéyo, envoyé par le Tôsandô vers Kamakoura au début de la campagne, vint à propos combler les vides faits dans l'armée.

Une seconde entreprise fut tentée sur Kioto, cette fois de trois côtés à la fois, par Yosisada, Masasigné, Akiyé. Sur les trois points, l'attaque réussit ; de nombreux combats se livrèrent dans les rues ; la situation de Takaoudzi pressé par Yosisada fut un instant critique. Le soir, les Asikaga se maintenaient encore en beaucoup d'endroits ; il eût été dangereux de s'exposer à de nouvelles surprises nocturnes ; l'armée du Mikado se retira à Sakamoto.

Pour s'emparer de toute la ville dans une seule journée sans avoirs recours à l'incendie, il fallait opérer par surprise. Masasigné imagina une ruse imitée de celle qui lui avait

Sguimoto,
le bonze pleureur.

déjà réussi à Akasaka ; il déguisa en bonze son kéraï Sgnimoto, habile dans l'art de feindre le désespoir, lui adjoignit plusieurs véritables bonzes, puis l'envoya dans la ville, annoncer que sept généraux, dont Yosisada et Masasigné, n'étaient pas revenus du dernier combat, et que l'on demandait leurs corps pour leur rendre les derniers devoirs. Takaoudzi, oubliant dans sa joie sa défiance habituelle, fit chercher de tous côtés, promettant une récompense à ceux qui retrouveraient les chefs les plus redoutés. On ne découvrit pas moins de treize Masasigné, sans compter les Yosisada. Sgnimoto reconnut pour véritables deux corps, dont Takaoudzi fit aussitôt enlever les têtes pour les exposer à la porte de la prison. Pendant ce temps, les prétendus morts, profitant de l'inattention et du tumulte général, étaient dans la ville, occupant au pas de course toutes les rues, entre le quartier-général de Takaoudzi au temple de Tôdzi, et le campement des troupes à l'emplacement de l'ancien palais. L'armée du Sioḡoun, ainsi coupée en deux avant d'avoir pu se reconnaître, fut vivement poussée et chassée de Kioto.

L'armée victorieuse séjourna quelque temps à Kioto. Yosisada, en aussi grande faveur maintenant qu'il avait été

Nitta-Yosisada aperçoit la Kôtô-no-Naïsi.
(D'après une gravure de Inéno dans le *Nihon-Siôsi*).

précédemment en disgrâce, y reçut du Mikado la main de la Kôtô-no-Naïsi, une dame du palais, à laquelle l'attachait une passion dont l'origine fait songer à nos vieux contes de chevalerie. L'année précédente, faisant une ronde de garde dans le palais nouvellement reconstruit, Yosisada avait été attiré par les sons d'un koto; il avait pu contempler la musicienne à travers la palissade et en était devenu éperdument amoureux; cet amour, qui paraissait sans espoir, lui avait même inspiré l'outa suivant : « Les larmes qui

« mouillent mes longues manches, c'est l'ombre de la lune
« (la Kôtô-no-Naïsi) qui restera au-dessus des nuages (à
« l'intérieur du palais réservé), inconsciente de les avoir
« fait verser [1]. » Le grand guerrier du nord avait alors
trente-six ans ; la Naïsi joignait, à tous les dons de la beauté,
les charmes de l'éducation raffinée que l'on ne trouvait qu'au
palais ; les nouveaux époux s'attachèrent tendrement l'un
à l'autre. Ce roman d'amour devait avoir des conséquences
fatales pour la suite des opérations militaires.

Les deux Asikaga, après leur défaite, avaient rallié leurs
forces dispersées à Tosima, derrière le Minato-gawa, appelant
de tous côtés des renforts. Il leur arriva bientôt, du
Kiousiou, une flotte et une armée, commandées par Ootomo-
Sadamouné, et, presqu'en même temps, du Sikok, une
troupe nombreuse, sous les ordres de Hosokawa-Jiôzéin,
levée dans les deux provinces d'Awa et de Sanouki, qui
avaient deux Hosokawa pour gouverneurs. Ils reprirent
l'offensive contre l'armée du Mikado sortie de Kioto. Un
premier engagement resta indécis. Une grande bataille se
livra ensuite à Nisi-no-mya, près de la forêt d'Ikouta. Masasigné surprit Tadayosi par une marche de flanc et le mit
en déroute ; Doï et Tokouno enfoncèrent le corps de Sadamouné ; toute l'armée siogounale se précipita en désordre
vers Hiogo pour regagner la flotte du Kiousiou.

Si Yosidada avait retrouvé, ce jour là, l'ardeur qu'il avait
montrée après la victoire d'Ondziôdzi, l'armée rebelle
pouvait être exterminée, ses chefs pris et la guerre terminée ;
il résista aux instances pressantes de Masasigné, fit
manger ses soldats, leur donna six heures de repos et
n'arriva devant Hiogo que dans la soirée, quand l'occasion
était perdue et la flotte remplie de guerriers. Les fuyards
s'étaient embarqués dans le plus grand désordre, les premiers
à bord repoussant à coups de sabre les nouveaux

---

1. Voir note II, 34°.

arrivants. La confusion se prolongea toute la nuit. Un samouraï de Hiogo, nommé Sirafouzi-Korémoura, en profita pour aller faire une attaque avec cent hommes de sa famille ; il mit le feu à plusieurs bâtiments; au milieu de l'obscurité, les soldats du Siogoun s'entretuèrent. Dans la panique, Takaoudzi, qui avait failli être pris par les assaillants, se fit débarquer à Wada-no-misaki, passa la nuit dans un temple, et de là gagna le Kiousiou sous un déguisement. Sirafouzi fut récompensé par le don d'un sabre; son nom fut changé en celui de Kitakazé, aquilon, que ses descendants portent encore à Hiogo. L'armée du Mikado ramassa le lendemain sur la plage un grand nombre de fuyards, pour qui la place avait manqué à bord, et qui s'empressèrent de faire leur soumission. Ces nouveaux partisans du Mikado n'eurent, pour prendre l'emblème des Nitta, qu'à noircir l'intervalle qui sépare les deux barres sur le *mon* des Asikaga.

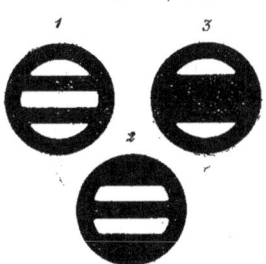

1. *Ftats-biki*, mon des Asikaga.
2. *Naka-gouro*, mon des Nitta.
3. *Ftats-biki* transformé grossièrement en *Naka-gouro*.

L'ARMÉE REBELLE SE RÉORGANISE.

Il eût fallu poursuivre les rebelles sans répit, pour réparer la première faute et recueillir les fruits de la victoire ; mais Yosisada ne songeait plus aux choses de la guerre. En vain, Masasigné le pressa de laisser Akiyé retourner seul à Kioto et d'aller étouffer, dans le Tiiougokou, la dangereuse rébellion des Akamats, lui offrant de commander son avant-garde, lui offrant de se charger de tout le service des vivres, lui offrant même de partir seul; le général voulut rentrer à Kioto et y rentrer avec toute l'armée. A Kioto, où il avait promis de ne rester que dix jours, Yosisada, tout entier à sa nouvelle épouse, se livra à une vie efféminée, d'où rien ne pouvait l'arracher. Au grand mécontentement de l'armée, le Mikado combla Yosisada d'une faveur exclusive, au moment même où il oubliait son devoir de soldat. Les vieilles dignités très enviées, correspondant à peu près à celles de capitaines des gardes du roi, furent données à Yosisada et à Yosisoŭké. Akiyé, mécontent, déclara qu'il eût accepté la prééminence de Masasigné, mais que ses propres services, que l'on oubliait, valaient bien ceux des Nitta; il reprit avec son monde la route de l'Oosiou. Masasigné, qui ne demandait jamais rien pour lui même, se vit refuser quelques modestes récompenses pour ses compagnons, et ne put même pas obtenir une audience privée de Godaïgo-Tennô. Se laissant gagner alors à l'irritation de ses soldats, qui comparaient sans cesse l'injustice du Mikado avec l'exacte équité de Takaoudzi, voyant toutes les affaires livrées à l'aventure et la cause légitime compromise avec autant de légèreté qu'avant la leçon des derniers événements, Masasigné se prit à désespérer de l'œuvre de sa vie; un jour, il s'ouvrit à son fidèle Onnti-Sakon et lui confia, avec ses regrets de n'avoir pas péri dans la dernière victoire, son dessein de trouver, dans la prochaine bataille, une mort digne de lui.

Pendant que l'armée du Mikado se désorganisait, les Asikaḡa travaillaient avec énergie à relever leur fortune. De la bande de fuyards rapportée en Kiousiou par la flotte, Takaoudzi refit une armée; Jiôzéin le rejoignit, amenant du Sikok de nouveaux renforts. Il battit complètement sur la plage de Tatara, près de Hakata, les partisans du Mikado commandés par Kikoutii-Takétosi, obligea ce dernier à s'enfuir dans les montagnes et se trouva maître des neuf provinces de l'île; le Satsouma même, peu porté à cette époque à se mêler aux querelles de Kioto, lui fournit son contingent, commandé par un Simadzou. Sentant bien que la situation de rebelle déclaré lui nuisait dans une partie du pays, il s'occupa d'avoir son Mikado à lui, dont il serait le Siogoun, au lieu de tenir sa dignité de sa propre investiture. Il entra en pourparlers secrets, à Kioto, avec l'ancien Kôgon-Tennô de Takatoki, lequel ne repoussa point ses avances ; il se déclara dès lors à la tête du parti de Kôgon-

Marou-ni-djou, mon des Simadzou, Daïmios de Satsouma.

Tennô, prisonnier dans Kioto. Dès le mois de mai 1336, les Asikaga se trouvèrent en état de marcher sur Kioto avec une armée plus puissante, et sans doute mieux organisée que celle de Kamakoura.

Tadayosi partit le premier du Kiousiou, traversa le détroit de Simonoséki et s'avança à travers le Tiiougokou, en appelant à lui les nombreux mécontents de cette contrée. Takaoudzi mit à la voile avec le reste de l'armée, se dirigeant directement vers Hiogo.

Après trois mois perdus dans Kioto, Yosisada, s'éveillant enfin à l'approche du danger, voulut entreprendre la soumission de Tiiougokou. Près de Himédzi en Harima, Akamats-Norimoura l'amusa par des négociations feintes, tout en achevant de se fortifier dans son siro de Sirahata, rompit ensuite, en refusant dédaigneusement l'offre d'une province que lui envoyait le Mikado, et, bien à l'abri derrière ses murailles, repoussa tous les assauts. Yosisada dut se borner à observer Norimoura, pendant que Yosisoüké pénétrait en Bizéin, où la présence des Kozima lui permit de remporter quelques avantages ; dans un de ces combats, Kozima-Takanori fut grièvement blessé. Bientôt, l'approche de Tadayosi changea la face des affaires ; Yosisoüké fut obligé de se replier sur le corps de Yosisada et les deux frères reprirent la route de Hiogo. Pendant la retraite, Kozima-Norinaga, père de Takanori, passant devant le siro de Sirahata, accepta un défi des Akamats très supérieurs en force, et, se voyant cerné, après une lutte acharnée, se donna la mort. Le Tiiougokou tout entier était livré à Tadayosi.

Masasigné était resté à Kioto. A Hiogo, Yosisada n'avait pas des forces suffisantes pour attendre Tadayosi, dont l'armée grossissait rapidement; il se sentait menacé par Takaoudzi dont la flotte approchait; il envoya donc demander du renfort au Mikado. Un conseil fut tenu au palais. Masasigné exposa nettement la situation. L'armée d'Akiyé partie, celle de Yosisada à demi désorganisée, on ne devait pas songer à risquer une grande bataille. Il fallait donc faire revenir Yosisada. Le Mikado, évacuant Kioto, se retirerait de nouveau avec Yosisada sur l'Eïzan, où il était sûr de tenir indéfiniment. Masasigné, pendant ce temps, dans sa province de Kawatii, se chargerait de couper les vivres aux rebelles et de les harceler jusqu'à ce que leur immense armée se fût fondue. On s'occuperait ensuite de reprendre la capitale. Toute l'histoire militaire du Japon montre la justesse de ces vues : Kioto est facile à prendre; mais on ne peut s'y maintenir qu'à la condition de posséder le pays voisin. Les propositions de Masasigné ralliaient les suffrages, quand le nouveau Sangui, le Kougné Kiôtada, créature dévouée de la Djounekô, les déclara trop timides; avec la présomption de l'ignorance, il affirma sa confiance inébranlable dans le secours de la providence pour assurer la victoire au Mikado. Très flatté d'un avis qui répondait à sa propre manière d'envisager les choses de ce monde, Godaïgo-Tennô décida que l'on donnerait la bataille. A l'issue du Conseil, Masasigné, prenant vivement à partie Kiôtada, lui déclara que c'était lui et la Djounekô les pires ennemis du Mikado bien plutôt que les Asikaga.

Plus tard, après les désastres du parti et la mort de Godaïgo-Tennô, la cour exilée en Yosino vengea Masasigné, en faisant payer de sa vie, à Kiôtada, sa funeste opposition à l'avis du sage général. L'âme altière du Kougné protesta longtemps; son youréi vint chaque nuit remplir le jardin du palais de ses imprécations contre le jeune Mikado, jusqu'au jour où la vaillante Iga-no-Tsouboné, venue au-devant du spectre à la lueur des mouches lumineuses, parvint à le convaincre de la justice de l'arrêt rendu contre lui.

La Iga-no-Tsouboné et le *Youréi* de Kiòtada.
(D'après un *nisikié* de Siouyén).

Rentré chez lui à l'issue du Conseil, Masasigné annonça froidement aux siens que l'heure des avis était passée et qu'il ne restait qu'à combattre. Il s'occupa d'assurer après sa mort la sécurité de sa famille et de son domaine, et, pour cela, il renvoya son fidèle allié Kégneko et ses kéraïs Wada et Onnti-Sakon, précieux appuis qu'il gardait à ses jeunes fils. Il défendit qu'on lui envoyât aucun renfort ; puis, après avoir été saluer une dernière fois la demeure du Mikado, il quitta Kioto avec son frère Masatsouyé et son fils aîné Masatsoura. On était au milieu de mai 1336.

Arrivé à Sakouraï-no-yéki [1], où la route bifurque sur Hiogo et sur le Kongôzan, Masasigné s'arrêta et fit ses adieux à Masatsoura : « Vous avez dépassé l'âge de dix ans, « mon fils, vous êtes donc en état de me comprendre. Il y « aura bientôt une grande journée, peut-être favorable, « probablement fatale au bien du pays. Je crois que vous « ne me reverrez pas. Quand vous aurez la nouvelle de ma « mort, vous saurez par là que toute la puissance est au « rebelle Takaoudzi. Que le soin de votre intérêt ne vous « fasse rien oublier de votre devoir; conservez intacte, au « Mikado, la fidélité de votre père. Tant qu'il restera des « Ksounoki, ralliez-les autour de vous, pour garder « ensemble, en méprisant la mort, notre siro du Kongôzan. « Sacrifiez tout à la bonne cause ; le devoir de la piété « filiale est, pour vous, de poursuivre mes desseins; ne « l'oubliez jamais. » Il remit ensuite à son fils un *makimono* où il avait résumé ses préceptes d'art militaire, et un sabre précieux qu'il tenait du Mikado. L'enfant pleurait et suppliait son père de l'emmener combattre et mourir. Masasigné le réprimanda doucement et lui fit prendre la route du Kongôzan. Ensuite, il se dirigea vers Hiogo accompagné de Masatsouyé. Sept cents cavaliers seulement étaient avec les deux frères ; mais tous avaient fait le sacrifice de leur vie ; tous étaient animés pour leur maître, dit l'historien des Ksounoki, d'une fidélité aussi fermement trempée que l'acier de leur sabre.

A Hiogo, Yosisada, surpris du petit nombre des compagnons de Masasigné, lui demanda s'il était vrai que, désespérant d'un parti où Godaïgo accumulait les fautes politiques et Yosisada les fautes militaires, il avait résolu de se faire tuer ; il le pressa de renoncer à un dessein si funeste à leur

---

1. Étape du puits du cerisier.

cause, lui promettant de prendre en tout ses avis. Masasigné se contenta de répondre qu'il avait renvoyé ses principaux kéraïs chez lui pour être prêt à tout événement, et il donna quelques conseils pour la prochaine bataille. Puis les deux chefs, faisant apporter du saké, se préparèrent aux libations de la nuit. Cependant la nouvelle des adieux de Masasigné à son fils était parvenue à Kioto ; Godaïgo-Tennô, en l'apprenant, eut la rapide vision de la puissance que Masasigné donnait à son parti et se décida subitement à suivre ses derniers avis ; il envoya l'ordre à l'armée de rétrograder sur Kioto et commença ses préparatifs de départ pour l'Eïzan. L'ordre arriva à Hiogo à six heures du soir. Masasigné avait pris un parti définitif, auquel il se regardait maintenant comme lié ; il s'opposa au départ immédiat, faisant remarquer que la nuit était pluvieuse et convenait mal pour le mouvement de l'armée ; la retraite fut remise au lendemain.

Le lendemain, 25 mai, le ciel était pur, et, sous le rideau de brume qui se levait, on aperçut, arrivant à toutes voiles, la flotte de Takaoudzi. L'ennemi en vue, le point d'honneur ne permettait plus de reculer ; on attendit. Presque aussitôt, du côté de Souma, Tadayosi déboucha au pied des montagnes. Yosisada se chargea d'arrêter le débarquement de Takaoudzi. Masasigné fit face à Tadayosi ; il refusa tous les renforts de Yosisada ; il renvoya même Kikoutii-Takésigné qui accourait se ranger près de lui avec les hommes du Kiousiou ; il recommanda qu'on le couvrît bien, par derrière, contre toute attaque venant de la mer ; enflammé par l'approche du combat, il renaissait à l'espoir et déclarait ne rien craindre de la multitude confuse et mêlée, amenée par Takaoudzi.

Désastre du Minato-gawa. Mort de Masasigné.

Les Ksounoki étaient formés en trois divisions, deux de

cavaliers commandées par Signi-Ouémon et Masasigné, la troisième d'hommes à pied sur trois rangs commandée par Masatsouyé. Tadayosi commença l'attaque en faisant avancer les Akamats. Signi-Ouémon disperse vivement les Akamats; Masasigné, chargeant avec tout son monde, enfonce le corps de Sikokou commandé par Hosokawa, celui de Satsouma, commandé par Simadzou, et arrive jusqu'au sommet d'une

Masasigné fait battre le rappel après les premiers engagements; à droite un guerrier montre l'armée de Takaoudzi qui débarque.
(D'après un *moucha-no-é* de Kouniyosi).

colline où Tadayosi faisait battre sa caisse pour animer les combattants. Masasigné aurait saisi Tadayosi, si à ce moment son cheval n'eût été tué sous lui. Tadayosi s'enfuit jusqu'à Ouéno. Masasigné s'arrête victorieux, fait manger et reposer ses hommes; il compte encore six cent quarante-six combattants autour de lui ; mais, regardant du côté de la mer, il voit se préparer derrière lui l'attaque qu'il avait redoutée.

Takaoudzi s'était présenté avec sa flotte, devant le cap

Épisode d'un combat livré, suivant le *Ehon-Nankôki* à la flotte de Takaoudzi. (Gravure de Siounguôsaï).

Wada-no-Misaki bordé de soldats de Yosisada; un archer célèbre Honma-Nagosiro, lui lançant un défi injurieux, avait, du rivage, tué un oiseau qui volait au-dessus des premiers bateaux, et, fixant sa carte à une flèche, l'avait envoyée dans le propre navire de Takaoudzi. Trouvant la plage trop bien gardée, le Siogoun avait feint un mouvement vers l'est et envoyé son avant-garde jusqu'à Nisi-no-mya. Yosisada trompé avait couru le long du rivage, au mépris d'un dernier avertissement que Masasigné lui envoya par un kéraï. Aussitôt Takaoudzi avait débarqué son armée à Wada-no-Misaki et fait occuper, jusqu'à la montagne, toute la plaine où s'élève aujourd'hui Kobé. Yosisada, quand il voulut revenir sur ses pas, fut repoussé avec pertes et rejeté dans le bois d'Ikouta. Masasigné se trouvait ainsi entre deux ennemis.

La deuxième bataille des Ksounoki fut engagée par Tadayosi, furieux de son échec du matin, qui attaqua à deux reprises; la seconde fois, il eut son cheval tué et vit tomber autour de lui ses meilleurs soldats sous le sabre des Ksounoki acharnés à l'atteindre. Les troupes de Takaoudzi, débarquées sous le commandement de Kô-no-Moronao, dont le nom apparaît pour la première fois dans une bataille, hésitaient à s'avancer; si grand était le prestige de Masasigné, que ses adversaires s'attendaient à tomber dans quelque terrible embuscade. Takaoudzi voyait le danger de son frère et criait à Moronao de se hâter. Tadayosi parvint à se dégager et recommença l'attaque, appuyé cette fois par les soldats de Takaoudzi. Masasigné le repoussa, puis, se retournant sur ceux qui le menaçaient par derrière, mit en déroute le corps de Moronao, deux autres corps qui suivaient et arriva jusqu'au rivage, ayant rejeté à distance tous ses ennemis. Il fit de nouveau déployer son étendard et battre par sa caisse le signal du ralliement; il compta encore autour de lui quatre cents combattants, qu'il ramena en bon ordre au nord du Minato-gawa et disposa autour d'une maison isolée.

L'héroïque troupe, entourée maintenant de tous côtés, fut attaquée à seize reprises; à deux heures de l'après-midi, elle ne comptait plus que soixante-treize survivants épuisés par la fatigue et la perte de leur sang. Masasigné entra dans la maison, avec les douze parents et les soixante soldats qui lui restaient; il ôta son armure et compta onze blessures sur

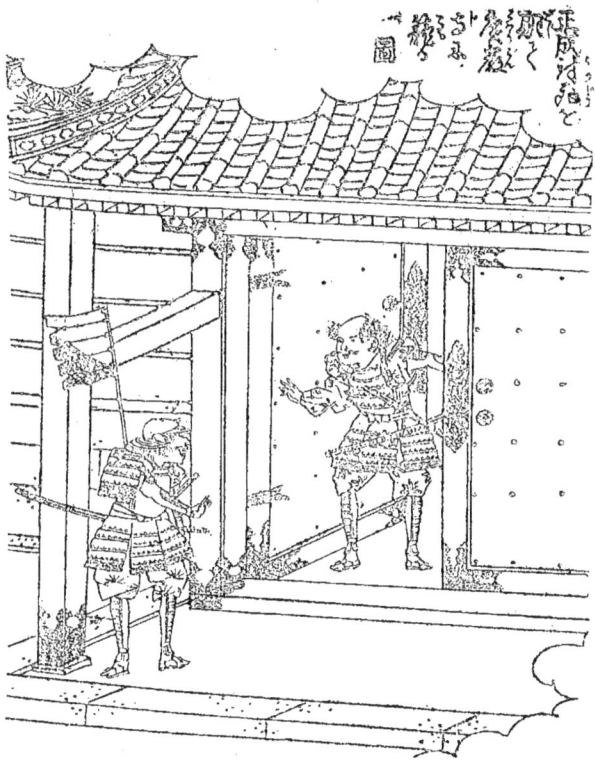

L'envoyé de Takaoudzi vient prier Masasigné et ses derniers compagnons de ne pas se donner la mort. (Gravure de Siounguiôsaï).

son corps; tous ses compagnons étaient, comme lui, hors d'état de se défendre. A ce moment entra un messager de Takaoudzi envoyé pour exprimer l'admiration de son maître; les Asikaḡa étaient satisfaits de leur victoire; ils souhaitaient tous deux voir Masasigné conserver la vie ; ils allaient faire retirer leurs troupes et laisser libre le chemin du Kawatii ; ils ne demandaient rien en retour. Masasigné répondit fièrement que, là où il voulait passer, il s'ouvrait le chemin lui-même ; mais il profita de l'offre généreuse de son ennemi pour renvoyer le plus jeune de ses compagnons, Tiikoudo-Marou, qu'il chargea de porter chez lui le récit de sa dernière bataille.

Masasigné s'assit ensuite avec calme au milieu de ses compagnons. Tous jurèrent de revenir sur terre exciter la haine des rebelles chez leurs descendants jusqu'à la septième génération, répétèrent dix fois la formule de prière et de serment, et se percèrent de leurs sabres. Un émissaire de Yosisada, frère cadet de Kikoutii-Takésigné, qui était venu à ce moment chercher des nouvelles, se tua avec eux. Ainsi mourut, à l'âge de quarante-trois ans, celui que le Japon regarde comme son plus grand guerrier, et le palais comme le plus fidèle sujet du Mikado ; son frère Masatsouyé avait trente-deux ans. Le Mikado actuel a fait élever à la mémoire de Masasigné le temple de Nankô [1] à Kobé, non loin des bords du Minato-gawa, témoins de sa fin héroïque.

Le soir de la bataille, Yosisada opéra sa retraite, combattant à l'arrière-garde en désespéré et n'échappant à la mort que par le dévouement de ses kéraïs. Il regagna Kioto avec les débris de son armée.

Le Mikado se retire sur l'Eïzan ; il abandonne ses partisans.

Godaïgo reprit le chemin de l'Eïzan. Les anciens Mikados Gofousimi et Hanazono, le Kôgon-Igne et son frère Youtahito-Sinnô refusèrent de l'y suivre, prétextant une maladie.

---

1. *Nan* signifie en chinois Ksounoki, ou camphrier ; *Kô* est un titre honorifique.

Takaoudzi, rentré à Kioto, y établit à Moromatii le siège du nouveau Bakoufou; de là vient le nom de Moromatii-oudzi, sous lequel la dynastie Asikaḡa est parfois désignée.

Fuite de Godaïgo-Tennô. (D'après Inéno).

Entre l'Eïzan et Kioto, tout l'été se passa en escarmouches, et parfois en batailles, où Nawa-Naḡatosi signala sa bravoure et l'archer Honma son adresse; Nagatosi fut tué dans un combat livré dans Kioto même. L'armée du Siogoun s'était rapidement fondue, et les forces s'étaient égalisées. Un moment, le parti du Mikado parut reprendre l'avantage; les paysans soulevés coupaient les vivres aux Asikaḡa; un renfort avait été amené par un Foudziwara; les bonzes de Nara promettaient de joindre leur contingent à celui de l'Eïzan; on résolut de tenter une attaque décisive. Yosisada fit jurer à ses cavaliers qu'aucun d'eux ne rentrerait sans avoir lancé au moins une flèche à l'ennemi; pour exciter les courages, Godaïgo-Tennô fit découper l'étoffe de son *hakama* rouge, dont chacun s'attacha un morceau sur l'épaule droite; c'est en souvenir de cette journée que l'armée du Mikado, en 1868, adopta son signe de ralliement rouge à l'épaule. L'attaque réussit d'abord ; les siogounistes furent refoulés, et une partie de Kioto occupée par les soldats du Mikado. Yosisada, son arc à la main, pénétra dans la cour du temple où Takaoudzi avait sa résidence ; il y lança à son ennemi un défi contenant l'aveu naïf des idées politiques des Nitta, qui, de même que les Asikaga et tous les Minamoto en général, ne se regardaient pas comme tenus à de grands devoirs d'obéissance vis-à-vis du souverain : « Sous les apparences d'une querelle entre un « Mikado et un Siogoun, s'écria-t-il, c'est en réalité la querelle « des Nitta et des Asikaga qui bouleverse le pays ; il y a trop « longtemps que le monde en souffre ; finissons-en aujour- « d'hui par un combat singulier ». Pendant que Yosisada attendait, en paladin, la réponse à son cartel, Takaoudzi reformait ses troupes, battait le Kougné Foudziwara-Taka-souké, et, délivré d'inquiétude du côté des bonzes de Nara qui n'étaient pas arrivés à temps, manœuvrait pour cerner Yosisada. Après avoir lancé une flèche sur la chambre de Takaoudzi, Yosisada, près d'être entouré, fut entraîné malgré lui par les siens et parvint à grand'peine à s'échapper de Kioto, blessé d'une flèche à la tempe droite. Cette nouvelle défaite découragea l'armée. Le Mikado désespéra de la protection céleste ; peut-être aussi eut-il occasion de reconnaître que la providence ne lui avait pas donné dans Yosisada un défenseur toujours respectueux et soumis.

Sur ces entrefaites, Takaoudzi, qui, au mois d'août, avait déposé son premier Mikado, le Kôgon-Igne, comme manquant de prestige, et qui l'avait remplacé par son frère Youtahito le Kômiô-Igne, jugea utile à sa cause de remettre la main sur le Mikado véritable. Les moyens les plus simples sont parfois les plus sûrs ; pour faire descendre Godaïgo-Tennô de son inexpugnable montagne, le rebelle eut recours à la seule persuasion. Il fit donc demander au Mikado d'accepter sa soumission et de venir habiter le palais de Tokio ; il eut l'adresse d'attirer dans son camp deux lieutenants de Yosisada à l'insu de leur maître, de les convaincre de sa sincérité et de les rallier à son projet. Godaïgo, sur l'avis reçu de divers côtés qu'il s'agissait d'une soumission très réelle, ajouta foi aux promesses du maître trompeur et commença incontinent ses préparatifs de départ.

Yosisada était en conférence avec ses officiers, quand il reçut du Kougné Sanéyo le premier avis de l'événement; il crut que l'émissaire avait mal compris le message dont on l'avait chargé; mais son lieutenant Sadamitsou, déjà mis en défiance par les mouvements insolites de la cour, voulut s'assurer, par ses propres yeux, de ce qui se passait, et trouva le Mikado monté sur son chariot et prêt à se mettre en route. Sadamitsou arrêta le cheval par la bride, rappelant vivement au Mikado les services de Yosisada, la prise de Kamakoura et la mort de Takatoki, les dangers courus depuis le soulèvement de Takaoudzi, le nombre des Nitta et de leurs partisans tués pour son service, qui s'élevait à huit mille; il lui montra la situation où son départ mettait son parti et le supplia de ne s'éloigner qu'après avoir fait venir Yosisada et cinquante des siens, qui se donneraient la mort devant lui. Godaïgo restait silencieux et songeur. Bientôt arrivèrent Yosisada, Yosisoŭké, Yosiaki et trois mille guerriers qui se rangèrent en silence devant les marches du vestibule. Le Mikado fit alors approcher Yosisada et Yosisoŭké, qui cachaient leurs sentiments tumultueux sous l'apparence du respect, et chercha pour eux des paroles de consolation : « Depuis la révolte de Takaoudzi,
« bien qu'appartenant à la même branche des Minamoto,
« vous m'avez fidèlement servi contre lui. Vous avez écarté
« de moi les dangers avec une constance inébranlable. Je
« suis satisfait de vos services; mon vœu est toujours
« d'étayer mon pouvoir sur les forces de votre clan pour
« pacifier le pays. Malheureusement l'heure du destin pro-
« pice n'est pas encore venue; l'armée est fatiguée. J'ai donc

« traité et conclu la paix, pour attendre des circonstances
« meilleures. A la vérité, j'aurais dû vous consulter d'abord;
« je voulais garder mes projets secrets, me réservant de vous
« les révéler dans une occasion favorable. Sadamitsou,
« quand il m'a parlé, ne connaissait pas le fond de mon
« cœur; je l'ai soigneusement écouté, et, ayant médité, je
« comprends ce que vous devez faire. J'ai entendu assurer
« qu'il reste, en Etiizéin, beaucoup de partisans fidèles de
« notre cause, avec les lieutenants que j'y ai envoyés autre-
« fois. Rendez-vous de suite dans cette province et occupez
« tout le Hokkokou. Comme il serait à craindre qu'après ma
« rentrée à Kioto vous fussiez considérés comme rebelles,
« gardez avec vous mon fils, le Kôtaïsi, que je vous confie
« expressément, et voyez en lui un autre moi-même. Je vous
« remets toutes les affaires militaires, grandes et petites
« (dans le Hokkokou?). Je souffre beaucoup de l'humiliation
« que vous cause mon départ. De votre côté, faites des efforts
« pour moi ». — En terminant, Godaïgo pleurait; alors,
touchés, officiers et soldats, tous versèrent des larmes, et
personne n'osa lever la tête, pendant que le Mikado descendait lentement vers Kioto.

Quelques guerriers, partageant la crédulité du Mikado,
l'accompagnèrent, entr'autres Honma, le célèbre archer.
Les promesses de Takaoudzi n'étaient qu'une ruse de guerre.
A Kioto, Godaïgo-Tennô fut incontinent enfermé au temple
de Kasan-igne; ses dignitaires civils furent dégradés et les
militaires emprisonnés; Honma fut mis à mort.

Dans la prison, Godaïgo Tennô retrouva l'énergie qui lui
était naturelle, dès que son devoir lui semblait tracé. Sa
fière attitude imposa à ses gardiens. Quand le Sioḡoun
réclama les emblèmes, il ne remit que les faux Signekis;
quand son abdication lui fut demandée, il opposa un refus
absolu. Takaoudzi, déçu, songeait à en finir par un assassinat. Au mois de décembre 1336, Godaïgo, sachant ses jours
menacés, s'enfuit avec Sanjo-Kangnésigné, le seul serviteur

qui lui eût été laissé. Il partit de nuit, en franchissant une palissade; deux chevaux avaient été préparés; les deux fugitifs, emportant les vrais emblèmes, gagnèrent d'une seule traite le Yosino; la légende veut qu'une lumière miraculeuse ait éclairé leur fuite.

Le Mikado en Yosino. Yosisada en Etiizéin.

En Yosino, le Mikado trouva l'hospitalité chez un bonze, ancien compagnon d'armes du prince Morinaga; il fit, de son temple, le *Anzaï* ou palais provisoire, dans lequel il devait finir ses jours et qui devait être la résidence habituelle de ses successeurs. Le Yosino est un district montagneux du Yamato, à treize ris environ au sud de Kioto, un peu dans l'ouest. La force de cette position tenait au voisinage du Kongôsan. Le redoutable clan des Ksounoki était déjà debout autour de son jeune chef, tout prêt pour la nouvelle tâche qu'apportait inopinément l'arrivée du Mikado. Les premiers guerriers qui vinrent se ranger autour de Godaïgo furent Masatsoura et son cousin Wada-Masaharou, avec une troupe d'élite levée en Kawatii et en Kii.

La fuite de Godaïgo-Tennô avait d'abord jeté le trouble dans le Bakoufou. Les officiers de Takaoudzi, effarés, étaient venus prendre ses ordres pour s'armer. Le Sioğoun les calma; il leur dit que le Mikado avait été un gros embarras, qu'il lui eût été également pénible de le garder en prison et de l'envoyer en exil, bref, que tout était pour le mieux et qu'il y avait seulement à surveiller les mouvements du fugitif. Ainsi le Mikado fut laissé en paix, jusqu'à sa mort, dans sa nouvelle résidence. Tous les efforts du Bakoufou se tournèrent vers un autre ennemi, que n'oubliait jamais la haine de Takaoudzi, vers Yosisada qui opérait sa retraite, de l'Eïzan vers l'Etiizéin.

Après le départ de Godaïgo-Tennô, Yosisada se rendit au

temple de Myôsi, où, déposant comme offrande un sabre précieux, il demanda au dieu de récompenser sa fidélité en lui donnant la victoire ou en lui suscitant un vengeur parmi des descendants. Il se mit en route dès le lendemain, emmenant, outre le Kôtaïsi, le prince Takanaḡa, fils aîné du Mikado. L'hiver commençait; l'armée du Bakoufou manœuvrait déjà pour couper la route de l'Etiizéin, sous les ordres d'Asikaḡa-Takatsouné. Arrivé à Siwôdzan, en Omi, Yosisada fut obligé de se jeter dans les montagnes couvertes de neige; mal garantis contre le froid, ses hommes endurèrent des souffrances terribles à Kinométogné; on brûla jusqu'aux arcs et aux flèches pour se chauffer un instant; beaucoup de soldats furent gelés; d'autres perdirent les mains; personne n'était en état de combattre quand parut l'avant-garde de Takatsouné. Doï se donna la mort pour échapper à l'ennemi; d'autres guerriers de renom furent faits prisonniers. Enfin, la rigueur de la saison ayant arrêté la poursuite, après avoir été si fatale aux fugitifs, Yosisada put descendre le versant nord des montagnes et arriver sur la baie de Tsourouḡa avec un millier d'hommes épuisés. Il se jeta dans l'étroite presqu'île de Kanéḡasaki, occupée par un siro de facile défense, et envoya Yosisoŭké et Yosiaki demander à Ouriou-Tamotsou, Djôsiou du siro de Somayama et partisan connu du Mikado, les secours que Godaïgo attendait de la province d'Etiizéin.

Guerre du Hokkokou et campagne de Kitabataké.

Tamotsou, trompé par l'avis que Takaoudzi avait déjà fait répandre de sa paix avec le Mikado et par un faux décret déclarant Yosisada rebelle, refusa l'entrée de son siro; mais son frère, le bonze Guikan, amena à Yosisoŭké quelques troupes envoyées par les bonzeries, et lui promit que le pays se lèverait bientôt. Yosisoŭké laissa son fils Yosiharou pour presser et diriger le mouvement et retourna avec Yosiaki du côté de Kanégasaki ; chemin faisant, il apprit d'un bûcheron que le siège était commencé ; cette nouvelle amena la désertion d'une partie de ses compagnons. Beaucoup trop faible pour attaquer l'ennemi, Yosisoüké fit confectionner des étendards au nom des Daïmios du pays ; les assiégeants prirent sa petite troupe pour l'avant-garde d'une armée de secours et se retirèrent à son approche, poursuivis par Yosisada. Les défenseurs de Kanégasaki eurent quelques jours de répit et purent se ravitailler.

Tadakagné apporte l'ordre de guerre au siro de Kanégasaki.
(D'après Inéno dans le *Nihon-Siôsi*).

Bientôt arriva une puissante armée du Bakoufou commandée par Kô-no-Moroyasou ; le siège fut repris avec vigueur ; les assauts se succédèrent sanglants pour les deux partis. Un blocus rigoureux fut établi ; cependant un émissaire venu du Yosino parvint à se glisser dans le siro, apportant l'ordre de guerre de Godaïgo contre les Asikaga. Les guerriers du pays savaient maintenant où étaient les vrais rebelles et commençaient à s'agiter. Tamotsou se déclara le premier avec ses quatre frères ; son exemple entraîna Satomi-Tokinari-Igà-no-Kami, principal Daïmio de la province. Bientôt fut réunie une petite armée, qui eut l'avantage dans plusieurs escarmouches. Le jeune Yosiharou, sachant combien étaient comptées les heures de la résistance possible de Kanégasaki, se désespérait à chaque jour écoulé. Touchés des angoisses du jeune homme, les mikadistes firent une tentative prématurée et furent écrasés par un ennemi trop supérieur en nombre. Satomi resta sur le champ de bataille avec Tamotsou, Guikan et un de leurs neveux ; Tamotsou avait renvoyé ses trois autres frères chez eux, ne voulant pas que toute la famille pérît dans une seule affaire. On a enregistré les paroles de la mère des Ouriou versant du saké à Yosiharou, après la bataille : « Je crains que mes fils « n'aient pas fait tout ce qui était possible, puisque le sei- « gneur Satomi a été tué. S'ils étaient revenus vivants, « je ne me serais jamais consolée. De leur mort, je me « console en pensant qu'ils sont tombés pour la cause « sacrée. »

A Kanégasaki, on continuait à repousser tous les assauts ; mais on attendait l'armée de secours avec une anxiété croissante. En mars 1337, les armes commencèrent à manquer et les vivres touchèrent à leur fin ; les généraux avaient sacrifié jusqu'à leur cheval de bataille. Yosisada et Yosiharou parvinrent à s'échapper de nuit, pour presser l'arrivée des libérateurs, laissant à Yosiaki le commandement du siro ; arrivés à Somayama, ils apprirent le dernier désastre. On tint de longs conseils, d'où rien ne pouvait plus sortir. Les assiégeants seuls recevaient des renforts. Le siro agonisait. Cinq cents défenseurs étaient encore debout, mais épuisés par la faim. Moroyasou, qui croyait tenir tous les Nitta, multipliait ses attaques, ne voulant pas même laisser à ses ennemis un instant pour se tuer comme Masasigné. Enfin, à bout de forces, Tomosigné et Akinobou, un *sitennô* et un *djourokki*,[1] viennent annoncer à Yosiaki que la défense ne peut

1. Au-dessous de ses quatre *sitennô*, Yosisada avait distingué dans son armée seize braves, qu'on appelait les *djourokki*.

plus durer que quelques instants et qu'il faut en profiter pour faire évader le Kôtaïsi; ils prennent ensuite avec eux les cinquante hommes les plus valides, chargent avec fureur les assaillants qui ont déjà pénétré dans le siro, les repoussent, les poursuivent et rapportent une horrible provision de cadavres ennemis, qui leur fournit un dernier repas. Ayant, à ce prix, retrouvé la force de manier le sabre, les défenseurs repoussent un nouvel assaut. Pendant ce temps, l'héritier du trône est caché au fond d'une petite barque qui est poussée au large et semble abandonnée sur la rade, mais qu'un nageur pousse vers le rivage. La barque atterrit; le Kôtaïsi se cache dans la maison d'un paysan et son sauveur retourne au siro partager le sort des siens. Le drame final avait commencé. Yosiaki annonce au prince Takanaḡa qu'il va se donner la mort, conformément à la règle d'honneur pour les fils des maisons militaires, mais que le sang des enfants du palais, au contraire, ne doit pas être versé. Le prince, souriant, répond qu'il ne survivra pas à ses compagnons et demande la manière de s'y prendre, qui ne lui a pas été enseignée. Yosiaki lui offre son exemple, s'ouvre le ventre de gauche à droite, suivant les règles, et tend son sabre à Takanaḡa. Comme sa main glisse sur la poignée sanglante, le prince saisit l'arme avec le bas de sa longue manche et fait *harakiri* avec toute la résolution d'un guerrier. Un Foudziwara, les deux Kibi, tous les derniers des compagnons célèbres de Yosisada et presque tous les soldats se tuèrent. Le sitennô Akitomo, qui combattait avec une énorme massue, sortit du siro, s'ouvrit un passage, gagna les bois et s'échappa. Les assiégeants, en entrant dans la place, trouvèrent douze survivants seulement, qui firent leur soumission en acceptant la honte du *kôsan*.

Après la prise de Kanégasaki à la fin de mars, l'année 1337 s'écoula paisiblement. On croyait Nitta-Yosisada et Wakya-Yosisoŭké au nombre des morts trouvés dans le siro. Le Kôtaisi avait été livré par les paysans d'Etiizéin;

il fut mis en prison, à Kioto, avec son frère Narinaga-Sinnô. Le jeune prince eut soin de ne pas révéler le secret de la fuite des deux chefs des Nitta.

Kitabataké-Akiyé et son frère Akinobou, dont le départ, au commencement de l'année précédente, avait affaibli si malencontreusement l'armée du Mikado, s'étaient retirés en Moutsou. Plus jaloux encore des Nitta, qu'irrités contre l'injustice de Godaïgo, ils n'envoyèrent aucun secours à Yosisada, pendant la guerre du Hokkokou ; mais, après sa défaite et sa mort supposée, ils se décidèrent à reprendre pour leur compte la lutte contre le Bakoufou. Ils avaient conservé avec eux le prince Yosinaga, troisième fils de la Djounekô. A leur appel, tous les cavaliers de l'Oosiou remontèrent sur les grands chevaux de Nambou. Hôjô-Tokiyouki, le rebelle de 1335, se ralliant à la cause légitime contre le nouveau Bakoufou, leur amena des renforts ; un bâtard de Yosisada, nommé Tokoudjou, vaillant guerrier, prit du service dans leur armée. En décembre 1337, les Kitabataké se mirent en marche ; en avant du Toné-gawa, ils rencontrèrent Yosinori qui gouvernait à Kamakoura au nom de son père et qui avait levé une armée dans le Kouanto. Les siogounistes furent vaincus et jetés dans la rivière, où ils se noyèrent en partie. Après sa victoire, Akiyé ne fit que traverser Kamakoura et marcha droit sur Kioto, suivant de près Yosinori en fuite ; il fut rejoint, chemin faisant, par Mounénaga-Sinnô, fils de Godaïgo, qui avait levé une troupe de guerriers, et il remporta encore quelques avantages ; ses rapides succès s'arrêtèrent lorsqu'il rencontra, en Yamato, l'armée du Bakoufou commandée par les deux frères, Kôno-Moronao et Kô-no-Moroyasou. Les Kitabataké purent encore pénétrer en Kawatii ; ils occupèrent l'Otokoyama, où Akinobou et Tokoudjou se fortifièrent ; puis la guerre se prolongea, pendant les premiers mois de 1338, avec des alternatives de succès et de revers. En mai 1338, Akiyé subit un sérieux échec ; il renvoya alors en Yosino les deux jeunes princes Yosinaḡa et Mounénaḡa, avec quelques soldats, et il se prépara pour une bataille décisive contre Moronao. Il fut vaincu et tué à Sakaï-oura, entre les villes actuelles de Sakaï et d'Ozaka. Moronao revint ensuite sur l'Otokoyama, en poussa le siège avec activité et s'en empara au mois de juillet; Akinobou et Tokoudjou purent s'échapper en Kawatii et, de là, regagnèrent le Moutsou.

En Etiizéin, Yosisada, parcourant le pays sous un déguisement pendant l'été 1337, avait rencontré un grand nombre de partisans du Mikado, auxquels le temps seul avait manqué pour se réunir pendant le siège de Kanéḡasaki. En apprenant le soulèvement des Kitabataké, il sortit de sa retraite et déploya sa bannière. La nouvelle de la prise de Kamakoura par Akiyé entraîna tous les indécis; bientôt Yosisada vit autour de lui les bousis du Kaḡa, de l'Etiizéin et de l'Etiigo. Asikaḡa-Takatsouné, revenu en hâte dans le Hokkokou, fut vaincu, à deux reprises, par Yosisoūké dans un combat d'avant-garde, par Yosisada dans une bataille rangée, et il fut obligé d'aller s'enfermer dans le siro d'Asoua. A cette nouvelle, Tadayosi furieux, tourna sa colère contre le Kôtaïsi qui l'avait trompé au sujet de la mort de Yosisada, le maltraita et le fit empoisonner. La malheureuse Djounekô expiait durement, dans ses fils, ses anciennes intrigues avec Takaoudzi.

Yosisada, après sa victoire, vit toute la province reconnaître son autorité et tous les siros s'ouvrir; il établit son quartier-général à Kokoubou, près du siro de Somayama occupé par ses soldats. Il était en mesure d'en finir rapidement avec Takatsouné et de rester ainsi maître de tout le Hokkokou, lorsqu'il reçut de Godaïgo-Tennô l'ordre d'envoyer, au plus vite, secourir l'Otokoyama vivement pressé par Moronao; l'ordre était urgent et écrit de la main du Mikado lui-même. Stimulé d'ailleurs par le désir de sauver son fils Tokoudjou, Yosisada détacha aussitôt la plus grande partie de ses forces sous les ordres de Yosisoūké, qui partit en toute hâte, apprit en route la chute de l'Otokoyama, et revint sans avoir rien fait. Pendant ces marches et contre-marches, Takatsouné fortifia les sept siros de Foudzisima qui couvraient sa position, et fut renforcé par les bonzes de Héiséindzi ; il se trouvait en mesure de résister quand Yosisada, pressé de regagner le temps perdu, se présenta pour l'attaquer, en août 1338.

Avant sa dernière bataille, Yosisada eût un rêve ; il était transformé en dragon et courait à la poursuite de Takatsouné. Il y vit un heureux augure ; mais, autour de lui, on ne partagea pas sa confiance, car c'est un proverbe au Japon que le rêve présage son contraire [1] ; de plus, un dragon

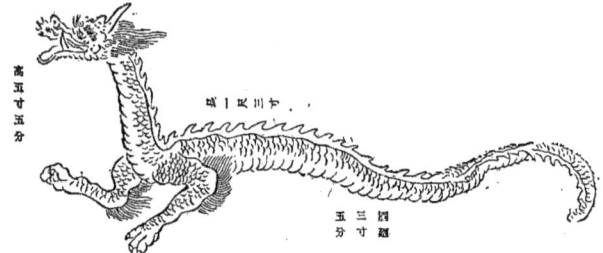

Dragon en bronze doré, du trésor du temple de Kouramayama, faisant partie de ceux qui ont orné l'armure des premiers Minamoto.

aurait dû voler et non pas courir. Dès le matin, Yosisada partagea son armée en sept corps, pour assaillir les sept siros à la fois. Un des corps attaqua en désordre, sans attendre le signal, et se fit vigoureusement ramener. En voyant la déroute des siens, le bouillant général s'élance avec les cavaliers qui l'entourent et s'engage sur un étroit sentier de rizière, au bout duquel il rencontre une ligne d'archers ennemis. Les cavaliers de Yosisada n'avaient point pris avec eux les pavois de bois, parfois recouverts de cuivre, qui, au XIV° siècle, avaient remplacé, pour se couvrir contre les flèches, l'outre en cuir gonflée d'air du temps de la guerre de

---

1. « Youmé wa, sakayoumé. »

Guémepé. Chevaux et cavaliers tombent percés de flèches. Les kéraïs couvrent leur maître et le pressent de fuir; il s'arrache à leurs étreintes, et, frappant son cheval des deux étriers, s'élance vers les archers. Le cheval tombe blessé; Yosisada se relève, veut courir encore, et tombe atteint mortellement d'une flèche au front; son dernier effort est pour se couper la tête. Yosisada termina ainsi, à l'âge de trente-huit ans, la courte et retentissante carrière, dans laquelle ses qualités de soldat n'avaient pu compenser son insuffisance comme général. Sa mort est digne de sa vie. Sa grande renommée s'explique à la fois par ses qualités et par ses défauts eux-mêmes, qui étaient, jusqu'à l'exagération, ceux de son pays et de son époque.

Les archers de Takatsouné jugèrent bien qu'ils avaient tué un chef d'importance; ils rapportèrent la tête à leur maître qui reconnut assez bien Yosisada, à ses traits et à sa cicatrice de la tempe gauche; on courut chercher l'armure et on y trouva l'ordre récent écrit de la main du Mikado; les sabres, aux *Oni-kiri*[1] bien connus, étaient les célèbres *Higné-kiri* et *Hisa-marou* des Minamoto. Cette fois, aucun doute n'était possible. Takaoudzi fit exposer la tête de Yosisada à la porte de la prison de Kioto, et, en récompense de ce grand triomphe, se fit élever par son Mikado à la deuxième classe du premier rang; c'est la plus haute dignité à laquelle un Sioḡoun puisse prétendre de son vivant; après sa mort, le Mikado lui accorde la première classe.

La Kôtô-no-Naïsi, qui s'était cachée en Omi pendant la retraite de l'Eïzan, accourait rejoindre son mari, au moment même où il périt ainsi; elle était arrivée la veille à Somayama et avait continué sa route vers Asoua; elle rencontra chemin faisant un des Ouriou, qui la ramena à Somayama où elle prit le deuil. Les progrès de l'ennemi l'obligèrent à fuir; elle alla se cacher dans Tokio, y trouva la tête de Yosisada,

---

1. Ciselures sur les lames représentant des diables coupés.

se fit aussitôt raser les cheveux et s'enferma, pour le reste de ses jours, dans la bonzerie de femmes de Nisiyama. De la

La Kôtô-no-Naïsi devant la tête de Nitta-Yosisada. (D'après Inéno).

Kôtô-no-Naïsi, Yosisada n'avait pas eu d'enfants; après la mort de Yosiaki, il lui restait de son premier mariage en Kodzouké, un seul fils, Yosimouné, encore enfant, qui devint le chef des Nitta; de plus, Tokoudjou fut pour ainsi dire légitimé par Godaïgo-Tennô, qui changea son nom en celui de Yosioki ou grand Yosi (le mot Yosi est caractéristique dans le nom des Minamoto et surtout des Nitta).

Après la mort de Yosisada, son armée se débanda comme frappée de panique. Yosisoûké put à peine retenir près de lui une poignée de soldats pour aller s'enfermer dans le siro de Kawaï; la nuit, ses hommes essayèrent de brûler le château. Il ne conserva que quelques compagnons dévoués, avec lesquels il occupa la forte position de Kokoubou.

Dernières mesures de Godaïgo-Tennô; sa mort.

Le parti du Mikado s'évanouissait de plus en plus. Le

Yosino avec le territoire des Ksounoki formait comme un îlot isolé dans une contrée hostile. Le seul grand pays resté fidèle était l'Oosiou. Godaïgo-Tennô en fit une sorte de vice-royauté confiée à son fils, Yosinaga-Sinnô, avec Minamoto-no-Tiikafousa pour conseiller ; Kitabataké-Akinobou gardait le commandement militaire et le titre de Tiignedzifou-Sio-goun. Le Hokkokou était rattaché à l'Oosiou. Le nord du Kouanto (Mino et Kodzouké), qui contenait les anciens domaines des Nitta, fut donné à Mounénaga-Sinnô avec Nitta-Yosioki et Hôjô-Tokiyouki pour lieutenants. Les nouveaux commandants furent lents à rejoindre le poste qui leur était assigné par le Mikado. Une tempête, qui les assaillit en route devant l'Idzou, les rejeta sur divers points de la côte, Akinobou en Isé, Tiikafousa en Hitatii où il s'établit au siro de Héki. On accuse aussi une tempête d'avoir fait périr le messager envoyé par Godaïgo-Tennô à Yosioki et à Tokiyouki pour leur prescrire de lever une armée, et on explique ainsi leur longue inaction. En réalité, le parti du Nantchô manqua toujours d'un chef militaire obéi ; les Mikados ne savaient pas être leur propre Siogoun.

En mars 1339, Godaïgo-Tennô appela près de lui Yosinaga-Sinnô et le proclama Kôtaïsi, en lui remettant le sabre appelé Tsoubokiri (1). L'investiture militaire, accomplie ainsi pour la première fois, a été conservée, dans la suite, pour la cérémonie de la transmission du pouvoir des Mikados.

Sentant sa fin prochaine, Godaïgo dicta, en août, un court testament conforme aux pensées de toute sa vie :

« Mon regret, en mourant, est de n'avoir pas exterminé les rebelles et pacifié le pays.

« Mon corps restera en Yosino, mais mon âme regardera toujours au nord, vers mon palais de Kioto.

« Que mes descendants poursuivent à jamais mes desseins

---

1. Nom qui signifie « coupeur de vases de bronze ».

contre les traîtres, sinon je les renie, et comme père et comme souverain. »

Il ferma ensuite les yeux et expira en tenant son sabre à demi tiré du fourreau. Il était âgé de cinquante-deux ans. Sa tombe est à Yosino-yama, derrière le temple de Nyôï-rigne-djô.

Godaïgo-Tennô était, au jugement de ses historiens, un homme d'un grand courage et très versé dans les anciennes lois, qui aima à voir par lui-même la manière dont ses fonctionnaires remplissaient leur devoir, et qui fit de grandes réformes. Pour le juger équitablement, il faut se reporter au milieu où il vivait : comparé à Gotoba-Tennô, il apparaît comme un prince d'un grand caractère. Profondément pénétré de sa mission, il imposa toujours le respect, même à ses adversaires ; personne, lui vivant, ne prit au sérieux les fantômes de Mikado créés par Takatoki, puis par Takaoudzi ; il restait l'unique Kondjô-no-Tennô, ou souverain régnant.

A la mort de Godaïgo, son entourage fut frappé d'épouvante ; tout le monde fuyait ou voulait fuir ; le bonze Sôsigne arrêta cette panique ; les Ksounoki arrivèrent au nombre de deux mille hommes sous le commandement de Masatsoura et de Masatomo ; leur présence rassura les Kougnés éperdus, et l'on s'occupa de proclamer le nouveau Mikado.

Une charge des Ksounoki. (D'après Siounguiôsaï).

CHAPITRE VI

LE SCHISME. — REVERS DU PARTI DU SUD

(1339-1348)

Wakya-Yosisoûkê.

Les idées sur la légitimité par droit de primogéniture, que nous avons héritées de notre moyen âge, n'ont jamais eu cours au Japon, au sujet du pouvoir d'essence divine du Mikado. Elles existaient cependant, les mêmes que chez nous, dans la féodalité des clans ; c'est ainsi que se sont succédé régulièrement les douze chefs des Minamoto, depuis Seïwa-Tennô jusqu'au dernier fils de Yoritomo. Les généalogies ont toujours été suivies chez les Kougnés avec un respect religieux. Bien plus, on assure pouvoir désigner aujourd'hui, dans un temple de la province d'Idzoumo, après des centaines de générations, le descendant direct et l'héritier selon le droit d'aînesse de Ama-no-Hosihomimi, fils adoptif d'Amatéras; il garde paisiblement, comme ses ancêtres, le Kokousô où les dieux doivent réunir chaque année leur congrès matrimonial; mais son antique origine, supérieure même à celle de Dzinmou-Tennô et de tous les Mikados, ne lui donne aucune importance politique. La transmission du pouvoir suprême n'a jamais connu d'autre règle que la volonté du prédécesseur et la désignation du Kôtaïsi, de même qu'à Rome, elle s'est opérée par voie d'adoption, quand les empereurs étaient assez forts pour se faire encore obéir après leur mort.

Parallèle entre les Mikados du nord et ceux du sud.

Les deux branches issues de Gosag̃a-Tennô descendaient, l'une et l'autre, d'un Mikado légitime; au point de vue du droit européen, la branche Gofoukag̃ousa serait la branche aînée; au point de vue japonais, la branche Kaméyama avait pour elle la préférence témoignée à la fin de sa vie par Gosag̃a, pour le plus jeune des deux fils qu'il avait placés successivement sur le trône. Si, d'autre part, on considère que, d'après un usage déjà ancien, la désignation du Kôtaïsi était faite bien moins par le Mikado régnant que par l'un des anciens Mikados ou Dziôkôs encore en vie, et si l'on tient compte de l'existence simultanée de deux dynasties rivales de Dziôkôs, on comprend facilement que le droit absolu de Godaïgo-Tennô de désigner seul son héritier légitime n'ait pas été admis d'une façon universelle. Les historiens japonais ont considéré, en effet, que le pays avait pu se partager, entre deux Mikados légitimes l'un et l'autre, ainsi que cela avait eu lieu d'ailleurs, pendant une courte période de la guerre de Guémepé; nous donnerons à ce partage le nom de schisme très propre à définir, en effet, dans notre langue, la situation à la fois religieuse et politique, qui n'empêchait pas le Japon de se regarder toujours comme formant un seul corps de nation.

La durée du schisme est fixée par les annales à cinquante-sept ans, son origine étant prise, non à la mort de Godaïgo, en 1339, mais bien à sa troisième fuite de Kioto, en 1336, et à sa retraite à Amano en Yosino. Il est assez difficile de comprendre comment, en sauvant ses jours par la fuite, Godaïgo-Tennô donnait à son rival de la dynastie nord, non reconnu jusqu'à cette date par les historiens, les droits qui lui manquaient auparavant.

Les deux dynasties ont reçu les noms de *Nan-tchô* et de *Hokou-tchô*, ou dynastie du sud et dynastie du nord, d'après la position géographique du Yosino, résidence de Godaïgo et de ses descendants, qui est au sud de Kioto où restèrent Kôgon-Tennô et ses successeurs. Leurs partisans sont, d'après cela, désignés par les noms de *Nantchô-gata* et *Hokoutchô-gata*, gens du sud et gens du nord; mais les contemporains les appelaient plus exactement les *mya-gata* et les *siogoun-gata*, c'est-à-dire les légitimistes et les siogounistes. Tous les véritables partisans du Mikado étaient, en effet, parmi les gens du sud, tandis que les gens du nord étaient simplement attachés au Siogoun, et capables pour la plupart de combattre le Mikado en son nom, aussi bien qu'au nom d'une dynastie rivale; c'était toujours le Bakoufou en face du Tiiôtéi. Enfin, la guerre entre les deux partis porte le nom de *Nambokoutcho-sô*, ou guerre du *Nambokoutcho*.

Les historiens, du moins les modernes, donnent le titre de Igne, et non pas de Tennô, aux Mikados du nord pendant la durée du schisme. Cette différence, qui marque la supériorité des droits du Nantchô avant l'abdication de son dernier représentant, n'est pas conforme à l'histoire, car tous les Mikados, dans les deux dynasties, ont porté le titre de

Tennô pendant leur règne pour prendre celui de Igne après leur abdication; mais elle se justifie par ce fait que tous les Mikados du nord, abdiquant de bonne heure, sont morts avec le titre de Igne, tandis que ceux du sud, sauf un, sont morts sur le trône. Nous adopterons les deux mots de Igne et de Tennô pour la clarté du récit.

Du côté du sud, pendant toute la durée du schisme, le Mikado règne; il est obéi religieusement, même quand il donne un ordre intempestif dans les affaires militaires; il est entouré de la vénération, on peut dire de l'adoration, de son parti, même quand sa jeunesse oblige à constituer une régence. Les Kougnés, aussi étrangers que le maître à la conduite des affaires, gouvernent le palais. Pas de Siogoun concentrant dans ses mains la puissance militaire, pas de finances, pas d'armée permanente et régulière, en dehors d'une garde formée de volontaires qui se tient toujours prête à défendre le palais contre une surprise. Tous les chefs de clans font leurs levées d'armes selon leur caprice, et tous viendront isolément se briser, malgré leur valeur personnelle, contre la puissance mieux organisée du Bakoufou. Incapables d'imprimer une direction générale aux opérations, les Mikados se trouvent cependant mêlés à chacune d'elles; tout gravite autour d'eux; il serait impossible de séparer leur histoire de l'histoire générale des événements.

Du côté du nord, l'organisation de Yoritomo a été conservée dans ses traits principaux. La seule grande innovation a consisté dans l'établissement du Bakoufou à Kioto même, près du Mikado du parti. Kamakoura n'est plus occupé que par un vice-siogoun, le *Kouanto-no-Kanréi*, ou gouverneur général du Kouanto, qui a dans le nord-est des attributions à la fois civiles et militaires, analogues à celles du chef du Dazaïfou en Kiousiou. Chaque Daïmio tient toujours prêt son contingent militaire, mais il n'entre en campagne que sur l'ordre venu de la capitale. Ainsi le gouvernement existe d'une manière complète et fonctionne régulièrement; mais, dans ce gouvernement, les Mikados ne tiennent aucune place, à telle enseigne que, selon le mot irrespectueux de Kô-no-Moronao, il y aurait tout avantage à les remplacer par des Daïbouts en bois comme ceux des temples ; on économiserait ainsi leurs frais d'entretien, et on s'éviterait l'ennui d'avoir à les saluer de loin, quand on passe devant le palais. L'histoire de la dynastie du nord est donc entièrement distincte de celle des événements militaires et politiques ; le mieux est d'énumérer de suite ces fantômes de souverains pour n'avoir plus à s'occuper d'eux.

Nous avons vu comment le Kôgon-Igne succéda au Kômiô-Igne ; ils étaient fils, l'un et l'autre, de Hanazono-Tennô, et nés de la même mère la Kognimon-Igne, une Foudziwara-oudzi. En 1348, le fils aîné du Kôgon-Igne, le prince Okinaga, appelé d'abord Masounaga, succéda à son père ; son nom posthume est Soko-Igne. En 1352, le frère du précédent, le prince Yônaga lui succéda ; son nom posthume est Gokôgon-Igne. En 1371, le prince Wônaga, fils du précédent, le remplaça ; son nom posthume est Goyéinyou-Igne¹. Enfin en 1382, le fils aîné du précédent lui succéda à l'âge de six ans ; c'est Gokomats-Tennô qui réunit les droits des deux dynasties et vit finir le schisme.

Ces Mikados du nord, qui comptaient pour si peu pendant leur règne, ne trouvaient même pas la sécurité et le respect après leur abdication. Le Kôgon-Igne en fournit l'exemple. Après son abdication, il devint, de Mikado, un Itii-Igne. Plus tard, il fut dégradé de cette dignité par le Sioḡoun lui-même, en exécution d'un traité avec le Mikado du sud. Quelque temps après, il fut pris par les gens du sud qui s'emparèrent un instant de Kioto ; après avoir été prisonnier à Kanabou en Yamato, il renonça définitivement aux honneurs, se fit raser la tête et devint bonze sous le nom de Siô-Kôtii. Le nom de *Siô* rappelait encore son

---

1. Prononcez Go-yéin-you.

origine; il l'abandonna, et, sous le nom de Kôtii, se mit à parcourir le pays en pèlerin, accompagné d'un seul bonze. Un jour, sur un pont, il rencontra une troupe de soldats de son propre parti, qui s'amusèrent à l'injurier et finirent par le jeter dans la rivière; son compagnon, par bonheur, était habile nageur et put le sauver au moment où il se noyait. Le pauvre Kôgon, devenu Kotii, toujours errant, finit par aller demander un refuge à la cour du sud; plus tard, il se retira dans un temple de la province de Tamba, où il paraît avoir enfin trouvé la paix et le repos.

Entre les deux partis du nord et du sud, le pays était réparti très inégalement. Dominant dans toutes les provinces du centre, en Tiiougokou, en Gokinaï, en Tôkaïdô, en Kouanto, le nord avait un domaine compact qui isolait les unes des autres, sans communications possibles, les provinces fidèles au Mikado.

Le parti du sud avait sa meilleure forteresse dans le Yosino, joint à la petite portion du Gokinaï occupée par les Ksounoki; son seul domaine étendu restait toujours en Oosiou; il disposait encore d'un coin de la province d'Etiizéin; enfin, il pouvait compter sur la province de Higo en Kiousiou, et sur celle de Yo, en Sikok.

A la mort de Godaïgo-Tennô, en 1339, son fils Gomourakami-Tennô n'avait que douze ans; les gens du sud se donnèrent un Siogoun, mais c'était un enfant, le prince Okinaga, fils de Morinaga; deux Kougnés, Foudziwara-no-Sanéyo et Foudziwara-no-Takasouké, prirent la régence. Les causes de faiblesse s'accumulaient ainsi pour le malheureux parti, au moment où les circonstances devenaient de plus en plus critiques.

Derniers combats en Hokkokou. Élévation des Kô.

On ne se battait plus que dans l'Etiizéin, où Yosisoŭké

occupait encore quelques siros. Takaoudzi vint l'attaquer en personne, à la tête des contingents de sept provinces, le chassa de toutes ses positions, le força à passer en Mino, le suivit et le traqua sans relâche. Il ne resta plus alors aux partisans du sud, en Etiizéin, que le petit siro de Kanabou près d'Asoua, à quelques lieues du Foukoui actuel, où Hatta-Tokiyosi, l'un des Sitennos de Yosisada, défia longtemps tous les efforts.

Kanabou est une position naturellement très forte ; la garnison, composée de vingt-sept hommes seulement, craignait peu la famine ; Hatta avait deux lieutenants dignes de lui, son kéraï Hatiiro et son neveu le bonze Kaïchoun, plus un chien, le *inou-sisi*, ou chien-lion, dressé à faire des reconnaissances et à renseigner ensuite son maître par les mouvements de sa queue. Takatsouné, qui commandait les assiégeants au nombre de trois mille hommes, après avoir

Un ivoire macabre.
(Coll. de M. Bertin).

livré des assauts désastreux, se contenta d'établir un blocus autour de la place, à l'aide de fortins élevés en dix-sept endroits. Alors Hatta multiplia les surprises. Chaque matin, la garde qui venait relever les postes en trouvait quelques-uns où toutes les têtes avaient été enlevées pendant la nuit. Une terreur superstitieuse s'empara bientôt des assiégeants qui tremblaient au seul nom de Hatta, du Sioḡoun Hatta, comme ils l'appelaient. Takatsouné envoya prier son adversaire de ne plus attaquer que de jour, en lui offrant en retour de riches présents ; mais Hatta refusa les présents et redoubla d'audace dans ses opérations nocturnes. Le siège aurait peut-être été levé par découragement ; mais Hatta voulut brusquer les affaires, et vint une nuit, en passant entre les postes, attaquer Takatsouné au milieu de son camp. Les soldats éveillés en sursaut par le cri des assaillants : « Le voici, le Sioḡoun Hatta », s'enfuirent dans toutes les directions et même se battirent entre eux ; toute l'armée s'éloigna dans le plus grand désordre. Mais Hatta et Kaïchoun avaient reçu l'un et l'autre des blessures mortelles, et, après leur mort, Kanabou fut abandonné. Tel est le dernier épisode des guerres tragiques du Hokkokou.

Pendant ce temps Yosisoŭké, après avoir soutenu un siège à Néwo, en Mino, s'échappait au moment où le siro était enlevé d'assaut, et, avec quelques parents et kéraïs, dernier reste de l'armée des Nitta, il traversait sous un déguisement les provinces d'Owari, de Iḡa, de Isé, et, par un long détour, arrivait à la cour de Yosino. Le jeune Mikado qui, dès son avènement, l'avait élevé au grade de général en chef ou *Guéin-soui*, vacant par la mort de Yosisada, reçut Yosisoŭké avec la plus grande distinction, lui donna un avancement de classe et distribua à ses compagnons les faveurs honorifiques dont il disposait. On murmura un peu dans le palais ; le régent Sanéyo déclara que cet accueil et ces récompenses à des vaincus rappelaient la rentrée de Taïra-no-Korémori à Kioto, après sa honteuse défaite par Yosinaka ; mais Takasouké lui ferma la bouche en disant que, si le palais s'était moins mêlé des affaires de la guerre, les armées auraient été moins malheureuses.

Yosisoŭké ne cherchait qu'une nouvelle occasion de combattre. Le parti légitimiste de Sikok ayant fait savoir qu'il était prêt à en entrer en lice, Yosisoŭké partit aussitôt pour se mettre à sa tête. Les kéraïs de Doï et de Tokouno étaient déjà en armes ; le Siouḡo de Yo, Oodaté-Oudziaki, parent des Nitta, avait levé tout le contingent de sa province ; l'arrivée d'un général renommé attira des bousis des autres parties de l'île ; la campagne s'annonçait bien, quand une maladie subite emporta Yosisoŭké en mars ou avril 1340.

La mort du général, que l'on s'efforça vainement de tenir secrète, jeta le désarroi dans l'armée ; les nouveaux enrôlés désertèrent en masse. A l'approche de l'armée du Bakoufou, Oudziaki fut obligé de s'enfermer dans son siro de Kawaé, sur le rivage de la mer, à la frontière de Yo et de Sanouki; il comptait sur sa flotte pour le ravitailler; une tempête emporta ses bateaux vers la côte de Bignego (Bingo) où leur chef accomplit quelques exploits stériles. Kawaé-djô succomba à la famine; Oudziaki et ses compagnons s'ouvrirent le ventre. Sinodzouka-Iga-no-Kami, le guerrier à la longue massue de fer, ne participa point au harakiri général; sortant du siro, son terrible kanabô à la main, il alla défier tous les guerriers ennemis en combat singulier, leur criant qu'il était le dernier survivant des sitennos de Yosisada, et qu'à venir prendre sa tête il y avait récompense à gagner et gloire à acquérir. Personne ne bougea; reculant lentement, Sinodzouka gagna le rivage, sauta dans un *fné*, dont à

Oni armé d'un *kanabô*, netské. (Coll. de M. Bertin).

lui seul il leva l'ancre et dressa le mât, à la grande stupeur du séindo réveillé en sursaut; puis il ordonna de lui faire traverser la mer intérieure, et s'endormit en poussant des ronflements qui achevèrent de terrifier le batelier. Sinodzouka mourut quelque temps après. Il restait de lui une fille, la Iga-no-Tsouboné, héritière de sa force herculéenne, intrépide contre les hommes aussi bien que contre les spectres, et, plus tard, femme de Masanori, troisième fils de Masasigné, dont elle partagea les exploits guerriers.

Vers la fin de l'année 1340, Kô-no-Moroyasou chassa le prince Mounénaga de la province de Mikawa où il cherchait à s'établir et le força de s'enfuir en Etiigo.

En juin 1341, une expédition plus importante fut conduite par Kô-no-Morofouyou contre Kitabataké-Akinobou qui faisait des progrès dans le nord du Kouanto et qui fut rejeté dans le Hitatii. La campagne se prolongea avec des péripéties diverses. La cour de Yosino s'émut. Minamoto-no-Tiikafousa, qui venait précisément de terminer et d'offrir au Mikado son traité sur les différents devoirs des fonctionnaires, partit avec le jeune Siog̃oun du sud, battit

La Iga-no Tsouboné, attaquée par deux guerriers, les renverse avec un tronc d'arbre.
(D'après Siouyéin).

Morofouyou et l'obligea à lever le siège d'un siro défendu par Akinobou. Toutes les provinces du nord-est se levèrent un instant; puis le zèle se refroidit; il y eut des défections inattendues. Tiikafousa et Akinobou réduits à la défensive se virent enlever, en 1343, tous leurs siros en Simôsa; le premier revint en Yosino; le second regagna son château de Sirakawa en Moutsou. Les hostilités cessèrent partout.

La trêve dura jusqu'en 1347. Aucun des deux partis ne renonçait à la lutte, car la pensée d'un partage du Japon entre les deux dynasties n'a jamais été admise. Les Ksounoki attendaient que leur chef fût en âge de les mener à la guerre; dans les autres provinces, le parti légitimiste, sans être dompté nulle part, se sentait impuissant partout. L'inaction du Siog̃oun, qui, maître de presque tout le pays, eût pu en finir par un effort vigoureux, s'explique par les dissentions intérieures du Bakoufou. Takaoudzi, après avoir su restaurer à son profit la puissance des Hôjô, s'était montré incapable de dominer ses turbulents partisans; l'autorité avait peu à peu glissé, de la main des Asikag̃a, dans celle des Kô et surtout de Moronao chef de la maison. Dans les autres clans, on consentait encore à défendre le Siog̃oun quand le

Mikado du sud devenait menaçant; mais on eut refusé tout concours pour des expéditions offensives nécessairement dirigées par l'un des frères Kô. L'histoire célèbre de la mort de Yéinya-Takasada, en 1348, montre à quel degré d'audace Moronao était arrivé, et à quelle impuissance Takaoudzi se trouvait réduit dans son propre parti. Yéinya, l'un des premiers Daïmios du parti du Sioḡoun, comme on l'a vu plus haut, avait une femme d'une grande beauté que convoitait Moronao, et il vivait retiré dans son siro en Idzoumo. Moronao, sans plus de scrupules, envoya une troupe de soldats commandée par ses kéraïs surprendre le siro, tuer Yéinya et lui ramener la femme. C'est en souvenir de cet événement que, dans le drame populaire des quarante-sept ronines, lorsque la police des Tokoūḡawa interdisait de présenter sur la scène des personnages historiques véritables, l'odieux Kira-Kôtsouké portait le nom de Moronao, et sa victime Asano-Takoumi-no-Kami, le nom de Yéinya. Kô-no-Moroyasou ne souleva guère moins d'indignation que son frère, le jour où il commit le sacrilège de déterrer Souḡawara, pour se faire bâtir une maison de campagne sur l'emplacement de sa tombe.

Rentrée en ligne des Ksounoki. — Prise de Kioto.

Tandis que le parti du Sioḡoun était réduit à l'impuissance par les crimes, les haines, les défiances de ses principaux meneurs, le clan des Ksounoki se relevait de son désastre du Minato-ḡawa.

Le deuil avait été profond, dans le siro d'Akasaka, à l'arrivée de Tiikoudo-Marou; sa lugubre mission remplie, le fidèle messager s'était percé de son sabre, ne voulant pas survivre à son maître, ni mourir moins bien que les héros dont il avait raconté le dernier sacrifice. Puis était arrivée la tête de Masasiḡné, envoyée par Takaoudzi à sa famille qui reçut en pleurant la glorieuse relique. Le jeune Masatsoura s'était retiré dans une chambre, pour se donner la

Tiikoudo-Marou se perce de son sabre.
(Gravure de Siounguidsaï).

mort avec le sabre d'adieu de son père; mais sa mère, pénétrant son dessein, était venue reprendre l'arme en lui rappelant les devoirs légués par Masasigné; renonçant à sa pensée de suicide, il avait voué sa vie à l'unique but d'accomplir la volonté paternelle. Les kéraïs avaient voulu que Masatsoura devînt immédiatement leur chef, bien qu'il n'eût pas encore accompli le *Guéme-pkou*. Une alliance solide avait été conclue avec Kégnekô et les amis de Masasigné. Les études militaires et les exercices aux armes avaient été poursuivis sans relâche. Dès 1340, Masatsoura avait reçu du Mikado le commandement de la garde chargée de veiller sur le palais provisoire; bien que de faible constitution, il était, en 1346, un guerrier accompli, d'une habileté sans égale à manier l'arc et le sabre, très instruit dans les secrets de la tactique; il était l'idole et l'espoir de son parti.

En 1346, une des dames du palais de Yosino chargées de la garde des signekis, la Béne-no-Naïsi, fille d'un Kougné mis à mort en 1331 par Takatoki, était célèbre pour sa beauté et pour ses talents poétiques. Moronao se rappelait l'avoir rencontrée encore enfant, au temple de Simidzou ou de l'eau limpide, tandis qu'elle y priait et que lui-même était venu contempler les fleurs; il conçut le dessein de l'enlever. Un jour donc, la Béne-no-Naïsi reçut au palais de Yosino une fausse lettre de sa mère la pressant de venir la voir; le porteur était accompagné de trente kéraïs déguisés en hommes du pays maternel. Sans défiance, la jeune fille monte dans son kago fermé. Bientôt elle s'aperçoit que l'on va vers Kioto; elle ordonne de changer de route, n'obtient pas de réponse et éclate en sanglots. A ce moment, un pas de chevaux se fait entendre; c'est Masatsoura qui vient, avec quelques cavaliers, prendre pour la nuit son tour de garde au palais. L'escorte craint par son nombre d'exciter les soupçons, fait déposer le kago et se cache derrière les buissons. Masatsoura qui passe entend pleurer, s'approche,

Masasoura et sa mère devant la tête de Masasigné.
(Gravure de Siounguiôsaï).

interroge; aussitôt les kéraïs de Moronao surgissent, prêts à défendre leur proie. Les sabres sortent du fourreau; les traîtres sont en déroute; la Béne-no-Naïsi rentre au palais d'Amano avec sa nouvelle escorte.

Le Mikado voulut couronner un roman si bien commencé, et il offrit la Béne-no-Naïsi en mariage à son sauveur. Le jeune guerrier répondit en improvisant un outa élégant et mélancolique : « D'aucune manière, en ce monde, « je ne resterai longtemps; dans une union qui serait éphé-

« mère, je n'engagerai point ma vie [1]. » — La Béne-no-Naïsi écoutait, dit-on, et la tasse qu'elle tenait lui échappa des mains ; elle se promit, elle aussi, de n'être jamais à personne, et elle tint son vœu en s'enfermant dans une bonzerie à la mort de Masatsoura.

Au commencement de l'année 1347, Masatsoura, arrivé à l'âge de vingt-deux ans, sentit l'heure venue pour lui d'accomplir sa destinée en faisant une guerre à mort aux Asi-

Les kéraïs de Moronao se présentent sous un déguisement chez la Béne-no-Naïsi.
(D'aprês Siounguiôsaï)

kaga. Les vieux compagnons d'armes, que Masasigné avait voulu conserver si précieusement à ses fils, en les renvoyant au Kongôzan avant la bataille du Minato-gawa, Onnti-Sakon, Wada-Masato, etc., étaient tous morts depuis cette époque, emportés par une épidémie qui vint ravager le Kawatii peu de temps avant la mort de Godaïgo-Tennô ; puis Kégnekô était mort à son tour. La sagesse allait donc manquer, dans les conseils du jeune chef, pour prévenir les témérités, prématurément suivies de résolutions désespérées. Pour la vail-

---

1. Voir note 11, 35°.

lance, les fils valaient les pères; à l'appel de Masatsoura, toute la chevalerie des Ksounoki fut bientôt en campagne.

La première année ne fut qu'un long succès. Le Bakoufou avait longtemps dormi; il fut réveillé par les incursions des Ksounoki, pénétrant jusqu'en Setsou sans rencontrer de résistance. La première armée du Siogoun, conduite par Hosokawa-Tokioudzi, fut trompée par une fausse attaque de Masatsoura sur Yao, attirée dans une embuscade et défaite dans la forêt de Konnda; elle s'enfuit jusqu'au temple de Tennodzi, où elle se retrancha pour attendre des secours. La seconde armée, accourue pour délivrer la première, fut surprise et vigoureusement attaquée à Wôriyouno près de Smiyosi, par Masatsoura qui se trouvait là sur le théâtre des exploits de son père; elle fut enfoncée, mise en pleine déroute; son général, Yamana-Tokioudzi, couvert de blessures, ne dut son salut qu'à la vitesse de son cheval. Alors les assiégés de Tennodzi s'enfuirent de leur refuge; mais ils furent atteints par les vainqueurs et précipités dans la rivière de Watanabé. Dans cette circonstance, Masatsoura, fidèle aux exemples paternels, sauva beaucoup d'ennemis en danger de se noyer, et fit un grand nombre de prisonniers, dont la plupart s'enrôlèrent dans sa troupe.

La nouvelle de ces deux victoires rallia des partisans, et Masatsoura se trouva bientôt à la tête de plus de deux mille cavaliers. Ce n'était pas suffisant pour entreprendre une campagne en règle; mais c'était assez pour tenter mieux que des escarmouches et des surprises de siro. Sûr de ses hommes et confiant dans la fortune, Masatsoura forma l'audacieux dessein d'aller surprendre ses ennemis au cœur de la capitale. Pendant qu'une expédition des siogounistes, au sujet de laquelle l'histoire générale ne concorde pas avec la biographie toujours romanesque des Ksounoki, venait le chercher au fond de sa propre province, il se dirigea rapidement sur Kioto et y pénétra de nuit sans coup férir. L'alarme n'était pas encore donnée dans la ville que déjà les Ksounoki, en trois détachements de sept cents cavaliers chacun, attaquaient les trois yaskis de Takaoudzi, de Tadayosi et de Moronao. Le combat fut court chez Tadayosi et Moronao, les kéraïs tués, la maison livrée aux flammes; toutefois, les maîtres eurent le temps de s'enfuir par derrière; Moronao avait reçu quatre flèches, mais ses blessures étaient légères. Au yaski de Takaoudzi, que Masatsoura attaquait en personne, il fallut livrer une bataille acharnée; les servantes étaient accourues au premier bruit sous la conduite de leur maîtresse, et, le nagninata à la main, opposaient une résistance furieuse; l'une d'elles, du nom de Tiika, se distingua

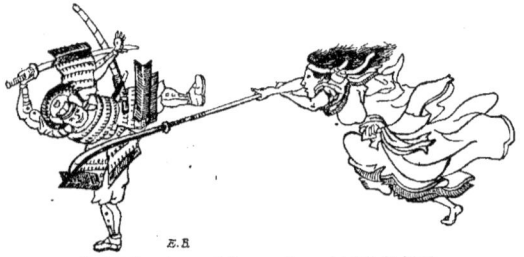

Combat d'une femme et d'un guerrier. — Le coup du jarret.
(D'après Guiokouran-Sadahidé)

surtout par ses exploits; le nombre des morts fut grand de part et d'autre. A la fin, le yaski fut pris d'assaut et incendié; la femme de Takaoudzi se jeta dans les flammes. Le Sioḡoun, blessé dès le début de l'action, avait été enlevé par ses *kigne-dzi*, ou gardes du corps, qui le firent passer par dessus la palissade d'enceinte; il s'était enfui hors de Kioto. Les trois chefs du Bakoufou s'étant échappés, le but de la surprise était manqué; mais au matin Masatsoura se trouva maître de Kioto par la retraite de ses adversaires.

Pour tenir dans Kioto, il eut fallu des forces considérables. Masatsoura lança un appel au nom du Mikado à tous les bousis de la contrée, mais personne ne vint; le nord du Gokinaï et les provinces avoisinantes ne reconnaissaient que l'autorité du Sioḡoun. Takaoudzi, Tadayosi et Moronao, qui s'étaient rejoints en Omi, n'eurent pas de peine à réunir une puissante armée dont Moronao prit le commandement. Masatsoura se vit donc obligé d'évacuer Kioto que vint occuper aussitôt un lieutenant de Moronao ; la ville fut livrée à la violence des soldats, événement assez rare dans les annales du Japon.

En janvier 1348, tous les meilleurs guerriers du Bakoufou se trouvaient réunis à Kioto, en nombre imposant, prêts à aller tirer vengeance de l'affront de l'année précédente ; Moronao et Moroyasou se mirent à leur tête, annonçant qu'ils allaient d'abord brûler le palais provisoire, où, depuis dix ans, Takaoudzi avait laissé vivre en paix Godaïgo et Gomourakami.

Bataille de Sidjo-nawatté.

De son côté, le Mikado fit lever tout ce qu'il put de soldats dans le pays ; il trouva d'assez nombreuses recrues, mais c'était des hommes isolés, sans habitude de la discipline, sans expérience de la guerre ; les chefs manquaient ; il eût fallu du temps, pour faire, de cet assemblage sans cohésion, une armée véritable. Les Ksounoki à eux seuls étaient trop peu nombreux pour tenir tête à l'orage. C'était là une de ces circonstances, dans lesquelles Masasigné savait si bien plier un instant pour se redresser ensuite. Masatsoura réunit toutes ses forces au palais provisoire, appela près de lui son frère Masatoki, ses principaux parents et kéraïs, laissant seulement à Tiiwaya son second frère Masanori, et décida d'aller au-devant de l'ennemi. Si la victoire était incertaine, une mort glorieuse était assurée. Les parents et les kéraïs de Masatsoura s'associèrent à sa résolution.

Le départ pour la bataille se fit avec un cérémonial inusité.

Masatsoura porta au Mikado son adieu suprême, qui a été conservé :

« Mon père a été le secours et la consolation de Godaïgo-
« Tennô dans sa détresse. Avec une poignée de braves, il a
« détruit alors une immense armée. Plus tard, quand le
« pays est retombé dans l'anarchie et que les traîtres ont
« surgi de tous côtés, il s'est offert en holocauste à la cause
« sacrée dans la bataille du Minato-gawa ; je n'avais alors
« que onze ans ; il me fut prescrit de rentrer en Kawatii
« pour veiller à la conservation de notre famille et venger
« un jour mon père et mon souverain. Aujourd'hui, je suis
« en âge de combattre. Mes membres ne sont pas robustes ;
« ma constitution est maladive ; je ne puis me promettre de
« longs jours. Il faut que je me hâte, si je veux mourir sur
« un champ de bataille. Finir sur le *tatami* serait d'un kéraï
« infidèle à ses devoirs pour le Mikado et d'un fils parjure à
« la volonté paternelle. L'heure du sacrifice est donc venue
« pour moi ; je rapporterai la tête du Sioḡoun, ou je lui laisse-
« rai la mienne. Je présente ma dernière adoration au
« maître du ciel. »

Gomourakami-Tennô souleva le voile vert, qui cache le Mikado aux simples mortels, et répondit, en détournant Masatsoura des héroïsmes stériles : — « La fidélité des Ksou-
« noki est la joie et l'espoir de ma dynastie. Nos récentes
« victoires ont déjà affaibli les rebelles ; ma meilleure espé-
« rance repose sur vous. En ce moment, l'ennemi s'approche
« avec de grandes forces ; c'est une crise passagère en ces
« jours de hasard et de danger. La sage tactique du guer-
« rier n'est-elle pas d'attendre l'occasion propice? Vous êtes
« comme un membre de mon propre corps ; ménagez-vous
« pour moi. » Masatsoura comprit ; les larmes lui vinrent
aux yeux ; mais sa résolution était inébranlable.

Après l'audience, Masatsoura alla inscrire, dans le temple funéraire du tombeau de Godaïgo, les noms des cent quarante-trois parents et kéraïs qui s'engageaient à partager son sort dans la bataille. Il se rendit ensuite au temple de Nioïri-

Masatsoura inscrit un *outa* sur la muraille du temple de Nioïrignedô.
(Gravure de Siounguiôsaï).

gnedô, où Gomourakami avait l'habitude d'inscrire les poésies que lui inspirait le souci de la rébellion ; là, de la pointe d'une flèche, il grava un outa célèbre, digne du jeune guerrier qui ne voulait d'autre fiancée que la mort : « La flèche « lancée ne retourne point à l'arc; ayant médité, je sais « que, comme elle, je ne reviendrai pas du combat. Dès « maintenant, j'entre parmi les choses qui ne sont plus. De « Masatsoura, il ne va rester qu'un nom [1]. »

Masatsoura partit à la tête de trois mille sept cents cavaliers ; près de lui, le gros de l'armée formait une masse un peu confuse, sous le commandement de Foudziwara-Takasouké. Moronao s'avançait avec ses troupes divisées en cinq corps, les quatre premiers sur deux de front, le cinquième, où il se tenait lui-même, formant la réserve. La rencontre eut lieu à Sidjô-nawatté, entre le Sidjô-ḡawa et la chaîne de montagnes qui, vers le sud, aboutit au Kongôzan.

Pendant que l'on s'abordait de front, Masatsoura tourna, en escarmouchant, les premiers corps ennemis, et alla tomber sur celui de Moronao. Pendant la matinée, les succès se balancèrent. Masatsoura battit successivement les Hosôkawa et les Nikki ; l'armée de Takasouké recula devant ses adversaires, et ceux-ci, libres de leurs mouvements, se retournèrent et firent plier l'arrière-garde des Ksounoki.

Arrivé sur la digue du Sidjô-ḡawa, Masatsoura rallia sa troupe, déjà très éprouvée et harassée de fatigue, et lui fit prendre un léger repas. Il fut tenu rapidement conseil. On allait avoir sur les bras toute l'armée du Sioḡoun. Wada-Masatomo, chez qui la bravoure n'excluait pas la sagesse, montra à son jeune chef l'armée de Takasouké retirée sur la montagne de Iimori, où son général ne parvenait pas à la reformer pour la ramener au combat. Les Ksounoki ne pouvaient espérer vaincre à eux seuls toutes les forces ennemies. Il fallait se hâter de rejoindre le Mikado pour le conduire à Kanabou, au sud de Kongôzan, puis se fortifier dans Tiiwaya

---

1. Voir note II, 36°.

et attendre les événements en se tenant sur la défensive. Masatsoura répondit que sa victoire partielle ne l'aveuglait pas sur la situation, mais qu'il ne voulait pas survivre à la preuve de son impuissance et qu'il tiendrait sa promesse de vaincre ou de mourir. S'adressant ensuite à ses compagnons, il leur crie que, s'ils sont peu nombreux, chacun d'eux vaut cent ennemis, et que pour lui-même il ne demande qu'une chose, rejoindre Moronao et le tuer en combat singulier. Il fait battre aussitôt la charge.

Masatsoura et ses compagnons, renversant tout devant eux, arrivèrent à Moronao, dont ils entourèrent l'escorte, et que son kéraï Ouéyama sauva en endossant son armure. Pendant que Moronao s'échappait, ses compagnons furent taillés en pièces; Masatsoura tua de sa main Ouéyama, et, triomphant, lança trois fois sa tête en l'air en poussant un cri de victoire. Apprenant qu'il n'avait tué qu'un kéraï, Masatsoura jette à terre son sanglant trophée et le frappe du pied,

Masatsoura tuant Ouéyama qu'il a pris pour Moronao.
(D'après Siounguiôsaï).

puis revenant à sa générosité naturelle, le couvre d'un lambeau de sa manche, en disant : « Tu n'étais certes « qu'un abominable traître ; mais ta bravoure t'honore. » Il se lance ensuite de nouveau à la poursuite de Moronao, frappant et tuant autour de lui. Cette poursuite, pourtant, ne pouvait durer toujours. A mesure que les chevaux tombaient, les mouvements des Ksounoki devenaient plus lents. Le

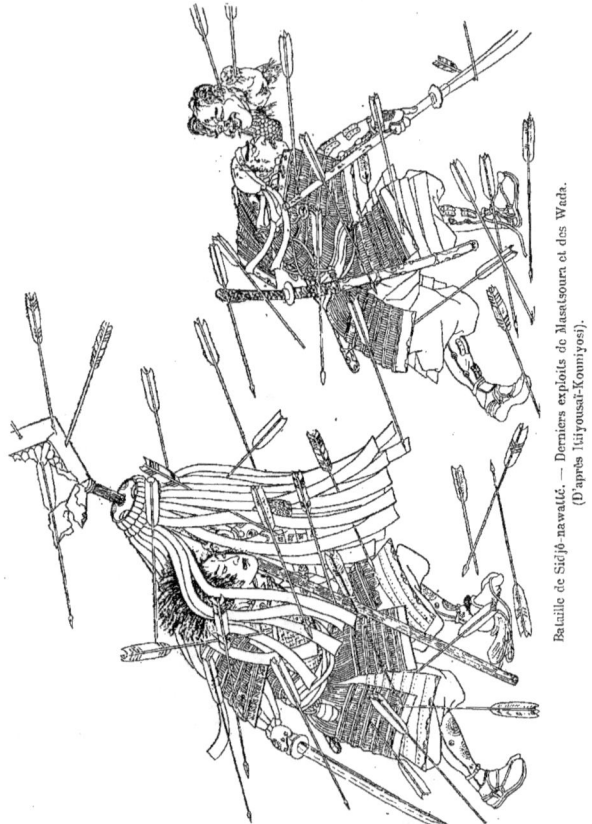

Bataille de Sid̃jô-nawaté. — Derniers exploits de Masatsoura et des Wada.
(D'après Itiyousaï-Kouniyosi).

moment vint où Masatsouka compta autour de lui cinquante compagnons seulement, tous à pied. Pour atteindre un ennemi à cheval, il fallait user de ruse. Sur l'inspiration de Wada, Masatsoura ordonna une fuite simulée en se couvrant par derrière avec les pavois ; il espérait que son ennemi le poursuivrait lui-même pour l'honneur de la victoire finale. Quand il se retourna, près d'être rejoint, il n'avait devant lui qu'un lieutenant dont il dispersa les soldats. Il pénétra encore dans les rangs ennemis, à peu de distance de Moronao. Ce fut son dernier exploit. La petite troupe, isolée dans la plaine, était maintenant entourée d'archers qui la criblaient à distance. Le corps hérissé de flèches, Masatsoura, à demi mort, cria aux siens de ne pas se laisser prendre vivants, et il rejoignit Masatoki ; les deux frères s'entretuèrent. Wada-Masatomo chercha à fuir pour porter la nouvelle de la bataille ; il fut rejoint, se défendit encore avec vigueur, et finit par succomber. Son frère Kéinsiou se glissa sous un déguisement parmi les soldats du Siogoun, pour frapper Moronao par surprise ; il fut reconnu par un ancien transfuge des Ksounoki et fut tué par derrière. Ainsi périrent, jusqu'au dernier, les cent quarante-trois fidèles de Masatsoura.

Après la bataille de Sidjô-nawatté, Gomourakami s'enfuit à Kanabou. Moronao livra aux flammes le palais du Yosino, et poursuivit le Mikado en incendiant les forêts où il le croyait réfugié ; mais il n'osa pas s'approcher du Kongôzan. Il y avait encore des Ksounoki ; Masanori, le dernier fils de Masasigné, avait déjà réuni une petite armée. Pressé de rentrer à Kioto, Moronao laissa à ses lieutenants le soin de surveiller les Ksounoki. Les adversaires se rencontrèrent sur les bords de l'Isi-gawa et s'y fortifièrent, chacun de son côté, sans se livrer de combat sérieux.

La lutte, qui devait durer longtemps encore entre le Mikado et le Siogoun, change de caractère après la défaite de Sidjô-nawatté. Ce n'est plus maintenant, à l'aide des seules forces de ses partisans fidèles, que le Mikado peut résister au puissant parti du nord ; les dissensions, qui éclatent ouvertement entre les chefs rebelles, deviennent sa plus sûre protection. Les transfuges, sans conviction politique, qui passent d'un parti à l'autre, au gré de leurs intérêts et de leurs passions, égalisent seuls la balance entre les deux adversaires.

Le *kiri* (Paulownice), *mon* des Kô et de plusieurs autres familles.

Combat dans Kioto. (Gravure de Siounguiôsaï)

CHAPITRE VII

DISSENSIONS DANS LE PARTI DU NORD. PÉRIPÉTIES DE LA GUERRE
(1348-1367)

Asikaga Takaoudzi.

Les événements qui précèdent diffèrent de ceux auxquels l'Europe et toutes les contrées méditerranéennes ont servi de théâtre, par le caractère des acteurs, les intérêts qui les dirigent et les passions qui les animent; mais ils se suivent selon l'enchaînement logique auquel nous habitue la lecture de l'histoire; nous pouvons les suivre avec la satisfaction de les comprendre.

Les guerres qui remplissent la fin du siogounat de

Takaoudzi et celui de son fils Yosinori, au contraire, forment une série de trahisons, d'intrigues, de rébellions, qui dépasse par instants l'imagination des romanciers, et que semblent seuls diriger le caprice et le hasard ; l'intérêt des faits s'efface devant la curieuse manière, dont ils se combinent et se succèdent dans un inextricable enchevêtrement.

Le Japon partagé entre trois, puis entre quatre factions.

En 1349, l'arrogance des quatre frères Kô et la faiblesse du Sioḡoun avaient fini par exaspérer les grands Daïmios du nord ; le parti, où la crainte seule maintenait une apparence d'unité, était prêt à se désagréger. A ce moment, Tadayosi, qui, n'ayant jamais eu que des fonctions militaires, était plus que tout autre annihilé par l'usurpation des Kô, résolut d'entrer en lutte contre eux plutôt que de se laisser dévorer en silence ; il fut bientôt assuré de l'appui des Hatakéyama, des Momonoï, des Ouésougni, les plus puissants vassaux du Sioḡoun après les Kô.

Tadayosi obtint de Takaoudzi le gouvernement général du Tiiouḡokou pour son fils adoptif Asikaḡa-Tadafouyou, un bâtard de Takaoudzi qu'il avait choisi comme héritier. Le Tiiouḡokou, proche de Kioto, lui aurait assuré un solide point d'appui pour des opérations militaires. Moronao vit de suite où le coup portait, et, sans balancer, appela Moroyasou et rassembla des troupes. Les deux frères entrèrent brusquement dans Kioto, cernèrent le Bakoufou, et, sous la menace de la force, exigèrent la disgrâce de Tadayosi et de ses partisans. La soumission de Takaoudzi, inspirée par la peur ou même, disent les historiens, par les remontrances de Tadayosi sur l'impossibilité de résister, fut complète et absolue. En août 1349, Tadayosi eut la tête rasée et fut gardé étroitement prisonnier ; Hatakéyama-Naomouné et Ouésougni-Signéyosi furent exilés en Etiizéin ;

Takaoudzi remit la direction du Bakoufou central de Kioto à son fils aîné Yosinori, placé sous la surveillance de Moronao, et la lieutenance de Kamakoura à son autre fils Motôoudzi, avec Morofouyou, l'un des frères Kô, pour second. Pour bien assurer sa sécurité, Moronao envoya des émissaires assassiner Tadafouyou en Tiiouḡokou, Naomouné et Ouésougni en Etiizéin ; mais ses trois victimes lui échappèrent. Il voulait aussi faire mettre à mort Tadayosi ; mais Takaoudzi s'y opposa.

Tadafouyou qui voyait son autorité très méconnue et qui ne se sentait même pas en sûreté dans le Tiiouḡokou, gagna le Kiousiou, et, avec l'appui du gouverneur de Hiḡo, y établit son autorité. Au printemps de 1350, il repassa le détroit avec une armée et occupa solidement cette fois son gouvernement du Tiiouḡokou. Le Japon se trouva ainsi partagé entre trois partis, les *mya-ḡata* du Mikado, les *sioḡoun-ḡata*, qui n'étaient en réalité que les partisans des Kô, enfin les partisans de Tadafouyou, que l'on appelait *Hiôénoské-ḡata*, du nom du grade militaire de leur chef.

Moronao, menant avec lui le Sioḡoun, marcha en octobre contre Tadafouyou, sur lequel il remporta quelques avantages. A ce moment, Tadayosi, qui savait ses jours menacés, parvint à s'enfuir de sa prison ; il gagna le Yosino que les *mya-ḡata* avaient déjà réoccupé et, de là, se rendit à Kanabou où il fit son *kosan* au Mikado. Avec lui, Hatakéyama-Kounikiyo, Momonoï-Naotsouné, Isidô-Yorifousa, les vainqueurs de Sidjô-nawatté, passèrent au parti du sud. Tadayosi eut bientôt une armée tirée de son ancien gouvernement de Kamakoura, avec laquelle il alla occuper l'Otoko-yama, tandis que Naotsouné, établi sur l'Eïzan, menaçait Kioto de l'autre côté.

Yosinori, pris entre deux adversaires, quitta Kioto pour aller rejoindre son père. Moronao était tenu en échec par Tadafouyou, auquel venait de se rallier Ouésougni-Tomosada ; laissant derrière lui un simple détachement en Bizéin, il revint rapidement avec Takaoudzi pour sauver la capitale. Naotsouné fut d'abord vaincu ; Moronao marcha ensuite contre Tadayosi, mais alors tous ses officiers et ses soldats l'abandonnèrent pour retourner à Tadayosi leur ancien chef. Moronao et Takaoudzi s'enfuirent en Harima ; Yosinori se réfugia en Tamba. Naotsouné occupa Kioto.

Ouésougni-Tomosada, qui avait, paraît-il, le don d'ubiquité, ayant levé une armée dans le Kotsouké, battit et tua sur ses entrefaites Kô-no-Morofouyou qui gouvernait de fait à Kamakoura. Ainsi commença l'année 1351.

Isido-Yorifousa, en février 1351, alla attaquer Moronao et Takaoudzi en Harima, et remporta sur eux une victoire à Chôsozan. Reculant vers l'est, à travers les provinces les plus dévouées au Bakoufou, les vaincus trouvèrent facilement à réparer leurs pertes ; quand ils arrivèrent près de Hiogo, leur armée était plus nombreuse qu'avant leur défaite. De leur côté, tous les partisans du Mikado, les anciens *mya-gata*, aussi bien que les nouveaux convertis Hatakéyama-Kounikiyo et Ouésougni-Yosiyori, se joignirent à l'armée de Yorifousa. Une bataille décisive fut livrée à Mikagné-no-hama ; les *siogoun-gata* furent, cette fois, entièrement battus. Réfugiés dans le petit siro de Matsouoka, abandonnés de leurs derniers partisans, sans espoir de relever leur fortune, Moronao et Takaoudzi se préparèrent à se donner la mort ; c'était, on le sait, une résolution familière à Takaoudzi, qui, en fin de compte, préférait faire tuer les autres ; sa fortune ordinaire le servit encore. Par les soins d'un de ses kéraïs, Takaoudzi conclut un arrangement secret avec Tadayosi, et, sans escorte, alla dans son camp se remettre à sa discrétion. Moronao et Moroyasou s'enfuirent du siro ; errants, repoussés de toutes les armées, proscrits par tous les partis, ils périrent misérablement, en cherchant à gagner Kamakoura, où ils croyaient trouver leur frère Morofouyou.

Tadayosi, oublieux de sa soumission au Mikado, accueillit Takaoudzi et le ramena dans Kioto. La réconciliation des deux frères fut de courte durée. A Kioto, Takaoudzi retrouva fidèles tous ses anciens partisans, y compris Kounikiyo ; il reprit ainsi la prépondérance dans le Bakoufou ; quand Tadayosi réclama la succession future au siogounat, il refusa de dépouiller son fils Yosinori, depuis longtemps désigné comme son héritier. La faction du Siogoun se divisa alors en deux ; la faction de Tadafouyou existait encore en Tiiougokou, bien qu'elle commençât à se dissoudre, depuis qu'il n'y avait plus les Kô à combattre. Avec les *mya-gata*, c'était quatre partis en tout, entre lesquels le Japon était partagé. Akamats-no-Sokouyou, qui, de même que tous les Akamats, ne savait pas exactement à quelle faction il appartenait, alla, en désespoir de cause, faire sa soumission à Gomourakami-Tennô ; sur sa demande, on le mit sous le commandement du prince Okinaga.

Tadayosi, ne se sentant pas en force dans Kioto, quitta la ville avec ses partisans et se dirigea vers l'Etiizéin. Vivement poursuivi, il changea de projet en Omi ; il prit la route de Kamakoura, sur laquelle les soldats de Takaoudzi n'osèrent pas s'engager derrière lui, de peur d'être pris à revers par les *mya-gata* qui occupaient l'Otoko-yama. Tadayosi fut accueilli en maître à Kamakoura et, pendant l'été, établit sa domination sur presque tout le Kouanto.

Soumission éphémère des partis au Mikado.

La haine mortelle qui animait maintenant l'un contre l'autre les deux frères Asikaga, l'un à Kioto, l'autre à Kamakoura, rendait les *mya-gata* maîtres de la situation. Le Mikado affecta d'abord de considérer Tadayosi comme étant rentré sous son autorité après une défection passagère ; il lui envoya l'ordre de venir faire sa jonction avec l'armée de l'Otoko-yama, pour marcher sur Kioto. Tadayosi refusa d'obéir. Le gouvernement de Kioto fut plus habile. En août 1351, Yosinori offrit à Gomourakami-Tennô de le reconnaître pour Mikado, lui demandant d'accepter sa soumission. Cette demande, d'abord rejetée, fut agréée en octobre. Alors Yosinori déposa lui-même le Mikado de la dynastie du nord, enleva leurs titres honorifiques aux deux anciens Mikados et au Kôtaïsi, renvoya les faux signekis, et même dépêcha le Kambakou et les autres grands dignitaires du palais de Kioto au palais de Kanabou, où Gomourakami leur fit subir une diminution d'un degré en classe et en grade. En retour de cette soumission, Takaoudzi reçut l'assurance de n'être pas inquiété pendant qu'il opérerait contre son frère; il en profita sans retard. Ayant laissé la garde de Kioto à Yosinori, il battit Tadayosi, au mois de décembre, à Sata en Sourouḡa, et s'empara de Kamakoura. Quelque temps après, Tadayosi fut découvert à Hôjô en Idzou; il fut ramené prisonnier à Kamakoura, où il mourut en février 1352, probablement empoisonné par Takaoudzi.

Dans le Tiiougokou, le parti de Tadafouyou achevait de s'effondrer de lui-même; son chef, réfugié en Naḡato, allait y rester oublié pendant deux ans.

Les *mya-ḡata* et les *sioḡoun-ḡata*, à peu près égaux en force, restaient donc seuls en présence. En vertu de la soumission de Yosinori en octobre 1351, l'unité du pays sous un seul Mikado était rétablie. Yosinori paraît l'avoir entendu ainsi; il invita Gomourakami-Tennô à revenir à Kioto prendre possession de son palais, et, dans une lettre, celui-ci annonça d'abord qu'il acceptait.

Il est difficile de mettre à la charge du Mikado toute la responsabilité de la reprise des hostilités qui suivit, parce que Takaoudzi, à Kamakoura, était loin de donner les mêmes marques de soumission que son fils à Tokio. La bonne foi de Takaoudzi eût, dans tous les cas, été suspectée; mais il ne dissimulait même pas, car il continuait à se servir du calendrier de la dynastie du nord. Entre les deux partis, l'animosité était trop enracinée d'ailleurs pour qu'une sincère réconciliation fût possible. Les historiens s'accordent à croire que la soumission de 1351 n'avait pas été plus loyalement faite qu'acceptée ; de la part de Takaoudzi, c'était une ruse pour pouvoir marcher contre Kamakoura ; de la part du Mikado, c'était un moyen de mettre les deux frères Asikaga aux prises et de permettre aux Nitta, soulevés à ce moment, de développer leurs forces sans rien craindre du côté de Kamakoura. Tout l'avantage avait été pour Takaoudzi, si rapidement vainqueur ; tout le dommage fut pour les Nitta qui allaient trouver en Takaoudzi un adversaire beaucoup plus redoutable que Tadayosi. Quoi qu'il en soit, Gomourakami voulait rentrer à Kioto, comme il l'écrivait à Yosinori ; mais il voulait y entrer à la tête de ses propres fidèles.

Reprise de la guerre dans le Kouanto et dans le Gokinaï.

Deux campagnes contre le Siogoun furent engagées simultanément, l'une par l'armée de l'Otoko-yama contre Kioto, l'autre par les Nitta contre Kamakoura.

Dès la fin de l'année 1351, les deux Nitta, Yosimouné et Yosioki, et leur cousin Wakya-Yosiharou avaient occupé toute la région nord du Kouanto. Ils étaient secrètement en relations avec deux anciens kéraïs de Tadayosi, Isido et Mioura, qui avaient feint de se rallier au Siogoun, mais qui se proposaient de l'assassiner pour livrer ensuite Kamakoura aux Nitta. Takaoudzi eut vent du complot ; les conjurés furent obligés de s'enfuir. Les deux armées marchèrent alors l'une contre l'autre et se rencontrèrent à Kanéibara dans la plaine de Mousasi. Sur les ailes, où combattaient Yosioki et Yosiharou, l'action resta indécise ; au centre Yosimouné enfonça le corps d'Aïba, le rejeta sur le quartier général de Takaoudzi, et fut sur le point de s'emparer du grand étendard des Asikaga. Takaoudzi, qui avait retrouvé son activité d'autrefois, rallia les fuyards, ramena habilement son armée en arrière, et la reforma à l'abri de la rivière de Kawasaki, alors appelée Rokougô-gawa; il recourut même au vieux moyen de menacer de se tuer, qui lui réussissait toujours, pour ranimer l'ardeur de ses compagnons. Dans la nuit, les Nitta se lancèrent imprudemment à la poursuite de l'ennemi qu'ils croyaient en déroute. Yosimouné, arrivant le premier à la rivière, reconnut la situation et tourna bride aussitôt; il rencontra Yosioki et Yosiharou qui, dans l'obscurité, chargèrent sa petite troupe et la dispersèrent. Yosioki et Yosiharou traversèrent ensuite la rivière et s'engagèrent à fond contre Takaoudzi; ils furent vigoureusement repoussés, perdirent beaucoup de monde et n'échappèrent eux-mêmes du combat qu'avec leur armure en pièces et leur sabre ébréché comme une scie, après avoir reçu de légères blessures. Au matin, ils n'osèrent ou ne purent rejoindre Yosimouné.

Se trouvant portés par les péripéties de la bataille sur les derrières de Takaoudzi, Yosioki et Yosiharou s'en furent tenter une aventureuse entreprise du côté de Kamakoura. Très opportunément, ils furent alors rejoints par les anciens fidèles de Tadayosi, amenés par Isido et Mioura; ils se trouvèrent ainsi en mesure de livrer assaut. Le combat fut acharné; Yosioki se distingua par son sang-froid dans la mêlée; Motôoudzi, qui défendait la ville, fut obligé de céder après une défense énergique. Les Nitta, ainsi maîtres de Kamakoura, y restèrent dans l'inaction avec leur armée.

Pendant ce temps, Yosimouné, se voyant abandonné, s'était retiré du côté de l'Asama-yama; il s'était retranché sur l'Ousoui-togné, où le prince Mounénaga lui amena quelques renforts levés à la hâte en Etiizéin et en Sinano.

Placé entre deux armées ennemies, Takaoudzi n'hésita pas à se porter successivement contre chacune d'elles avec toutes ses forces, en commençant par l'adversaire qu'il jugeait le plus faible. Yosimouné, à son approche, commit l'imprudence de quitter sa forte position et de descendre en plaine à sa rencontre; il fut battu et rejeté dans la montagne. Dès la nuit suivante la désertion se mit dans l'armée vaincue; Ouésougni l'abandonna avec son contingent pour gagner le Sinano. Yosimouné désespéré s'enfuit en Etiigo. Le lendemain de la bataille, ce qui restait des soldats de Yosimouné fit *kosan,* et passa sous l'étendard Asikaḡa. Takaoudzi marcha ensuite sur Kamakoura; Yosioki et Yosiharou sortirent à sa rencontre; mais après avoir reconnu la disproportion des deux armées, ils évitèrent la bataille et gagnèrent les montagnes du Sinano. Takaoudzi rentra à Kamakoura et se mit à réorganiser le Kouanto.

Du côté de Kioto, les préparatifs de guerre se firent en janvier 1352. L'armée légitimiste de l'Otoko-yama comptait environ sept mille cavaliers. Kozima-Takanori, envoyé pendant l'hiver en Oosiou, en ramena une seconde armée, commandée par Kitabataké-Akiyosi, jeune frère d'Akiyé, qui se joignit à celle de l'Otoko-yama. Le Mikado quitta Kanabou, en février, pour s'établir en personne à l'Otokoyama sur le théâtre des opérations.

Ksounoki-Masanori et Wada-Masatada, à la tête de toutes les forces du Mikado, franchirent de nuit le Katsoura-ḡawa et surprirent Kioto au point du jour. Quand les troupes de la garnison, commandées par Hosokawa-Akioudzi et Hosokawa-Yosiharou voulurent les déloger, elles trouvèrent leurs archers établis sur les toits et bien abrités par leurs pavois; elles furent criblées de traits et obligées de reculer; Hosokawa-Yosiharou, grièvement blessé d'une flèche, s'échappa avec peine. Asikaḡa-Yosinori, dès cette époque le véritable chef du Bakoufou, accourut, rétablit le combat et ramena plusieurs fois ses hommes en avant; mais il fut rejeté finalement hors de la ville. Les trois anciens Mikados et le Kôtaïsi du nord, abandonnés dans Kioto, tombèrent aux mains des *Mya-ḡata* qui les gardèrent plusieurs années prisonniers, à l'Otoko-yama d'abord, puis, selon les péripéties de la guerre, au temple de Todjô en Kawatii et à Kanabou.

Yosinori, établi près du temple de Tôdzi en Omi, refit rapidement son armée. La nouvelle des victoires de Takaoudzi sur les Nitta fit affluer les partisans autour de lui. Dès le mois de mars, il menaça Kioto que Masanori jugea prudent d'évacuer pour se replier sur l'Otoko-yama. Yosinori prit à son tour l'offensive contre l'Otoko-yama; son armée fut repoussée par Akiyosi; mais l'échec était sans gravité et n'arrêta pas le mouvement qui se prononçait en sa faveur. Le retour de fortune qui s'annonçait ramenait les indécis; Akamats-Sokouyou fit sa soumission au Sioḡoun en livrant le prince Okinaḡa qui fut emprisonné à Kioto; ce prince, délivré quelque temps après, par un guerrier de Tazima, et maître un instant des deux provinces de Tazima et de Tamba, voulut se venger en attaquant Sokouyou en Harima; mais il fut vaincu par les Akamats et obligé de regagner le Kawatii.

Le Mikado assiégé sur l'Otoko-yama.

Disposant maintenant de forces considérables, Yosinori remit le commandement d'une puissante armée à Yamana-Tokioudzi, pour aller déloger le Mikado de l'Otoko-yama. Masanori et Masatada vinrent à la rencontre de Tokioudzi. La première bataille, livrée à Arasaka, s'ouvrit par un combat singulier entre Masatada et Doki-Yasousada qui commandait l'avant-garde de l'armée siogouniste; Masatada, guerrier de seize ans, avait promis au Mikado, en quittant l'Otoko-yama, de ne pas revenir sans avoir tué un chef ennemi; il tint parole et rapporta la tête de Yasousada. Malgré cet exploit, l'armée légitimiste plia devant un ennemi trop supérieur en nombre; elle s'arrêta dans sa retraite à Sarousima, y livra un second combat, et fut rejetée dans l'Otoko-yama dont Tokioudzi commença aussitôt le siège.

Le Mikado, tout en mettant ses prisonniers en sûreté,

avait voulu rester lui-même sur l'Otoko-yama; la prise de la place pouvait donc terminer la guerre. Masanori et Masatada s'échappèrent pour aller organiser une armée de secours; ils rencontrèrent de grandes difficultés; les Ksounoki capables de combattre étaient dans la place assiégée; les *mya-ḡata* du Sikok, du Sinano, du Kiousiou surtout, étaient trop loin pour arriver à temps. Sur ces entrefaites, la mort de Masatada, emporté par une maladie, augmenta le découragement; aucune force sérieuse n'était encore réunie quand la famine devint menaçante sur l'Otoko-yama. Au mois de mai 1352, Gomourakami-Tennô revêtit l'armure, et, entouré de ses troupes, s'ouvrit de vive

Combat singulier. (D'après un ancien makimono).

force un passage à travers l'armée assiégeante. Le combat fut acharné; le Mikado eut son cuissard traversé d'une flèche; autour de lui, les Kougnés payèrent vaillamment de leur personne. Foudziwara-Takasouké racheta par une mort glorieuse la faiblesse de ses soldats à Sidjô-nawatté; il tomba avec plus de trois cents braves. Un instant Foudziwara-Yasounaḡa se trouva seul à couvrir le Mikado. Enfin, à travers mille dangers, Gomourakami regagna l'ancienne résidence du Yosino, rapportant les signekis dont l'un, tombé pendant la retraite, avait été sauvé par Nawa-Naḡaharou. L'armée du Sioḡoun se contenta ensuite d'assiéger et de prendre le siro d'Outsoouminé, défendu par Akinobou, dont les défenseurs s'échappèrent et gagnèrent le Yosino.

En apprenant les événements de l'Otoko-yama, les Nitta, qui se réunissaient en Sinano, les Doï et les Tokouno qui commençaient un mouvement en Sikok, rentrèrent dans leurs retraites.

Vicissitudes de la guerre. Mort du premier Asikaḡa.

Au milieu de l'année 1352, le Japon se trouvait ainsi à peu près unifié de nouveau, mais cette fois au profit du Sio-ḡoun. Yosinori s'aperçut alors que son parti n'avait pas de Mikado, et il se hâta d'en choisir un nouveau parmi les princes de la dynastie du nord. Les emblèmes faisaient défaut : tous les signekis, les faux comme les vrais, étaient au pouvoir de la dynastie du sud. Foudziwara-Yosimoto, le Kambakou donné à la nouvelle cour du nord, émit l'avis qu'il formait lui-même, avec Yosinori et Takaoudzi, trois emblèmes bien suffisants; Yosinori acquiesça; on eut ainsi l'événement nouveau du règne sans emblèmes.

En septembre 1352, revirement subit. Yamana-Tokioudzi, mécontent de la manière dont ses victoires de l'Otoko-yama ont été récompensées, fait sa soumission au Mikado. Cette défection en entraîne d'autres; l'équilibre se rétablit; bientôt même les légitimistes prennent la supériorité. En juin 1353, les anciens défenseurs de l'Otoko-yama, joints à l'armée de Tokioudzi, menacent Kioto, que Yosinori évacue pour s'établir à l'est du Kamo-ḡawa, après avoir confié son Mikado aux bonzes de l'Eïzan. Masanori remporte une victoire sur Sasaki-Doyo, Daïmio de Omi, et marche contre Yosinori qui se réfugie sur l'Eïzan à son tour. La puissante bonzerie avait toujours gardé un secret attachement au Mikado légitime. Yosinori, craignant d'être livré à ses ennemis, s'enfuit avec quelques fidèles, faisant porter son Mikado à dos d'homme pour n'être pas retardé par la marche d'un lourd chariot; harcelé dans sa retraite par les gens du pays, il perd beaucoup de monde ; le découragement et la désertion se mettent dans sa troupe ; il ne lui restait qu'une poignée d'hommes à son arrivée au temple de Siodzou où il s'arrêta. Jamais les affaires du Bakoufou n'avaient été plus bas dans le Gokinaï.

Takaoudzi avait, à ce moment, terminé la pacification du Kouanto et réorganisé le vice-siogounat de Kamakoura sous la direction de Motôoudzi. Il se mit en marche sur Kioto, avec Hatakéyama et la plus grande partie de l'armée qui avait battu les Nitta. Son approche suffit pour rallier les soldats de Yosinori, tandis que ceux de Tokioudzi désertaient à leur tour. En juillet, Yosinori rentra dans Kioto ; Takaoudzi l'y rejoignit en septembre, ramenant le Mikado du nord.

Une année se passa ensuite sans grand événement, durant laquelle le parti du Mikado se releva peu à peu. Tokioudzi, retiré en Hôki et songeant à la rapidité avec laquelle son armée avait fondu dans sa main, jugea qu'il fallait à la tête du parti légitimiste un général d'un prestige supérieur au sien ; son choix se porta sur Tadafouyou, l'ancien chef des *Hiôénoské-ḡata*, inactif en Naḡato. Tadafouyou accepta volontiers de commander en chef l'armée du Mikado contre sa propre famille ; sa présence rallia bon nombre de ses anciens partisans. Une autre recrue du parti du Mikado fut Takatsouné, l'ancien vainqueur de Yosisada, tombé en disgrâce, à la suite d'un différend avec Takaoudzi qui avait voulu lui enlever les deux fameux sabres *Higné-kiri* et *Hisa-marou*. En décembre 1354, Takaoudzi et Yosinori furent obligés de quitter Kioto ; Tadafouyou y entra en janvier 1355, avec Takatsouné-Tokioudzi et Momonoï-Naotsouné.

Par un dernier changement à vue, le Sioḡoun réoccupa Kioto en mars 1355 avec son armée renforcée des contingents de l'Omi et n'y fut plus inquiété pour le moment. L'année se termina sans autre mouvement qu'une expédition en octobre, contre le prince Mounénaga qui s'agitait en Sinano.

Des deux côtés on était fatigué, par cette lutte de trois années si riche en péripéties étranges. Les *mya-gata*, que Takatsouné venait d'abandonner, se sentaient impuissants à occuper Kioto d'une manière définitive. Takaoudzi malade demandait à mourir en paix. En 1357, Gomourakami-Tennô rendit la liberté aux anciens Mikados du nord. En avril 1358, le Siogoun Asikaga-Takaoudzi mourut d'un cancer. Sa vie avait été une des plus agitées que jamais fondateur de dynastie ait connue. Le souvenir de ses crimes était effacé; son fils Yosinori, associé à son règne depuis longtemps, sembla lui succéder en vertu d'un droit presque légitime.

Défaite des Nitta. Victoires des Kikoutii.

Dans tout le Honto, la nouvelle de la mort de Takaoudzi n'agita que les districts nord du Kouanto, où les légitimistes demandèrent aux chefs des Nitta, depuis sept ans retirés en Sinano et en Etiigo, de venir se mettre à leur tête. Yosioki seul répondit à l'appel; sa campagne, sans importance militaire, n'a d'intérêt que par la légende de sa fin tragique. Écrasé dès la première rencontre par l'armée de Kamakoura, Yosioki resta dans le pays, errant de village en village, et trouvant partout des retraites sûres. Il réunit une nouvelle petite troupe, avec laquelle il harcela l'ennemi en restant insaisissable. Pour en finir, Hatakéyama-Kounikiyo, lieutenant de Motôoudzi, soudoya deux kéraïs ou anciens kéraïs des Nitta, nommés Takédzawa-Yosiakira et Edo-Narihiro. Les deux traîtres firent tomber d'abord leur maître dans les rets d'une Dalila de grande beauté, qui les renseigna sur ses mouvements; puis ils le rejoignirent, lui donnèrent quelques bons avis, se dépeignirent comme étant eux-mêmes en butte aux poursuites acharnées de Kounikiyo, et, quand ils eurent capté sa confiance, lui persuadèrent un jour que les environs de Kamakoura étaient sans défense et qu'il y avait un coup de main à tenter de ce côté. Guidé par eux, Yosioki arrive à la rivière de Kawasaki, et la traverse au bac de Yagoutii-no-watasi. Le bateau avait été percé à l'avance. Au milieu de la rivière, le *séindo* débouche l'ouverture et

Mort de Nitta-Yosioki. (D'après Itiiyousaï-Kouniyosi).

s'enfuit à la nage ; au même instant, surgissent sur les rives les soldats de Kamakoura qui attaquent les compagnons de Yosioki. Se voyant perdu, Yosioki s'ouvre le ventre sur le bateau submergé, et meurt en lançant contre les traîtres les plus redoutables imprécations. Son kéraï Itiikawa gagne le rivage le sabre aux dents, tombe avec fureur sur les ennemis, et en tue plusieurs, sans pouvoir atteindre Narihiro, que la colère céleste se réservait de punir. Les deux traîtres reçurent de Motôoudzi de magnifiques domaines. Pour se rendre sur ses nouvelles terres, Narihiro eut à retraverser le Yaḡoutii-ḡawa ; au moment où il venait de prendre terre, un coup de tonnerre subit retentit ; effrayé, il tomba de cheval et mourut des suites de sa chute. Les habitants du pays, bien que partisans du Sioḡoun, ont voulu apaiser le dieu de Yosioki. Ils lui ont élevé un temple, qui, toujours rebâti, est aujourd'hui encore un but de promenade et de pèlerinage à Yaḡoutii-moura, mais où on ne trouve, comme relique intéressante, que le casque d'un fils de Sinodzouka.

Kikoutii-Takémitsou.

A la même époque, peut-être même un peu avant la mort de Takaoudzi, la guerre éclata dans l'île de Kiousiou, si tranquille depuis vingt et un ans. Après sa campagne heureuse de 1336, Takaoudzi avait d'abord conservé pour lui-même la dignité de Sioni du Dazaïfou, déléguant ses pouvoirs à un simple lieutenant ; dans les dernières années, il avait transmis cette charge à Yorihisa, Tii-kouzéin-no-Kami, à qui toute l'île se trouvait soumise. Le clan des Kikoutii, resté indépendant en Hiḡo, conservait seul la fidélité au Mikado. Kikoutii-Takétoki, le vaincu de Tatara, avait laissé quinze fils, dont un bonze et quatorze guerriers. Le huitième fils, Takémitsou, supérieur à tous ses frères en valeur et en talents militaires, fut accepté comme chef du clan. Les quinze frères devinrent peu à peu très puissants. La province de Hiḡo fut alors, comme le Kawatii, un centre légitimiste ; quelques chefs des *mya-ḡata*, Minamoto-no-Akinobou par exemple, chassés du Honto par la guerre, vinrent y chercher un refuge. En 1358, Takémitsou soumit deux Daïmios du Higo qui tenaient pour le Sioğoun, puis il attaqua et battit le gouverneur du Tiikouzéin. L'année suivante, le Sioni Yorihisa réunit une puissante armée pour aller attaquer Takémitsou. Le prince Kanénaḡa était venu de Yosino apporter aux Kikoutii le prestige de la bannière écarlate, en prenant le commandement nominal de leur armée. Takémitsou attendit l'ennemi derrière la rivière torrentueuse du Tiikouḡo-ḡawa. Profitant du bruit des eaux qui couvrait la marche des soldats et le hennissement des chevaux, il franchit de nuit le torrent, et surprit Yorihisa. La bataille fut une des plus acharnées que mentionnent les annales japonaises; la rivière coula rouge de sang; Akinobou le dernier des grands Kitabataké, Foudziwara-Tiikahiro et d'autres *mya-ḡata* illustres du Honto y perdirent la vie; le prince Kanénaḡa, se battant comme un soldat, fut blessé à diverses reprises. Takémitsou eut plusieurs chevaux tués sous lui et son armure mise en pièces; au plus chaud de l'action, sans cheval et sans armure, il attaqua l'un des lieutenants de Yorihisa, le tua et prit son cheval et son armure pour continuer le combat. Les Kikoutii furent vainqueurs; Yorihisa et ses deux fils restèrent prisonniers. La suprématie des Kikoutii sur le Kiousiou fut établie pour dix-huit ans [1].

Campagne infructueuse du Sioḡoun en Kawatii.

Le Sioḡoun Yosinori, se préoccupant assez peu des guerres lointaines du Kiousiou, visait à frapper l'ennemi au cœur dans sa forteresse du Gokinaï. Dédaigneux de la vaine gloire d'aller brûler de nouveau le palais du Yosino, il jugeait avec raison que rien ne serait fait, tant qu'il n'aurait pas occupé tout le Kawatii, en écrasant définitivement les

---

(1) Voir note III.

Ksounoki. Dans ce but, il fit venir en 1359 ses meilleures troupes, l'armée de Kamakoura commandée par Kounikiyo; il y adjoignit les soldats de Kioto, fit d'immenses préparatifs et se trouva prêt pour une campagne décisive en 1360, avec des forces sur lesquelles les hyperboles des historiens se sont donné libre cours.

Les Ksounoki ne pouvaient espérer triompher que par la fatigue, en comptant, s'ils parvenaient à retarder suffisamment la marche de l'ennemi, sur la rapidité avec laquelle, au Japon, les armées fondent d'autant plus vite qu'elles sont plus nombreuses. Le Kawatii n'offre ni plage, ni lit de rivière, ni *maki* débroussaillé, nul champ de bataille pour les grandes armées : tout fut préparé pour une guerre d'escarmouches. Suivant les avis de Wada-Masataké, Masanori fortifia le siro de Rioumon, et y mit une garnison suffisante pour arrêter longtemps l'ennemi; il s'établit lui-même derrière l'Isi-g̃awa avec le gros de ses cavaliers, prêt à harceler les siogounistes, sans leur livrer de bataille, et sema de divers côtés des troupes de partisans. Le Mikado, ayant approuvé ces dispositions, quitta le Yosino et vint, en décembre 1359, s'établir dans un temple sur le Kongôzan. Les dernières semaines de répit furent employées à accroître le nombre et la force des yag̃ouras de Tiiwaga et d'Akasaka, et à fortifier tous les siros en avant de la montagne, à Hiraïsi, Yao et Riouséin.

En février 1360, l'armée du Siog̃oun, s'avançant en masse, pénétra jusqu'à Tsoutsou-yama où s'établirent Yosinori et Kounikiyo. Un détachement envoyé contre le siro de Rioumon fut vigoureusement repoussé. Ce poste avancé ne put être enlevé qu'en avril, quand Kounikiyo l'attaqua lui-même; le commandant, Foudziwara-Takatosi, s'échappa avec la garnison et ne cessa pas de tenir la campagne.

A ce moment, une défection stupéfiante se produisit parmi les légitimistes. Un renfort comprenant les contingents de dix-huit cantons du Yosino ayant été envoyé à Takatosi, sous le commandement du prince Okinaḡa, cet indigne fils de Morinaḡa-Sinnô trahit les siens en faveur du fils de Takaoudzi ; de connivence avec les rebelles, il conduisit sa troupe sur le Kanéḡataké et fit brûler par ses soldats stupéfaits le *Anzaï* du Mikado et les maisons de guerriers qui l'entouraient. Au retour, Okinaḡa rencontra un détachement de cavaliers du Mikado qui l'attaqua avec fureur ; aussitôt ses soldats, s'apercevant de sa trahison, l'abandonnèrent ; il s'enfuit à Nara ; l'histoire ne dit pas ce qu'il advint ensuite de lui.

L'armée du Sioḡoun continuait sa marche en avant. Les siros d'Iraïsi et de Yao succombèrent après cinquante jours de siège, et celui d'Akasaka fut étroitement bloqué. Désespéré de ne tenir tête nulle part, Masanori voulait s'enfermer dans Tiiwaya. Masataké l'en détourna : « Il n'est vrai-« ment pas flatteur, lui disait-il, d'être comparé à la souris « qui se sauve dans son trou dès que l'ennemi approche ; « c'est ce qu'on ferait sûrement si nous nous cachions tous « dans un siro. Croyez-moi ; mieux vaut la guerre en pleine « campagne. » Le plan primitif fut maintenu, et la guerre de partisans poussée activement. Toutes sortes de moyens de reconnaissance avaient été imaginés, et des mots d'ordre pris pour toutes les circonstances. Une fois, au moment de tenter une surprise nocturne, Masanori crut s'apercevoir que des ennemis s'étaient glissés parmi ses soldats ; il prononça le signal convenu pour que tout le monde se couchât à terre ; les gens du Sioḡoun furent reconnus à leur hésitation et furent mis à mort ; ce jour-là, par prudence, l'entreprise fut remise.

Bientôt les escarmouches devinrent heureuses. En juillet, Asséinḡawa-Dziobouts infligea aux siogounistes de graves échecs. La guerre se propageait derrière les envahisseurs. Sur le Kongôzan, les assiégeants ne faisaient aucun progrès. Alors les prévisions de Masataké se réalisèrent. La désertion se mit dans l'armée fatiguée de la longueur des sièges ; un général partit un jour avec tout son monde. La discorde suivit; Sasaki-Doyo et Kounikiyo d'une part, Nikki-Yosinaḡa d'autre part, furent sur le point d'en venir aux mains; Yosinaḡa, ne se trouvant plus en sécurité, alla faire son *kôsan* au Mikado. Le Sioḡoun perdit vite le terrain si lentement conquis. Au bout de sept mois, Masanori occupait tous ses anciens siros et, de plus, celui de Miwaya. L'armée du Sioḡoun s'était dissipée. En septembre, le Mikado quitta le Kongôzan, et vint s'établir à Smiyosi.

Après les désastres imprévus, on cherche un bouc émissaire : l'avortement de la grande tentative de 1360 fut attribué au caractère intraitable de Hatakéyama-Kounikiyo. Blessé des reproches qu'il entendait, le vieux guerrier voulut retourner à Kamakoura ; il se vit interdire l'entrée de la ville par Motôoudzi, son ancien chef, et revint errant vers Kioto où il mourut, dit-on, de faim.

Fin du règne du deuxième Asikaḡa.

En 1361, la fortune eut pour le parti du Mikado ses derniers sourires.

Au mois de juillet, Takémitsou et le prince Kanénaḡa repoussèrent une nouvelle attaque du Sioni, le poursuivirent et s'emparèrent, en Tiikouzéin, du siège même du Dazaïfou. Maîtres de presque tout le Kiousiou, ils s'occupèrent de lui rendre la sécurité, en détruisant des bandes de pirates, sans chef reconnu, qui occupaient une île voisine du Hizéin et, de là, infestaient les côtes.

Les opérations reprirent aussi avec succès dans le Gokinaï : Yamana-Tokioudzi s'empara en juillet des siros de Minazaka; Masanori et Masataké battirent en septembre Sasaki-Hidénori et Sasaki-Oudzinori ; enfin, en octobre, Hosokawa-Kiôoudzi, en butte à l'inimitié du puissant Sasaki-Doyo, déserta le parti du Sioḡoun et vint faire sa soumission au Mikado.

Kiôoudzi, qui était maître d'une partie du Tiiougokou, proposa au Mikado de s'emparer de Kioto pendant que le Siogoun était occupé à guerroyer, d'un côté contre Tokioudzi, de l'autre contre Nikki-Yosinaga. Masanori rappela en vain combien Kioto était une position militaire dangereuse, menacée comme elle l'était par les deux provinces du Harima et de l'Omi dévouées au Siogoun ; il reçut l'ordre de faire sa jonction avec Kiôoudzi et avec quelques troupes commandées par deux Foudziwara. Le Mikado du nord s'enfuit de son palais. Kioto fut occupé sans coup férir ; le yaski de Yosinori fut brûlé. Gomourakami-Tennô se hâta d'aller s'établir à Kioto. Son séjour y fut de courte durée. Yosinori, après avoir battu successivement Tokioudzi et Yosinaga, marcha sur la capitale ; en même temps, Akamats-Oudzinori, partant de Sirahata-djô, marcha sur le Yosino laissé sans défense. L'armée du Mikado, menacée de front et sur ses derrières, dut quitter précipitamment Kioto après vingt-huit jours d'occupation, pour aller défendre le Yosino. C'était la sixième fois qu'elle se retirait ainsi de la capitale après l'avoir occupée ; elle ne devait plus y revenir.

Gomourakami retourna à Smiyosi où il resta jusqu'à sa mort. Yosinori rentré définitivement à Kioto, en janvier 1362, s'appliqua à y réorganiser son gouvernement.

Hosôkawa-Kiôoudzi, à qui Masanori reprochait assez justement les dernières défaites, quitta l'armée du Mikado pour aller guerroyer isolément dans le Sikok ; il fut vaincu et tué ; l'île de Sikok, sauf quelques districts de l'Yo, fut soumise tout entière et pour toujours au Siogoun.

A partir de l'année 1362, grâce à la bonne administration de Yosinori, les Asikaga commencent à apparaître, non plus comme les chefs d'une faction oligarchique dont la puissance repose sur l'accord de quelques Daïmios, mais comme les souverains militaires capables d'imposer leur dynastie et de rendre la paix au pays. Les trahisons s'arrêtent pour un temps dans leur parti. Leurs anciens transfuges qui, depuis douze ans, ont maintenu le Mikado en état de lutter, cessent de donner tout secours effectif, en attendant qu'ils reviennent, les uns après les autres, se placer sous l'autorité du Sioḡoun.

Masanori et Masataké, pour ranimer l'ardeur des légitimistes voulurent prendre l'offensive; ils ne trouvèrent à réunir, aux huit cents cavaliers des Ksounoki, que quelques troupes mercenaires. Après une victoire sur l'armée du Sioḡoun qu'ils surprirent derrière le Kaḡaki-ḡawa, ils purent s'emparer d'un siro. Ils brûlèrent ensuite la ville de Hioḡo; puis, ne recevant aucun secours, se sentant isolés, ils rentrèrent en Kawatii. De leur côté, les Kikoutii, débarqués en Tiiougokou, y remportèrent une victoire stérile, et, ne pouvant créer un mouvement en faveur du Mikado, retournèrent en Kiousiou, où Takémitsou mourut deux ans après.

Toutes les opérations militaires cessèrent à partir de 1362. En 1364, il se produisit un mouvement de désertion prononcé, qui devait laisser bientôt le parti du Mikado réduit aux débris des anciens *mya-ḡata* de Godaïgo. Yamana-Tokioudzi et Nikki-Yosinaḡa furent les premiers à se rallier au parti du nord, qu'ils avaient abandonné depuis onze ans; Isido-Yorifousa, Ouésougni-Noriaki, suivirent bientôt leur exemple. Ce mouvement de défection entraîna Ooutii-Hiroyo, seigneur du Naḡato et du Souwo, jusque-là attaché au parti légitimiste, qui attaqua le Siouḡo de Nagato, fidèle partisan du Mikado, et le dépouilla de ses domaines. Bien peu nombreux furent ceux, comme Naofouyou et Takatosi, qui ne se décidèrent pas encore à reprendre ouvertement le chemin du Bakoufou.

Asikaḡu-Motô-Oudzi.

En avril 1367, mourut Asikaga-Motôoudzi qui, par sa fidélité et sa sagesse, avait puissamment aidé son frère dans son œuvre de pacification. Il laissait pour successeur un fils, Kanéwo, qui prit après lui, sous le nom d'Oudzimitsou, le vice-siogounat de Kamakoura.

En décembre 1367, le Siogoun Asikaga-Yosinori mourut à son tour. Son fils, qui n'avait à ce moment que dix ans, devait devenir, soit sous son nom de guerrier de Yosimitsou, soit sous son nom de bonze de Dogui, l'un des plus grands et des plus puissants souverains militaires du Japon.

CHAPITRE VIII

RÈGNE DE YOSIMITSOU
FIN DE LA DYNASTIE DU SUD
(1367-1392)

Pendant sa dernière période, la guerre entre les deux dynasties du *Nantchô* et du *Hokoutchô*, qui remplit le pays à l'époque précédente, n'est qu'un épisode du règne des Asikaḡa. L'issue de la lutte ne fait plus question. On sait que les *mya-ḡata* ne sortiront plus de l'étroit domaine que protège l'indomptable tenacité des Ksounoki. Le sursis dont profitera le Mikado sera dû à de nouvelles dissensions dans le nord; mais les chefs militaires rebelles aux Asikaḡa ne viendront même plus toujours faire leur soumission au souverain du sud. Les derniers légitimistes, hors de leur montagne, fourniraient un appoint si faible, que les diverses factions rebelles, qui se disputeront le pouvoir, dédaigneront parfois leur appui.

Minorité de Yosimitsou.

Hosokawa-Yoriyouki.

Yosinori, en mourant, avait désigné pour *Kanriô*, c'est-à-dire pour régent pendant la minorité de son fils, Hosokawa-Yoriyouki, dont les talents égalèrent la fidélité; « Je vous laisse « un fils », lui avait-il dit en montrant le jeune homme; puis, s'adressant à Yosimitsou, il avait ajouté : « Je vous donne un père. »

Yoriyouki prépara Yosimitsou, par son éducation, au rôle qu'il devait jouer. Il s'appliqua par sa sage administration à lui remettre un empire florissant. Toute l'organisation du Bakoufou était tombée dans le désordre. Il corrigea les principaux abus, et ne nomma aux emplois que des yakounines intègres. La caste militaire se croyait tout permis ; Yoriyouki entreprit de corriger ses mœurs. On raconte, à ce sujet, qu'ayant fait rassembler un certain nombre d'hommes de mœurs dissolues et de manières arrogantes, il leur imposa un costume ridicule, leur fit raser la tête, et les affubla d'un sabre immense; il les livra ensuite en risée aux samouraïs, en déclarant qu'il assimilerait à ces bouffons tout serviteur improbe et tout guerrier d'une tenue scandaleuse. Les samouraïs se le tinrent pour dit, et réformèrent leur conduite. La sagesse qui présida aux conseils du Bakoufou, pendant la régence de Yoriyouki, fut plus fatale à la cause du Mikado qu'une grande bataille perdue.

En mars 1368, Gomourakami-Tennô mourut loin de Kioto comme son père; sa tombe est à Nisikibé en Kawatii, derrière le temple de Kansigne-dzi. Il eut pour successeur son fils Tchôkéï-Tennô.

L'avènement du nouveau Mikado fut salué par un soulèvement de Nitta-Yosimouné et de Wakya-Yosiharou, rapidement réprimé par l'armée de Kamakoura. Yosimouné fut tué. Yosiharou, revenu en 1369 avec une nouvelle armée, pénétra jusqu'en Mousasi, fut de nouveau vaincu, et se retira en Sinano où l'histoire perd sa trace. Mentionnons ici, pour n'y plus revenir, tous les derniers mouvements des provinces du nord-est, incidents sans portée, qui n'étaient plus que le pâle reflet des grandes campagnes d'autrefois. En 1372, le prince Mounénaga fut chassé du Sinano, où il tenait depuis si longtemps, et fut obligé de se réfugier en Yosino près du Mikado. Enfin en 1387, les petits fils de Yosisada, et de Yosisoüké, revendiquant l'héritage des haines paternelles, vinrent se briser à leur tour contre le Vice-Siogoun de Kamakoura, qui neuf ans plus tard alla les poursuivre au fond du Moutsou pour achever de ce côté la pacification du pays.

Yoriyouki, ménager des finances et plus porté à dénouer qu'à trancher, ne fit pas de grandes expéditions militaires. Du côté des Ksounoki, dont la fidélité au Mikado était le seul obstacle l'empêchant de remettre à son pupille un pays pacifié et un pouvoir partout reconnu, il tenta les moyens de conciliation. L'histoire japonaise n'a rien conservé des pourparlers secrets qui durent s'établir entre Kioto et Akasaka, et elle semble même ne pas vouloir les soupçonner ; mais elle en fait connaître le résultat bien éclatant. En 1369, Masanori, le fils de Masasigné, le chef des *mya-gata* mûri par vingt années d'une guerre incessante, se rallia au parti du nord, et se soumit au vasselage du Siogoun. Masanori savait sans doute, qu'à achever la ruine de son clan, il ne gagnait que de prolonger dans le Japon une agitation stérile, sans profit pour le Mikado. Yoriyouki faisait probablement les sacrifices nécessaires, en consentant, en faveur de la dynastie du sud, à quelque convention, comme celle qui, acceptée trop tard après l'écrasement complet du parti, ne fut jamais exécutée. L'énigme n'est pas résolue. On a préféré supposer que la soumission de Masanori, prolongée douze ans, était feinte, et que le chef des Ksounoki avait voulu découvrir

Masanori déguisé en domestique, dans l'armée du Bakoufou.
Nigneguio de Oyô-Sôsīti. (Gravé par Oyô-Sôsīti).

chez ses ennemis, au prix de son propre honneur, le secret de leur triomphe; on raconte même qu'il avait d'abord pénétré dans leur camp, déguisé en domestique. Quoi qu'il en soit, Masanori ne fut suivi que de quelques kéraïs; le gros du clan se groupa autour de Wada-Masataké, en qui se personnifiait la guerre à outrance. Isolé dans son domaine personnel, Masanori fut attaqué par ses anciens fidèles, en mars et en novembre 1369 d'abord, puis plus sérieusement en août 1371 ; il fut sauvé cette fois par l'approche de Yoriyouki, accouru avec une armée. Yoriyouki voulut poursuivre les Ksounoki sur leur montagne, mais la force ne lui réussit pas mieux que n'avait pas fait la négociation ; il fut repoussé comme tous les *sioḡoun-ḡata* l'avaient été avant lui. En 1363, une nouvelle armée, commandée par Hosokawa-Oudziharou, et dirigée cette fois contre le Mikado, fut réunie par le Bakoufou. Tchôkéï-Tennô s'enfuit de Smiyosi et regagna Amano ; les Ksounoki accourus au secours du *Anzaï* sous les ordres de Wada-Masataké et de Foudziwara-Takatosi arrêtèrent encore les envahisseurs. Le dévouement aux causes désespérées est chose rare ; on ne peut qu'admirer sans réserve ces derniers *mya-ḡata*, fidèles, quand même et jusqu'au bout, au souverain pour lequel leur sang coulait depuis quarante ans.

En août 1373, Tchôkéï-Tennô abdiqua en faveur de son frère Hironari qui devint Gokaméyama-Tennô. On comptait beaucoup, chez les légitimistes, sur l'énergie et le grand caractère du nouveau Mikado ; mais le parti était maintenant trop affaibli pour se relever. Avant la fin du mois, Oudziharou renouvela son attaque contre le *Anzaï* d'Amano. Takatosi fut vaincu et tué ; le nouveau Mikado s'enfuit dans les montagnes. Le dernier des anciens transfuges du nord, Asikaḡa-Naofouyou, retourna quelque temps après au parti du Sioḡoun, qu'il avait déserté depuis vingt-quatre ans. Puis la guerre languit de nouveau. Les révoltes contre Yosimitsou donnèrent aux Ksounoki quelques années de repos, pendant lesquelles Masanori retourna prendre sa place parmi eux.

En Kiousiou, Kikoutii-Takémasa avait remplacé Takémitsou qu'il égalait en talents militaires. Le prince Kanénaḡa était toujours le chef titulaire du Dazaïfou. Le parti du

Sioḡoun avait relevé la tête; deux fois, en 1371 et en 1372, il avait voulu reprendre la lutte, mais il avait été vaincu ; la défaite de 1372 avait été complète.

Le Bakoufou semblait, comme toujours, peu disposé à soutenir ses partisans du Kiousiou, quand se produisirent, au sujet des relations avec la Chine, des incidents qui lui furent sensibles. L'empereur Min avait adressé à plusieurs reprises au Sioḡoun des lettres qui avaient été arrêtées par le Dazaïfou; il voulut envoyer un ambassadeur à Kioto, mais Kanénaḡa-Sinnô refusa de lui laisser traverser son île. Le gouvernement chinois fit alors parvenir au Bakoufou une plainte très vive contre les gens du Kiousiou. Le Sioḡoun tenait beaucoup à passer au dehors pour le souverain incontesté du Japon; il jura de réduire les Kikoutii, et, en attendant, il fit reconduire l'envoyé chinois à travers le Kiousiou, par une puissante escorte qui repoussa les attaques des *mya-ḡata*. Malgré le renfort ainsi envoyé aux siogounistes du Kiousiou, la guerre aurait pu se prolonger longtemps, si Takémasa n'avait pas été emporté par une maladie. Ses successeurs se laissèrent battre une première fois en 1375 ; puis une grande bataille, livrée en août 1377, dans laquelle périrent plus de cent membres de la famille ou grands kéraïs des Kikoutii, acheva de briser la puissance du clan. Le prince Kanénaḡa mourut de maladie quelque temps après; l'île tout entière fut soumise au Sioḡoun.

Il restait encore quelques légitimistes dans la province de Yo ; en 1378, Yosimitsou fit en personne une descente en Sikok et réduisit toute l'île à l'obéissance. Les Ksounoki formèrent, dès lors, à eux seuls, le parti du Mikado.

Dernières dissensions des siogounistes. Victoires de Yosimitsou.

Les turbulents vassaux du Bakoufou, qui avaient si bien

accepté la domination du régent Hosokawa-Yoriyouki, se montrèrent beaucoup moins disposés à supporter celle d'un jeune Siogoun, lorsque Yosimitsou prit lui-même le pouvoir. De 1380 à 1391, les rébellions se multiplièrent, toutes plus ou moins analogues à celles dont le chapitre précédent est rempli, sauf en ce que les *mya-gata* y tinrent une moindre place. Leur histoire fourmille de noms de guerriers dont la célébrité fut éphémère ; elles se terminèrent uniformément par l'écrasement des factieux, sous les coups de Yosimitsou habile dans l'art d'obtenir des succès décisifs. Il suffira de les énoncer sommairement.

En mai 1380, Oyama-Yosi-masa, dans les provinces de l'est, se déclara indépendant du Bakoufou. Il leva au nom du Mikado une armée, où se trouvaient sans doute fort peu de véritables légitimistes et avec laquelle il attaqua et tua un Daïmio fidèle au Siogoun. En 1383, il vint s'attaquer à Oudzi-mitsou, le Vice-Siogoun de Ka-makoura, et il fut à son tour vaincu et tué.

Asikaga-Yosimitsou.

Son fils Oyama-Wakaïnou-Marou voulut le venger ; allié à Tamoura-Na-riyosi, il vint attaquer Oudzimitsou en 1386 ; il fut vaincu et périt avec son allié à la bataille de Koga en Simôsa.

En avril 1383, après avoir remporté l'année précédente une victoire sur Ksounoki-Masanori, Yamana-Oudzikiyo eut un différend avec le Siogoun, peut-être au sujet des récompenses, et il alla faire sa soumission au Mikado, à qui son alliance rendit une puissance passagère. En 1391, Oudzi-kiyo et Mitsouyoki s'étant avancés sur Kioto furent vaincus et tués, l'un et l'autre, par le Siogoun Yosimitsou.

Enfin, en septembre 1386, les Akamats, qui avaient tant de fois changé de parti, se soulevèrent en leur propre nom.

Ils furent entièrement défaits par Yosimitsou à la bataille de Simidzou en Harima. Le chef du clan périt dans l'action avec ses quatre fils.

ABDICATION DU MIKADO DU SUD.

En 1391, Yosimitsou, maître reconnu de tout le Japon, n'eut plus en face de lui que le Mikado et les guerriers du Kongôzan.

Déjà en 1382, le jeune Siogoun avait voulu en finir; il avait envoyé en Kawatii une puissante armée commandée par Yamana-Oudzikiyo; Masanori et Masataké avaient été écrasés à la bataille de Hirawo; les débris des Ksounoki avaient été rejetés dans la montagne; puis la défection de Yamana-Oudzikiyo avait sauvé le Mikado. En 1383, mourut le grand guerrier Wada - Masataké; en 1384, Ksounoki-Masanori le suivit dans la tombe. Le fidèle clan, qui ne réparait plus ses pertes, se réduisit alors à une poignée de guerriers occupant le siro délabré de Tiiwaya, sous le commandement de Masakatsou et de Masatomo, dignes petits-fils de Masasigné.

Escalade d'un *siro*. (D'après Siounguiôsaï).

En mai 1392, Yosimitsou envoya contre Tiiwaya une

armée de plusieurs milliers d'hommes, commandée par Hatakéyama-Yosifouka ; le siro, bloqué et sans secours possible, fut bientôt menacé de la famine ; les derniers défenseurs s'échappèrent et gagnèrent le Yamato. Les soldats du Sioḡoun pénétrèrent, pour la première fois, derrière les murailles qui, depuis soixante ans, les avaient vus reculer tant de fois.

Sans armée et sans espoir, le Mikado Gokaméyama-Tennô, dans l'humble *Anzaï* du Yosino, imposait encore le respect de sa grandeur héréditaire. Le Sioḡoun, au lieu de se saisir de sa personne, préféra conclure un accommodement ayant les apparences d'un traité régulier. En octobre 1392, Yosimitsou envoya à Goḵaméyama, le vainqueur du Kiousiou, Ooutii-Yosihiro, pour le prier d'abdiquer en faveur du Mikado du nord et de remettre les emblèmes sacrés : à cette condition, il serait fait retour à l'ordre successoral de 1301, et le Mikado serait pris alternativement dans les deux dynasties. Gokaméyama accepta; escorté de sa garde personnelle et accompagné des dignitaires de sa cour, il se rendit en 1393 à Kioto, dans tout le cérémonial d'un Mikado qui rentre à sa capitale. Il s'établit au temple de Daïgakou-dzi ; là, il remit les signekis à Gokomats-Tennô, qui devint ainsi le Mikado unique et légitime, et qui est l'ancêtre du Mikado actuel. Yosimitsou aurait voulu que le transfert des signekis se fît comme de vaincu à vainqueur ; Gokaméyama s'y refusa absolument, et accomplit tous les rites d'un Mikado qui abdique en faveur de son Kôtaïsi.

Ainsi se termina le schisme. Ainsi prit fin la plus longue des guerres civiles du Japon ; les dernières convulsions du parti légitimiste, s'agitant à chaque changement de Mikado pour rappeler la loi successorale de 1301, que les Asikaḡa n'appliquèrent jamais, ne méritent pas le nom de guerres.

Destinée ultérieure des chefs des deux partis.

Il reste à voir ce que devinrent les derniers acteurs du drame.

Gomourakami-Tennô se fit raser la tête en 1394, prit le nom religieux de Kongôsigne et vécut dans la retraite. Il mourut en 1424, à l'âge de soixante-dix-huit ans.

Les Nawa, les Doï, les Tokouno, les Kozima étaient sans doute tous morts à la guerre, car leur race semble éteinte et leur nom disparaît de l'histoire après le xive siècle.

Nitta-Sadataka et Wakya-Yositaka, retirés au siro de Sirakawa en Moutsou, furent attaqués en 1396 par Oudzimitsou à la tête des contingents de onze provinces, et furent écrasés. Yositaka se cacha dans les montagnes de Hakoné, où, poursuivi sur la dénonciation d'un traître, il périt en se défendant le sabre à la main. Sadataka se glissa dans Kamakoura pour tuer Oudzimitsou par surprise ; il y fut découvert et fut exécuté sur la plage de Stiri-no-hama. La lignée directe de Yosisada était éteinte ; mais, de l'un de ses petits neveux, rameau obscur des Nitta caché en Mikawa, devait sortir la dynastie des Tokoŭgawa plus puissante que celle des Asikaga.

Après la prise de Tiiwaya, Masakatsou et Masatomo se cachèrent dans le village de Todzou-gawa en Yosino et y échappèrent aux recherches.

Masatomo, ayant médité sur l'exemple classique dans l'histoire chinoise, du fidèle Yodziô qui voua sa vie à venger la dynastie de Tsine en tuant le prince Tsiô son exterminateur (cinq cents ans environ avant J.-C.), rassembla quelques fidèles. Il se cacha avec eux dans une maison de Kioto, attendant l'occasion d'attaquer Yosimitsou. Il fut pris et amené devant le Siogoun qui voulait l'épargner ; il refusa fièrement sa grâce : « Maintenant que la dynastie du Nan-

« tchô est tombée, dit-il, et que nous ne pouvons la relever,
« nous mourons sans la pensée d'un regret. » Il fut exécuté.
Le roman du *Yotsouya-kaïdan* a rendu populaires les aventures de deux kéraïs de Masatomo, qui, ignorant le sort de leur maître, parcoururent le pays à sa recherche ; on y voit les dangers que courait alors, en dehors du Kawatii, quiconque portait le nom de Ksounoki.

En embuscade. (D'après Itiiyousaï-Kouniyosi).

Masakatsou, l'aîné des deux frères, se réservait pour de nouveaux combats. On le retrouve mêlé au soulèvement de Ooutii-Yosihiro en 1399 ; il s'échappa après la défaite, en déclarant qu'il était aussi inutile de se tuer que honteux de se soumettre.

Il y avait encore quelques Kikoutii et des Kitabataké qui, avec les derniers Ksounoki, conservaient les traditions des *mya-ḡata*.

Un dernier Ksounoki, nommé Dzirô, dont l'origine n'est pas absolument authentique, se souleva en 1426, rallia trois cents cavaliers, enleva de sa bonzerie un prince, héritier direct de la dynastie du sud, surprit le palais et s'empara des emblèmes. Ce ne fut qu'une échauffourée ; les bonzes de l'Eïzan refusèrent d'accueillir Dzirô et son prince, qui furent tués quelques temps après. Un frère de Dzirô s'arma plus tard avec un nouveau prince, et se défendit longtemps dans un siro du Kii ; ce fut seulement en 1447, à la prise de ce siro, que la lignée de Masasigné s'éteignit avec la race de Godaïgo-Tennô.

Du côté des vainqueurs, Yoriyouki, le sage *Kanriô* dont la régence avait préparé le règne prospère de Yosimitsou, fut assez mal récompensé. Pendant la période des révoltes de ses lieutenants, le Sioḡoun, ombrageux et défiant, disgrâcia, sur des insinuations calomnieuses, et même exila de Kioto, son vieux et fidèle conseiller ; il le rappela, il est vrai, et le réintégra dans ses dignités en 1389. On a conservé l'outa suivant composé à cette occasion par Yoriyouki.

« Quand on a passé cinquante ans, on ne peut sans honte
« accepter une disgrâce. Ainsi l'arbre, flexible dans son
« printemps, ne sait pas plier dans son automne. »

« Que l'on chasse les mouches vertes de la maison, elles
« ne s'éloigneront jamais. Pour moi, j'abandonne ce monde,
« et ne veux plus qu'un siège de bonze, le repos et l'air
« frais [1]. »

Yosimitsou, dans le pays entièrement pacifié, fit refleurir les beaux jours de l'époque Hôjô. Les arts jetèrent de son temps le plus vif éclat. Il quitta en 1384 la dignité de Sioḡoun pour prendre le titre de *Daïdjo-daïdzigne* porté autre-

---

1. Voir note II, 37º.

fois par le premier ministre du Mikado; puis, en 1385, il abandonna tout titre, toute dignité, se fit raser la tête et, sous le nom religieux de Dôgui, continua d'exercer un simple pouvoir de fait qui satisfaisait sans doute mieux son orgueil. Il entourait de marques de respect Gokomats-Tennô, qui ne lui témoignait pas une moindre déférence, et qui lui fit personnellement visite dans son splendide palais de Kinekakou-dzi. Il recevait des ambassades de la Corée et il entre-

Kinekakoudzi, le temple à la chambre d'or.
(Tiré d'un paysage de Hirosigné).

tenait des relations suivies avec la Chine, dont l'empereur lui donnait officiellement le titre de *Nô*, ou roi, en l'appelant *Kiôkéin-Nô*. En retour, il réprima sévèrement la piraterie des marins japonais sur les côtes chinoises, et il envoya secrètement porter, à la cour de Chine, des présents que l'orgueilleux Min recevait comme un tribut. Il mourut en 1408. Gokomats-Tennô lui donna après sa mort le nom posthume de Da-Dziôkô, titre égal à celui que les Mikados avaient porté dans l'antiquité; Yosimotii, fils de Yosimitsou, refusa cet honneur comme excessif pour un sujet, et fit conserver à son père, comme nom posthume, l'appellation de Kiôkéin-Nô.

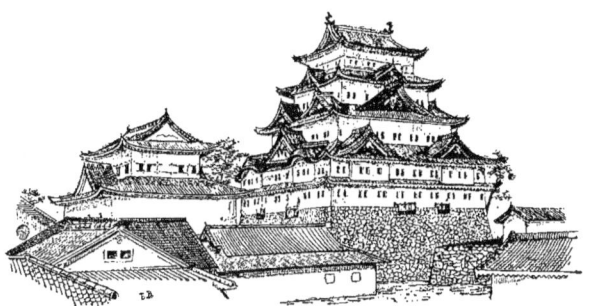
Vue de Nagoya. — Le siro; *téinchôdaï* de Nobounaga.

ÉPILOGUE

L'ère des grandes guerres civiles était close par l'abdication de Gokaméyama-Tennô. Le Siogoun était désormais le seul souverain; mais la soumission des Daïmios aux successeurs de Yosimitsou fut de courte durée. Les Asikaga, moins chargés de crimes que les Hôjô, ne surent pas gouverner comme eux. Ils brillèrent surtout comme protecteurs des arts; leur époque est celle des grands architectes, des maîtres laqueurs comme Dôbô et Ikarasi, et surtout des peintres. Le bonze Maï-Tchô peignit alors ses kakémonos religieux; les grandes écoles de Tosa et de Kano naquirent et se développèrent au milieu des troubles. Au moment de l'apogée et du déclin de la dynastie, le Siogoun Yosimasa, qui était lui-même un peintre distingué, s'entendit moins à régner; les partis rivaux le déposèrent et le rétablirent tour à tour. Puis les Asikaga sombrèrent misérablement au milieu des querelles de clans, comme celle des Yamana et des Hosokawa, cantonnés de 1466 à 1477 dans deux quartiers de Kioto, qui se disputèrent onze ans, le sabre à la main, la capitale du Siogoun impuissant.

L'écrasement du pouvoir légitime, dans la longue guerre du *Nanbokoutchô,* semble avoir détruit au Japon toute hiérarchie sociale et avoir éteint jusqu'au sentiment de l'unité du pays. Sous les derniers Asikaga, quand le Siogoun est aussi déchu que le Mikado, la guerre est partout, entre les provinces, entre les siros, entre les bonzeries. La force règne. Un brigand heureux reste maître d'une province, tandis que, pour nourrir le Mikado, les dames du palais font picorer des poules sur les marches du *Sisignedéin.* Le code d'honneur des Samouraïs est devenu muet. Les trahisons se succèdent, monstrueuses, dans les familles comme dans les clans. Le Japon était vraiment menacé de se détruire lui-même, dans une sanglante anarchie, lors de l'arrivée des premiers Portugais à Tanéga-sima, en 1542 [1].

Les historiens japonais modernes ne consacrent qu'une très brève mention aux premiers rapports avec l'Europe; ils parlent surtout de l'introduction de l'arquebuse et du canon, au moment où Saint François Xavier, débarquant en 1549 à Kagosima, commence son apostolat. Mais les deux grands événements qui inaugurent la renaissance japonaise, l'effort subit du pays pour se ressaisir et se réorganiser, et la tentative d'européanisation sous forme de conversion au christianisme, montrent clairement l'émotion produite par l'arrivée des hardis navigateurs de l'Occident, au milieu d'un peuple, qui limitait son horizon à la Chine et ne connaissait de l'Inde que le bouddhisme, venu jadis en Chine d'un pays d'outre-monts.

---

1. Le nom de Tanéga-sima, conservé par l'histoire japonaise, concorde avec celui de Tanouxima dans le récit de Fernand Mendez Pinto ; c'est une preuve de la véracité de ce voyageur, dont la relation a longtemps été regardée comme de pure invention.

L'histoire japonaise place en 1453 seulement l'arrivée des Portugais ; on trouve souvent ainsi une différence d'une année entre la chronologie des Européens et celle des Japonais, à l'époque dont il s'agit.

La restauration de l'unité nationale est l'œuvre de Nobounaga, en 1549, petit Daïmio d'Owari, bientôt le maître du Gokinaï et du Tokaïdô, et le pacificateur du pays. Déjà le Mikado se relevait de son abaissement; les fêtes de l'avènement, tombées en désuétude, furent reprises en 1560; un Mori de Nagato paya la dépense. Nobounaga eut l'intuition du prestige toujours attaché au nom du souverain légitime dans le Japon en proie à l'anarchie. Il se fit donner par le Mikado, en 1562, l'ordre de rétablir la paix partout; il resta dans les formes un sujet loyal, tout en agissant en maître; il se contenta d'un simple titre de ministre du palais, sans perpétuer pour lui-même le siogounat. Doué d'un courage tranquille et d'une ténacité indomptable, Nobounaga écrasa dans une série de guerres heureuses les Daïmios les plus turbulents, et anéantit la plupart des grandes bonzeries. Favorable aux étrangers qui venaient d'apporter des armes, des idées, une religion nouvelles; il prépara l'entrée du Japon dans le concert des nations en encourageant, dès 1581, l'envoi d'une ambassade à Rome par trois Daïmios du Kiousiou. Il attira et encouragea les jésuites portugais, et il éleva au culte catholique le grand donjon de son palais d'Adzoutii, brûlé depuis longtemps, et celui de Nagoya, aujourd'hui encore l'orgueil du pays.

Nobounaga, tué en 1582 par son premier kéraï, eut, d'après la version officielle, son lieutenant Hidéyosi pour vengeur, dans la guerre des funérailles. La suite des faits montrerait plutôt, dans Hidéyosi, un complice du crime, capable du reste de faire disparaître le meurtrier au profit de sa propre ambition; on a là un exemple des obscurités de l'histoire japonaise. Parti des derniers rangs du peuple, Hidéyosi, ou Taïko-Sama, était mieux fait pour satisfaire des préjugés populaires que pour imposer de hautes visées autour de lui. Sa fortune l'avait enivré; ses passions étaient sans frein, ses exigences sans limites. Par sa présomption orgueilleuse, qui n'avait d'égale que sa promptitude au découragement, il prépara la rupture du Japon avec tous les pays voisins. Les motifs attribués au premier édit de proscription religieuse, résistance des chrétiennes aux pourvoyeurs du château d'Ozaka et refus du gouverneur des Philippines de répondre à une demande d'hommage, répon-

Le motii de Nobounaga. (D'après Kounitora).
Mitsouhidô.　　Hidéyosi (Taïko).　　　　　　　　Nobounaga.　　　　　　Yéyas.

dent bien au caractère de Taïko. Hidéyosi poursuivit par l'astuce et la force la soumission du Japon à une seule autorité, mais en replaçant le Mikado dans l'ombre. Il trouva, dans la guerre de Corée, un moyen d'éloigner les guerriers chrétiens qui dominaient dans l'armée de Nobounaga, et dont le plus fervent, Kato-Kiomasa, le Bayard du Japon, fut le héros de l'expédition.

En Corée, Taïko obtint des succès stériles, à la suite desquels il se fit un jour l'illusion d'être reconnu comme suzerain par l'empereur de la Chine. Après lui, l'armée rentra découragée et décimée par les privations. Taïko avait aplani la voie à son successeur, mais non au successeur qu'il avait prévu.

L'héritage de Taïko fut enlevé à son fils par l'heureux Tokoŭgawa-Yéyas, ancien lieutenant, lui aussi, de Nabounaga, qui attendait son heure et qui prépara par la diplomatie sa grande victoire de Sékigabara, en 1600, sur les vétérans de la Corée. Une image populaire rend bien compte du rôle des trois grands hommes de la renaissance japonaise, en montrant Nabounaga aidé de son kéraï, qui broie la pâte de riz et la pétrit à grands coups de masse; Hidéyosi met la dernière main au gâteau préparé, et Yéyas le mange.

Yéyas expulsa les étrangers dès 1611, laissant encore Hirato ouvert aux Hollandais et Nagasaki aux Portugais. Il maintint le Mikado dans l'abaissement, reconstitua le siogounat, et, moulant au gré de son ambition le Japon avide de paix, en fit ce pays, pour lequel le reste du monde devait ne pas compter et le temps ne pas marcher. Ses deux successeurs, Hidédata et Yémits, complétèrent son œuvre. L'accès des ports fut interdit, même pour le rapatriement des naufragés japonais; quelques marchands hollandais restaient tolérés à Décima, on sait au prix de quelles humiliations.

Hollandais à cheval, netské.
(Coll. de M. Bertin).

Le grand et terrible drame du christianisme japonais a rempli le siècle, qui s'étend de l'apparition de Nobounaga à la mort de Yémits.

Les origines premières du mouvement, trop peu connues en France, appellent une digression.

On n'a point oublié ce que fut, au moyen âge, l'Université de Paris, centre intellectuel de l'Europe savante, que peuplaient des maîtres et des élèves de tous les pays. L'une de ses écoles qui avaient gardé le plus d'éclat, au commencement du xvi° siècle, était le Collège Sainte-Barbe, où l'enseignement avait été réformé par Martin Lemaître, puis rajeuni par Martin Cordier. Le courant nouveau de la Renaissance y avait largement pénétré, car Fernel, le précurseur qui mesura le premier une base en comptant le nombre de tours de roues de sa voiture pour estimer la longueur du méridien, a daté son *Monalosphærium,* en février 1526 (1527), du « très fréquenté Collège Sainte-Barbe ». Toutes les études y florissaient. Ses élèves, parmi lesquels figurent Gui de Fontenay, le cardinal du Bellay et son frère le seigneur de Langeais peuplaient le Parlement, la Faculté de Médecine et la Faculté de Théologie. L'exiguïté de l'hôtel, que les sires de Châlon n'avaient pas construit pour tant d'habitants, le faisait comparer, dans le style du temps, à ce fameux cheval de Troie dans les flancs duquel se sont pressés tant de héros. Le roi Jean III de Portugal avait fait une fondation à Sainte-Barbe, pour y entretenir cinquante élèves portugais.

C'est à Sainte-Barbe qu'en 1524 vint s'établir le jeune gentilhomme navarrais François de Chabrier, Chabier, ou Xavier [1], qui y passa douze années et y fut reçu Maître-ès-arts. Il étudia d'abord la philosophie, qu'il professa un instant au collège de Beauvais; ses amis et condisciples étaient Pierre Favre et Inigo de Loyola. La vocation religieuse ne s'annonçait pas chez cet héritier d'une race de soldats; quelque temps il résista à la fascination de Loyola, en lui répon-

---

[1]. La manière dont les Portugais ont transcrit les noms japonais, Xikokou, Kangoxima, Ximo, etc., reproduit bien l'orthographe adoptée par eux pour le nom français, que le Saint paraît avoir toujours porté depuis son arrivée à Paris, et qui était celui de sa famille maternelle.

dant par d'aimables railleries ; puis il subit comme Favre l'entraînement d'une ferveur contagieuse. Élevant alors son âme éprise des ambitions les plus pures de la foi, bien au-dessus de la sphère des intérêts mondains, François Xavier voua sa carrière religieuse à la conversion de l'Asie. Les dernières années de son séjour à Paris furent consacrées à de profondes études de théologie.

Ainsi, quand il quitta l'Université et Paris à l'âge de trente ans, Saint François-Xavier avait trouvé à la fois, derrière la vieille muraille de la rue Saint-Symphorien, l'horizon ouvert sur les contrées ajoutées au vieux monde par Vasco de Gama, la vocation d'apostolat qui devait le conduire aux Indes cinq ans plus tard, enfin la haute culture d'esprit et les merveilleuses qualités de missionnaire qui faillirent changer la destinée du Japon. La puissance de travail, le don des langues, l'habileté à manier l'argument, l'art de sonder les mystères de la vie et de la destinée humaines pour charmer et pour convaincre, furent, chez le grand apôtre, un rayonnement du foyer de lumières, qui, de la montagne Sainte-Geneviève, éclairait encore l'Europe du XVIe siècle.

Les deux années passées par François Xavier au Japon (1549-1551) laissèrent sur son œuvre une auréole de gloire autant que de sainteté. Les conversions se succédèrent éclatantes parmi les Daïmios et dans la caste militaire. Les dames de la noblesse surtout donnèrent au christianisme des catéchumènes ferventes, en attendant l'heure de lui donner des martyrs. La politique hésitante, puis hostile de Hidéyosi n'arrêta pas les prosélytes. Du Kiousiou le mouvement avait gagné Kioto, Nara, Nagoya et le Kouanto ; il s'étendit dans l'Oosiou, d'où Masamouné, en 1613, envoya au Mexique un navire avec un ambassadeur pour Rome et l'Espagne. Les missionnaires pénétrèrent même chez les Aïnos d'Yézo.

Les récits des missionnaires montrent suffisamment que les successeurs de François Xavier n'eurent ni son génie ni sa sagesse. Les imprudences dont ils contiennent l'aveu, l'arrogance d'un prélat espagnol, les rivalités entre jésuites, franciscains, dominicains, jointes à des jalousies de nationalité, les fâcheux exemples donnés souvent par les négociants et les marins d'Europe, suffisent à expliquer la défiance qui s'éleva contre la nouvelle doctrine. La crainte de la puissance espagnole fut sans doute exploitée avec succès, par les premiers Hollandais, auprès du Sioḡoun tout puissant. Il faut d'autres motifs pour expliquer les rigueurs et les violences de la persécution ; mais le Japon n'a pas livré les secrets mobiles de sa politique, ni pour l'époque de Yéyas ni pour celle de Hidéyosi. A la rigueur, l'ignorance où l'on était à Yédo de l'état de l'Europe justifierait l'expulsion des étrangers ; mais il est impossible de trouver une origine aux soupçons, passés bientôt à l'état de haine furieuse, contre les chrétiens japonais. Les chrétiens, en effet, bien autrement puissants que les bouddhistes ne l'avaient été au temps du Chôtokou-Taïsi, s'étaient refusés à former un parti politique ; loin de diviser le pays, ils avaient aidé à sa pacification ; ils poussaient si loin le scrupule patriotique que pas un Portugais ne connut jamais la déconvenue un peu ridicule de Hidéyosi, et les causes de la colère dont l'éclat public remplit les récits du temps lors de la fameuse ambassade de Chine. Les chrétiens ne s'étaient vraiment distingués que par l'exercice des vertus qui inspirent le respect partout. Peut-être les Tokoŭḡawa ont-ils redouté dans le christianisme sa tendance égalitaire, si opposée à l'esprit de caste de leurs institutions féodales. Quoi qu'il en soit, Européens et Japonais chrétiens furent enveloppés dans une même proscription, qui rompait avec toutes les anciennes traditions de tolérance religieuse.

L'édit de persécution de 1614 ne prononçait que le bannissement. En 1616, la mort fut édictée. Les supplices furent terribles, les bourreaux infatigables. Il ne restait probablement aucun missionnaire européen au Japon, lorsque les chrétiens se soulevèrent en 1637 dans la guerre d'Amakousa. La révolte fut noyée dans le sang ; c'est le seul trouble sérieux ayant agité le pays pendant le long règne de la dynastie des Tokoügawa.

Vers 1650, à la mort de Yémits, les chrétientés japonaises, isolées du monde, étaient regardées en Europe comme totalement détruites. La surprise fut donc grande, il y a quarante ans, lorsqu'on apprit que la persécution durait toujours, et quand, à la proclamation de la liberté des cultes, il se trouva vingt mille chrétiens du Kiousiou ayant conservé, par simple tradition, la foi de leurs ancêtres du xvi° siècle.

Aoi,
Mon des Tokoügawa.

Le christianisme au Japon, resté ainsi à l'état d'épisode héroïque dans l'histoire du pays, aurait sans doute résolu, il y a trois cents ans, les deux problèmes de l'adoption d'une politique nationale à l'extérieur et de l'introduction partielle des mœurs et des lois européennes à l'intérieur, qui s'étudient aujourd'hui en devenant chaque jour plus compliqués. La réaction des Tokoügawa poussa le Japon dans une voie diamétralement opposée. Yéyas et Yémits, qui étaient pourtant de puissants esprits, firent reposer l'ordre nouveau, au dehors, sur l'isolement absolu du pays, au dedans, sur une extension nouvelle donnée au régime féodal. Les provinces furent livrées à titre héréditaire aux Daïmios, sous la condition pour ceux-ci d'entretenir à leurs frais des otages dans la nouvelle capitale de Yédo [1]. La soumission fut imposée au *hémigne* vis-à-vis du *samouraï*, sous la menace des sabres que portait le guerrier. Ainsi le Japon tout entier, la terre comme les hommes, se trouva englobé dans

---

[1]. En japonais *E-do*, porte de la baie. Le nouveau nom, *To-kio*, signifie capitale de l'est ; *To-To*, employé quelquefois, a la même signification.

la nouvelle organisation de la caste militaire. Dans ce cadre, le rang et les actes de chacun furent fixés par une réglementation minutieuse, rappelant parfois les traditions antiques de l'état-providence.

L'histoire des deux siècles allant de la mort de Yémits à l'arrivée du commodore Perry, peut se résumer rapidement. Le Japon, sous les Tokoŭgawa, jouit d'une paix plus complète et plus longue qu'à aucune époque historique. Il ne semble pas toutefois que la prospérité et la richesse se soient beaucoup développées, à en juger par toutes les mesures, telles que lois somptuaires, interdiction du tabac, refonte et altération des monnaies, destinées à combattre l'appauvrissement du pays. La population s'accrut; la terre manquait à un peuple autrefois aventureux, maintenant privé de commerce extérieur; les familles se restreignirent souvent par le sacrifice cruel des nouveau-nés.

Bonne d'enfants et bébé, netské.
(Coll. de M. Bertin).

Malgré la sagesse qui inspira le plus souvent les conseils du nouveau Bakoufou, les institutions de Yéyas et de Yémits tombèrent de bonne heure en décadence, et elles allèrent toujours en déclinant, à mesure que s'affaiblissait le souvenir des anciens troubles. La puissance des Daïmios passa aux mains de leurs *karo*, et ceux-ci ne devaient rien aux ministres qui gouvernaient à Yédo au nom du Sioğoun. La discorde s'éleva entre les différentes branches des Tokoŭgawa. Ainsi privés d'appuis trop artificiellement échafaudés pour être bien solides, les derniers souverains militaires n'eurent plus qu'une autorité nominale en dehors de leur domaine particulier.

Le Mikado s'éleva, à mesure que le gouvernement de

Yédo allait s'affaiblissant. La séparation des deux capitales rendit peu à peu, au souverain légitime, l'indépendance d'abord, comme il était arrivé au temps des Hôjô, et plus tard la suprématie. Dès le siècle dernier, les historiens et les poètes enseignaient au pays à tourner ses regards vers le palais de Kioto. Le siècle actuel fut marqué par un retour général à la vénération d'autrefois, pour la dynastie immuable et vraiment nationale, qui avait vu passer tant de familles éphémères à la tête de la caste militaire [1]. Le Mikado essaya son autorité renaissante en faveur des anciens morts de son parti, qui attendaient leur apothéose depuis des siècles, puis il revendiqua sa part dans le gouvernement actuel. L'ignorance même des choses de ce monde, dans laquelle on vivait au palais, servit un instant la cause du Mikado, quand il se mit en 1863 à la tête du mouvement contre les étrangers. Enfin le dernier Siogoun fut en 1866 choisi par le Mikado. On peut dire que la révolution était dès lors accomplie ; le Mikado était redevenu le souverain.

Les quatorze années si troublées, comprises entre 1854 et 1868, ont été remplies par la lutte des deux pouvoirs concentrée sur la question de l'ouverture du pays. Le Bakoufou avait eu la clairvoyance de reconnaître qu'il ne pouvait pas répondre aux grandes puissances maritimes, par l'édit d'expulsion, qui avait suffi contre quelques aventuriers occupés de négoce et quelques pauvres missionnaires armés seulement de la croix. Des concessions étaient nécessaires. Nul n'aurait contesté à Taïko ni à Yéyas le pouvoir de régler la question à sa guise ; mais en 1854 le Mikado était une puissance avec laquelle il fallait compter. Le droit de traiter fut refusé avec acharnement au Siogoun. Les passions s'exaltèrent. Les actes de fanatisme se multiplièrent, visant le Bakoufou, par dessus la tête des victimes. Puis des conflits sanglants éclatèrent de tous côtés. En 1864, on se battait avec fureur dans plusieurs

---

1. Voir, note III, une poésie sur un épisode de la guerre du *Nanbokoutchô*.

provinces, et surtout autour de Kioto. En 1866, Nagato, résista victorieusement à l'avant-dernier Siogoun. Tout annonçait le retour des grandes guerres qui avaient agité le moyen âge, quand, à la fin de 1867, sur les représentations des *karo* de deux provinces, le dernier Siogoun remit ses pouvoirs au Mikado, en reconnaissant son autorité suprême.

Au degré d'exaltation où étaient les esprits, la guerre ne pouvait cependant pas être évitée; elle éclata deux fois en 1868, d'abord à la suite d'une dernière hésitation du Siogoun, par le choc de clans ennemis près de Kioto, puis, après l'entrée de l'armée légitimiste dans Yédo, par la résistance acharnée d'une poignée de braves qui ne voulut pas accepter sans combat les apparences d'une soumission. La fin de la crise montra toute la sagesse de l'abdication du Siogoun. Le Bakoufou n'aurait pu triompher, au prix de longs déchirements, que pour imposer au pays un compromis temporaire. Le Mikado, par son prestige, fit accepter sans peine les nouveaux traités; il rallia tous ses sujets dans le Japon pacifié; il a trouvé de fidèles serviteurs dans les adversaires qui avaient un instant balancé la fortune près d'Outsounomya.

Ainsi est tombée en quelques mois, et sans grande effusion de sang, l'institution du siogounat que nous avons vu naître après la guerre de *Guémepé* et triompher péniblement dans la longue guerre de *Nanbokoutchô*.

Trois ans plus tard la féodalité fut abolie, par le rachat du pouvoir des Daïmiôs et la suppression des privilèges des samouraïs; la caste militaire n'avait plus de raison d'être, puisque le Mikado règne au même titre sur tous ses sujets. Une fois la révolte de Satsouma comprimée, l'ordre nouveau se trouva définitivement accepté.

Une autre conséquence de la révolution de 1668 fut un retour de faveur officielle à l'antique signetô; mais, si l'on en croit les images populaires, Inari, le Kami des rizières, n'a pas tardé à conclure la paix avec la Chôdzka-no-Bâsan, divinité infernale du bouddhisme.

En même temps que le Mikado est rentré dans l'exercice de ses droits restés imprescriptibles à travers douze siècles, le Japon s'est largement ouvert aux influences du dehors, et a repris l'œuvre de sa transformation économique et intellectuelle arrêtée depuis Nobounaga. L'activité fiévreuse

Réconciliation de *Inari* et de la *Chôdska-no-Bâsan*.
Ils font leur voyage de noces, et, sur le bord du *Sandzou-no-ğawa*, se promettent de ne pas mourir l'un sans l'autre. (D'après un nisikié anonyme).

mise à regagner le temps perdu, en empruntant coup sur coup à l'Europe, ses sciences, ses arts mécaniques, son industrie et jusqu'à sa machine gouvernementale, met en évidence la violence de la compression antérieure, qui enfermait, comme dans un cercle de fer, le pays dans sa frontière, la pensée dans les vieilles formules. Les Japonais, débarrassés des entraves qui les immobilisaient depuis Yéyas, se sont sentis comme des oiseaux dont la cage s'ouvre, et, du premier vol, ils se sont laissé emporter bien loin de leur ancienne prison.

La nouvelle page que le Japon ajoute ainsi à ses annales présente deux aspects tout différents : d'un côté, la restauration du pouvoir du Mikado est un retour aux plus vieilles traditions; de l'autre l'introduction de la civilisation européenne marque une rupture avec le passé.

La restauration de 1868, qui, en son temps, a dérouté la diplomatie, fait suite aux luttes du XIV° siècle, et à la longue protestation du palais de Kioto, dont elle a été le couronnement tardif. Ainsi l'ont compris les vainqueurs, lorsqu'ils ont décapité à Kioto les statues d'Asikaḡa-Takaoudzi, et lorsque, maîtres du pouvoir, ils ont évité avec soin les fautes jadis fatales à Godaïgo-Tennô. Les lignes, qui viennent d'être consacrées à cette révolution et aux circonstances qui l'ont amenée, forment donc le complément naturel du récit des exploits de Masasigné et de Yosisada.

L'européanisation du Japon, au contraire, n'a pas de racines dans le passé; elle ne se rattache même pas à la tentative de Nobounaḡa, puisque la persécution a séquestré, à l'écart du reste du pays, le christianisme qu'elle n'a pu détruire. Des lettrés et des savants ont été les précurseurs du mouvement actuel; ils ont traduit divers ouvrages hollandais, tous livres de sciences et surtout de médecine; l'un d'eux est même parvenu, au prix d'un labeur méritoire, à savoir assez de français pour mettre en caractères chinois la chimie de Thénard [1]. L'évolution ainsi commencée a gardé l'empreinte de son origine, lorsqu'elle a pu s'accomplir librement après l'ouverture du pays. Tandis que l'on constate des alternatives évidentes d'avance et de recul en ce qui con-

---

1. M. Mourakami, mort pendant mon séjour au Japon.

cerne les idées, la législation et les mœurs, on voit le changement matériel suivre une marche continue et précipitée. Sans parler de l'armée et de la marine, le Japon est au niveau des pays d'Europe pour son réseau télégraphique, ses paquebots et ses chemins de fer; la vapeur et l'électricité y ont multiplié leurs applications, au point de devancer à certains égards beaucoup de nos villes. La rapidité de ces innovations nous surprend; les Japonais s'étonnent davantage de la lenteur du progrès dans les pays soumis à l'action directe des puissances européennes.

Dépassant de beaucoup les prévisions des anciens fidèles de la dynastie issue des dieux, le mouvement politique s'est accéléré lui aussi, et le Japon se trouve maintenant lancé à toute vapeur à la poursuite des plus nouvelles institutions gouvernementales de l'Europe. Nous n'avons pas à suivre la traversée aventureuse ainsi entreprise à la suite des voyages déjà heureusement accomplis. Les dernières innovations politiques sont étrangères aux anciennes guerres civiles, et à la querelle séculaire du Mikado et du Sioḡoun, que remplace aujourd'hui l'accord de l'héritier des Kamis avec la jeune déesse introduite dans le Signetô sous le nom de Constitution parlementaire.

Le travail terminé, on se délasse aux mains du masseur.
Netské de Itsoumigue. (Coll. de M. Bertin).

Le Soleil.

La Lune.

NOTE I

LISTE DES DIEUX ET KAMIS DU SIGNETO

D'APRES LE *KODZIKI*, OU *FOUROU-KOTO-BOUMI*
(LIVRE DES VIEILLES CHOSES)

1° *Amé-no-minaka-nosi-no-Kami*.

C'est le dieu du ciel (*Amé*, ciel), le seul ayant existé de toute éternité.

2° *Taka-mi-mousoubi-no-Kami*.

Taka, haut; *mi* corps; *mousoubi*, adjoint.

3° *Kami-mousoubi-no-Kami*, ou par abrévation *Kammousoubi-no-Kami*.

Kami, divin ou surnaturel; *mousoubi*, adjoint.

Ces deux derniers, qui dérivent du premier, paraissent être, le premier le dieu de la matière, le second celui de l'esprit.

Tous les trois habitent constamment le *Taka-amé-no-hara*, ou *Taka-ma-no-hara*, la plaine du haut du ciel.

4° *Oumasi-asikabi-hikodzi-no-Kami*.

Oumasi, bien ou bon; *asi* roseau; *kabi*, pousse, bourgeon, (on peut dire *asimé*); *hikodzi*, honorifique, de *hiko* homme.

5° *Amé-no-tokodatii-no-Kami*.

Amé, ciel ; *toko*, toujours, *tatsou*, rester.

Tous les deux habitent le ciel ; mais le premier, au moins, est venu de la terre.

Ce sont les cinq dieux du ciel, ou *Téindzigne godaï*, appellation moderne, car les mots qui la composent sont chinois (*Téin* ciel, *go* cinq, etc.).

Les *Kamis* suivants forment une nouvelle série, indépendante de la première.

1° *Koumi-no-tokodatii-no-Kami.*

Koumi terre ou pays ; au lieu de *tokodatii*, on écrit quelquefois *sokodatii*, de *soko*, fond d'une rivière ou intérieur de la terre.

2° *Toyo-koumo-nou-no-Kami.*

Toyo, riche ; *Koumo* nuage ; *nou*, marécage ou étang.

3° *Oui-dzini-no-Kami.*

Oukou, être étendu sur le dos ou ramper sur le dos ; *dzini*, boue. L'origine attribuée à *Oui* ne semble pas admissible ; ce mot signifie sans doute eau ou vase.

4° *Sou-bidzini-no-Kami.*

Sou, sable ; *bidzini*, terre.

5° *Tsounoḡoui-no-Kami.*

Tsounou, corne (?) (actuellement *tsoüno*, corne de cerf) ; *ḡoui*, entre-croiser, ou agir (?).

6° *Ikouḡoui-no-Kami.*

Ikou, *ikirou*, vivre (origine contestable) ; *ḡoui*, agir.

7° *Oo-to-no-dzi-no-Kami.*

Oo, grand ; *to (tokoro)* endroit ; *dzi*, seigneur.

8° *Oo-to-no-bé-no-Kami.*

bé, féminin de *dzi*.

9° *Omo-tarou-no-Kami.*

Omo, figure ; *tarou*, complète.

10° *Aïa-kásiko-né-no-Kami.*

Aïa, très ; *kasiko*, sage ; *né*, personnage masculin ou féminin.

Ces dix Kamis semblent former cinq couples d'un Kami mâle et d'une déesse ; le féminin est bien indiqué pour le huitième.

Quelques-unes des étymologies, telles que peut les donner le japonais moderne, sont au moins contestables.

Viennent ensuite les ancêtres de la grande série de dieux ;

11° *Iza-na-gni-no-Kami.*

Iza, guide, *gni*, seigneur.

12° *Iza-na-mi-no-Kami.*

mi, féminin de *gni*.

Ils s'unissent sur l'île de *Honoḡorozima*; *hono* naturellement, *koro* amassée *sima*, île, et ont pour enfants tous les Kamis suivants :

1° *Hirouko.*

Hirou, sangsue, *ko* enfant. Comme le fils de la sangsue est très laid, Izanagni et Izanami l'abandonnent en mer sur un *asi-bouné* (roseau-bateau); il est l'ancêtre du dieu Ebisou.

2° *Awadzima.*

Probablement *Awadzi-sima*, comme le suivant (*Awa* est le nom primitif); *sima* île. Cet enfant, comme Hirouko, est très informe; c'est à son sujet que Izanagni se plaint aux dieux et reçoit la promesse d'être plus favorisé à l'avenir.

3° *Awa-dzi-no-ho-no-sawa-ké-no-sima.*

Awa, nom primitif de l'île; *dzi*, chemin; *ho*, épi de riz; *sawa*, premier; *ké*, aîné, mot honorifique.

4° *Yo-no-foutana-no-sima.*

Yo, ici l'île de Sikok; *foutana*, divisée en deux. L'île de Sikok a porté à l'époque mythologique, les quatre noms de Yo, Sanouki, Awa, Tosa, qui sont devenus ceux de ses quatre provinces. Le nom moderne vient de *si*, quatre, *kokou*, pays (mots chinois).

5° *Oki-no-Mitsouḡodzima.*

Oki, grande mer ou haute mer; *mitsou*, trois; *ko*, enfants; *sima*, l'île. C'est le petit archipel actuel de Oki-Sima près de l'Idzoumo.

6° *Tskousi-no-sima.*

Tskousi est le nom primitif de Kiousiou (*Kiou* neuf, *siou* gouvernements). Le nom de *Tskousi* a été plus tard limité à la côte est comprenant le Hiouḡa; la partie nord, Bouḡo, Bouzéin, Tiikouzéin, s'appelait alors *Tayókouni*; la partie ouest, Hizéin, Hiḡo se nommait *Hi-no-Kouni*, pays de Hi; enfin le sud, Satsouma et Osoumi, formait le *Koumaso-no-Kouni* ou pays des Koumasos.

7° *Iki-sima*, l'île actuelle de ce nom.

8° *Tsou-sima.*

9° *Sado-sima.*

10° *Oo-Yamato-Akidzousima.*

C'est la grande île, le Honto actuel, qui a été conquise par les hommes du Yamato; elle avait peut-être apparu une première fois dans Honoḡorozima.

Les huits précédents, 3 à 10, forment le *O-ya-sima*, grand-huit-îles. A ces huit îles se rattache le souvenir de Ya-sima-zinoumi-no-Kami, qui fut sans doute leur premier roi.

11° *Kibi-no-Kozima.*
Bi, semble indiquer le pays de Bizéin et de Bisiou.
12° *Adzoukisima.*
Petite île voisine de Sanouki.
13° *Oosima.*
Peut-être le *Oo-sima* du cap Siwo.
14° *Himézima.*
15° *Tiika-no-sima.*
16° *Ftago-no-sima.*
C'est la fin des îles nées des *Magatama* de la lance d'Izanagni.

17° *Oo-koto-oo-si-o-no-Kami.*
Oo-koto, grande-chose; *oo-si*, grandeur; *o* ou *wo*, homme.
18° *Iwa-tsoutii-Biko-no-Kami.*
Iwa, pierre; *tsoutii*, terre; *Biko, Hiko*, seigneur.
19° *Iwa-sou-Bimé-no-Kami.*
Bimé ou *Himé* (féminin de *Hiko*), dame.
20° *Oo-to-biwaké-no-Kami.*
Oo, grand; *biwaké*, courage.
21° *Amé-no-fki-o-no-Kami.*
Amé, ciel; *fki*, souffler; *o*, homme;
22° *Oo-ya-Biko-no-Kami.*
Ya, pour *aya*, beauté.
23° *Kaza-kétsouwaké-no-Kami.*
Inexpliqué.
24° *Oo-Watatsoumi-no-Kami.*
Watatsoumi, navigateur; de *watarou*, passer, *oumi*, mer.
Les deux suivants sont un couple, qui se nomme le *Minato-no-Kami* ou Kami des ports, et qui fonde une sorte de dynastie.
25° *Aki-dzou-Biko-no-Kami.*
Aki, clarté; *dzou*, pour *tsou*, particule comme *no, to*, etc.
26° *Haya-aki-tsou-Bimé-no-Kami.*
Haya, huit mains.
Leur enfants forment quatre couples :
Awa-nagni-no-Kami,
Awa-nami-no-Kami.
De *awa*, écume; *nagni*, tranquillité; *nami*, vague. Ce sont deux divinités marines.
Tsoura-nagni-no-Kami.
Tsoura-nami-no-Kami.
De *tsoura*, espace.

Amé-no-mi-koumari-no-Kami.
Kouni-no-mi-koumari-no-Kami.
De *amé*, ciel; *kouni* terre ou pays ; *mi*, eau ; *koumarou*, partager.
Amé-no-koui-dza-motii-no-Kami.
Kouni-no-koui-dzu motii-no-Kami.
De *koui, koumou* puiser ; *dza*, calebasse; *motii*, avoir.

27° *Si-na-tsou-Hiko-no-Kami.*
Si, souffle ; *na*, pour *naḡa*, long; *tsou*, particule ; c'est le *Kami* du vent.

28° *Koukou-no-tii-no-Kami.*
Koukou, tige ou tronc d'arbre; *tii*, pour *titii*, père. C'est le *Kami* des forêts.

29° *Oo-yama-tsou-mi-no-Kami.*
Oo, grande; *yama*, montagne ; *mi*, travail.

30° *Kaya-nou-Himé-no-Kami.*
Kaya, chaume; *nou* ou *no* champ.

Ces deux derniers forment un couple ayant, comme le Minato-no-Kami, huit enfants en quatre couples, savoir :
Ama-no-sa-dzou-tii-no-Kami,
Kouni-no-sa--dzou-tii-no-Kami.
Ama, ciel ; *kouni*, terre, pays ; *sa*, pour *saka*, pente; *tsou*, particule; *tii* pour *tiitii*, terre. C'est la divinité des sentiers et des chemins escarpés, au ciel et sur la terre.

Amé-no-sagniri-no-Kami,
Kouni-no-sagniri-no-Kami.
Amé, ciel ; *kouni*, pays ; *sagniri* ou *sakaï*, limites ou bornes. C'est la divinité des limites des champs et des pays, au ciel et sur la terre.

Amé-no-koura-do-no-Kami,
Kouni-no-koura-do-no-Kami.
Koura, sombre ; *do*, place. Divinité des vallées ombragées.

Oo tomado-Hiko-no-Kami.
Oo-tomado-Himé-no-Kami.
Tomado est le vieux nom des plateformes dressées sur le penchant des montagnes pour y élever des habitations.

31° *Tori-no-iwakousou-boŭné-no-kami.*
Tori, oiseau; *iwakousou*, camphrier; *boŭné, foŭné,* ou *fné,* bateau.

32° *Oo-gné-tsou-Himé-no-Kami.*
Gné, choses comestibles (sens contesté). Ce serait la déesse des vivres.

11° *Kibi-no-Kozima.*
Bi, semble indiquer le pays de Bizéin et de Bisiou.
12° *Adzoukisima.*
Petite île voisine de Sanouki.
13° *Oosima.*
Peut-être le *Oo-sima* du cap Siwo.
14° *Himézima.*
15° *Tiika-no-sima.*
16° *Flag̃o-no-sima.*
C'est la fin des îles nées des *Mag̃atama* de la lance d'Izanagni.

17° *Oo-koto-oo-si-o-no-Kami.*
Oo-koto, grande-chose; *oo-si*, grandeur; *o* ou *wo*, homme.
18° *Iwa-tsoutii-Biko-no-Kami.*
Iwa, pierre; *tsoutii*, terre; *Biko*, *Hiko*, seigneur.
19° *Iwa-sou-Bimé-no-Kami.*
Bimé ou *Himé* (féminin de *Hiko*), dame.
20° *Oo-to-biwaké-no-Kami.*
Oo, grand; *biwaké*, courage.
21° *Amé-no-fki-o-no-Kami.*
Amé, ciel; *fki*, souffler; *o*, homme;
22° *Oo-ya-Biko-no-Kami.*
Ya, pour *aya*, beauté.
23° *Kaza-kétsouwaké-no-Kami.*
Inexpliqué.
24° *Oo-Watatsoumi-no-Kami.*
Watatsoumi, navigateur; de *watarou*, passer, *oumi*, mer.
Les deux suivants sont un couple, qui se nomme le *Minato-no-Kami* ou Kami des ports, et qui fonde une sorte de dynastie.
25° *Aki-dzou-Biko-no-Kami.*
Aki, clarté; *dzou*, pour *tsou*, particule comme *no*, *to*, etc.
26° *Haya-aki-tsou-Bimé-no-Kami.*
Haya, huit mains.
Leur enfants forment quatre couples:
Awa-nagni-no-Kami,
Awa-nami-no-Kami.
De *awa*, écume; *nagni*, tranquillité; *nami*, vague. Ce sont deux divinités marines.
Tsoura-nagni-no-Kami.
Tsoura-nami-no-Kami.
De *tsoura*, espace.

Amé-no-mi-koumari-no-Kami.
Kouni-no-mi-koumari-no-Kami.
De *amé*, ciel; *kouni* terre ou pays ; *mi*, eau; *koumarou*, partager.
Amé-no-koui-dza-motii-no-Kami.
Kouni-no-koui-dza motii-no-Kami.
De *koui, koumou* puiser ; *dza*, calebasse; *motii*, avoir.

27° *Si-na-tsou-Hiko-no-Kami.*
Si, souffle ; *na*, pour *naḡa*, long; *tsou*, particule ; c'est le *Kami* du vent.

28° *Koukou-no-tii-no-Kami.*
Koukou, tige ou tronc d'arbre; *tii*, pour *titii*, père. C'est le *Kami* des forêts.

29° *Oo-yama-tsou-mi-no-Kami.*
Oo, grande; *yama*, montagne ; *mi*, travail.

30° *Kaya-nou-Himé-no-Kami.*
Kaya, chaume ; *nou* ou *no* champ.

Ces deux derniers forment un couple ayant, comme le Minato-no-Kami, huit enfants en quatre couples, savoir :

Ama-no-sa-dzou-tii-no-Kami,
Kouni-no-sa--dzou-tii-no-Kami.
Ama, ciel ; *kouni*, terre, pays ; *sa*, pour *saka*, pente ; *tsou*, particule; *tii* pour *tiitii*, terre. C'est la divinité des sentiers et des chemins escarpés, au ciel et sur la terre.

Amé-no-sagniri-no-Kami,
Kouni-no-sagniri-no-Kami.
Amé, ciel ; *kouni*, pays ; *sagniri* ou *sakaï*, limites ou bornes. C'est la divinité des limites des champs et des pays, au ciel et sur la terre.

Amé-no-koura-do-no-Kami,
Kouni-no-koura-do-no-Kami.
Koura, sombre ; *do*, place. Divinité des vallées ombragées.

Oo tomado-Hiko-no-Kami.
Oo-tomado-Himé-no-Kami.
Tomado est le vieux nom des plateformes dressées sur le penchant des montagnes pour y élever des habitations.

31° *Tori-no-iwakousou-boŭné-no-kami.*
Tori, oiseau; *iwakousou*, camphrier; *boŭné, foŭné*, ou *fné*, bateau.

32° *Oo-gné-tsou-Himé-no-Kami.*
Gné, choses comestibles (sens contesté). Ce serait la déesse des vivres.

33° *Hi-no-iagni-haya-o-no-kami.*

Hi feu ; *iagni,* brûler ; *haya,* vite ; *o,* homme. Ce dieu de feu a brûlé sa mère Izanami en naissant ; lui-même n'a pas de *mihodo.*

Les deux suivants, formant un couple, sont nés des cendres d'Izanami.

34° *Kana-yama-Biko-no-Kami,*
35° *Kana-yama-Bimé-no-Kami.*

Kana-yama, mines ; de *Kana* métal, *yama,* montagne. C'est le *Kami* des mines.

Les deux suivants sont sortis des excréments d'Izanami.

36° *Hani-yasou-Biko-no-Kami.*
37° *Hani-yasou-Bimé-no-Kami.*

Hani, argile ; *yasou* ou *néasou,* gluante.

Les *doki,* poteries préhistoriques, que l'on trouve dans le Honto et dont la gravure ci-dessous représente un échantillon, ne sont attri-

Doki, poterie préhistorique.

buées, ni aux deux Kamis *Hani-Yasou,* ni à leurs élèves. Les Japonais refusent de les considérer comme l'œuvre de leurs ancêtres, et, les Aïnos n'employant que des ustensiles en bois, ils les considèrent comme un souvenir d'une race antérieure aux Aïnos et étrangère aux Kamis.

Ces poteries, assez rares, sont de couleur grisâtre et ne semblent pas avoir vu le feu. Elles sont molles quand on les retire du sol, ce qui les rend d'une extraction difficile; on en possède cependant plusieurs spécimens bien entiers.

De l'urine d'Izanami sont nés :
38° *Midzou-ha-no-mé-no-Kami.*
Midzou, eau; *ha*, abondance ; *mé*, femme.
39° *Wakou mousoubi-no-Kami.*
Wakou, sourdre, jaillir en masse ; *mousoubi*, adjoint.
Ces derniers ont eu une fille, qui est :
40° *Toyo-ouké-Bimé-no-Kami.*
Toyo-ouké, abondance, de *toyo*, grande quantité, *ouké*, choses comestibles.

Arrivé à ce point, la lecture du *Kôdziki*, patiemment et savamment expliqué par M. Yousakou-Imaïdzoumi, il y aura de cela huit ans bientôt, m'avait suffisamment montré que l'étude de la mythologie japonaise exigeait des connaissances et des loisirs qui me faisaient défaut. Je laissai donc Izanagni couper la tête de *Hi-no-iagni-haya*, avec son sabre *Itsou-no-wo-habari*, puis enterrer Izanami sur les confins de l'Idzoumo, et, pour satisfaire ma curiosité au sujet des *Tiidzigne*, je résolus de m'en tenir plus tard à mes notes de voyage, aux visites des *myas*, aux récits de mes amis. Les quelques pages consacrées, dans l'introduction, aux ancêtres de Dzinmou, n'ont donc pu être ni complètes ni sans doute entièrement conformes aux textes existants ; elles sont seulement exactes, en ce sens qu'elles reproduisent fidèlement ce que savaient et pensaient, de l'époque du *Kami-ô*, les Japonais instruits qui, vers l'an de grâce 1888, voulaient bien s'occuper encore des « vieilles choses ».

Les légendes relatives aux Izana, et celles du cycle d'Amatéras, à supposer que les premières aient un fondement historique, remontent évidemment à deux époques très différentes. Le signetô les a rattachées les unes aux autres par des fables de composition visiblement plus moderne, dans lesquelles se trouvent des réminiscences chinoises. Ces fables, du reste, ont pu être inspirées par le désir de trouver des ancêtres divins, aux familles de la noblesse désireuses de remonter au-delà du règne de Dzinmou-Tennô; le *Kôdziki* donne satisfaction à cet égard, à plus de vingt familles de l'époque où il a été rédigé (an 712 après J.-C.), sans compter toutes les familles qu'il fait remonter aux premiers successeurs de Dzinmou.

Les travaux de M. Basil Chamberlain permettent aujourd'hui de donner sans peine un complément à mes notes recueillies au Japon et de satisfaire ainsi des curiosités plus exigeantes que n'avait été la mienne.

De *Hi-no-iagni-haya*, après qu'il fut décapité, et du sabre couvert de son sang, sortirent seize Kamis, qui peuvent être considérés comme les fils d'Izanagni et d'Izanami. Leurs noms offrent peu d'intérêt, sauf celui du célèbre *Takémika-dzoutii-no-Mikoto*.

Izanagni pénétra dans les enfers pour en ramener Izanami, au mépris des recommandations d'Izanami qui le priait de lui laisser le soin de fléchir elle-même la divinité infernale. Il trouva le corps de son épouse en putréfaction hanté par huit dieux du tonnerre, et il s'enfuit. Izanami, humiliée et furieuse de l'indiscrétion de son époux, lança contre lui des divinités redoutables. Izanagni ralentit la poursuite en jetant derrière lui divers objets, en dernier lieu, trois pêches cueillies près de la porte des enfers. Il franchit ensuite le passage, qu'il ferma d'un rocher. Se parlant d'un côté à l'autre du rocher, Izanagni et Izanami se quittèrent sur des paroles de menace.

Quand Izanagni fut de retour sur la terre, les vêtements dont il se dépouilla devinrent douze Kamis. Ensuite les souillures qu'il avait contractées aux enfers devinrent deux divinités néfastes, dont il balança l'action en créant deux divinités bienfaisantes. Enfin, de son bain, naquirent six divinités, les trois *Tsou-watatsou-mi-no-Kami* du fond, du milieu, de la surface de la mer, et les trois *Dzoutsou-no-wo-no-Mikoto* du fond, du milieu, de la surface de la mer; les trois premières furent les ancêtres d'une famille d'Adzoumi; les trois dernières sont les divinités antiques de Smiyosi.

Ce fut après toute cette éclosion de dieux obscurs que, des dernières ablutions d'Izanagni, naquirent subitement, selon le *Kôdziki*,

Ama-térasoŭ-oo-mi-Kami (Amatéras),

Tsouki-yomi-no-Kami,

Také-haya-sousa-no-o-no-Mikoto (Sousanoo);

C'est-à-dire la déesse du soleil, Amatéras reine de la lumière et du ciel ; le dieu de la lune, qui eut la nuit pour domaine ; enfin le mâle impétueux, le turbulent Sousanoo, qui, chargé d'abord de régner sur la mer, quitta son empire humide pour aller tenter au ciel son entreprise impie contre Amatéras et, de là, terminer sa vie dans la province d'Idzoumo, où sa descendance resta établie.

Amatéras est l'ancêtre des Mikados ; Sousanoo rappelle l'occupation des premières provinces du nord et aussi les premières immigrations coréennes, car une légende le fait passer en Corée après son départ du ciel et avant son arrivée en Idzoumo ; tous deux appartiennent à des mythes d'origine historique. Le dieu de la lune, sans histoire et sans attributs, semble une adjonction purement artificielle.

Dans l'histoire des *Tiidzigne*, successeurs d'Amatéras, il faut noter l'expédition de *Hikohononignini* allant s'établir sur le mont Takatiiho et citer la liste de ses compagnons. En partant du ciel, berceau de sa famille, le troisième Tiidzigne emmena avec lui :

1° *Amé-no-Koya-né-no-Mikoto*, ancêtre des Nakatomi, c'est-à-dire des Foudziwara ;

2° *Fouto-tama-no-Mikoto*, ancêtre des seigneurs d'Imibé ;

3° *Amé-no-Oudzoumé*, ancêtre des seigneurs de Sarou, chez qui le titre nobiliaire est porté par la femme ;

4° *Isi-kori-do-mé*, ancêtre de la famille Kagami-Tsoukouri ;

5° *Tama-naya-no-Mikoto*, ancêtre de la famille Tamanaya.

Ces cinq Kamis sont ceux qui avaient principalement contribué à faire sortir Amatéras de sa caverne ; le premier avait récité dévotement les prières liturgiques ; le second avait disposé sur un arbre le miroir sacré, le chapelet de grandes boules et les offrandes expiatoires ; tous deux avaient présenté les objets devant la porte entr'ouverte ; le troisième avait exécuté sa danse ; le quatrième avait confectionné le miroir, et enfin le cinquième avait confectionné le chapelet de boules.

Aux cinq principaux Kamis qui précèdent, s'étaient joints :

6° *Omohi-kané-no-Mikoto*, conseiller ordinaire d'Amatéras,

7° *Amé-no-iha-to-waké-no-Kami*, sorte de gardien de la porte céleste,

qui sont les divinités du temple d'Isousou.

3° *Toyo-ouké-Bimé*, la dernière divinité née d'Izanami, qui vient ainsi relier les deux cycles l'un à l'autre ;

9° *Amé-no-ta-dzikara-o-no-Kami*, le dieu de la force, qui avait extrait Amatéras de sa caverne.

Il y en a encore un ou deux autres, mais ils portent des noms obscurs et donnent lieu à contestation.

Sur la terre, le premier guerrier qui s'unit à la troupe céleste fut Sarouta, qui, par son union avec la déesse Oudzoumé, devint l'ancêtre des seigneurs de Sarou. En souvenir de cette origine, il a transmis à ses descendants mâles, un titre nobiliaire destiné à être porté seulement par leurs femmes.

Enfin Hokohononignini, établi à Takatiiho, eut pour principaux compagnons pendant son règne :
Amé-no-osi-hi-no-Mikoto, ancêtre des Ootomo,
Amatsou-koumé-no-Mikoto, ancêtre des Koumé.

Après Dzinmou-Tennô, la liste des généalogies devient interminable ; l'un des frères de Souizéi-Tennô, deuxième Mikado, est à lui seul l'ancêtre revendiqué par dix-sept familles.

Parallèlement à la généalogie des *Tiidzigne*, le *Kôdziki* indique celle de la famille qui semble avoir régné la première et avoir succombé plus tard devant la prépondérance des Mikados du Yamato ; on compte quinze générations dans cette dynastie :
Ya-sima-zinoumi,
Fouha-no-modzi-kou-nou-sou-nou,
Fouka-no-midzou-yaré-hana,
Omidzou-nou-no-Kami,
Amé-no-fouyou-kinou-no-Kami.
Oo-kouni-nousi-no-Kami (contemporain du deuxième Tiidzigne). Ce dernier porte aussi d'autres noms, celui de *Oo-kouni-nousi-no-Kami* étant probablement un titre plutôt qu'un nom véritable, et ce titre pouvant être celui de toute la dynastie.
Tori-narou-mi-no-Kami,
Kouni-osi-tomi-no-Kami,
Haya-mika-no-také-sahaya-dzi-nou-mi-no-Kami,
Mika-nousi-Hiko-no-Kami,
Tahiri-kisi-marouni-no-Kami,
Miro-na-mi-no-Kami,
Nounosi-tomi-tori-narou-mi-no-Kami,
Amé-no-hibara-oo-si-na-domi-no-Kami,
Toho-tsou-yama-zaki-tarasi-no-Kami.

Ce dernier serait contemporain du sixième Mikado, si la durée moyenne des règnes pouvait être supposée la même dans les deux dynasties.

La famille des *Oo-kouni-no-Kami* a laissé de nombreuses branches latérales, dans l'ancienne noblesse japonaise.

Paysage éclairé par la lune.

NOTE II

POÉSIES ANCIENNES

SE RAPPORTANT AUX FAITS RACONTÉS, OU COMPOSÉES
PAR LES PERSONNAGES QUI FIGURENT DANS LE RÉCIT

Un *outa* se compose de cinq vers, ayant successivement 5, 7, 5, 7, 7 syllabes, soit en tout trente-et-un pieds.

Les nasales *an*, *on*, *éin* comptent pour deux pieds. Elles devaient donc autrefois former deux sons distincts, probablement *a-an*, *o-on*, *é-in*; il reste dans *éin* quelque chose de ce double son. Il ne s'agit ici que des vraies nasales japonaises; *naḡa* (long) ne compte que pour deux pieds, bien que, par l'effet du $\bar{g}$, un français entende *nanga*; de même *kangné* (ombre) ne forme que deux pieds.

Les syllabes muettes en *où* et *i* comptent pour un pied.

1° *Outa* de Sousanoo-Sinnô, à l'occasion de son mariage avec Kousi-Inada-Himé, fille des vieillards d'Idzoumo (pages 13, 14) :

amoncellement de nuages	se fait	
Yakoumo	*tatsou*	*Ya*, multiplicité; *koumo*, nuage;
épanouissement de nuages	assemblage de murailles	
Idzoumo	*yayégaki*	*Idzou*, sortir; *mo*, nuages;

demeure d'épouse pour
 Tsoumag̃omé *ni*   *tsouma,* épouse ; *gomé,* mettre ; le mot
assemblage de murailles construire *tsouma* se retrouve dans Adzouma.
 Yayégaki *tsoukourou*
cet assemblage de murailles
Sono *yayégaki* *o.* *o,* exclamation.

Idzoumo, qui est le nom de la province, forme ici un jeu de mots.

2° *Outa* du Kami de la poésie, Kakinomoto-Hitomarou, mort en 633 (page 46) :

Ondulation des montagnes
 Asibiki *no* *Asibiki* est peut-être le nom d'une
faisan de queue   montagne.
Yamadori *no* *ô no* *Yamadori* doit être ici le nom d'un
pendre queue   oiseau à queue flottante.
Sidari *ô* *no* *Sidari,* pendre ; se dit des branches
très longue nuit   des arbres pleureurs.
Nag̃a-nag̃a si *yo* *wo* *Naga-naga,* forme du superlatif.
moi seul comment coucher
Hitori *kamo* *néin.* *Néin,* compte pour deux pieds.

3° *Outa* de Abé-no-Nakamaro, tracé sur sa manche, avec le doigt qu'il avait mordu (page 57) :

ciel de plaine
Ama no hara
 déchirée si je vois
Fourisaké miréba
 Kasouga être
Kasoug̃a narou
trois chapeaux de montagne sur
 Mikasa *no* *yama* *ni* Mi trois, abréviation de *mitsoŭ.*
sortir lune Ah !
Idési tsoŭki kamo.

« Quand je vois s'ouvrir la plaine céleste, je crois être à Kasoug̃a, « devant la lune qui s'élève au-dessus des sommets de Mikasa. Ah ! »

Kasoug̃a est un quartier de Nara, qui renfermait le temple de Kasoug̃a-Miôdzigne ; la montagne de Mikasa ou des trois chapeaux, aux trois sommets arrondis, domine le temple.

4° *Outa* du kitsouné, laissé comme adieu à Yasounori (page 59) :

Si vous êtes amoureux
 Koïsikouba

en recherche étant venu voyez
Tazouné   kité   miyô
Idzoumi être
Idzoumi narou
Sinoda de bois
Sinoda no mori no
regret   koudzou de feuille
Ourami koudzou no ha.

« Si vous êtes amoureux, venez chercher dans la province d'Id-
« zoumi; à la forêt de Sinoda, en souvenir de regret, vous trou-
« verez une feuille de *koudzou*. »

Le *koudzou*, qui poussait sans doute en abondance dans le bois de Sinoda en Idzoumi, est une plante sarmenteuse, dont les fibres sont utilisées par les tisserands japonais.

5° *Naga-outa* (long-outa) de Kôbô-Daïsi; c'est l'*irohani* ou alphabet japonais (page 65) :

couleur   parfum quoique
Iro   wa niwoyé   do
étant   flétries s'éparpillent
Tiiri nourou   wo
notre monde qui
Waga yô tarézo
invariable n'est pas
T'souné narou
matière de grande montagne
Oui   no ôkou   yama
aujourd'hui ayant traversé
Kiyô   koété
ce matin éveiller rêve   ne vois pas
Asa   ki youmé   misi
ivresse même n'est pas
Eï   mo   sézou.

Iro, couleur, signifiait autrefois fleur; c'est ici le sens littéral.

Tiiri, se flétrir ; *nourou*, tomber çà et là.

Oui, matière ou action, est, en bouddhisme, l'opposé de *Moui*, le néant. *Oui no ôkou yama* est le monde matériel et vivant.

Youmé, rêve, ou passions trompeuses.

Eï, l'ivresse du succès, aussi bien que celle du *saké*.

6° *Outa* de Ono-no-Komatii (Ono est son titre dans l'ancienne hiérarchie des dames du palais) (page 64) :

n'avoir pas semé à
Makanakou ni
de quoi ayant germé
Nani wo   tanétoté
algue   de
Oukikoüsa   no

Makou, semer; *nakou*, négation.

Tané, graine.

vague sur flottant-flottant
Nami no   ouné - ouné   *Ounérou*, flotter.
se produire   croître
    Oï   signérouran.   *Oïérou*, se produire ; *signérou*, croître.
                                                        La terminaison *an* compte pour deux
                                                        pieds ; de même *oï*.

L'*oukikoüsa* est la petite lentille d'eau, *lemna minor*.

7° Autre *outa* célèbre de Komatii :

fleur   couleur
Hana no iro wa
changement à est venue
Outsouri ni kérina
  insu   à
Itazoura ni
  moi   maison   à rester
Waḡami yoo ni fourou
longue pluie   durant
Naḡa mé sésimani.

« La couleur des fleurs a changé à mon insu, pendant qu'une lon-
« gue pluie me faisait rester à la maison. »

Allusion mélancolique à la brièveté de la vie ou de la beauté.

8° *Outa* de Ariwara-Narihira, l'un des *Rokkaséin*, qui mourut en 884. Il est moins ancien que Komatii, mais on les associe souvent en peinture, comme deux types de beauté, ce qui pourrait les faire croire contemporains (page 64) :

  Hozannah
Tiihayabourou   Exclamation antique d'adoration.
Kami époque même ne pas apprendre
Kami yo mo   kikayou
rivière de Tatsauta
  Tatsouta-ḡawa   Nom d'un fleuve bordé d'érables rouges
Corée écarlate en   (*momidzi*).
Kara kourénaï ni
  eau se transformer même
Midzou koukourou towa

« Gloire aux Kamis ! — Même au temps des Kamis, on n'a pas
« raconté que l'eau se transformât en écarlate de Corée, pas même
« l'eau du Tatsouta-ḡawa. »

C'est un *outa* en l'honneur du fleuve, qui apparaît couleur de pourpre, sous le reflet des *momidzi* ou érables rouges.

On trouvera, aux n°ˢ 13, 14, deux autres outas de Narihira.

9° *Outa* de Mitiizané adressé à ses pruniers (page 84) :

brise d'est si elle souffle
Kotii foukaba
parfum envoie
Niwoï okoséyo
prunier fleur
Oumé no hana
le maître ne soit pas quoique
Nousi nasi toté
printemps n'oublie pas
Harou g̃a wasourézo.

10° Poésie de Mitiizané dans le style chinois (page 84) :

il y a un an soir galerie
Kió-néin kon-ya séério ni dzisou
automne pensée recueil poétique seul fend le cœur
Siou-si no sihéin hitori dantiio
don gracieux vêtement impérial encore ici est
On si no guiói nawo toko-ni ari
tenant embrassé chaque matin parfum aspirer avec délices
Hódzi maï-tcho yoko wo kikousou.

Séério, littéralement fraîcheur ; *séério-déin*, ou salle de fraîcheur, nom de la galerie extérieure du palais.

Si, poésies, *héin*, recueillir.

Dan, fendre, déchirer ; *tiio, tsio,* entrailles, intestin.

On, grâce ; *si*, présent.

Guió, impérial ; *ï*, habit.

Hoo embrasser ; *dzi* tenir.

11° Poésie de Tono-Riókô, qui fut le maître de Mitiizané (page 84, note) :

air étant éclairci le vent peigne jeune saule chevelure
*Ki harété, kazé wa kousikézourou signe riou no **Kami**.*
glace ayant fondu la vague lave vieille mousse barbe
Kori Kiété, nami wa aro kiou taï no higné.

La première partie seule est de Riókô ; la seconde lui fut envoyée par un *Oni*, qui voyait son embarras, du haut du toit du Rachoomon.

12° *Outa* de Bouinya, un *Rokkaséin* moins ancien que Narihira, et, comme lui, le plus bel homme de son temps (page 64) :

souffler
Foukou kara ni
automne   verdure
Aki no kousaki no
si elle se flétrit
Siworouréba
avec raison montagne vent
Oubé   yama   kazé wo
ouragan   on dira
Arasi to iouran.

« Quand sous le souffle, la verdure d'automne se flétrit, le vent
« de la montagne peut s'appeler ouragan. »

13° Autre *outa* de Narihira. Il est alors en exil et contemple des *kakitsouhata* ou *kakitsoubata*, sorte d'iris [1]. Cet outa est un acrostiche :

vêtement à la chinoise
Karakoromo
mettre habitué
Kitsoutsou narénisi
bas de la robe si il y avait
Tsouma si aréba
très loin venu
Haroubarou kinourou
voyage regret je pense
Tabi osidzo omo.

Kara Chine ; *koromo* s'emploie toujours au lieu de *kimono* dans le mot *karakoromo*.

Tsouma, bas d'une robe, signifie aussi femme.

Harou barou, euphonisme pour *harou harou*, loin loin.

« S'il y avait au moins une bordure au bas de la robe chinoise
« que je porte d'habitude ! Ah ! quel regret du voyage que j'ai fait en
« ce lointain pays. »

Ou bien — « Si j'avais au moins une femme sachant prendre soin
« des vêtements que je porte d'habitude ! etc. »

14° *Outa* du Myako-dori par Narihira :

nom ce si tu mérites
Na nisi owaba
alors une chose je demanderai
Iza koto   towan
capitale oiseau
Miyako dori

Oou, très vieux verbe, littéralement être chargé ou responsable.

Toou, demander ; *wan* est une vieille forme pour *toïmacho*.

Miyako, la capitale, Kioto ; le *myako-dori* est une sorte de mouette.

1. *Iris lævigata*, Fisch ; iris lisse.

je pense la personne
Waḡa omoo hito wa
est-elle n'est-elle plus ou
Aria nasia to

« Si tu mérites ton nom, oiseau de la capitale, je te demande une « chose : celle à qui je pense, vit-elle, ou ne vit-elle plus? »

La Mourasaki-Sikibou, fille de Foudziwara-Tamétoki et femme de Yasoumasa est surtout célèbre pour son roman historique du *Guéindzi-Monogatari*. *Sikibou* est son titre de dame de cour. Elle mourut en 985 (page 65) :

L'*outa* n° 16 est une réponse de refus à un *outa* du Kambakou Mitiinaḡa lui envoyant une déclaration d'amour. Voici les deux pièces :

15° *Outa* de Mitiinaga :

objet aimé comme
Soukimono to
vous êtes célèbre
Nanisi tatéraré
(vous) voir quelqu'un
Mirou hito no
sans prier passer
Oradé sougnourou wa
il n'y a pas je pense
Arazitozo Omoo.

Tarou, être connu ou célèbre, plus littéralement être à la hauteur d'une tâche, ou compétent sur un sujet.

16° Réponse de Mourasaki :

homme par jusqu'ici
Hito ni mada
pas été aimé objet
Orarénou mono wo
personne moi
Taréka kono
objet aimé Hé bien
Soukimono zotowa
bouche laquelle a dit cela
Koutii narasi kéin.

Zotowa exclamation qui, à la fin d'un mot, en renforce le sens.

« Comme objet aimé vous êtes célèbre, et personne en vous voyant, « je pense, ne peut passer sans vous adresser une prière. »

« Ma personne n'est pas un objet qu'aucun homme ait encore « aimé. Quelle bouche, donc, peut me qualifier d'objet aimé? »

17° Poésie de Katako, fille de Mourasaki, qui devint plus tard la Kôsikibou, et qui écrivit le roman de Sañgouromo. Elle composa cette poésie à l'âge de onze ans, pour exprimer qu'elle était sans nouvelles de son père, alors en expédition contre les *Oni* d'Ikouno et d'Amano-Hasidaté, sur la montagne de Oéyama en Tamba (page 65) :

Oyémama Ikouno
Oéyama Ikouno no   *Ikou* signifie arrêt.
le chemin   long comme il est
  Mitii no   tookéréba   *No*, ancienne forme du *ḡa* moderne.
encore lettre   je n'ai pas vue
  Mada foumi mo   midzou *Foumou* signifie aussi fouler (du pied).
Amano
Ama no hasidaté.   *Ama*, ciel; *hasi*, extrémité, limite.

1ᵉʳ sens. — « Comme la route est très longue jusqu'à Ikouno ou « Amano-Hasidaté en Oéyama, je n'ai pas encore reçu de lettre. »

2ᵐᵉ sens. — « Comme c'est très loin de faire le chemin jusqu'à « l'arrêt à Oéyama, je n'ai pas encore essayé de fouler du pied la « limite du ciel. »

18° *Outa* de Isé-no-Oosouké, improvisé pour offrir les fleurs des cerisiers de Nara au Mikado, en l'absence de Mourasaki (page 65) :

temps anciens
  Inisié   no
           capitale
Nara no   myako no
doubles fleurs de cerisiers
  Yayé   sakoura   *Ya-yé*, littéralement huit feuilles.
aujourd'hui palais au
  Kiyo   kokonoï ni
  parfumer   combien
Niwoï-nourou kana.   *Nourou* ancienne terminaison, formant
                                 un verbe, de *niwoï*, parfum.

« Aujourd'hui, dans le palais, quel parfum vont répandre les fleurs « des cerisiers doubles de l'antique capitale de Nara ? »

19° *Outa* adressé par Isé-no-Oosouké à son mari Narouyosi, qui s'était retiré dans le temple d'Isiyama à Siḡa (page 65) :

voir yeux vraiment
Mirou mé   koso
       mer
Omi no oumi no   La mer d'*Omi* est le lac *Biwa*.

difficile   serait
Kata   karamé
souffle du moins envoie
Fouki   dani kayoyé
  plage vent
Siga no oura kazé.

« Voir vraiment des yeux par-dessus la mer de Oomi serait diffi-
« cile. Vent de la plage de Siga envoie du moins ton souffle. »

20° *Outa* de la Séïchô-Nagon, autre auteur de romans célèbre, dont la pensée, plus pure que celle de Mourasaki, fait estimer plus haut ses poésies ; *Nagon* est son titre au palais. Cet outa est une réponse à une déclaration d'amour (page 65) :

nuit   remplissant
Yo wo   komété
oiseau   fausse voix
Tori no sora né wo   *Tori* signifie peut-être ici coq.
quoiqu'il combine
Hakaroutomo   *Hakarou*, projeter, combiner.
monde au
Yoo mi Oosaka no   *Oosaka*, pente du rendez-vous près de
barrière ne permet pas Ots.
Séki wa yourousadi   *Yourousou*, permettre.

« Quels que soient les projets de l'oiseau qui remplit la nuit de
« sa voix fausse, jamais au monde ne s'ouvre la barrière d'Oozaka. »

Il s'agit ici de la barrière qui séparait l'empire des premiers Mikados du territoire des Aïnos.

21° *Outa* de Yosiyé, à la barrière de Nakoso (page 104) :

souffler vent
Foukou kazé wa
  barrière
Nakoso no séki to   *Nakoso* est une forme archaïque de *naï*,
quoique, je crois   « il n'y a pas ».
Omoyédomo
montagne chemin être dispersées
Yama dzi ni tiirérou
fleurs de cerisier pourquoi
Hanazakoura   kara

22° *Outa* de Sadato, prisonnier à la cour de Kioto, répondant à Mitsouyori (page 105) :

mon pays dans	
Waǧa kouni ni	*Waǧa* abréviation de *waré no.*
prunier fleur comme	
Moŭmé no hana towa	*Towa*, aujourd'hui inusité.
quoique j'aie	
Mitsourédomo	Forme poétique, pour *mita kérédomo.*
impérial palais hommes	
Oo mya bito wa	
quoi, diront-ils	
Nani to iouran.	*Iouran* est une forme archaïque et poétique.

La Kongo-no-Tsouboné.

23° *Outa* de la Kongo-no-Tsouboné devenue bonzesse (page 122) :

le cœur n'y est pas
   Kokoro naki
quelqu'un même étant ainsi
   Mi mo tanomosikou
je pense que
   Omoo kana
système lotus
   Nori no hatiisou no   *Nori-no-hatiisou*, le bouddhisme.
fil par est attiré
   Ito ni hikarété.

« Le cœur chez moi n'y est pour rien ; mais je pense que, sans « vocation, on est attiré par la vie religieuse du bouddhisme. »

La Kongo-no-Tsouboné est l'un des six grands poètes de l'époque de Guémepé que l'on a comparés aux six *Rokkaséin*, et qui comprennent, comme eux, une femme, deux bonzes, Yorimasa et Koumagaï, trois samouraïs, Tadanori, Yoritomo, Sanétomo.

Les cinq outas suivants sont l'œuvre des cinq autres de ces six poètes.

24° *Outa* de Tanadori, jeune frère de Kyômori, en poésie élève de

Chouzéi, à qui il confia ses œuvres quand les Taïra évacuèrent Kioto (page 145). Cet outa est inspiré par la vue de Siḡa, en Omi, qui fut la capitale du Japon, avant Nara.

Tadanori.

Sazanami ya   Ancien mot annonçant qu'il s'agit de
   capitale   Siḡa.
Siḡa no miyako wa
détruite est
Aré nisiwo
anciennement depuis
 Moukasi naḡara no
montagne fleurs voilà
Yamazakoura kana.   *Kana* est une exclamation.

« O pays d'Omi, l'antique capitale de Siḡa est disparue, et voilà
« des siècles que ses cerisiers fleurissent toujours dans la montagne. »

Guéinn'zami-Yorimasa.

25° *Outa* de Guéinn'zami-Yorimasa, au moment où il va se donner la mort (page 139) :

arbre enterré de
 Morégni no   *Morérou*, enterrer ; *ki*, arbre.

floraison	
Hanasakou-koto mo	*Hana*, fleur; *sakou*, s'épanouir; *koto*, chose, fait.
il n'y a pas	
Nakarisi ni	
fructification fin	
Mi-no-narou hatézo	*Mi*, fruit d'un arbre, ou corps d'un homme.
regret il y a	
Awaré narikérou	

Koumagaï

26° *Outa* de Koumagaï devenu bonze et se remémorant ses exploits (page 153) :

paradis au même	
Djoodoo ni mo	*Djoo*, pur; *doo*, monde, terre.
vaillant homme comme	
Goono mono toya	*Goo*, vaillance; *no*, de.
je serai regardé	
Hatasouran	*Hatasou*, n'est plus usité.
est à tourné	
Nisi ni moukaïté	
derrière je n'ai pas montré	
Ousiro miséneba.	

A Itii-no-tani, il attaquait les Taïra du côté de l'ouest.

27° *Outa* de Yoritomo en l'honneur du dieu Hatiiman, à qui il venait de faire élever un temple à Kioto (page 147) :

Iwasimidzou	Emplacement du temple.
prière adresser	
Tanomi wo kakourou	
hommes tous	
Hito wa mina	
longtemps le monde dans même.	
Hisasikou yô ni mo	

habiteront cela écoutez
Soumou; tokoso kiké.   *Soumaou* est maintenant plus usité que *soumou*.

Yoritomo.

« Écoutez et sachez que tous ceux qui adressent leurs prières au
« dieu d'Iwasimidzou sont, même en ce monde, assurés d'une longue
« vie. »

Sanétomo
(Les six portraits qui précèdent sont d'après Itiiyousaï-Kouniyosi).

28° *Outa* de Sanétomo, le dernier Sioḡoun Minamoto (page 182) :

chemin
Hakoné dzi wo
moi quand je franchis.
Waga koyé kouréba
mer et
Idzou no oumi ya
haute (mer) de petites îles
  Oki no kozima ni   *Ko*, petit ; *sima*, île.
vagues entassement je vois.
Nami no yorou miyou.   *Yorou* se dit des rangs de la foule qui
     se pressent.

« Quand je franchis le chemin de Hakoné, je contemple la mer
« d'Idzou, et j'aperçois les vagues du large se pressant au pied des
« petites îles. »

29° *Outa* de Saïguiô, le bonze sceptique, sur la position du paradis (page 167) :

Le paradis
Gokourakou wa
    sud au est
Minami ni arou wo   *Minami*, le sud, ou tout en soi, de *Mina*,
ne le sachant pas   tout, et *mi*, corps.
Sirazousité
ouest   prier
Nisi wo oḡamou wa
imbécile   est
Oroka narikéri.

« Le paradis est au sud (ou tout en soi), ceux qui ne le savent pas
« et se tournent à l'ouest pour prier sont des imbéciles . »

Outa des *Kadomatsoŭ*.

30° Autre *outa*, que Saïguiô allait réciter aux portes, le premier janvier, en mendiant, avec une tête de mort au bout d'un bâton.

Cet outa, appelé outa des *Kadomatsoŭ*, est attribué à Ikkiou, poète plus ancien que Saïguiô.

Pour le comprendre, il faut savoir qu'au jour de l'an on plante devant chaque maison un petit pin, appelé *kadomatsoŭ*, et que, le long des routes, pour marquer les distances, on élevait autrefois, à chaque *ri*, de chaque côté du chemin, un petit tertre appelé *itii-ri-dzouka*, sur lequel était aussi un pin.

porte pin
Hado matsoŭ wa
obscure-terre du voyage du
　Meïdo　no　tabi　no
une lieue tertre
Itii　ri　dzouka
compliment　il y a
Médétakou mo arou　　　　　　Médétakou, compliments du jour de
compliment　il n'y a pas　　　　l'an.
Médétakou mo　nasi.

« Dans notre obscur voyage sur la terre, les *kadomatsoŭ* sont les
« *itiiridzouka* du chemin. On peut se féliciter (à chaque année finie) ;
« on peut ne pas se féliciter. »

31° *Outa* de Ksounoki-Masasigné, recommandant de regarder toujours où l'on met le pied :

profond ravin
Fouraki foutii
mince glace
Ousoŭki kori no　　　　　　(Il manque un pied au second vers).
　avis
Imasimé wo
　cœur　ne pas suspendre
Kokoro ni　kakénou　　　　Kokoro représente ici la mémoire ; *ka-*
homme　danger　　　　　　　*kérou*, suspendre.
Hito zo ayahousi.　　　　　Ayahousi, synonyme de *abounaï*, même
　　　　　　　　　　　　　　modzi.

« Quiconque ne suspend pas dans son cœur l'avis qu'une glace
« mince peut couvrir un ravin profond est exposé au danger. »

32° *Outa* de Godaïgo-Tennô s'enfuyant du mont Kasagni (page 215) :

m'étant dirigé aller
　Sasité　youkou
　　　　montagne
Kasagni no yama wo　　　　Kasa, parapluie, *gni* pour *ki*, de *kirou*
je suis sorti depuis que　　　mettre.
　Idési　yori
ciel　sans
Amé ḡa sïta ni wa　　　　Amé, ciel ou pluie.
refuge maison plus il n'y a
Kakouré ḡa mo nasi.　　　Kakourérou, se cacher.

33° *Outa* de Foudzifousa, en réponse au précédent (page 215) :

comment faire
Ikani séin
compter sur ombre
Tanomou kangnétoté
si l'on s'abrite
Tatiiyoréba
davantage longues manches mouiller
Nawo sodé nourasou
pin tomber gouttelettes
Matsoŭ no sĭta tsouiou   *Sĭta-tsouiou*, signifie aussi les larmes.

« Comment faire ; si, comptant sur l'ombrage, on s'abrite sous les
« pins, les gouttelettes qui tombent mouillent davantage les longues
« manches. »

34° *Outa* adressé par Nitta-Yosisada à la Kôtô-no-Naïsi, après qu'il l'eut aperçue pour la première fois (page 66) :

ma longue manche
Waga sodé no
larmes sont dans
Namida ni yadorou   *Yadorou, yadotté*, se loger, inusité en
ombre ce était   langue vulgaire.
Kangné to dani   *To dani*, très vieille forme du verbe.
sans savoir nuage au dessus
Siradé koumo i no   *Koumo i*, au-dessus des nuages, ou à
lune restera   l'intérieur du palais.
Tsoŭki ya soŭmouran.

35° *Outa* de Masatsoura refusant la main de la Béne-no-Naïsi (page 308) :

jamais monde au
Totémo yô ni
vivre je ne suis destiné à
Nangarou békou mo   *Békou*, être destiné.
je ne dois pas corps
Arano mi no   *Arano*, négation allant avec *békou*.
éphémère union
Karino tiigniri wo   *Mi*, corps ou personne, signifie aussi
comment lier   moi.
Ikadé mousouban.

36° *Outa* inscrit par Masatsoura sur le temple de Nioïrignedô (page 264) :

ne pas revenir
Kaéradzito

intérieurement comme je pense
Kanété   omoyéba
           arc
Adzousa — youmi   *Adzousa*, bois flexible dont on faisait
ce qui n'est pas nombre au entrer   autrefois les arcs.
Naki   kazou ni irou   *Youmi* représente ici à la fois l'arc et
nom   seulement faire rester   la flèche.
Na wo dzoo todomourou.

37° Poésie de Hosokawa-Yoriyouki à l'occasion de sa disgrâce (page 355) :

humaine existence cinquante (ans) succès sans   honte
Dzigne seï   godjou   kô-naki wo hazou
fleur arbre printemps étant passé l'été déjà au milieu de
Koua-bokou harou sougouité natsou soudé ni nakabanari
plein la chambre de mouches vertes quoiqu'on chasse ne sortent pas
Man-sitsou no   sô-yô   haraédomo   sarigatasi
me retirant chaise de bonze cherchant air frais à je me reposerai
Satté   zéin-to wo adzouneté seï-fou ni zachenne.

38° Les trente-cinq poésies qui précèdent présentent à peu près tous les genres, du plaisant ou du moqueur au sentimental. La suivante se distingue par une particularité curieuse ; étant donné que l'écriture phonétique est syllabaire au Japon, elle peut se lire en commençant par la fin aussi bien que par le commencement :

long   soir
Nagaki yo no
loin   sommeil
Too no nébouri no
somnolence
Minamézamé   Littéralement, état entre le réveil et le
vague monter navire   rêve.
Nami nori bouné no   *Bouné*, adoucissement pour *founé*.
bruit   bon (agréable) certes
Oto no · yoki gana.   *Gana*, adoucissement de *kana*, qui est
      une vieille terminaison affirmative.

« Durant la nuit, quand on dort au cours d'un lointain voyage, il « est agréable, entre le rêve et le réveil, d'entendre le clapotement « de la vague sur le navire. »

39° Enfin, comme on ne peut terminer un recueil de poésies japonaises, sans prononcer le nom de la montagne sainte qui a inspiré si souvent les poètes, aussi bien que les artistes, voici, sur le Foudzi, un outa composé par Yamabé-no-Akahito, très ancien et célèbre poète :

<pre>
                baie
Taḡo   no   oura   ni
intérieur étant entré si l'on voit
 Outii   idété   miréba
blancheur
 Sirotaé   no
                sommet au
Fouzi no takané ni
  neige   est tombée
Youki wa fouritosutsou.
</pre>

« Quand on a pénétré à l'intérieur de la baie de Taḡô et qu'on « voit la blancheur sur la cime du Fouzi, c'est que la neige y est « tombée. »

La simplicité est en rapport avec l'antiquité de cette composition.

Les deux vieillards de Takasago, Kanzan et Dzittokou,
Netské de Cho-Ounsaï. (Coll. de M. Bertin).

NOTE III

POÉSIE SUR UNE VICTOIRE DES KIKOUTII
AU BORD DU TIIKOUGO-GAWA,
PAR RAÏ, UN DES FERVENTS LÉGITIMISTES
QUI FURENT, AU COMMENCEMENT DU SIÈCLE, LES PROMOTEURS
DE LA RÉVOLUTION DE 1868.

La date indiquée par l'auteur est celle de la victoire de 1371 remportée par Kanémasa, au commencement du règne de Yosimitsou ou Kiokéin. Les détails semblent se rapporter à la bataille de 1358 gagnée par Takémitsou.

« Au mois de novembre de l'année de Bounsé (1818), monté sur
« une barque, je me suis laissé emporter par le Tiikougo-gawa. La
« rapidité du courant égale celle de la flèche ; le fracas épouvantable
« des eaux est comme le grondement du tonnerre ; on ne descend
« pas ainsi le fleuve, sans que les cheveux se dressent sur la tête.
  « Peut-être les habitants du rivage ont-ils oublié les événements
« de l'année de Sióhé (1371).
  « En l'année de Sióhé, les rebelles régnaient dans toute leur puis-
« sance. Le Nipon tout entier, dont les sept chemins (dô) conduisent
« à Kioto, s'était fait leur complice et obéissait à leurs ordres.
  « Tous nos grands guerriers étaient tombés l'un après l'autre.
« Seul, Kikoutii restait debout en Kiousiou. Son oreille était la
« dernière à qui le Mikado put faire entendre encore ses comman-
« dements. Il était l'unique défenseur de la race des dieux, avec

« laquelle il voulait mourir. C'est alors qu'il offrit, comme témoi-
« gnage de son dévouement, l'extermination de légions de rebelles.

« Le tumulte des eaux rendit inutile le baillon des chevaux [1].
« Les deux armées se précipitèrent en avant, et les armes entrecho-
« quées rebondirent en retentissant.

« Le général voit tomber son cheval blessé; il a son casque brisé.
« Il s'anime d'une nouvelle ardeur; un ennemi tombant sous ses
« coups lui fournit un nouveau casque et un nouveau cheval.

« Hérissé de flèches, Kikoutii terrifia de ses regards étincelants la
« multitude des ennemis, qui finit par succomber. Revenant alors
« au bord du fleuve, il sourit et lava son sabre; les eaux écumeuses,
« qui se brisent contre les pierres, emportèrent le sang qui s'était
« répandu sur elles comme une neige rouge.

« La famille des Kikoutii a gardé pendant quatre générations une
« fidélité sans tache, devant laquelle toute autre pâlit. En elle s'in-
« carnait la valeur militaire du Kiousiou, et le vent du nord ne pou-
« vait abattre le *Téigakou* [2]. Le sabre loyal se transmettait de père
« en fils; il avait relevé le Nipon; il avait éloigné l'ambassadeur des
« Min [3].

« Bien différent fut Kiôkéin. Ce qui fait l'âme du vrai héros, c'est
« la science de toujours distinguer le blanc et le noir. Les Sionis,
« les Ootomo furent des traîtres. L'eau, qui s'abandonne au courant,
« se perd sans pouvoir revenir jamais, tandis que la montagne de
« Hiraï regardera toujours vers le sud. Ainsi les lâches et les scélé-
« rats tombent dans l'oubli, alors que le souvenir immuable des
« belles actions subsiste avec son parfum.

« En chantant ces vers, j'ai célébré un héros. Ici les eaux, je le
« sens, s'irritent encore de l'affront ineffaçable de la domination
« des rebelles. »

1. Quand on voulait opérer une surprise, on mettait aux chevaux un baillon, appelé *baï*, qui les empêchait de hennir.
2. Le vent du nord est ici le Siogoun du Honto; le *téigakou* représente les Kikoutii, auxquels sa feuille servait de *mon*.
3. Empereurs de Chine, dont les ambassadeurs débarquaient toujours en Kiousiou; voir à ce sujet la page 348.

VOCABULAIRE

DES TERMES JAPONAIS EMPLOYÉS DANS LE VOLUME

(L'abréviation rom. désigne l'orthographe romadzi).

Asigarou, soldat levé temporairement et restant étranger à la caste des guerriers.

Bakémono, littéralement chose transformée ou métamorphosée; sorte de spectre n'ayant pas apparence humaine. Le *youréi* est au contraire le spectre d'un mort dont il conserve les traits.

Bakoufou, de *bakou* tente, *fou* gouvernement; nom du gouvernement militaire organisé par Yoritomo. Ce nom a été conservé jusqu'en 1868.

Betto ou *Bétto*, chef de bonzerie. C'est un grade militaire, et non une dignité ecclésiastique.

Biwa guitare japonaise; le lac Biwa a reçu le nom de cet instrument à cause de sa forme.

Bousi, rom. *bu-si*, membre de la caste militaire; de *bou* militaire et *si* officier. Les *bousi* se divisent en *bousi* proprement dits, *gôsi* et *nobousi* (voir ces mots). Les bousis ne forment pas, avant Yéyas, une caste fermée.

Bousi-dô, code de lois particulier aux guerriers.

Bousigne, *Bou-signe*, rom. *bu-sin*, littéralement homme de guerre; nom s'appliquant indifféremment à un sujet direct du Mikado ou à un simple *bousi*.

Bounsigne, rom. *bun-sin*, littéralement sujet civil; nom s'appliquant indifféremment à un sujet direct du Mikado ou à un simple *hémigne*.

Chômio, littéralement petit nom ; petit Daïmio.

Daïbouts, rom. *Daïbutsu*, grand Bouddha ; nom donné aux grandes statues de Bouddha.

Daïdjo-daïdzigne (voir *Daïdzigne*).

Daïdzigne, rom. *daï-djin;* ministre du Mikado, littéralement grand sujet.

    Primitivement il y en avait deux, *Oudaïdzigne* et *Sadaïdzigne*, ministre de droite et ministre de gauche.

    Le poste de *Naïdaïdzigne*, ou ministre de l'intérieur (du palais), fut créé pour Kamatari le premier des Foudziwara, plus tard celui de *Daïdjo-daïdzigne*, ou ministre général, fut créé pour un de ses descendants.

    Le duc Sanjo, mort récemment, a été le dernier *Daïdjo-daïdzigne*.

Daïmio, littéralement grand nom ; titre des grands seigneurs territoriaux. Malgré son étymologie, ce titre n'implique pas nécessairement une noblesse de naissance.

Djôsiou, Djô-siou, littéralement seigneur de château ; Daïmio d'un territoire limité à une portion de province et renfermant un siro ou djô. *Djôsiou* peut se traduire exactement par châtelain.

Djounekô, Djoune-kô, rom. *djun-ko,* adjointe-Impératrice ; ce titre parait être équivalent à celui de Tiiougou.

Dziô-kô, littéralement supérieur empereur, titre civil porté par tout ancien Mikado après son abdication.

    Il y a eu jusqu'à cinq Dziô-kô à la fois.

Ebosi, bonnet en papier laqué des hommes de haut rang, qui se portait, tantôt aplati sur le sommet de la tête, tantôt développé dans toute sa longueur.

Fné ou *foûné*, rom. *fune*, nom générique des bateaux japonais jusqu'à l'adoption des modèles européens.

Gô, jeu d'origine chinoise, qui se joue sur un damier à cases très nombreuses. On dispose les pions en cherchant à emprisonner ceux de l'adversaire.

Gosanké, titre des princes des trois branches des Tokoũgawa, dans lesquelles le Sioḡoun devait être pris alternativement, d'après la constitution de Yéyas ; c'étaient les Daïmios de Mito, d'Owari et de Kii.

Gôsi, de *gô* campagne et *si* officier militaire (voir *bousi*) ; c'est le gentilhomme laboureur.

Gozéin, rom. *Gozen*, titre honorifique des dames nobles, qui s'applique quelquefois aux hommes. Il est encore en usage aujourd'hui pour les dames.

Guéme-pkou, cérémonie par laquelle le jeune samouraï était, pour ainsi dire, armé chevalier; il prenait son nom d'homme, endossait la cuirasse et entrait au nombre des guerriers.

Hakama, large pantalon du costume japonais.

Hangan, grade militaire au-dessous de Général en chef.

Harakiri, littéralement ventre-couper; manière de se suicider en s'ouvrant le ventre, particulière aux familles des guerriers, bousis ou Kazokous.

Hémigne, rom. *heimin,* littéralement commun peuple; tout ce qui n'est pas samouraï. Selon l'ancienne division des castes chinoises, les *hémignes* comprennent les laboureurs, les artisans et les marchands.

Hiôénoské, Hiô-é-no-Soŭké, littéralement « militaire-garde-de-adjudant »; titre des officiers de la garde du Mikado, autres que le commandant supérieur; il y avait toute une hiérarchie de *Soŭké.*

Hô-ô, titre bouddhique donné à un ancien Mikado entré en religion et exerçant le pouvoir supérieur dans le palais; il est le premier parmi les *Igne.*

Igne, rom. *In,* dignité religieuse conférée par le bouddhisme aux anciens Mikados.

Isidoro, lanterne de pierre des jardins et des cours de temples; les lanternes de bronze sont des *kanédoro;* le nom générique de toutes les lanternes est *toro.*

Jôro, courtisane.

Kambakou, régent, sorte de maire du palais, prenant connaissance de toutes les affaires à l'époque des Foudziwara.

Kami, dieu ou déesse. Nom générique des divinités du signetô, appliqué au dieu suprême du ciel aussi bien qu'à tous les hommes divinisés, qui sont en nombre considérable.

Kami, gouverneur de province nommé par le Mikado; ce nom est devenu de bonne heure un simple titre de noblesse, et il a été plus tard très répandu.

Les deux mots dieu et gouverner s'écrivent à l'aide de deux modzis différents, dont le premier signifie élevé ou supérieur, et le second protecteur. Comme ils sont antérieurs à l'écriture chinoise, il est permis de croire qu'il n'y avait à l'origine qu'un seul et même mot.

La vieille langue, d'où vient le nom de Kami, a fourni trois autres mots en mi : *Kimi* souverain, *Omi* sujet, *Tami* peuple.

Kaḡô, kangô, palanquin japonais. Le mot kaḡo, qui signifie panier, s'applique mieux au palanquin ouvert porté à deux hommes; mais il est également usité pour désigner le grand palanquin fermé ou *norimon*.

Kana, écriture phonétique japonaise. Le *katakana* et le *hirakana* sont les deux alphabets phonétiques les plus usités.

Kanabô, littér. bâton de métal, longue massue de fer dont se sont servis plusieurs guerriers célèbres.

Kannousi, kan-nousi, rom. *Kanusi,* prêtres du signetô; le nom de « bonze » *bozoù* est uniquement employé pour le bouddhisme.

Karo, titre des premiers kéraïs d'un Daïmio, au nombre de trois ou quatre (époque des Tokoūḡawa).

Kazokou, membre de la noblesse, de *ka* fleur, *sokou* famille ; les uns sont *bounsignes,* les autres *bousignes.*

Kéraï, vassal ou serviteur héréditaire, souvent apparenté à son seigneur; il sert à la guerre et pendant la paix ; il reçoit, en retour, une pension ou des terres.

Kisaki, titre des mékakés du Mikado, qui étaient régulièrement au nombre de douze; leurs enfants étaient, par une adoption fictive, considérés comme appartenant à l'Impératrice en titre.

Kôḡô ou *Kôḡô-no-Mya,* Impératrice en titre; de *kô* impérial, *ḡô* après ou en arrière, noms chinois. Une Impératrice qui régnait elle-même portait le titre de Mikado, que nous avons traduit, dans ce cas, par Mikadesse.

Kokousiou, Kokou-Siou, littér. seigneur de province; Daïmio maître d'une province entière ou de plusieurs (voir *Sioudzigne*).

Kôsan, Kô-san, littér. humblement venir, soumission des vaincus acceptant par là de passer au service du vainqueur après une cérémonie humiliante. On remettait ses armes et on les recevait ensuite de son nouveau maître. Le code militaire ne laissait de choix, aux samouraïs prisonniers, qu'entre le *harakiri* et le *kôsan.*

Le jeu d'échecs au Japon est, à cet égard, l'image de la guerre; les pièces prises entrent dans le jeu du vainqueur.

Kôtaïsi, ou simplement *Taïsi,* héritier principal désigné par le Mikado régnant ; il y avait toujours un Kôtaïsi en titre. Le nom est composé de *kô* impérial, *daï* grand, *si* enfant, mots chinois.

Koto, sorte de harpe à treize cordes, instrument favori des dames de haut rang.

Kougné, Kougué, rom. *Kuge,* sujet direct du Mikado. Au point de vue féodal les Kougués formaient le clan particulier du Mikado. Ils descendent soit d'anciens Mikados, soit de compagnons de la déesse Amatéras, et ils constituent ainsi la haute noblesse du pays.

Makimono, littér. chose roulée; rouleau de dessins ou d'écriture.

Marou, titre des jeunes samouraïs avant la cérémonie du *guémepkou.*

Mékaké, concubine habitant la maison, dont les enfants entrent dans la famille par l'adoption de la véritable épouse.

Misaki, cap.

Modzi, caractère idéographique de l'écriture chinoise.

Mon, armoirie. Le droit de porter un *mon* appartient à tout le monde. L'origine des *mon* se perd dans la nuit des temps ; mais il paraît certain que le *kikou* ou chrysanthème des Mikados est le plus ancien de tous.

Moukadé, mille-pattes; ancien mot japonais, auquel il paraît inutile de chercher une étymologie, bien qu'on ait pu le prendre pour une abréviation de *mou-kazou-té,* sans-nombre-mains.

La légende du Moukadé donnée p. 98 est d'origine entièrement populaire, les historiens et les lettrés lui ont accordé peu d'attention; on ne semble pas avoir songé, avant moi, à l'identifier avec l'histoire de Masakado.

Mya, temple consacré au signeto.

Ce nom désigne aussi les membres de la famille du Mikado ; de là le nom de *mya-gata* donné aux légitimistes, dans la guerre civile.

Nagninata, rom. *naginata,* littér. long sabre, arme particulière des femmes, composée d'une petite lame de sabre au bout d'un très long manche en bois. Il y avait pour son maniement une escrime particulière dont l'un des coups visait à couper le jarret de l'adversaire.

Naïdaïdzigne (voir *Daïdzigne*).

Naïsi, Naï-si, littér. s'asseyant à l'intérieur (du palais); titre des dames du palais chargées de la garde des *signeki.*

Nawatté, sentier.

Netské, rom. *netsüke,* sorte de bouton ou de cabillot sculpté servant à suspendre à la ceinture, primitivement la boîte à médicaments, plus tard la blague à tabac. Au commencement, sous les Asikaḡa, on se servait d'une simple racine polie, d'où le nom, qui signifie « racine attachée ».

Nigne-guio, rom. *ningio*, littér. personne-forme, sorte de mannequins ou de marionnettes d'un travail soigné, représentant en général des personnages historiques. Les poupées des enfants portent le même nom.

Nô, ancienne danse mimée, représentant souvent des événements historiques.

Nôbousi, étymologie analogue à celle du *gôsi*, de *nô* campagne et *bousi*. La signification est toute différente de celle de Gôsi; l'ancien *nôbousi* n'est pas nomade comme le ronine moderne.

Ométské, *O-mé-tské*, littér. grand-œil-mettre, c'est-à-dire faire attention, titre du chef de la police secrète.

Oni, démon d'origine chinoise.

Osonaï, gâteau de farine de riz, qui pouvait se conserver très longtemps et servait de biscuit pendant la guerre. Chaque samouraï en avait une provision, qu'il brisait et mangeait au commencement de l'année, pour la renouveler ensuite.

Oudaïdzigne (voir *Daïdzine*).

Oura, rivage de la mer et contrée avoisinante.

Outa, poésie en cinq vers et trente-et-une syllabes en tout. Ceux qui dépassent cette longueur portent le nom de *naḡa-outa*.

Ri, mesure de longueur à peu près égale à la lieue de quatre kilomètres.

Sadaïdzigne (voir *Daïdzigne*).

Samouraï, rom. *samuraï*, terme honorifique équivalent à gentilhomme, ou simplement à *gentleman*, applicable à la fois aux *sizokou*, et à tous les *kazokous* guerriers ou lettrés. C'est un vieux mot japonais antérieur à l'introduction des castes.

San, montagne, mot chinois; à la fin des mots on met souvent *zan* par euphémisme.

Sangui, rom. *sangi*, conseiller; charge du palais, donnant accès près du Mikado.

Séindo, *séin-ndo*, rom. *sendo*, batelier, primitivement patron de bateau, de *séin*, bateau, *do* chef.

Signeki, *signe-ki* ou *signe-gui*, rom. *sinki*, littér. objet divin, de *signe* dieu ou divin, *ki* objet ou plutôt objet ancien; nom des trois emblèmes du Mikado, le sabre, la boule et le miroir.

Signetô, *Signe-tô*, rom. *shinto*, littér. divinité-voie, ancienne religion des Kamis.

Sikibou, littér. cérémonie, dignité du palais. La femme d'un *Sikibou* portait le même titre, et sa fille, était *Kosikibou*.

Sikkéin, Sikken, régent, titre donné aux Hôjô qui ont régné à Kamakoura après Yoritomo.

Sima, shima, île; devient *zima* par euphémisme à la fin de certains noms d'îles.

Simo, bas, forme le nom du détroit de Simo-no-séki, barrière basse ou inférieure.

Sinnô, ou *Signe-wô*, prince; fils ou proche parent du Mikado; ce titre n'appartenait qu'à des fils nés de l'Impératrice ou des Kisakis. Étymologie *signe* proximité et *wô* roi, mots chinois.

Le *Kôtaïsi* est choisi parmi les *Sinnô*.

Sioḡoun, shogoun, rom. *shogun*, Général; terme honorifique d'une acception très large. Le titre choisi par Yoritomo, comme souverain militaire, est *Séidaïsioḡoun*, ou simplement *Daïsioḡoun*, c'est-à-dire généralissime.

Sioni, titre particulier du chef du *Dazaïfou*, c'est-à-dire de l'île de Kiousiou, qui cumulait les pouvoirs civils d'un *Siouḡo* et les pouvoirs militaires d'un *Sioḡoun*.

Sioudzigne, rom. *Shudjin*, seigneur-sujet ou plutôt M. le seigneur; mot d'origine chinoise, de *Siou* seigneur; le nom japonais correspondant est *Tono-sama*.

Siou est en chinois l'équivalent de *kami*; même modzi. On rencontre le mot *siou* dans *taïsiou, kokousiou, djôsiou*, etc., mais non dans *siouḡo*, où le modzi de *siou* est différent.

Siouḡo, littér. gouverneur-protecteur; chef militaire d'une province, dans l'organisation de Yoritomo.

Siro, shiro, château fort ou forteresse, parfois même camp retranché. La terminaison *djô* à la fin des mots indique un siro.

Sisignedéin, rom. *sisinden*, bâtiment principal du palais, renfermant la salle du trône.

Sizokou, synonyme de bousi, de *si* officier, et *sokou* famille; c'était le nom usité dans les derniers temps, depuis la révolution de 1868.

Skouné, Soŭkouné, titre honorifique héréditaire, terminant le nom de plusieurs grandes familles de l'antiquité, et jouant à peu près le rôle du mot *oudzi* (de *outii* maison) dans le nom plus moderne des Foudziwara-oudzi, Taïra-oudzi, etc.

Il y avait plusieurs autres titres, analogues à *Skouné*, tels que *Omi, Achomi;* on les nommait *kabané* ou *kabouné*, en chinois *séi*, littéralement souche ou racine. A l'origine, chaque *kabané* avait été un nom de métier ou de fonction.

Ainsi *Skouné* ne désigne pas un grade militaire, comme il est indiqué à tort, p. 38, à l'occasion de Také-no-Outii-no-Skouné.

Taïsiou, Taï-Siou, littér. grand seigneur, gouverneur de province nommé par le Mikado. Ce titre, a de bonne heure, remplacé celui de Kami, qui avait perdu son sens précis, en devenant plutôt un titre nobiliaire.

Tatami, natte de joncs couvrant le plancher dans les maisons japonaises.

Tchoo, rom. *Cho*, instrument à vent, à plusieurs tuyaux formant flûte de Pan, et une seule embouchure.

Teingou, rom. *tengu*, farfadet du signetô, muni d'ailes et d'un bec ou d'un nez très long ; quelquefois c'est presque complètement un oiseau.

Téra, temple consacré au bouddhisme. La terminaison *dzi* à la fin des mots, indique aussi un temple bouddhique.

Tiiôtéi, rom. *Chiotei*, le Palais, ou le gouvernement du Mikado ; par opposition au Bakoufou.

Tiiougou, Tsiougou, rom. *Chugu* seconde Impératrice.

Torii, littér. perchoir d'oiseaux ; sorte d'arc ou de portique élevé près des temples du signetô, particulièrement à l'entrée de la cour. Deux montants verticaux sont reliés par une traverse droite, et au dessus par une traverse courbe dont la concavité est tournée vers le haut. Le torii est tout à fait particulier à l'architecture japonaise, comme provenant du signetô. Les bouddhistes fervents évitent de passer dessous.

Tsouboné, littéralement « Chambre » ; titre commun à toutes les dames qui habitaient le palais du Mikado. Les *Naïsi* étaient une classe élevée en dignité parmi les *Tsouboné*.

Tsourougni, rom. *tsurugi*, sabre ; ancienne appellation aujourd'hui remplacée par *katana* qui semble être un mot portugais. L'ancien *tsourougni* a une lame droite a deux tranchants.

Yagoura, littér. flèche-magasin, tour de flanquement carrée, à un ou plusieurs étages, percée de meurtrières ; au début c'était une sorte de caisse en planches élevée sur quatre poteaux.

Yama, montagne ; mot japonais. Ce mot ne doit s'employer qu'après les noms de montagne japonais ; ainsi on ne doit pas dire

VOCABULAIRE

Fouzi-yama, mais bien *Fouzi-san;* on pourrait dire *Fouzi-no-yama.*
Yaski, yasiki, habitation seigneuriale, peu ou pas fortifiée.
Youréi, revenant (voir *Bakémono*).
Zenni, titre honorifique du bouddhisme pour les femmes.

La Nii-no-Zenni et le petit Mikado à la bataille de Dan-no-Oura.
(D'après Ikésaï-Yositiika).

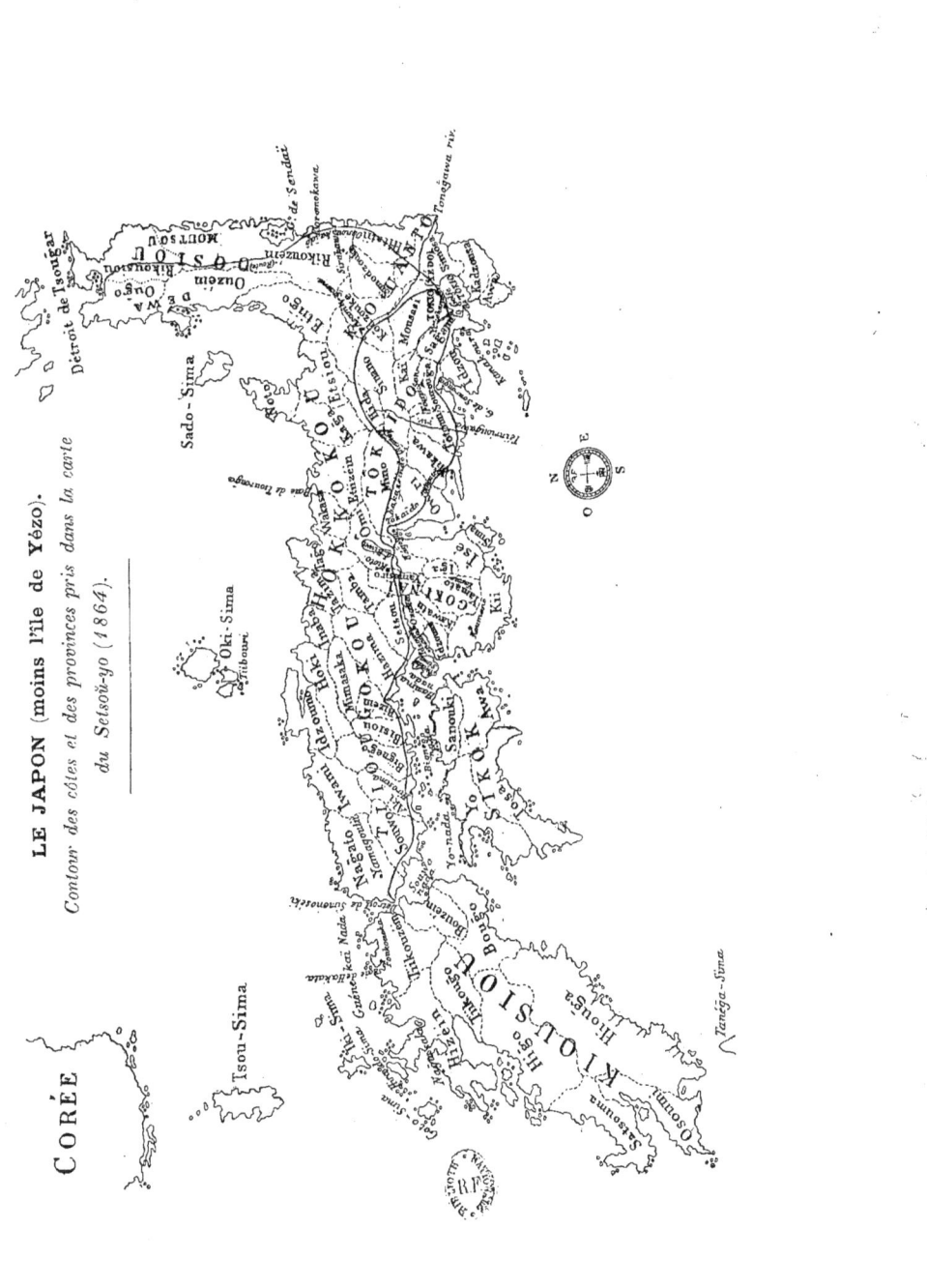

LE JAPON (moins l'île de Yézo).
Contour des côtes et des provinces pris dans la carte du Setsoŭ-yo (1864).

LÉGENDE DE LA CARTE

LE JAPON (moins l'île de Yézo)

CONTOUR DES COTES ET DES PROVINCES PRIS DANS LA CARTE JAPONAISE

DU SETSOU-YO PUBLIÉE EN 1864.

Division en huit grandes routes, ou dô, avec les noms japonais et chinois des provinces qui les composent :

1° GOKINAI
(cinq-capitale-intérieur).

Yamato	ou Wa-siou.
Yamasiro	— Jô-siou.
Kawatié	— Kô-siou.
Idzoumi	— Séin-siou.
Setsou	— Sé-siou.

2° TOKAIDO
(est-mer-route).

Iga	ou I-siou.
Isé	— Séé-siou.
Sima	— Si-siou.
Owari	— Bi-siou.
Mikawa	— San-siou.
Tôtomi	— Ein-siou.
Sourouga	— Soune-siou.
Kaï	— Kô-siou.
Idzou	— Dzou-siou.
Sagami	— Sô-siou.
Mousasi	— Bou-siou.
Awa	— Bô-siou.
Kadzousa } Simôsa }	Sô-siou.
Hitatii	— Jô-siou.

3° TOSANDO
(est-montagne-route).

Omi	ou Gô-siou.
Mino	— Nô-siou.
Hida	— Hi-siou.
Sinano	— Signe-siou.
Kôdzouké	— Jô-siou.
Simodzouké	— Ya-siou.
Iwaki Iwasiro Rikouzéin Rikousiou	} Moutsou.
Rikougo	} partagé entre Moutsou et Déwa.
Ouzéin Ougo	} Déwa.

4° HOKOURIKOUDO
(nord-plaine-route).

Wakasa	ou Yakou-siou.
Etiizéin Etiiou Etiigo	} É-siou.
Kaga	— Ka-siou.
Noto	— Nô-siou.

Plus l'île de Sado.

5° SANIGNEDO
(montagne-versant ouest-route).

Tamba Tago Tadzima	} Tan-siou.
Inaba	— Igne-siou.
Hoki	— Aakou-siou.
Idzoumo	— Oune-siou.
Iwami	— Séki-siou.

Plus l'île de Oki-sima.

6° SANYODO
(montagne-versant est-route).

Harima	ou Ban-siou.
Mimasaka	— Sakou-siou.
Bizéin Bisiou Bignego	} Bi-siou.
Aki	— Guéi-siou.

| Souô | — Rô-siou. |
| Nagato | — Tchô-siou. |

7° NANKAIDO
(*sud-mer-route*).

Kii	— Ki-siou.
Awadzi	— Tan-siou.
Awa	— A-siou.
Sanouki	— San-siou.
Yo	— Yo-siou.
Tosa	— Tô-siou.

8° SAIKAIDO
(*ouest-mer-route*).

Tiikouzéin } ou Tiikou-siou.
Tiikougo }

Bouzéin	} Hô-siou.
Bougo	
Hizéin	} Hi-siou.
Higo	
Hiouga	— Ni-siou.
Osoumi	— Gou-siou.
Satsouma	— Sa-siou.

Plus les deux îles,
Ki-sima ou I-siou.
Tsou-sima — Taï-siou.

Les deux îles de Oki-sima et Tsou-sima réunies forment quelquefois une province séparée, le Simaniko-kou.

L'archipel de Lioukiou a reçu récemment le nom de province de Hokinawa.

Enfin l'île de Yézo a été considérée comme formant un neuvième dô, le Hokoû-kaidô (nord-mer-route), et a été partagée en onze provinces qui ont reçu chacune un nom japonais et un nom chinois.

Plus tard, la partie sud du Rikouzéin a été distraite pour former les deux provinces de Iwaki et de Iwasiro.

Antérieurement la province de Rikougo avait été formée de l'extrémité nord du Rikousiou et de l'Ougo.

Nota. — Malgré les nombreux homonymes qui rendent les confusions faciles, on se sert fréquemment des noms chinois; *Tchô-siou*, par exemple est beaucoup plus usité que *Nagato*.

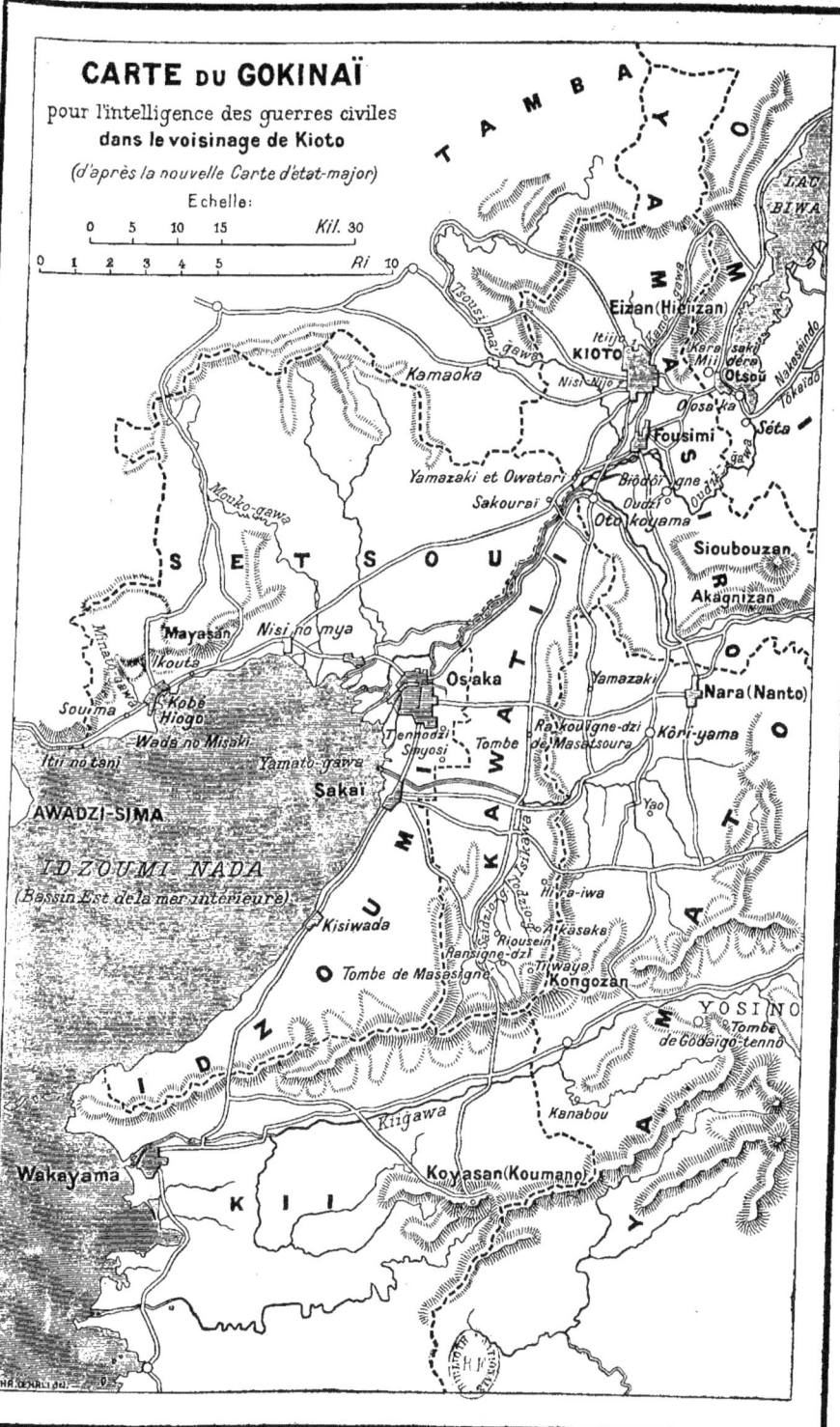

Nota. — Le fleuve qui traverse Osaka est l'ancienne rivière de Watanabé.

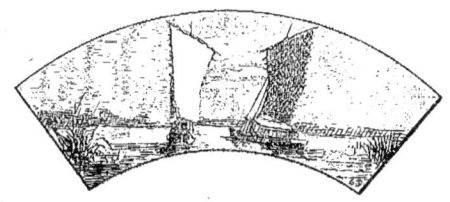

ERRATUM

P. 1, dans la note, au lieu de *viakou*, lire *riakou*.
P. 2, sous la gravure, au lieu de cussif, lire cursif.
P. 20, ligne 8, au lieu de Idzouni, lire Idzoumi.
P. 22, ligne 5 à partir du bas, au lieu de Yosimo, lire Yosino.
P. 27 et 37 dans les légendes des gravures, au lieu de riôzigne, lire rôzigne.
P. 59, lignes 3 et 4, la virgule placée après Youô doit être reportée après Siou.
P. 78 et 82, rectifier l'orthographe du mot Tiiougou.
P. 102, ligne 6, au lieu de avions, lire avons.
P. 105, légende de la gravure, au lieu de rôzigue, lire rôzigne.
P. 109 et 111, au lieu de 1391, lire 1392; on aurait même pu reporter à 1393 la fin de la guerre du *Nambokoutcho*.
P. 115, ligne inférieure, au lieu de Snouki lire Sanouki.
P. 116, ligne 10, ajouter « de » devant Hô-ô.
P. 128, ligne inférieure, au lieu de Tokio, lire Kioto ; dans la légende de la gravure, au lieu de dessein, lire dessin.
P. 136, redresser la gravure, les pieds de Bégneké touchant terre (V. la vignette ci-dessous).
P. 146 dans la légende de la gravure, supprimer un point dans le nom d'Arisaka-Teïsaï, et lire Monogatari.
P. 148, ligne 16, au lieu de Yositsoutné, lire Yositsouné.
P. 153, ligne 8, rétablir ainsi le passage : « Ils se retirèrent à Koumagaï en Sagami. Là Koumagaï eut un fils. » Les trois mots entre Koumagaï et Koumagaï ont été omis.
P. 160, lire Koŭ-sô-tobi. On prononce Ksô-tobi.
P. 167, légende de la gravure, lire okimono.
P. 174, ligne 3 à partir du bas, au lieu de Gengès-Khan, lire Gengis-Khan.
P. 183, lignes 26 et 27, au lieu de Yositoki, lire Yosimori.

ERRATUM

P. 193, dans la note, au lieu de ont, lire ont eu.
P. 203, ligne 4, au lieu de 1156-1181, lire 1318-1333.
P. 223, ligne 9, à partir du bas, supprimer l's final de Smiyosis.
P. 251, légende de la gravure, au lieu de Joui, lire Soui.
P. 250, ligne 17, lire Kyômori. D'après l'orthographe adoptée pour d'autres noms, celui de Kyômori aurait même dû s'écrire Kiyômori.
P. 254, ligne 9, lire Tadayosi.
P. 288, 289, 290, rétablir le trait d'union dans Otoko-yama.
P. 307, légende de la gravure, au lieu de Masasoura, lire Masatsoura.
P. 316, ligne 5, au lieu de Masatsouka, lire Masatsoura.
P. 318, légende de la vignette, au lieu de Paulownice, lire Paulownia.
P. 321, ligne 25, et p. 327, ligne 6, au lieu de *kosan*, lire *kôsan*.
P. 336, ligne 23, au lieu de Tiiwaga, lire Tiiwaya.
P. 343, la vignette représente Djourôzigne, d'après un netské.
P. 386, ligne 28, au lieu de Tatsauta, lire Tatsouta.
P. 388, ligne 31 et p. 390, ligne 25, au lieu de Myako, lire Miyako.
P. 391, ligne 7, rétablir le nom de Omi comme il est écrit partout ; Oomi serait peut-être plus exact.
P. 392, ligne du bas, au lieu de Tanadori, lire Tadanori.
P. 399, ligne du bas, au lieu de Foudzi, lire Fouzi.

Manzaï et Saïzo, netské de Riôtiigne.
(Coll. de M. Bertin).

TABLE DES MATIÈRES

Avant-propos i
Orthographe adoptée pour les noms japonais v

INTRODUCTION
HISTOIRE ANCIENNE ET LÉGENDES

I. — LE RÈGNE DES KAMIS 1
Le signetô. Les dieux du ciel. Les premiers Kamis 6
Les dieux terrestres, ancêtres des Mikados 10

II. — LES MIKADOS CONQUÉRANTS 20
Expédition de Dzinmou-Tennô 21
Gouvernement des premiers Mikados 23
Guerre des Aïnos 26
Division géographique du Honto après la conquête 31
État de la Chine et de la Corée 32
Guerre de Corée 35

III. — CONSÉQUENCES DES GUERRES DE CORÉE 43
Premiers emprunts à la civilisation coréenne 44
Le signetô en présence du bouddhisme 45
Le bouddhisme au Japon, sa fusion avec le signetô 47
Mélange des superstitions chinoises et japonaises 55
La magie et la sorcellerie. Histoires de kitsounés 56

Les arts; la poésie; l'écriture... 62
La législation et les mœurs.. 66

IV. — LE GOUVERNEMENT DU PALAIS..................... 69

Les Mikados pacifiques... 70
Époque des Mikadesses... 73
Intrigues sanglantes dans le palais.. 77
Élévation des Foudziwara... 80

V. — LES GRANDES FAMILLES MILITAIRES................ 88

Composition de la caste militaire; son développement...................... 89
Familles militaires issues des Mikados..................................... 93
Révolte de Masakado.. 97
Rébellions et désordres.. 99
Longues guerres dans la région de l'est................................... 103

LES GRANDES GUERRES CIVILES
(1156-1392).

Chapitre premier. — Minamoto et Taïra. Règne de Kyômori (1156-1181).... 111
  Origine de Kyômori. Guerre de Hôguéin............................. 112
  Guerre de Héidzi. Abaissement des Minamoto........................ 116
  Toute-puissance de Kyômori... 119
  Dernières années de Kyômori.. 125

Chapitre II. — La guerre de Guémepé (1181-1185)......................... 133
  Les chefs survivants des Minamoto.................................. 134
  Signal de la guerre.. 137
  Première campagne de Yoritomo...................................... 140
  Victoires de Yosinaka.. 142
  Guerre intestine des Minamoto...................................... 148
  Deuxième campagne de Yoritomo...................................... 151
  Victoire décisive de Yositsouné.................................... 156

Chapitre III. — Le règne de Yoritomo. Le gouvernement des Hôjô (1185-1318)... 163
  Établissement et organisation du Siogounat......................... 164
  Disgrâce et mort des frères de Yoritomo............................ 168
  Portrait de Yoritomo; ses successeurs.............................. 175
  Trames de Hôjô-Tokimasa; sa chute.................................. 179

TABLE DES MATIÈRES 421

Le second Hôjô continuateur de l'œuvre de son père	182
Extinction de la descendance de Yoritomo	185
Première tentative de restauration du Mikado	187
Mesures pour assurer l'abaissement du Mikado	190
Les grands règnes des Hôjô	191
La guerre contre les Tartares	195
Les derniers régents de Kamakoura	199

CHAPITRE IV. — Chute de la dynastie Hôjô. Restauration impériale (1318-1333). 203
    Le Mikado revendique ses droits 204
    Début de la guerre du Mikado contre le Régent 210
    La famille Ksounoki. Jeunesse de Masasigné 211
    Echec du Mikado; son exil 215
    Campagne du prince Morinaḡa 218
    Victoires répétées de Masasigné 219
    Retour du Mikado et prise de Kioto 230
    Prise de Kamakoura et mort du dernier Régent 235

CHAPITRE V. — Gouvernement de Godaïgo-Tennô. Révolte des Asikaḡa (1333-1339) 241
    Espérances déçues. Difficultés de la situation 242
    Mécontentement des partisans du Mikado 244
    Gouvernement du palais. Intrigues des Asikaḡa 249
    Premiers soulèvements. Meurtre du prince Morinaḡa 253
    Asikaḡa-Takaoudzi se proclame Sioḡoun 255
    Prise de Kioto par les rebelles 258
    Retour offensif et victoires du Mikado 262
    L'armée rebelle se réorganise 267
    Désastre du Minato-ḡawa. Mort de Masasigné 273
    Le Mikado se retire sur l'Eïzan; il abandonne ses partisans 278
    Le Mikado en Yosino; Yosisada en Etiizéïn 283
    Guerre du Hokkokou et campagne de Kitabataké 284
    Dernières mesures de Godaïgo-Tennô; sa mort 292

CHAPITRE VI. — Le schisme. Revers du parti du sud (1339-1348) 295
    Parallèle entre les Mikados du nord et ceux du sud 296
    Derniers combats en Hokkokou. Élévation des Kô 300
    Rentrée en ligne des Ksounoki. Prise de Kioto 305
    Bataille de Sidjo-nawatté 311

CHAPITRE VII. — Dissensions dans le parti du nord. Péripéties de la guerre (1348-1367) 319
    Le Japon partagé entre trois, puis entre quatre factions 320
    Soumission éphémère des partis au Mikado 323
    Reprise de la guerre dans le Kouanto et dans le Gokinaï 325
    Le Mikado assiégé sur l'Otoko-yama 328
    Vicissitudes de la guerre. Mort du premier Asikaḡa 330
    Défaite des Nitta; victoires des Kikoutii 332
    Campagne infructueuse du Sioḡoun en Kawatii 335
    Fin du règne du deuxième Asikaḡa 338

TABLE DES MATIÈRES

Chapitre VIII. — Règne de Yosimitsou. Fin de la dynastie du sud (1367-1392) 343
    Minorité de Yosimitsou 344
    Dernières dissensions des siogounistes; victoires de Yosimitsou....... 348
    Abdication du Mikado du sud 350
    Destinée ultérieure des chefs des deux partis 352
        Épilogue 357
Note I. — Liste des Kamis les plus anciens 373
   II. — Poésies anciennes se rattachant au sujet du volume............ 383
   III. — Poésie moderne sur une victoire des Kikoutii 401
Vocabulaire des termes japonais employés dans le volume............... 403
Légende de la carte du Japon.. 413
Carte du Gokinaï.. 415
Erratum.. 417

PLANCHES HORS TEXTE

Kyômori arrêtant le soleil... I
Kyômori éventé par les servantes...................................... 138
Carte du Japon.. 412

Le Puy-en-Velay. — Imprimerie Marchessou fils, 23, boulevard Saint-Laurent.

www.ingramcontent.com/pod-product-compliance
Lightning Source LLC
Chambersburg PA
CBHW070607230426
43670CB00010B/1445